廬州文叢書

廬州文化叢書

合肥四朝文徵

高峰 張彥峰◎編

安徽師範大學出版社
ANHUI NORMAL UNIVERSITY PRESS
·蕪湖·

圖書在版編目(CIP)數據

合肥四朝文徵 / 高峰, 張彦峰編. — 蕪湖 : 安徽師范大學出版社, 2023.10
ISBN 978-7-5676-6113-4

Ⅰ. ①合… Ⅱ. ①高… ②張… Ⅲ. ①地方文獻 - 匯編 - 合肥 - 古代 Ⅳ. ①K295.41

中國國家版本館CIP數據核字(2023)第177507號

合肥四朝文徵　　高 峰　張彦峰◎編

責任編輯:胡志立　　責任校對:胡志恒
裝幀設計:王晴晴　　責任印製:桑國磊
出版發行:安徽師範大學出版社
蕪湖市北京中路2號安徽師範大學赭山校區
網　址:https://press.ahnu.edu.cn/
發 行 部:0553-3883578 5910327 5910310(傳真)
印　刷:蘇州市古得堡數碼印刷有限公司
版　次:2023年10月第1版
印　次:2023年10月第1次印刷
規　格:700 mm × 1000 mm　1/16
印　張:25.75
字　數:435千字
書　號:ISBN 978-7-5676-6113-4
定　價:98.00圓

序

高峰先生力作《合肥歷代進士》年初正式出版，即在合肥文史界引起較大反響。近日，高先生又將《合肥四朝文徵》書稿賜閱並索序於我，我對合肥文史雖略有關注，但研究不多，因此對於作序之囑頗感惶恐。

與高先生雖未曾謀面，不過作爲書友已交往多年，一直很敬佩他的這份執着，身爲一位民間學者，既無學術任務，又無資金支持，卻能持久地搜集整理和研究合肥地方文獻，没有一份獨特的情懷支撑是絶難爲繼的。合肥作爲皖中重鎮，在歷史上就曾具有較高的地位，亦是人文薈萃之地，只可惜清代以前的文獻多已不存，更没有前人做過文獻總集能資參考接續。《合肥四朝文徵》作者除了付出大量時間精力進行人工查找文獻外，還利用近年流行的古文獻數據庫挖掘更多文獻，可以説在合肥文獻整理領域是開創性的工作。

《合肥四朝文徵》的前言將合肥地區與安慶地區的文獻整理工作進行了比較，甚是推崇安慶地區的文獻整理成果。實際上安慶地區的文獻整理主要集中在明清以來的作品，且以桐城文獻爲主，對於明代之前的文獻整理無多，可以説基本上還處於空白狀態，比如著名的紙背文書《宋人佚簡》，安慶地方學者對此知之甚少。我曾把安慶明代以前稱爲安慶的“史前時期”，因爲安慶地區的人民大多是明代才從江西等地遷來，新移民對於前代的歷史和文獻並無多少了解，加之安慶地區的地下考古工作亦不發達，豐富的“史前時期”歷史文化無法全面揭示，所以説挖掘整理安慶地區明代以前的歷史文獻是亟待解決的問題。《合肥四朝文徵》的出版，則表明合肥學者在這方面走在了安慶之前，值得安慶學者反思借鑒。

歷史文獻是還原地方歷史記憶的重要依託。甘肅陳貴輝的家族檔案記載了其始遷祖陳超爲元末明初“廬州府合肥縣太平鄉”人,他曾赴合肥尋訪這個地名,咨詢當地文史學者,查閲史志資料,均找不到“太平鄉”的任何線索。可以説,明代早中期還存在的“太平鄉”後來在合肥地方史志中完全消失了,也不存於人們的記憶當中。陳先生輾轉找到我並委託我幫他們尋找這個地名所在,經過查詢,終於在北宋時曾任廬州慎縣知縣的馮安國墓誌中找到了這個地名,確定其位置在小蜀山周邊一帶。像陳氏家族檔案和馮安國墓誌這樣的歷史文獻,就是恢復地方歷史記憶的重要依託,可以説没有這樣的歷史文獻作爲支撑,地方“史前時期”歷史文化研究工作便無從談起。所以從這個意義上説,《合肥四朝文徵》的出版,對於合肥地區歷史文化研究的貢獻必將是巨大的。由此希望更多的力量能參與到地方歷史文獻的挖掘整理與研究中來,共同爲地方歷史文化研究作出更大貢獻。

是爲序。

张金海

于中國人民大學

2023年3月28日

前　言

東漢末,曹操徙揚州治於合肥,合肥就相當於今天的省會城市,還是與襄陽並論的軍事重鎮。魏明帝曹睿稱:"先帝東置合肥,南守襄陽,西固祁山,賊來輒破於三城之下,地有所必爭也。"西晉"八王之亂"時期,亂軍控制漕運主幹道之邗溝、汴水,洛陽"倉廩空虚"。西晉朝廷恢復江淮通道,將設於揚州的廣陵度支遷至合肥,南方米穀經濡須口、巢湖等地至合肥周轉北上抵洛陽,以維持朝廷運轉。西晉滅亡後,晉室既東,晉元帝以祖逖鎮合肥,於是又爲重鎮。大興二年(319)秋七月,又以戴淵爲征西將軍,督六州,鎮合肥。"自是,梁、陳皆用爲鎮,以距北虜者,凡五代。"

宋代路爲一級行政區,淮南西路始終治於廬州。史載:"淮海之郡,廬爲大。地大以要,廬爲淮西根本。合肥號金斗,江北恃爲脣齒,亦一都會,地有所必爭。腹巢湖,控渦潁。"元代淮西江北道治合肥,元室以宗王出守南方重鎮的僅幾處,其中極爲重要的長江中下游地區有三處,分别爲:宣讓王鎮廬州,威順王駐武昌,鎮南王駐揚州。其後,元末農民軍政權設立的汴梁行省,元末明初短暫設立的江淮行省,清代晚期、民國後期的安徽省,省會均設於合肥。

今人多以爲,合肥之興,迄自當代,新中國成立後,安徽省會落户合肥,合肥才擁有機遇。今人又多議論,合肥之騰飛,雖乘改革之春風,卻集全省之物力,合肥較之省内兄弟城市,如安慶、蕪湖,甚至蚌埠,在歷史上的地位大不及彼。合肥今日發展之迅捷、經濟之蒸蒸日上,得到省内各方面的支持,確是不爭之事實。然縱觀古代歷史,綜合考慮皖省各城市情狀,合肥實是自古至今安徽省内最重要的城市!

一個城市的重要性不僅僅體現在政治、軍事、經濟地位上，如没有文化的相輔相成，則如壯麗秀美之山巒因無水而缺乏靈氣。城市興，則經濟興；經濟興，則文化興；文化興，人民安居樂業，可謂盛世。古人云："文以載道"，又云："文以詠志"，編者云："文亦可輔史"。古代合肥文化遺存可佐證合肥之興不在今，而在千古！

同理，一個城市文化上的遺存，特别是用筆墨深情抒寫的詩文，時刻鐫刻着這座城市歷史的變遷、發展的脉絡，是城市的回顧與記憶，也是城市的榮耀與自豪，承載着這座城奮力前行的勇氣和對未來的期許。

南社創始人之一的陳去病先生是江蘇吴江人，編有《松陵文集》，蒐羅自漢代迄清吴江地區名賢之文，是今人研究吴江歷史發展進程的重要資料。皖省内，清初桐城潘江與好友李雅、何永紹將明代至清初桐城古文家的作品輯成《龍眠古文》二十四卷行世，共收録作家 93 人，文 339 篇，奏疏、論辨、書序、雜記、碑誌、辭賦，各體皆備。此後至清道光年間，文漢光、戴鈞衡輯《古桐鄉詩選》十二卷；戴鈞衡又訪得《龍眠古文》之後作家 83 人，輯其文 1300 餘篇，與方宗誠合輯爲《國朝桐城文録》七十六卷。

方宗誠在《國朝桐城文録》的序言中説道："今夫言天文者，以日月爲明，而恒星之熹微，亦未能或遺也；言地文者，以海嶽爲大，而泉石之幽窈，亦未能或略也；今世之言人文者，以唐宋八(大)家、明歸熙甫爲斗極矣，而李翱、皇甫湜、孫樵、晁無咎、唐順之、茅坤之撰著，亦未嘗不流布於後世也。"方宗誠認爲，雖然唐宋八大家、明代歸有光等名家文章已臻化境，但其他文學家的作品同樣出色且值得流傳後世。引申其意，保存桐城鄉邦文獻是其編輯文録的初衷之一。所以，同治、光緒時期，蕭穆又廣録明朝至清同治間桐城作家 230 人，文 4380 餘篇，纂成《國朝桐城文徵》二百六十四卷；後復取清初至同治間作家 57 人，文 580 餘篇，輯爲《國朝桐城文徵約選》二十六卷。這些經典著作是桐城明清文化高度發達的象徵，更是桐城文化的遺珍。

中國歷史上多次南北對峙，"守江必先守淮"是南方政權的首要防禦思想。合肥是江淮地區的中心、戰略的支點，故而對應古人稱贊淮東揚州"淮左名都""竹西佳處"的細膩柔軟，淮西合肥卻是顧祖禹筆下"淮右襟喉""江南唇齒"的蕭索肅穆。顧祖禹《讀史方輿紀要》還説："自大江而北出，得合肥，則可以西問申蔡，北向徐壽，而爭勝於中原；中原得合肥，則扼江南之吭而拊其背矣！”

因飽受戰亂，合肥古代文獻典籍大量散失，現存資料多自清代始。入清以後，合肥人著作頗豐，龔鼎孳、李天馥相繼爲清初文壇領袖，清末李鴻章家族著作可考者近百種。明代之前存世可考的合肥人著作卻不過十三種，且以詩、選文、筆記爲主，知名的有宋姚鉉《唐文粹》；明代存世詩集、雜著則有十數種。單以文章專集而論，唐代羅讓、北宋楊察、元代葛閏孫等人的文集均佚，明之前只存包拯《包孝肅奏議》、余闕《青陽先生文集》二種，明代亦僅存周璽《垂光集》、許如蘭《芳谷集》、袁鳴泰《卧雪齋選》若干種。其中，因包拯、余闕、周璽三人的專集流傳稍廣，且作者之名氣亦相對較大，故此三人文集也是清末合肥名臣張樹聲重刻《廬陽三賢集》的緣起。此外，祖籍合肥的明代名臣張居正有《張太岳集》傳世，世人關注研究已久，毋庸贅述。

然而，合肥畢竟是一個有底蘊的城市，歷史上有過絢麗奪目的文化，幸存至今的合肥古文獻雖已如同吉光片羽，但終會透露一點蛛絲馬跡，如再去浩如煙海的古代典籍中探驪鈎沉，相信會有更多驚喜。功夫不負有心人，經過多年努力，編者憑藉殘缺不全的合肥地方志、古人零星文章，並將之延展，發掘出一大批鮮爲人知的各領域翹楚級的合肥人。如曾創下中國古籍拍賣紀錄——《兩漢策要》的原著者陶叔獻，可與黄庭堅媲美的草書名家鍾離景伯，著作等身並有《實賓錄》傳世的學者馬永易等。除已知的羅讓、姚鉉、楊察、余闕等文學家和上述合肥籍學者外，唐樊忱、儲嗣宗，五代章震、許堅，宋代王贄、左膚、許彦國、柳瑊、馬永卿、陳相、丁特起、東元嘉，元代潘純、王翰，明代王偁、任彦常、張淳、竇子偁、許如蘭等，均在各方面留下了屬於合肥的濃墨重彩。合肥文學之興，發端於唐宋，奠基於元明，至清蔚爲大觀，有着與衆不同的地域特色。

方宗誠《國朝桐城文錄》又云：“夫學問之道，非可囿於一鄉也。然而流風餘韻，足以興起後人，則惟鄉先生之言行爲最易入。而況當兵火之後，文字殘缺，學術荒陋，使聽其日就澌滅，而不集其成、删其謬，俾後之人有所觀感而則效焉，其罪顧不重與？”正如方宗誠所要表達的，學問之道非局限於一地，合肥鄉邦文獻不僅僅是屬於合肥自身的精神與文化財富，也是安徽乃至中國的精神與文化財富。

近代廬江陳詩輯有《廬州詩苑》,合肥李家孚著《合肥詩話》,均收錄了大量合肥籍詩人詩作;合肥李國模編選《合肥詞鈔》四卷,凡錄清初至民國間合肥籍詞人52人,詞作692首。當代整理出版的古代合肥詩詞類著作已有多種,然而合肥自古至今均無像《國朝桐城文徵》這樣的文章總集類著述出版,這不能不説是一種遺憾。究其原因,詩詞較文章流轉更易更廣,且清代之前,合肥文人别集的保存狀况較差、存世數量較少且極爲分散,編選整個地區的文章總集無門徑可尋。

鑒於現存相對爲人熟知的古代合肥人所撰文章僅局限於少數幾家文集及歷代地方志之内,數量十分有限,難以表現合肥歷史上璀璨的文化,難以凸顯合肥文化重鎮的地位,因而出版一部較爲齊全完備的古代合肥人文章總集以裨後人,實屬必要且刻不容緩!

《合肥四朝文徵》(以下簡稱《文徵》),對唐(五代附)、宋、元、明四朝合肥籍文人的存世文章進行了全面系統的收集整理,是這四朝合肥人文章總集,共收唐代(五代附)8人14篇、宋代39人135篇、元代4人16篇、明代51人226篇,共102人391篇。

《文徵》一書有以下幾個特點:

一是新。《文徵》所錄文章絶大多數是新挖掘、新發現的,占比達到70%以上,且很多用作底本的古籍原書如今已不可見。如元葛閶孫《含山縣重脩學記》錄自《(正統)和州志》,明杜璁《籩岡王公墓誌銘》錄自《(崇禎)内丘縣志》,這兩部明代方志孤本今皆藏於中國臺北故宫博物院;明蔡悉《聖師年譜後序》錄自藏於日本内閣文庫的蔡悉學術著作孤本——《至聖先師孔子年譜》。

二是早。採用的文獻來源盡可能時代更早,以避免後世翻刻産生的錯漏。如唐楊行密《舉史寔牒》,現存最完整的文本來自清修《全唐文》,編者利用中國國家圖書館藏《(至正)金陵新志》元刻本對之加以校勘;北宋包拯《奏議》,編者採用的是臺北圖書館藏明正統元年合肥方正刊本,這是《包孝肅奏議》已知現存最早的刊本;南宋包履常《歷代紀年跋》錄自中國國家圖書館藏南宋紹熙刻本。

三是精。考慮文獻刊刻後來居上的情况亦常出現,最早刊本不是《文徵》唯一選取標準。《文徵》所用底本一般選取公認最好、最精准的版本，如多種版本並行，互有優劣，則採用擇善而從的整理方法。如宋馬永卿《請峰頂枯木住鵝湖疏》有《永樂大典》、《（嘉靖）廣信府志》和《（康熙）廣信府志》三種存世版本，然均存在脱文或誤字。《永樂大典》錄文總體質量最高，間有零星誤字，可用《康熙志》校出；《嘉靖志》較之《康熙志》雖早出，然錯訛尤多，校勘價值較少；《康熙志》對比《永樂大典》錄文亦非完璧。因此，編者綜合參考三個版本，文字擇善而從。

四是真。謂内容真實。編者確保《文徵》收錄的每一篇文章來源都真實有據，絶非杜撰。針對碑拓、題刻，盡可能以實物或實物的拓片、照片爲准。同一文章如有不同版本存世，均予以覈對，不簡單採信單一來源，儘量還原其本來面目。如宋合肥野叟《楊廬州忠節錄》《野叟續錄》二文錄自《三朝北盟會編》。因清乾隆年間編纂《四庫全書》時，對《三朝北盟會編》中的違礙字句進行了大規模竄改，幸而此書有清光緒三十四年許涵度刻本傳世，尚存其本來面目。故而編者對竄改部分作認真覈對，盡最大努力恢復其原有面貌。

五是全。所收錄文章盡可能全。除如張居正等家族因徙籍他處，未予收錄外，其他爲編者可見的合肥人所撰文章予以盡數收錄。其中，考慮到包拯、余闕、周璽三人因各有專集存世，且流傳較廣，故只分别選取若干篇文章作爲代表。北宋合肥馬亮爲著名文臣，但史籍及合肥地方志僅記載了馬亮及其子馬仲甫的事蹟，《文徵》除馬亮父子外，新錄了馬亮孫輩、曾孫輩馬玘、馬琉、馬玿、馬珹、馬永稽、馬永卿、馬滂七人的文章。馬亮家族人文薈萃、影響力巨大，"北宋合肥第一家族"之稱號得以坐實。明代合肥純儒蔡悉以理學知名，存世著作頗涉理學，惜無文集存世，《文徵》收錄蔡悉文三十篇，篇數超過了《垂光集》（載周璽奏議十二篇、家書一篇）。按古籍編纂標準，可單獨編爲二卷一個專集，命名爲《蔡文毅公集》。

此外，《文徵》對作者小傳的撰寫也頗爲用心，對作者籍貫、生卒年、背景、履歷詳細考證説明，糾正了原有文獻中的大量錯訛，亦新增了大量合肥籍人物。正因爲有了這些考證，《文徵》的内容方能確保豐富充足。如收錄的宋代39人中，有28人是存世的歷代合肥地方志失載的，餘下11人中也僅姚鉉《唐文粹序》、包拯《奏議》流傳較廣，其餘文章都很稀見。《文徵》作者小傳就是一篇簡明扼要的合肥古代名人史、文學史，讀罷小傳，中世合肥璀璨豐滿的文化面貌即可浮現於腦海中。

《合肥四朝文徵》分上、下兩編，上編由高峰搜輯整理，下編由張彦峰搜輯整理。本書出版過程中，得到了安徽師範大學出版社的鼎力支持。此外，衷心感謝安徽蔡氏宗親會蔡善奎秘書長慷慨惠示家族珍貴譜書文獻，我們從中輯出部分鮮爲人知的合肥先賢文字，豐富了本書的内容。同時感謝劉政屏老師、張全海老師、安然老師、李克非老師、胡志立老師、蕭寒老師、李鵬飛老師、黄榮政老師、湯增旭老師、楊明兆先生、楊濤先生、袁文海先生的長期鼓勵與熱情幫助。因編者非文史專業出身，書中錯漏之處恐在所難免，敬請廣大讀者批評指正，以便我們再版時修訂。

高　峰　張彦峰

2023年5月10日

凡 例

一、本書分上、下兩編，唐（五代附）、宋、元代部分爲上編，明代部分爲下編。

二、每編按文章作者可考的生活年代略爲排序。作者先列小傳，同一作者文章按對策、賦、制義、奏議、解、傳、記、銘、書牘、贊、墓誌、墓表、祭文、序跋、雜著、題刻等文體依次排列。

三、作者小傳對於作者籍貫的描述按其所處朝代對合肥的稱謂進行記載，如唐代廬江、廬州，宋代廬州、廬州合肥。到明代，户籍、鄉貫嚴格區分，存在“合肥籍”與“合肥人”之别，但二者又聯繫緊密。本書小傳在交代作者籍與貫的同時，原則上不作無限細化，對於二者占一的作者即予以認同並收録。

四、同一家族人物在作者小傳中標注相互間的親屬關係。如鍾離景伯，標注鍾離瑾子；馬玘，標注馬亮孫；蔚春，標注蔚綬玄孫。

五、作者小傳後皆有附注，主要爲參考文獻來源。對於人物背景、履歷，古代文獻記載有誤或籍貫兩出且有爭議的，附注略作辯析。

六、因傳世古籍刻本中的異體字使用頻率較高，本書依據國家市場監督管理總局、國家標準化管理委員會發布的《古籍印刷通用字規範字形表》（GB/Z 40637-2021），儘量對涉及的每一個漢字使用規範化字形。對於殘損、漫漶不可識之字，依據數目之多少使用“□”符號代替。對於明顯訛誤字，如在古籍刻本中常見的“日”“曰”舛訛、“己”“已”“巳”混同、“戌”“戍”不分之類，徑行更正。如有較大把握認定某處存在訛誤或碑刻殘泐之處可補，在該處使用“[ ]”符號録入文字。某處存在重要脱文且可依文意或他書補足者,在該處使用“〖〗”符號補入缺字。

七、每篇文章最後注明錄文來源(引自二十五史、《資治通鑑》《明實録》等較常見典籍除外),標明來源的準確版本信息。若文章版本來源多樣,選用兩種或兩種以上版本進行互校的,予以説明,但原則上不另出校記。

目　録

上　編

唐

（五代）

宋

元

下　編

明

上编

唐

羅讓

羅讓(767—837)[①],字景宣,其先越州會稽人,父羅珦家廬州[②]。羅讓少以文學知名,唐德宗貞元十七年(801)進士。及第後,應詔對策高第。元和元年(806),又登才識兼茂、明於體用科[③]。後爲咸陽尉。丁父憂,服除,尚衣麻茹菜,不從四方之辟者十餘年。李鄘爲淮南節度使,就其所居,請爲從事。除監察御史,轉殿中,歷尚書郎、給事中,累遷至福建觀察使兼御史中丞。入爲散騎常侍,除江西都團練觀察使兼御史大夫。開成二年(837)四月卒,年七十一。贈禮部尚書。子劭京,字子峻,進士擢第,又登科[④]。《舊唐書》卷一百八十八、《新唐書》卷一百九十七有傳。

注:

①參見《舊唐書》卷十七下《文宗下》、《舊唐書》卷一百八十八《羅讓傳》。

②參見五代何光遠《鑒戒錄》卷八《衣錦歸》、南宋王象之《輿地紀勝》卷四十五《廬州·人物》及《大明一統志》卷十四《廬州府·人物》。按,羅讓在科舉對策中屢屢提及江淮,又提出"江淮爲國之根本",表明其對江淮地區感情頗深,進而可以推斷羅讓同其父曾在廬州長期生活。

③參見清徐松《登科記考》、孟二冬《登科記考補正》卷十六。

④參見《舊唐書》卷十七下《文宗下》、《舊唐書》卷一百八十八《羅讓傳》。按,廬州在當時屬淮南節度使管轄,越州屬浙江東道,故淮南節度使李鄘在廬州邀請羅讓出仕可能性最大。

對策

對才識兼茂明於體用策(元和元年四月二十八日)

問:皇帝若曰:“朕觀古之王者,受命君人,兢兢業業,承天順地,靡不思賢能以濟其理,求讜直以聞其過。故禹拜昌言,而嘉猷罔伏;漢徵極諫,而文學稍進。匡時濟俗,罔不率繇。厥後相循,有名無實。而又設以科條,增求茂異,捨斥已之至論(《登科記》作“言”),進(《詔令》作“角”。一本作“推”)無用之虛文,指切著明,罕稱於代。兹朕所以嘆息鬱悼,思索其真。是用發懇惻之誠,咨體用之要。庶乎言之可行,行之不倦,上獲其益,下輸其情,君臣之間,驩然相與。子大夫得不勉思朕言,而茂明之!我國家光宅四海,年將二百,十聖弘化,萬方(《集》作“邦”)懷仁。三王之禮靡不講,六代之樂罔不舉。漏(《登科記》作“浸”)澤于下,升中于天。周漢已還,莫斯爲盛。自禍階漏壞,兵宿中原,生人困竭,耗其太半,農戰非古,衣食罕儲。念兹疲甿,未遂富庶。督耕殖(《文類》作“食”)之業,而人無戀本之心;峻榷酤之科,而下有重斂之困。舉何方而可以復其盛?用何道而可以濟其艱?既往之失,何者宜懲?將來之虞,何者當戒?昔主父懲患於晁錯,而用(《登科記》作“請”)推恩;夷吾致霸於齊桓,而行寓令。精求古人之意,啓迪來哲之懷。眷兹洽聞,固所詳究。又執契之道,垂衣不言。悉之於下,則人用其私;專之於上,則下無其功。漢元優游於儒術(《集》作“學”),盛業竟衰;光武責課於公卿,峻政非美。二途取捨,未獲所從。余心浩然,益所疑惑(《登科記》有“今”字)。子大夫熟究其言旨,屬之於篇(《登科記》作“著之於篇”),興自朕躬,毋悼後害。”

對:臣聞千變萬化,聖帝哲王,聲烈遐戴者,無他,中心無爲,以守至正而已矣,以謀大化而已矣。伏惟皇帝陛下,垂拱六極,始初清明,丕揚累休,渙發于詔,啓天宇而遡古,薰至和以拯今,咸懷浸沉,罔不濡澤。誠至正也,誠大化也。猶復乃遠乃近,乃左乃右,旁求下問,舉薦奔走。履衆美而不顯,儲神明其如遺。銓邦政之肥瘠,鏡人事之善敗。優游紬繹,以循(一作“脩”)始終。外其牽制,常其忌諱。恢恢乎輮轢百王之獨致也。臣愚智能淺薄,不明大體時用之宜;術業暗昧,不充才識兼茂之稱。徒冒萬一,觸罪以聞。

臣伏讀聖策，首陳禹拜漢徵之旨，求索真之要。臣聞上古之君，薰能同和，不敢自是，必求讜諫，以諭缺敗。用心之過，則薄獎其人；言之失中，則寬容無虞。使人上得其情，下得流通也（一作"使夫上下其情得流通也"）。後代帝王，雖有作者，道或外是，己實内非。言之或臧，寥寥無聞；言之或違，隄防斯至。雖科條增設，適足張其亂目矣；叩擊切害，適足寵其直聲矣。聞之失得，君之效歟？今陛下躬神聖之資，痛源流之塞，較量至當，加迪今來，黜退姦邪，咨謀體要。誠猜雄者之所共遠，亦狹隘者之所共難。凡曰胸臆，是皆聳實詳近（一作"延"），語直之幸也。

伏見聖策咨問兵戰商農之道，臣請指事而言之。臣聞兵者，以謀全，以氣勝。以謀全，制度爲神耳。得其數，則威令格物，少能成功；失其數，則黷武無别，多益爲弊。寖用不制，刑于寓内。今國家自兵興已來，僅數十年，生物以之暴殄，人情以之鰲違。殆握兵者建置失其道歟？何者？天下之甲兵，其數則不廣，屯置散地，且或至半。而兵柄之臣，率好生事，不思戢伏，貴筭威名，則有崇廣卒徒之員，聚擁虓闞之群，厚斂殘下，婾取一切；要君養敵，張軍自衛，望容攻守之至；復有懷弱軟以内顧，務備蓄以託私，倚行伍之數，訖資廩之具，外實内虚，守以藉之，固者及殷而成（一作"乘"）之，態（一作"態"）而戰之，其中未必有也。朝廷又影響誅罰，索其效死，其可得乎？此兵之所以煩而益病也，而人之所以困而不解也。大抵不賢者，得掌其兵百，則思兵千；尋掌其兵千，又思兵萬；尋掌其兵萬，又思兵數萬。以因其力，以贍其欲。長一日之廢代（一作"誅伐"），謀萬里之策勳。徒仰費於縣官，高（疑）病於悠久，誠何謂矣！陛下盍亦慮之乎？伏望躬親視其將帥之爲，苟非任，盡易之，不令其凝留而後圖也；嚴備其要地之屯，苟不切，盡罷之，不令其廣置而出入也。其所閱揀，非實不用；其所樹置，兵精不在多。使名弓者必用沓發之巧，名劍者必有刺擊之妙，名騎者必有超乘之捷，名步者必有卒奮之奇。自外徂中，歸乎一體，自然無冗軍，無惰人，以守則固，以戰則勝。軍無大半之耗，人懷反業之志，此減兵之術也。富庶之教，於是乎生，亦何遠取於古法也？然而，思戀本之心，蠲重賦之困，又在於賦税之道矣。臣請得而具之。臣聞古者因地而料人，今則税人而捨地；古者任土而作貢，今則溢貢而棄土；古者均田而抑富，今則與富而奪貧。是以人口剪耗而不息，田畝汙萊而甚曠者，非人懷苟且之志，樂懈惰之方，迫不可忍，勢有由耳！王者在上，量入以出，祿食賜與，歲養經費，必厚下以爲用，助而不稅，廛而不征，亦非無其事也。用菽粟藁秸有常稅，人不愛也；絲枲布帛有常賦，人不艱也。雖雜以凶荒，接以喪死，間以興廢，子弟父兄猶復勉勵率從，不更其業。何者？制度專也。以臣觀之，則今之賦稅仍舊貫，籍斂不加重，而畎畝流離，窮困無告。殆執事有殊陛下之意乎？必有急令暴賦，發取無厭；徭山役海，詭求無狀；奇貢珍獻，希冀無怠；託公寄私，崇聚無極。於是一水一土，一草一木，圭要殫利，俯榷仰筭，莅之官焉，專守之刀兵焉，商不得回睨，農不得舉手。既奪其利，又卻其人，此而不困，孰以爲困？榷酤之道如是乎？人顧其上猶仇讎，安能思戀骨肉乎？人視其居猶鳥獸，安肯繫着桑井乎？人慳其取猶寇盜，安望輕重元本乎？所以遁走苟免，死亡不顧，財日窮而事日削，地益蕪而人益煩，猶前事也。伏惟陛下審念之，其有不經不度之人，不常不政之調，必禁其所萌，必罰其所自。則奸官濫守慎不敢生事，生生之理阜繁矣。陛下又以禮節其情，以樂樂其志，又何患乎不復其盛，不濟其難(一作"艱")！

臣伏見聖策顧問既往將來之事，臣謹以江淮凶旱之事明之。臣聞凡有災傷水旱之處，歷代所説，多聞詭隨之詞媚時主，必曰帝堯乎有懷山襄陵之運也，成湯乎有流金鑠石之運也。是皆曲骫，非愚則誣。臣嘗私怪之，何不曰大舜乎無雷風霜雹之運也？神禹乎無飛流彗孛之運也？不直其詞，因循若是。天運之時集變易，水旱歲時未爲災也；理或失中，感動陰陽，頃刻爲災也。故精舒謹乎，則七年不足罹其咎；簡誣輕忽，則一日二日亦未成其災。修政着誠，端心復德，既往之事，陛下宜以此爲懲矣。然臣之所慮江淮，又急者禦災之術，將來之戒，復憂於斯，願悉數於陛下矣。今國家內王畿，外諸夏，水陸綿地，四面而遠，而輸明該之大貴(一作"費")，根本實在於江淮矣。何者？隴右、黔中、山南已還，墝瘠嗇薄，貨殖所入，力不多也；嶺南、閩蠻之中，風俗越異，珍好繼至，無大贍也；河南、河北、河東已降，甲兵長積(一作"漬")，農厚自任，又不及也。在最急者，江淮之表裏天下耳。陛下得不念之乎？屬頃者連郡五十，蒙被災旱，長老聞見，未之曾有。涯脉川澤，坌爲埃塵，草木發爲煙火。斗粟之價，重於兼金。餓莩之家，十有七八。聞乞僕於男女者，何暇保其家室乎？聞立死於道路者，何暇思其糠粃乎？嗷嗷蒸徒，展轉無所，灰燼狼顧，至今未寧。且今日狼顧，明日狼顧，力大勢詘，禍欲何圖？此臣所爲陛下惜也。長吏者，又聞或非良善，厚其毒，忍瘯（疑）痏而簡問，威剝而自虞。則陛下雖有賑發，不輕得及；雖有蠲放，不輕得獲；雖有詔諭，不輕得聞。此臣所爲陛下疑也。然欲安存緝理，斯終何由？以臣計之，視長吏之悖理者，選其重臣代之，不待其蛇爲虺也；察郡縣之受災者，擇其實以勞之，不使其冤而無告也。如此，則朝令夕悦，江淮保全；則四嚮賦税轉輸，肩摩轂擊，關中坐固，而根本不摇，猶無凶旱矣。臣故曰將來之由，在此而已矣。

臣伏見聖策次問推恩寓令之計。夫漢晁錯陳諸侯削地之制，謀之至者；主父偃獻子弟推恩之令，計之術者。削地之制行，則轉弛爲急，七國之難結；推恩之令下，則強幹弱枝，一王之理定。猶見之熟與不熟，法之漸與不漸。在於漸也，則寒暑得其相成；以暴，則天地不能速化。求之昔意，庶取於今。又齊桓之霸國，管仲之寓令，晝戰足以目相識，夜戰足以耳相聞，將取威於鄰敵，俾逞志於天下。五霸之事，仲尼之門五尺童子猶羞言之。若此者，則小國權臣之細術耳，臣固不能爲陛下述。

伏讀聖策次問專委儒術者。臣聞聖王在上，賢臣在下，道德兼濟，材智樂備。專於上則聰明倍資，安有無其效耶？委於下則公器相率，安有用其私耶？然今以陛下之資材清光，群臣其敢及？若集事者，在陛下必躬必親之謂乎？躬之無偏，親之有制，則垂衣執契，亦不爽矣。孝元則制自左右，非用儒之失也；光武則弊及群下，非用課之得也。儒近於得，而所用者宜一變其弊。若臣所見，今之大者，政或貴此，可得而言。國朝自武德已來，典章甚明，職員甚列，官吏甚該備，而道不弘，政要或未臻者，其官非人歟？理非道歟？略其大歟？錄其小歟？臣所謂小者，則天官卿采之調閲、致驗、選書，至於一簿、一尉、一掾之末，銓次升降，勞而後罷，是詳於叢小也。及其揣量親人撫字之官，又未喻也。臣所謂大者，天子之庭，日相日受，軼越倫輩，乃有名邦聞邑，群居之柄，不階課最是非，未聞踪跡賢不肖，款言喧嘩，隨其所來，轉化容易，似不留聽，是鹵莽於天下也。詳叢及小，鹵莽及大。輕重反殊，使盜名死官之徒，波走飈馳，惟恐居後，狂扇誘掖，寵賂爲事，以相終始，夫復何望？夫持尺寸之禄，懷輕握微，齟齬施爲，尚猶不堪。况明權不制（一作"濟"）資，藉殺生之柄，兼兵馬之衆，連數十城之地，庸雜横恣，偷居其上，何以堪之？設曰不堪，耳目陰附事亦無由得而聞，悔之何益耶？

陛下得不慎其所授乎！臣以爲今之郡縣長帥之官，最關生人性命。用在百里之父母，莫如縣宰；君乎千里之父母，莫如剌史；列城之父母，莫如郡統使。一得之必小康，二得之必中康，三得之必大康矣。陛下雖不在毆天下之人洽於理乎？終亦無由，誠不在多，惟慎此三官而已矣。

臣又聞《書》曰："爵罔及惡德。"《春秋傳》曰："官之失德，在所納邪。"惟君無邪，則不納邪矣。夫偏聽獨任，牽於左右，所自邪也；小臣大祿，制度失中，所自邪也；錦文珠玉，淫佚充斥，所自邪也；教令察視，壅遏不宣，所自邪也；掊克聚斂，億度於上，所自邪也；依阿求同，徑而不道，所自邪也；煩察繳縛，弊歸於下，所自邪也。坐躋仁壽，陛下又何疑乎？不得浩然其心，此微臣之志也。伏惟審察之，伏惟審念之。臣伏見聖策終有究旨屬篇之説者，臣固無以道師之説，僅能勿墜耳。俯仰睿問，偃薄無所震其心熟知不免寧不自勝攀懇之至（一作"震其心胸如不克寧不勝云云"）。謹對。

［録自清修《全唐文》卷五百二十五，校以《文苑英華》卷四百八十七、卷四百八十九，中華書局1966年影印明萬曆刻本。文字擇善而從］

賦

樂德教胄子賦（以"育材訓人之本"爲韻依次用）

至樂之極兮，德教所畜。德者體中和而定剛柔，教者正情性而靖（一作"端"）耳目。既垂法於國胄，亦布政於方族。四術允正（一作"孚"），三行祇肅。所以明俊選之標表，所以致才賢之蘊育。比師嚴而道尊，信仁行而禮復。樂正初協，司成理該。被其風而道其志，滌其濫而釋其回。持筋骸以固束，刷性靈而洞開。德義可依，異射宫之取士；程準斯在，同梓人之理材。樂且致之，行之廣運。内無聲以是託，表中庸以垂訓。在敬遜以務時，資端慤而待問。斯乃成性所臻，斆學相因。既廣博而克己，抑直易以藩身。不待考擊兮教備，無假拊搏兮行醇。以道應物，以樂和人。事且符於米廩，義且暢於成均。將俟乎綺紈之子率變，何患乎膏粱之性難馴？苟以我於木鐸，爾宜必誠必信；苟以我於藻鏡，爾寧不智不仁？庶居之也洩洩，諒誨之乎諄諄。在聲音之道兮，以律度是維，諧和是司；在德教之術兮，以友敬爲儀，忠孝爲師。固捨彼而取此，念鑽之而仰之。足使放心精正，體道希夷。

罷鏗鏘於師氏，識明命於后夔。寧鼓篋而徒至，必摳衣以慎兹。俾行乎鄉黨，尊尊長長；俾立乎黌塾，庸庸祗祗。夫然，則寬愿者日益，簡傲者日損。習語舞而殊源，敦詩書而異壺。斯教也，教之至，誠天下之本。

［録自清修《全唐文》卷五百二十五，校以《文苑英華》卷七十六，中華書局1966年影印明萬曆刻本。文字擇善而從］

耿恭拜井賦（以"感通厚地，神啓甘井"爲韻）

昔耿恭躬受斧鉞，志清煙塵。奮長策以討虜，由至誠而感神。於是堅疏勒之壁，依澗水之濱。據以爲備，期乎來賓。既而匈奴奔敗而伺隙，澗泉壅絶而不至。雖礪乃戈矛，而渴我將吏。遂乃處孤城而穿井，窺重泉而闢地。深餘十丈，曾無一勺之多；職長千夫，幾敗三軍之事。困不見其成績，憤將達於精意。俄而外整衣服，中懷果敢。推赤心於神祇，禱素液於坎窞。拜未及起，叫天以無辜；言未及終，觸地而有感。閟其質若俟仁人，發其蒙俄成澹淡。灌濯執熱，祛除積慘。明矣大漢士卒，所以歸心；愓爾群胡君長，於焉破膽。乃知以精誠及物，何物不覃？以忠烈靖難，何難不戡？自我而來，且見不虚其請；由中而出，孰云先竭其甘？是日也，飲人如醴，帝教勃焉而光啓；蕩寇之功，將略忽爾而玄通。如惔如焚，既洌清而可食；一拜一起，遂觱沸而無窮。斯乃道靡不弘，虚無不有。諒歸之於感激，豈間之於博厚？所以貳師至境，决泉脉於喬嶺；校尉臨邊，發水源於眢井。疲羸因之盡濟，狂孽由之遠屏。則知在物無必，至誠有孚，如聲之響，如形之影。

［録自清修《全唐文》卷五百二十五，校以《文苑英華》卷四十，中華書局1966年影印明萬曆刻本。文字擇善而從］

井渫不食賦

有浚其井，當時未知。功已成於岸甃，道尚失於瓶羸。潤氣寧發，潛源且卑。此遇鑒明而足用，彼將心惻以何爲？蓄利惟多，含清信久。幸可溉於鼎鑊，惜無施於綆缶。塗泥既去，方應用以虚心；汲引攸難，希有成於假手。况復桐色無點，桃陰不生。思輒輸其涓滴，望無廢於澄泓。同美玉於斯，將沽有待；比嘉肴不食，其味焉呈？蓋由混衆難分，處幽多棄。盥漱無及，空知洌彼下泉；顧盼可期，猶謂居之善地。淵然日久，望是光臨。懼以名徵，想貪泉尚酌；登諸薦品，豈行潦獨任？屬時非於疏勒，惜地異於漢陰。

願先竭以當仁，期分甘苦；俟一窺而見愛，焉測淺深？噫！夫穿鑿多勤，鑒臨斯及。佇將成於勿幕，恐致變於改邑。因以纖綆可施，一勺可挹。實有備於烹飪之日，惟夫深知而用汲。

[錄自清修《全唐文》卷五百二十五，校以《文苑英華》卷四十，中華書局1966年影印明萬曆刻本。文字擇善而從]

何檉

何檉，唐廬江（治今合肥）人[①]。咸通、乾符時人，生平已不可考。

注：

①見本書所收何檉《唐廬江何生故姬墓誌銘（并序）》。

墓誌銘

唐廬江何生故姬墓誌銘（并序）

王氏號桂華，京兆府萬年縣洪固鄉人也。咸通玖年拾月，歸于進士何檉。有女曰周，男曰鮑、次曰僧。享年貳拾捌。至乾符貳年陸月陸日，卒于長安太平坊。以七月拾六日，殯于萬年縣高平鄉姜村西百步之墟。嗚呼！女幼未勝喪，男稚未解哭。余非知死而知生者，聊作銘云：明月在水，落花隨風。悲爾魂兮，慌惚其中。

[錄自拓片。圖載《長安碑刻》（上册），陝西人民出版社2014年版。該墓誌銘1997年5月出土於今西安市長安區杜陵鄉蕉村磚廠，現收藏於長安博物館]

楊行密

楊行密，初名行愍，字化源，廬州合肥人。唐乾符中，起兵據廬州，自號八營都知兵馬使。中和三年（883），唐王朝任其爲廬州刺史。淮南節度使高駢爲畢師鐸所攻，駢表行密爲行軍司馬，遂率兵數千赴之。從此，楊行密經過多年征伐，最終建立吳國政權，割據一方。天祐三年二月卒，年五十四。謚曰武忠。子楊溥僭號，追尊行密爲太祖武皇帝，陵曰興陵[①]。《新唐書》卷一百八十八有傳。

注：

①參見《資治通鑑》卷二百五十五、《新唐書·楊行密傳》、《舊五代史·楊行密傳》、

《新五代史·吴世家》、《舊五代史新輯會證》卷一百三十四。

牒

舉史寔牒

敕淮南觀察使東南諸道行營都統牒左押衙充右弩隊都指揮使溧陽洛橋鎮遏使知茶鹽榷麯務銀青光禄大夫檢校刑部尚書兼御史大夫上柱國史寔，牒奉處分。前件官譽馳鄉里，才達變通，禦邊徼以多能，緝兵戎而有術。加以洞詳稼穡，善撫蒸黎，賦輿深見其否臧，案簿窮知其利病。以久無宰，尤藉招攜。俾分兼領之策，庶養新歸之俗。儻聞報政，别議酬勞。事須差兼知溧陽縣事準狀牒舉者，故牒。天復三年十一月九日牒。使檢校太師守中書令吴王押。

［録自清修《全唐文》卷一百二十八，校以中國國家圖書館藏元刻本《（至正）金陵新志》卷十三下《人物志·史崇》。文字擇善而從］

書牘

遺錢鏐書

昌狂疾自立，已畏兵諫，執送同惡，不當復伐之。

［録自北宋司馬光《資治通鑑》卷二百六十《唐紀七十六》］

遺朱全忠書

龐師古、葛從周，非敵也。公宜自來淮上決戰。

［録自北宋司馬光《資治通鑑》卷二百六十一《唐紀七十七》］

與朱全忠書

選張述於諫省，俾銜命於敝藩，授秩執金，賜編屬籍。

［録自北宋司馬光《資治通鑑》卷二百六十三《唐紀七十九》夾注引《考異》］

田頵

田頵（858—903），字德臣，廬州合肥人。略通書傳，沉果有大志。與楊行密同里，約爲兄弟。應州募屯邊，遷主將。行密據廬州，頵謀爲多。隨楊行密征伐,十餘年間攻兩浙,取昇州,多立戰功,楊行密乃表其爲寧國軍節度使。累遷檢校太保、同中書門下平章事。田頵自景福元年(892)鎮守宣州,是吴國重要將領,但也逐漸遭到楊行密猜忌與壓制,雙方矛盾不斷激化。天復三年(903)八月,田頵舉兵叛亂,先後被李神福、臺濛擊敗。十一月,在宣州城下戰死,年四十六。死後傳首廣陵,楊行密以庶人之禮安葬。史稱:"頵善爲治,資寬厚,通利商賈,民愛之。善遇士,若楊夔、康軿、夏侯淑、殷文圭、王希羽等,皆爲上客。"[①]《新唐書》卷一百八十九有傳。

注:

①參見《新唐書》卷一百八十九《田頵傳》、清吴任臣《十國春秋》卷十三《田頵傳》。

書牘

與楊行密

侯王守方,以奉天子,古之制也。其或踰越者,譬如百川不朝于海,雖狂奔猛注,澶漫遐廣,終爲涸土。不若恬然順流,淼茫無窮也。况東南之鎮,楊爲大,塵賤刀布,阜積金玉。願公上恒賦,頵將悉儲峙,具單車從。

[録自北宋薛居正《舊五代史》卷十七。文題依明孫鑛《古今翰苑瓊琚》卷五所擬]

五代

張崇

張崇，廬州慎縣(今屬合肥)人。少以驍勇隸軍籍。光啓中，始補戎職，從楊行密破趙鍠有功。乾寧二年(895)，行密攻蘇州，張崇爲越人所獲，行密欲嫁其妻，妻曰："崇忠孝，必不負公，請待之。"未幾，崇果返。以爲諸將都尉，遷蘇州防遏使。以平定安仁義之功，授常州刺史。累遷廬州團練觀察處置等使。天祐十一年(914)，加檢校太傅。天祐十三年(916)，光州將王言作亂，崇不俟命引兵討定，楊隆演獎賚有加。久之，擢德勝軍節度使。武義改元(920)，加安西大將軍。崇居官好爲不法，士庶苦之。嘗入覲廣陵，廬人意其改任，皆相幸曰："渠伊不復來矣！"崇歸聞之，計口徵"渠伊錢"。明年再入覲，人多鉗口不敢言，惟捋髭相慶，歸又徵"捋髭錢"。其貪縱如此。會廬江民訟縣令受賕，侍御史知雜事楊廷式欲並崇按之，徐知誥謝之而止。未幾，領武寧軍節度使，已又仍鎮廬州。大和三年(931)，賜爵清河郡王。卒於治所，年七十二。崇在廬州，厚以貨結權要，由是常得還鎮，爲民患者二十餘年①②。

注：

①參見北宋路振《九國志》卷一《張崇傳》。

②參見清吳任臣《十國春秋》卷九《張崇傳》。

題刻

東林寺題名

推忠翊聖功臣安西大將軍武寧平難等軍節度廬州觀察處置等使西南面行營招討應援使光禄大夫檢校太傅兼御史大夫上柱國清河郡開國侯張崇,奉詔征討過此。武義元年十一月二十七日。

[録自北宋陳舜俞《廬山記》卷五《古人題名篇第八》,日本内閣文庫藏南宋紹興刻本。題今擬]

楊溥

楊溥(901—938),廬州合肥人。吴太祖楊行密第四子,吴烈祖楊渥、吴高祖楊隆演弟,吴國末代皇帝。武義二年(920),楊隆演去世,楊溥爲徐温所迎,繼吴王位,改元順義。順義七年(927)稱帝,改元乾貞。楊隆演及楊溥在位時,吴國軍政大權已掌控在徐温及徐温養子徐知誥(即南唐建立者李昪原名)手中。天祚三年(937),楊溥禪位於徐知誥,徐知誥上尊號"高尚思玄弘古讓皇帝",吴國滅亡。同年十二月卒,年僅三十八。謚曰睿[1]。

注:

①參見《新五代史》卷六十一《吴世家》、《舊五代史》卷一三四《僭僞列傳一》。

詔

褒贈聶師道詔

詢諸贈典,繫乃彝章。啓有厥由,於何不舉?淮浙宣歙管内道門威儀逍遥太師問政先生爲國焚修大德賜紫聶師道,早通玄理,夙契真風,野鶴不群,孤雲自在。昔太祖創基之際,已命焚修;及元勳匡國之初,早曾瞻敬。眷言道行,實冠玄關。雖昇遐屢歷於光陰,而遺懿益隆於寰宇。況教門一請,台輔奏陳,且將啓玄墟,即回故里。是用加之峻秩,錫以崇階,式表休息,庶昭往行。可贈銀青光禄大夫鴻臚卿問政先生。

[録自清修《全唐文》卷一百二十八,校以中國國家圖書館藏五代沈汾《續仙傳》卷下《聶師道》(明鈔本)。文字擇善而從]

楊澈

楊澈，廬州合肥人。楊行密第六子。武義元年(919)，封鄱陽郡公。楊溥稱帝，封平原王，已又徙封德化王。後不知所終[①]。

注：

①參見《十國春秋》卷四，《文淵閣四庫全書》本。

雜著

題仙居永安禪院牓

吴大和五年歲次癸巳正月戊寅朔，奉化軍節度使江州觀察處置等使特進檢校太尉中書令使持節江州兼軍事江州刺史上柱國德化王食邑三千户楊澈篆。

[錄自北宋陳舜俞《廬山記》卷二《敘山南篇第三》，日本内閣文庫藏南宋紹興刻本。題今擬]

章震

章震，廬州合肥人[①]。約南唐保大時人。著有《肥川集》十卷、《磨盾集》十卷[②]。

注：

①《宋史·藝文志》載章震著有《肥川集》。"肥川"二字當指合肥。本書所收章震《後唐重建巢湖太姥廟記》有"我府主汝南公"句。汝南爲周姓郡望，時任德勝軍節度使、都督廬州諸軍事、廬州刺史者係宿松周鄴。綜上，可以判斷章震爲合肥人。

②參見《宋史》卷二〇八《藝文七》。

記

後唐重建巢湖太姥廟記

伏聞巢居飲血之時，克全朴素；洎鑽火變生之後，漸入澆漓。既失淳元，即分善惡。邇後生於聖哲，制彼禮儀，方設壇場，始嚴祭祀。其或旋聞神聖，亟顯靈通。陰功若被於黎元，青骨亦畀於廟食。代將襲矣，世豈無焉？

巢湖太姥者，姓㝱氏，則古巢州人也。當漢末魏初之日，值吴強蜀霸之年。國既鼎分，雄爭虎踞。㲈毛墜地，鯨寇滔天。江淮競起於干戈，京洛爭持於劍戟。且桑田變海，今古共論；土地更時，神祇自顯。唯太姥心將陰契，道與冥符。遇聖者於蓽門，泄神機於語次。其後果見龍王作怒，鬼將興嗔。使彼巢城，陷爲湖水。樓閣皆沉於浩浪，黎民悉没於洪波。而太姥先知，獨登高巘。生則免兹漂溺，殁乃主此波濤。陰功大及於行人，靈驗尋興於廟宇。塑神姿於寶座，列陪位於香壇。丹臉桃紅，雙眉柳緑。掌神兵於水府，呼風伯於山頭。送黎民未濟之舟，救商賈欲亡之難。南北之征帆蔽日，東西之白浪連雲。求之則必遂諸心，禱之則皆從人欲。無偏無黨，有託有依。案前之酒脯無窮，筵上之犧牲不絶。人皆蒙祐，物盡銜恩。雖聖德遐彰，而殿堂且隘。

我府主汝南公，雄傑卓爾，英姿凜然。笑馬援眉龐，徒有當年之譽；鄙姜維膽大，空傳昔日之名。弓開而雁落雲頭，劍拔而蛟亡水底。植亞夫柳，展韓信營。屯赳赳之師，統多多之旅。上可以克清寰宇，下可以壓定封疆。鎮國西門，爲王右臂。且三年布政，千里行春。褰賈氏之帷，歌廉公之袴。人唯安堵，物荷昭蘇。公以久别龍庭，欲朝鳳闕。先祈廟貌，次整行舟。櫓聲而十里交連，帆影而幾重相亞。太姥乃大垂靈貺，廣借神功。好風輕吹於雲檣，微浪不生於水面。往來利涉，上下無虞。既感威光，得無酬報？我公乃命其郢匠，召彼般輸，相以殿堂，度之材木。造正殿一間兩徘徊，兩面行廊九間，中門一間，並兩挾廊。横屋四間一徘徊，南臺將軍殿一間兩徘徊，官廳兩間一徘徊。廚兩間，東門一間，利市婆堂一間。周回共二十四間六徘徊。竹木磚瓦並彩畫隊仗等，計用緡錢十萬，工夫五千。不日而成，狀如化出。莫不梁横螮蝀，瓦疊鴛鴦。丹楹將畫斗爭妍，刻桷與雕簷鬭耀。時或風清月夜，霧散晴天，疏窗含細浪之聲，曲檻寫餘霞之色。其次壁描鬼將，廊畫神兵。牙樹霜刀，眉分鐵刺。怒發則山傾海湧，喜來則浪静風調。壯觀靈祠，匡扶征客。必罄敘兹嚴盛，何由畫此毫端？震也學乏偷燈，才非煮豆。謬提刀筆，忝佐賢侯。在承命以難辭，謹斐然而直述。

時後唐保大二年龍集甲辰八月十日記。

[錄自清修《全唐文》卷八百七十一，校以《(光緒)續修廬州府志》卷十八《祠祀志上》。文字擇善而從]

宋

馬亮

馬亮(959—1031)[1],字叔明,廬州合肥人。太平興國五年(980)進士,省試第一[2]。初仕大理評事、知蕪湖縣,遷殿中丞、通判常州,擢知濮州,命爲福州路糾察刑獄。歷知福州、饒州,遷殿中侍御史。咸平中,除西川轉運副使,加直史館。歷昇、廣、虔、洪諸州、江陵府,復知昇州,徙杭州,入爲御史中丞。改兵部侍郎、知廬州,徙江陵,又徙江寧府。仁宗初,拜尚書右丞,復知廬州,召判尚書都省兼知審刑院。遷工部尚書、知亳州,又還江寧府,以太子少保致仕。天聖九年(1031)八月卒,年七十三。贈尚書右僕射,謚忠肅[3]。亮有智略,敏於政事。選吕夷簡爲婿,後夷簡爲北宋名相。陳執中、梁適爲京官,田况、宋庠、宋祁爲童子時,亮皆厚遇之,後皆大顯,世以亮爲知人[4]。《宋史》卷二百九十八有傳。

注:

①參見北宋晏殊《馬忠肅公亮墓誌銘》,收録於《新刊名臣碑傳琬琰之集》。

②參見北宋曾鞏《隆平集·馬亮傳》、明潘鏜《(正德)廬陽志》卷十九《甲科》。

③參見《續資治通鑑長編》卷一百十、《馬忠肅公亮墓誌銘》。

④參見《宋史》卷二百九十八《馬亮傳》、《馬忠肅公亮墓誌銘》。

奏議

陳四事奏

(至道三年九月),刑部員外郎馬亮上疏言:

陛下初政，軍賞宜速，而所在不時給，請遣使分往督視。又，州縣逋負至多，赦書雖爲蠲除，而有司趣責如故，非所以布宣恩澤也。國朝故事，以親王判開封府，地尊勢重，疑隙易搆，非保親全愛之道。契丹仍歲内寇，河朔蕭然，請修好以息邊民。

［錄自南宋李燾《續資治通鑑長編》卷三十八之二《太宗皇帝紀二十二之二》，中國國家圖書館藏清鈔本。題今擬］

乞貸脅從者奏

（咸平四年正月），上召西川轉運使、兵部員外郎馬亮入朝，問以蜀事。蜀自雷有終既平賊，誅殺不已，亮所全活踰千人。……及至京師，會械送爲賊所詿誤者八十九人，知樞密院事周瑩欲盡誅之。亮言：

愚民脅從者衆，此特百分一二爾，餘皆竄伏山林。若不貸此，反側之人聞風疑懼，一唱再起，是滅一均生一均也。

上悟，悉宥之。

［錄自南宋李燾《續資治通鑑長編》卷四十八，中國國家圖書館藏清光緒七年浙江書局刊本。題今擬］

乞救饑民奏

徙昇州。行次江州，屬歲旱民饑，湖湘漕米數十舟適至，亮移文守將，發以振貧民。因奏：

瀕江諸郡皆大歉，而吏不之救。願罷官糴，令民轉粟以相賙。

［錄自《宋史》卷二百九十八《馬亮傳》。題今擬］

請權住支給庶官職田奏

（大中祥符八年六月乙丑），給事中、知荊南馬亮言：

竊見天下庶官職田，過爲優厚，請三二年間權住支給，聊助經費。臣今歲所得米麥四百二十餘石，已牒本府納官訖。

［錄自南宋李燾《續資治通鑑長編》卷八十四，中國國家圖書館藏清光緒七年浙江書局刊本。題今擬］

請賜戴永遺孤釋褐奏

（大中祥符八年），亮言：

往歲有同年戴永赴官嶺表，謂臣曰："苟不生還，以遺孤爲託。"未幾，永卒。訪得其子，纔數歲，收育於家。既長，妻以幼女，願賜釋褐，振其遺緒。

[錄自《(至正)金陵新志·金陵表》卷三《宋》，中國國家圖書館藏元刻本。題今擬]

乞禁父祖未葬析居奏

近歲以來，父祖未葬，而多别財異爨。甚傷風教！請自今未葬者，不得析居。

[錄自《(乾道)臨安志》卷三《牧守》，中國國家圖書館藏清光緒四年會稽章氏刻本。題今擬]

蕃客販香藥事奏

(天禧)三年十月，工部侍郎、充集院學士馬亮言：

福州商旅林振自南蕃販香藥回，爲隱税真珠，州市舶司取其一行物貨悉没官。内有蕃人你打、小火章闌等名下各有互市香藥，爲綱官犯罪，一例没納。準元降詔命，罪不及此。其蕃客望量給一分，蕃人打你十分給與五分，小火章闌、蕃客那賴等並全給付。

[錄自《宋會要輯稿補編》第659頁，全國圖書館文獻縮微複製中心1988年影印舊鈔本。題今擬]

請罷和糴奏

(天禧三年)十月，工部侍郎、集賢院學士馬亮言：

淮南州軍薄稔，商旅有自兩浙轉粟而販鬻者，以給民食，今官市之，其價增倍。望令權罷和糴。

[錄自《宋會要輯稿·食貨三九之九》，中華書局1957年影印舊鈔本。題今擬]

論度僧事

(天聖二年)十二月，尚書右丞、集賢院學士馬亮言：

天下僧徒數十萬，多游墮凶頑隱跡爲僧，結爲盜賊，污辱教門。欲望今後除額定數剃度外，非時更不放度。及常年聚試之際，先委僧司看驗保識，如行止不明、身有雕刺及曾犯刑憲者，並不得試經。仍於逐年試帳前牓此條貫。

[錄自《宋會要輯稿·道釋一之二六》，中華書局1957年影印舊鈔本。題今擬]

（天聖二年十二月）丙寅，權判都省馬亮言：

天下僧以數十萬計，間或爲盜，民頗苦之。請除歲合度人外，非時更不度人，仍自今毋得收曾犯真刑及文身者係帳。

［錄自南宋李燾《續資治通鑑長編》卷一百二，中國國家圖書館藏清光緒七年浙江書局刊本。個别明顯誤字徑改，題今擬］

判都省馬亮言：

佛道貴重，人天所師。請無得收度曾犯真刑及文身者。

［錄自《古今圖書集成·釋教部彙考》卷四，題今擬］

乞毋寬貸知有恩赦而故犯者奏

知亳州馬亮言：

按律，知有恩赦而故犯者，不得以赦原。朝廷每於赦前下約束，蓋欲申警貪盜之人，令犯者禁奏聽裁。及案下大理寺，而法官復不詳律意，乃言終是會赦，因而多所寬貸，頗爲惠姦。

［錄自南宋李燾《續資治通鑑長編》卷一百五，中國國家圖書館藏清光緒七年浙江書局刊本。個别明顯誤字徑改，題今擬］

乞許致仕官附遞奏

（天聖七年八月）二十二日，太子少保致仕馬亮言：

伏見工部侍郎朱昂致仕荆南，凡有聞奏，特許本府附遞。望依昂例。

［錄自《宋會要輯稿·儀制七之二一》，中華書局1957年影印舊鈔本。題今擬］

（天聖）七年八月，太子少保致仕馬亮言：

分司、致仕官無例申發章奏。咸平中，朱昂致仕歸荆南，許附遞。乞依昂例。

［錄自《宋會要輯稿·職官七七之三六》，中華書局1957年影印舊鈔本。個别明顯誤字徑改，題今擬］

書牘

與方仲荀

亮啓：邇者，學士老兄赴任經由，幸諧款奉。雖交情之愈篤，顧主禮以殊乖。旋别德風，已聞榮上。乍布七條之旨，必興五袴之謡。惟冀保和，佇膺顯用。不宣。（押）再拜。六月三日。（鈐印："叔明私記"）

交代梅學士，必候運河有水方行。近聞常、潤已來，得雨頗多，應非久前。邁亮自前曾留下虔州折支瓷器，託交代學士委公人貨賣，尚有餘逋，計已了足。今專令人去交領，或猶未了當。敢望吾兄略垂一問，貴知去着，免見於後推注也。

[錄自南宋曾宏父輯刻《鳳墅帖》，上海圖書館藏。圖載《中國法帖全集》第八册，湖北美術出版社2002年版。此篇原無定名，或稱《款奉帖》，或稱《老兄赴任帖》，今參閱《中國書法全集》第41卷《北宋名家卷》（榮寶齋出版社2010年版）之考釋，定名《與方仲荀》]

序跋

建康郡守題名記序

少保馬亮序。

金陵，古之名地也。昔周大王長子避位奔江南，百姓從而君之，自號"勾吳太伯"。吳亡於越，越亡於楚，楚亡於秦，其間千餘年，不常厥居。秦有天下，置三十六郡。涉歷兩漢，其地尚屬丹楊郡。三國時，孫權始建都邑。晉室渡江，宋、齊、梁、陳因之，無遷易焉。隋滅陳而禪唐，至玄宗時乃爲昇州。唐祚告絶，五代繼立。當是時也，九州分裂，海内横流，擅其地而稱霸王者非一。江淮則楊氏據之，而都廣陵；李氏承之，而都金陵。憲章紀律，惟李氏可採，金陵則輒號江寧府矣。聖宋開基，混一區宇，後主以開寶八年乙亥歲十一月二十七日城陷歸闕，金陵復爲昇州。至丙午歲，凡三十二年，且牧守一十七人。慮年代寖遠，好事者無以詰其姓名。余忝守郡條，職參史氏，故爲題名記，欲使往者來者，得以顯其名位、到罷月日。庶幾乎千載之下，知皇宋之有人焉。

[錄自《（景定）建康志》卷十三《建康表九》，中國國家圖書館藏清嘉慶六年刻本。題今擬]

姚鉉

姚鉉（968—1020），字寶之，一字寶臣[①]，廬州合肥人，望出吳興。太平興國八年（983）進士第三人[②]。解褐大理評事，知潭州湘鄉縣。三遷殿中丞，通判簡、宣、昇三州。淳化五年(994)，直史館，侍宴内苑，應制賦《賞花釣魚詩》，特被嘉賞。後遷太常丞，充京西轉運使，歷右正言、右司諫、河東轉運使。知鄆州，加起居舍人，還京東轉運使，徙兩浙路。鉉儁爽，頗尚氣。薛映知杭州，與之不協，事多矛盾。映摭鉉罪狀數條，密以聞，詔使劾之，當奪一官，特除名，貶連州文學。吉州之萬安抵虔，江有贛石，舟行其中，湍險萬狀，鉉過，感而賦之以自況。大中祥符五年(1012)，會赦，移岳州，又移舒州，俄授本州團練副使。天禧四年(1020)卒，年五十三。鉉文詞敏麗，善筆札，藏書至多，頗有異本。有集二十卷。又采唐人文章，纂爲百卷，名曰《文粹》，流傳至今，影響深遠[3]。《宋史》卷四百四十一有傳。

注：

①參見《宋史》卷四百四十一《姚鉉傳》、南宋陳振孫《直齋書録解題》卷十五。

②參見南宋陳振孫《直齋書録解題》卷十五。

③參見《宋史》卷四百四十一《姚鉉傳》。

表

遷移鄆州謝表

臣鉉言：三月十一日，翰林待詔朱慶至，奉宣詔旨，賜臣《遷移鄆州碑》一軸，使令書石者。鳳篆葳蕤，雄文飛動，自天而降，闔境爲榮。臣鉉誠感誠忭，頓首頓首。

臣聞建萬國而親諸侯，莫大乎立制度；鎮四夷而附百姓，莫大乎列都城。考《王制》，則五等有差；稽《春秋》，則百雉爲大。民居是域，國典有程。其或天災流行，下民昏墊。昭天鑒而俾無逸口，揚聖謨而動有成功。亦猶晉遷新田，獲水土永世之利；周卜洛邑，得天地四方之中。鴻猷允播於無疆，翠琰是書於不朽。

伏惟崇文廣武聖明仁孝皇帝陛下，誕膺駿命，光啓瑶圖。放勛之文，所以縣諸日月；有虞之孝，所以通乎神明。寰區克致於泰寧，蠻貊盡同於文軌。式遏亂略，則四海宅心；寵綏黎元，則百王讓德。將舉告成之典，永隆不拔之基。

惟彼東平，是稱重地。積水爲患，群生失寧。如大河決防，洪濤浸壘。將就晉陽之禍，咸思瓠子之歌。宸機一決於九重，喜氣四充於千里。倏移城郭，直疑遊仙人之宫；兢創室廬，皆謂入華胥之國。審方正面而盡舉，興利除害以孔多。不有大功，孰識乎睿知？不有鴻筆，孰昭乎德音？金聲才振於禁林，寶軸俄頒於近屏。英辭焕發，駭龍蛇之變攄；妙翰優柔，睇鵷鸞之翔集。貞珉已勒，盛德長新。粲然與日月爭輝，邈矣將天地齊永。吏民相慶，藩閫有光。臣無任屏營之至！

［錄自《（嘉靖）山東通志》卷三十七《遺文上·表類》，天津圖書館藏明嘉靖刻本。個别明顯誤字徑改］

奏議

乞減免被災軍民夏税奏

（至道元年）七月，京西轉運使姚鉉言：

陳、許等九州並光化軍民，經災傷及死損牛具，今年夏税望與免放減。

［錄自《宋會要輯稿·食貨七〇之一五八、一五九》，中華書局1957年影印舊鈔本。題今擬］

言諸路官吏事奏

（咸平元年八月）辛卯，京西轉運使姚鉉上言：

諸路官吏或彊明莅事、惠愛及民者，則必立教條，除其煩擾。然所更之弊事，多不便於狡胥，候其罷官，悉藏記籍。害公蠹政，莫甚於兹。欲望應知州府軍監、通判、幕職、州縣官，於所在有經畫利濟、事可經久者，歲終書歷，替日錄付新官，俾之遵守，不得妄信下吏，輒有改更。若灼然不便，州以上聞，幕職以下聞於長吏，俟報改正。《禮》云："其人有則其政舉，其人亡則其政息。"《語》曰："舊令尹之政，必以告新令尹。"此實聖人之格言，國家之急務也。

［錄自南宋李燾《續資治通鑑長編》卷三十九《真宗皇帝紀一》，中國國家圖書館藏清鈔本。題今擬］

序跋

唐文粹序

吴興姚鉉述。

五代衰微之弊，極於晉、漢，而漸革于周氏。我宋勃興，始以道德仁義根乎政，次以詩書禮樂源乎化。三聖繼作，曄然文明，霸一變至於王，王一變至於帝，風教逮下，將五十年。熙熙蒸黎，久忘干戈戰伐之事；侁侁儒雅，盡識聲明文物之容。《堯典》曰："文思安安。"《大雅》云："濟濟多士。"盛德大業，英聲茂實，并届于一代，得非崇文重學之明效歟？况今歷代墳籍，略無亡逸，内則有龍圖閣，中則有祕書監。崇文院之列三館，國子監之印群書。雖唐、漢之盛，無以加此。故天下之人，始知文有江而學有海，識於人而際於天。譔述纂錄，悉有依據。

由是大中祥符紀號之四禩，皇帝祀汾陰后土之月，吴興姚鉉集《文粹》成。《文粹》謂何？纂唐賢文章之英粹者也。《詩》之作，有雅頌之雍容焉；《書》之興，有典誥之憲度焉。禮備樂舉，則威儀之可觀，鏗鏘之可聽也。《大易》定天下之業，而兆乎爻象；《春秋》爲一王之法，而繫於褒貶。若是者，得非文之純粹而已乎？是故志其學者必探其道，探其道者必詣其極。然後隱而晦之，則金渾玉璞，君子之道也；發而明之，則龍飛虎變，大人之文也。自微言絶響，聖道委地，屈平、宋玉之辭，不陷於怨懟，則溺于諷惑。漢興，賈誼始以佐主之道、經世之文，而求用于文帝，絳、灌忌才，卒罹讒謫。其後，公孫弘、董仲舒、晁錯咸以文進，或用，或升，或黜，或誅。至若嚴助、徐樂、吾丘壽王、司馬長卿輩，皆才之雄者也，終不得大用，但侍從優游而已。如劉向、司馬遷、揚子雲、東京二班、崔、蔡之徒，皆命世之才，垂後代之法，張大德業，浩然無際。至于魏、晉，文風下衰；宋、齊以降，益以澆薄。然其間鼓曹、劉之氣燄，聳潘、陸之風格，舒顔、謝之清麗，藹何、劉之婉雅，雖風興或缺，而篇翰可觀。至梁昭明太子統，始自《楚騷》，終于本朝，盡索歷代才士之文，築臺而選之，得三十卷，號曰《文選》，亦一家之奇書也。厥後，徐、庾之輩，淫靡相繼，下迨隋季，咸無取焉。有唐三百年，用文治天下。陳子昂起於庸蜀，始振風雅。繇是沈、宋嗣興，李、杜傑出，六義四始，一變至道。洎張燕公以輔相之才，專譔述之任，雄辭逸氣，聳動群聽。蘇許公繼以宏麗，丕變習俗。而後，蕭、李以二《雅》之辭本述作，常、楊以三《盤》之體演絲綸，郁郁之文，於是乎在。惟韓吏部超卓群流，獨高遂古，以二帝三王爲根本，以六經四教爲宗師，憑凌轥轢，首唱古文，遏横流於昏墊，闢正道於夷坦。於是，柳子厚、李元賓、李翺、皇甫湜又從而和之，則我先聖孔子之道，炳焉懸諸日月。故論者以退之之文，可繼揚、孟，斯得之矣。至於賈常侍至、李補闕翰、元容州結、獨孤常州及、吕衡州溫、梁補闕肅、權文公德輿、劉賓客禹錫、白尚書居易、元江夏積，皆文之雄傑者歟！世謂貞元、元和之間，辭人咳唾，皆成珠玉，豈誣也哉？今世傳唐代之類集者，詩則有《唐詩類選》《英靈》《間氣》《極玄》《又玄》等集，賦則有《甲賦》《賦選》《桂香》等集，率多聲律，鮮及古道，蓋資新進後生、干名求試者之急用爾。豈唐賢之跡兩漢、肩三代，而反無類次以嗣于《文選》乎？

鉉不揆昧懵，徧閱群集，耽玩研究，掇菁擷華，十年于兹，始就厥志。得古賦、樂章、歌詩、贊頌、碑銘、文論、箴表、傳録、書序，凡爲一百卷，命之曰《文粹》。以類相從，各分首第門目。止以古雅爲命，不以雕篆爲工，故侈言曼辭，率皆不取。觀夫群賢之作也，氣包元化，理貫六籍，雖復造物者，固亦不能測研幾而窺沉慮。故英辭一發，敻出千古。琅琅之玉聲、粲粲之珠光，不待汎天風、澈海波，而盡在耳目。於戲！李唐一代之文，其至乎！

［録自北宋姚鉉編《文粹》，《四部叢刊》影印烏程蔣氏密韻樓藏元翻宋小字本。個别明顯誤字據别本改］

皇甫選

皇甫選，廬江（今合肥）人①。宋太宗時進士②。端拱二年（989），爲江陰軍簽判③。至道元年（995），官大理寺丞④。真宗咸平三年（1000）正月，以權户部判官、殿中丞，責授南劍州團練副使⑤。景德元年（1004），仍爲殿中丞⑥。二年（1005），爲太常博士⑦。大中祥符三年（1010）正月，因事以兩浙提點刑獄、太常博士徙江南路⑧。六年（1013）四月，以都官員外郎知越州，八年（1015）四月替⑨。又曾知蘇州⑩、亳州。在亳州知州任上，賞識提拔韓億，韓億後爲名相⑪。有《注何亮本書》三卷⑫，已佚。卒後，劉筠誌其墓⑬。

注：

①參見《續資治通鑑長編》卷三十七。按，《長編》言皇甫選爲廬江人，此廬江乃一郡之稱。宋代有皇甫子仁、皇甫升等，均被明確記載爲合肥人，當爲皇甫選家族人物。

②《宋史》卷一百六十九《職官九》載："殿中丞有出身轉太常博士，無出身轉國子監博士。内帶館職同有出身。"皇甫選後由殿中丞遷太常博士，故當爲進士出身。

③參見《永樂大典·常州府》卷十《年表》，上海圖書館藏清鈔本。

④參見《宋會要輯稿·食貨六一之八九》。

⑤參見《續資治通鑑長編》卷四十六，《文淵閣四庫全書》本。

⑥參見《續資治通鑑長編》卷五十六，《文淵閣四庫全書》本。

⑦參見《宋會要輯稿·食貨三七之四》。

⑧參見《續資治通鑑長編》卷七十三。

⑨參見《(嘉泰)會稽志》卷二。

⑩參見北宋楊億《皇甫太博知蘇州》詩。

⑪參見《宋史》卷三百一十五《韓億傳》、北宋蘇舜欽《推誠保德功臣正奉大夫守太子少傅致仕上柱國開國公食邑三千三百户食實封八百户賜紫金魚袋贈太子太保韓公行狀》、北宋張方平《推誠保德功臣正奉大夫守太子少傅致仕上柱國昌黎郡開國公食邑三千三百户食實封八百户賜紫金魚袋累贈太師中書令尚書令許國公謚忠憲韓公神道碑銘(并序)》。

⑫參見《宋史》卷二〇五《藝文四》。

⑬參見《續資治通鑑長編》卷四十六、五十六,《文淵閣四庫全書》本。

奏議

言水利疏

(至道)二年四月丁酉,皇甫選、何亮等上言:

先受詔往諸州興水利。按,鄭渠元引涇水,自仲山西抵瓠口,並北山東注洛,袤三百餘里,溉田四萬頃,收皆畝一鍾。三白渠亦引涇水,首起谷口,尾入櫟陽,注渭中,袤二百餘里,溉田四千五百頃。兩渠共溉田四萬四千五百頃。今之存者不及二千頃,乃二十二分之一分也。皆由近代改修渠堰,寖隳舊防,失其水利,故灌溉之功絶少於古。

臣等先至鄭渠相視,用功最大,並仲山而東,鑿斷崗阜,首尾三百餘里,連亘山足,岸壁隤壞,堙廢已久,度其制置之始,涇河平淺,直入渠口。既年代浸遠,涇河日深,水勢漸下,與渠口相懸,水不能至。峻崖之處,渠岸摧毁,荒廢歲久,實難致力。其三白渠溉涇陽、櫟陽、高陵、雲陽、三原、富平六縣田三千八百五十餘頃,此渠衣食之原也。望令增築堤堰,以固護之。舊有斗門一百七十有六,以節制其水,皆毁壞,請悉繕治,令用水有準。渠口舊有六石門,謂之"洪門",今亦隤圮。若再議興制,則其工甚大,且欲就近度其岸勢,别開渠口,以通水道,歲令渠官行視岸之闕薄、水之淤損,即時繕修疏治之。嚴禁豪民,無令決渠盜水,以擅其利。涇河中舊有石堰,修廣皆百步,捍水雄壯,謂之"將軍翣"。廢壞已久,基址具在。杜思淵曾獻議,請興此翣,而功不克就。其後止造木堰,凡用材一千三百餘數,歲出於沿渠之民。涉夏,水潦薦至,渠暴漲,木堰遂壞,漂流散失;至秋,復率民以修葺之。數斂重困,無有止息。欲自今溉田畢,命工拆堰木置於岸側,可充三二歲修堰之用。所役沿渠之民,計田出丁,凡調萬二千人,謂之"水利夫"。將軍嬰可造堰,各有其利,固不憚勞,不煩歲役其人矣。擇能吏專掌其事,置於涇陽縣,以時行視,往復甚便。

又言:

鄧、許、陳、潁、蔡、宿、亳七州之地,其公私閑田凡三百五十一處,合二十二萬餘頃。蓋民力不能盡耕。漢、魏以來,杜預、召信臣、任峻、司馬宣王、鄧艾等立制墾闢之地,由南陽界鑿山開嶺,疏導河水,散入唐、鄧、襄三州以溉田。諸處陂塘坊埭,大者長三十里至五十里,闊二丈至八丈,高一丈五尺至二丈。其溝渠,大者長五十里至百里,闊三丈至五丈,深一丈至一丈五尺,可行小舟。臣等周行歷覽,若皆增築陂堰,勞費甚煩。欲望於隄防未壞、可興水利者,先耕二萬餘頃,他處漸圖建置。

[錄自南宋楊仲良《皇宋通鑑長編紀事本末》卷十一(《宛委別藏》本),校以《玉海》卷二十二、《宋史》卷九十四《河渠志》、《宋會要輯稿·食貨七之二、三》。文字擇善而從,題今擬]

鍾離瑾

鍾離瑾(? —1030)①,字公瑜,廬州合肥人,望出會稽。咸平三年(1000)進士②。爲簡州推官,以殿中丞通判益州。建言"州郡既上雨,後雖凶旱,多隱之以成前奏。請令監司劾其不實者。"擢開封府推官,出提點兩浙刑獄。衢、潤州饑,聚餓者食之,頗廢農作,請發米二萬斛賑給,家毋過一斛。後徙淮南轉運副使,歷京西、河東、河北轉運使,改江、淮制置發運使。殿直王乙者,請自揚州召伯埭東至瓜州,濬河百二十里,以廢二埭。詔瑾規度,以工大不可就,止置牐召伯埭旁,人以爲利。累遷尚書刑部郎中,爲三司户部副使。天聖八年(1030)三月,除龍圖閣待制、權知開封府③。未踰月,得疾。仁宗封藥賜之,使未及門而卒④。贈兵部尚書⑤。《宋史》卷二百九十九有傳。

注:

①鍾離瑾卒年根據《宋史·鍾離瑾傳》記載:"除龍圖閣待制、權知開封府。未踰月,

得疾。仁宗封藥賜之,使未及門而卒。”據開封市博物館藏《開封府題名記》碑記載,鍾離瑾任期爲天聖八年(1030)三月至四月,則即卒於此年。

②參見明姚廣孝《諸上善人詠·鍾離少師》。歷代合肥地方志均記載鍾離瑾爲宋仁宗慶曆二年(1042)進士,顯誤。

③參見開封市博物館藏《開封府題名記》碑,并參考《宋史·鍾離瑾傳》。

④參見《宋史》卷二百九十九《鍾離瑾傳》。

⑤見本書所收馬仲甫《宋故尚書刑部郎中充龍圖閣待制贈兵部尚書鍾離公夫人壽安縣太君任氏墓誌銘(并序)》。

奏議

請賑給闕食之民奏

(天禧元年三月)丁巳,兩浙提點刑獄合肥鍾離瑾言:

衢、潤二州闕食,官設糜粥,民競赴之,有妨農事。請下轉運司二萬石賑給,家不得過一斛。

[錄自南宋李燾《續資治通鑑長編》卷八十九,中國國家圖書館藏清光緒七年浙江書局刊本。個别明顯誤字據别本改,題今擬]

報豐災當如實奏

(天禧三年七月)庚辰,屯田員外郎鍾離瑾言:

竊見諸州長吏,才境内雨足苗長,即奏豐稔;其後霜旱蝗螟災沴,皆隱而不言。上罔朝廷,下抑氓俗。請自今諸州有災傷處,即時騰奏,命官檢視。如所部豐登,亦須俟夏秋成日乃奏。如奏後災傷者,聽别上言。隱而不言,則論其罪。

[錄自南宋李燾《續資治通鑑長編》卷六十《真宗皇帝紀二十二》,中國國家圖書館藏清鈔本。個别明顯誤字據别本改,題今擬]

剩納茶綱虧損奏

(天聖六年)六月,制置發運使鍾離瑾言:

江、浙、荆湖諸州軍逐年買下茶貨,般裝赴沿江榷務及淮南州軍綱運。或遭風拋失,全綱載不收,其綱梢人貨依編敕等第斷遣,其茶貨便即除破。若綱梢人員收救得水濕茶貨到卸納處,將茶味定驗分數勘斷後,紐計虧分價錢,尅折軍人請受填納。竊詳全載不收,決訖疏放;收得分數,既已科罪,又更剋納虧分價錢。以此條約不均，是致茶綱每遭風水，皆不肯收救，枉失官物。欲自今應茶綱遭風拋失，兵梢自能用心收救，即差官點檢，委實别無欺弊，與依編敕，取責一綱上下地分村耆等人結狀，無虚僞罪狀，勘逐綱梢人員依法施行。所有收救到茶貨，至卸納處，只據見在分數收納入官，更不紐計剋納虧官價錢。若在路不切愛護，致有水損，但不係遭風拋失收救到茶數，即依元敕剋納虧官價錢。

[録自《宋會要輯稿·食貨四二之一三》，中華書局1957年影印舊鈔本。題今擬]

乞免河北流民往還渡錢奏

（天聖七年）九月七日，三司户部副使鍾〖離〗瑾等上言：

河北水災州軍渡錢，除商販鬻物仍舊輸課外，其流民往還，望免其課。

[録自《宋會要輯稿·食貨一七之二三》，中華書局1957年影印舊鈔本。題今擬]

曹谷

曹谷，合淝人。宋真宗時以星曆衍數遊權門，曾爲宰相王欽若作命書，談事如神①。大中祥符三年（1010）十月，爲河中府通判，驗民所貢之《靈寶真文》②。大中祥符中，官職方員外郎。冀國公王欽若以其熟習道教教法，推薦其校勘《道藏》。未幾，出爲淮南轉運使③。大中祥符八年（1015）三月，爲江南轉運使④。後奏還卒業，詮整部類，升降品第，多其爲也。

注：

①參見宋阮閲《詩話總龜》卷四十八《藝術門》。

②參見《續資治通鑑長編》卷七十三、七十四，《文淵閣四庫全書》本。

③參見《續資治通鑑長編》卷八十六。

④參見《宋會要輯稿·禮五》。按，目前已知宋代有三曹谷，北宋真宗同時有二，南宋紹興年間有一。北宋另一曹谷據《續資治通鑑長編》及《宋會要輯稿》可知，大中祥符元年四月，官殿中丞。二年五月，爲三司度支判官。六年十二月，以職方員外郎曹谷、户部判官、虞部員外郎袁成務並爲行在三司判官。

奏議

乞令臣僚朝謁聖祖殿于門外下馬奏

（大中祥符八年）三月，江南轉運使曹谷言：

天慶觀聖祖殿將成，慮臣僚不知道家典禮，每因朝謁，多入正門馳騾，乞並令門外下馬。

[錄自《宋會要輯稿·禮五之一八、一九》，中華書局1957年影印舊鈔本。題今擬]

楊居簡

楊居簡，其先晉人，從唐僖宗入蜀，家於成都。至其父鈞，始從孟昶降宋[①]。宋真宗時通判廬州，家合肥[②]。乾興元年(1022)，知泗州[③]。仁宗天聖元年(1023)，爲都官員外郎[④]。天聖間卒，葬合肥。

注：

①參見《宋史》卷二百九十五《楊察傳》。

②參見《(萬曆)廬州府志》卷六《官師表》、《宋史·楊察傳》。

③參見《續資治通鑑長編》卷九十九，《文淵閣四庫全書》本。

④參見《宋會要輯稿·禮四二之六》。

奏議

望許忌日決罰杖罪奏

天聖元年七月十一日，都官員外郎楊居簡上言：

昨知泗州，刑禁甚衆，每國忌日淹繫百餘人。杖罪望許忌日決罰。

[錄自《宋會要輯稿·禮四二之六》，中華書局1957年影印舊鈔本。題今擬]

王贄

王贄(994—1069)，字至之，其先廬州合肥人，從伯祖王崇文南唐時官吉州刺史，因家焉，遂爲吉州太和人[①]。天禧三年(1019)進士，釋褐邵州防禦推官，歷衡、連、郴三州軍事判官。後歷監興國軍大冶縣茶場兼知縣事、尚書屯田員外郎、通判信州。慶曆四年(1044)，知道州。六年(1046)，召赴闕，授殿中侍御史[②]。歷尚書刑部員外郎、知諫院、判國子監，改起居舍人、直史館、判司農寺。八年(1048)十一月，除天章閣待制[③]。別受命知貢舉、領三班院、判吏部流内銓，猶兼諫省。拜河北都轉運使。尋以二親耋老，移知洪州。皇祐五年十二月(1054)，以樞密直學士兼京畿轉運使[④]。遷左諫議大夫、知鄭州，遷龍圖閣學士，移高陽關路馬步軍都總管兼安撫使、知瀛州。嘉祐六年(1061)閏八月，以坐失保任，降爲吏部郎中、知池州[⑤]。七年

(1062)十月,知江寧府。英宗時,進給事中,移陳州。引年得請,以尚書禮部侍郎歸里。神宗即位,改户部侍郎。王贄雅知養生,夙明性理,心量虚曠而得安樂。好書畫,能鑒賞,古之名筆多購得之,聚書萬餘卷。平生論述多切時務,有奏議集二十卷、别集二十卷,藏於家。熙寧二年(1069)閏十一月卒,終年七十六⑦。

注:

①參見北宋張方平《樂全集》卷三十九《朝散大夫守尚書户部侍郎致仕上柱國太原郡開國公食邑二千九百户食實封五百户賜紫金魚袋王公墓誌銘(并序)》(以下簡稱《王贄墓誌銘》),《文淵閣四庫全書》本;并參考《泰和花園王氏族譜》載王崇文與王贄之關係,糾正墓誌之誤。按,北宋有兩王贄,一活躍於太祖、太宗、真宗朝;一爲合肥王贄,真宗朝以後。

②參見《王贄墓誌銘》、《(雍正)湖廣通志》卷四十五《名宦志》(《文淵閣四庫全書》本)。

③參見《王贄墓誌銘》、《續資治通鑑長編》卷一百六十五(《文淵閣四庫全書》本)。

④參見《王贄墓誌銘》、《續資治通鑑長編》卷一百七十五(《文淵閣四庫全書》本)。

⑤參見《王贄墓誌銘》、《續資治通鑑長編》卷一百九十五(《文淵閣四庫全書》本)。

⑥參見《王贄墓誌銘》。

奏議

乞臣僚章疏速作結絶奏

(慶曆七年五月丙子),知諫院王贄言:

臣僚章疏内有事合更張者,送兩制及臺諫官等同議,動經半年餘,未見結絶。緣官員數多,遷移不定,其間若事或分寸有益,即遲一日有一日之損。蓋素無條約,而務在因循。欲乞今後應批狀下兩制及臺諫等官同定者,乞限五日内聚議,半月内連書奏上。如議論不同,才識特異,稽合禮法,自有建明,即許别狀以聞。

[錄自南宋李燾《續資治通鑑長編》卷一百六十,中國國家圖書館藏清光緒七年浙江書局刊本,校以《宋會要輯稿·儀制七之二二、二三》,中華書局1957年影印舊鈔本。文字擇善而從,題今擬]

乞備録德音奏

（慶曆七年八月）戊申，知諫院王贄言：

自今臣僚上殿，如親聞德音，事干教化及禮樂刑政之類，爲世典法者，並仰備録，關修起居注官。

［録自南宋李燾《續資治通鑑長編》卷一百六十一，中國國家圖書館藏清光緒七年浙江書局刊本。題今擬］

乞許諫官與兩制官往還奏

（慶曆七年十二月），知諫院王贄言：

諫官例不與臣僚過從，今請除二府不聽謁外，其兩制官並許往還。

［録自南宋李燾《續資治通鑑長編》卷一百六十一，中國國家圖書館藏清光緒七年浙江書局刊本。題今擬］

請將有罪近臣付有司正以法奏

諫官王贄言：

情有輕重，理分故失，而一切出於聖斷，前後差異，有傷政體，刑法之官安所用哉？請自今悉付有司正以法。

［録自《宋史》卷二百《刑法二》。題今擬］

疏

開堂疏

龍圖閣學士、給事中、知軍府兼本路兵馬鈐轄王贄撰。

伏以西竺真風，南宗密印。一言悟道，猶成藥病之差；三界唯心，舉有色空之别。然而設喻筏而導初地，破迷雲而證了因，非假師承，曷臻壼極？所以維摩居士啓不二門，迦陵仙音徧大千界。今禪師勇公，孤雲雅尚，皓月素規，電影掣乎迅機，珠光圓於具戒。四大非我，靡流翠竹之形；五藴皆空，豈滯華巾之結？屬寶坊之虚次，奉使移之舉能。命震潮音，庸安海衆。猊座中設，鼉鼓載揚。傒悲海之宣猷，俾含生之蒙益。聖風倡熾，祖葉敷芬。成是勝緣，綿乎不朽。謹疏。

［録自《保寧仁勇禪師語録》，《卍續藏》本］

李兑

李兑(995—1070)[①],字子西,盧州合肥人,貫許州臨潁[②]。登進士第,由屯田員外郎爲殿中侍御史。仁宗寵妃張貴妃伯父張堯佐判河陽,兑言堯佐素無行能,不宜以戚里故用。皇祐初,改同知諫院,進侍御史知雜事,擢天章閣待制、知諫院。兑在言職十年,凡所論諫,不自表襮,故鮮傳世[③]。皇祐二年,張堯佐遭包拯等七人彈劾。七人中,可考者六人,乃中丞王舉正、殿中張擇行、唐介、諫官包拯、陳旭、吴奎,第七人或即李兑[④]。出知杭州,徙越州,加龍圖閣直學士、知廣州。還知河陽,徙鄧州。自鄧歸,泊然無仕宦意。對便殿,力丐退,英宗命無拜,以爲集賢院學士、判西京御史臺。積官尚書右丞,轉工部尚書致仕。卒年七十六,謚曰莊。從弟李先,亦登進士[⑤]。《宋史》卷三百三十三有傳。

注:

①李兑卒年根據《續資治通鑑長編》記載:"(熙寧三年五月壬子),工部尚書致仕李兑卒。"則卒於1070年。生年根據《宋史·李兑傳》所載"卒年七十六"倒推,則生於995年。

②參見《宋史·李先傳》,並參考宋黄榦《勉齋集·李知縣墓誌銘》、宋牛際可《宋宣教郎知鄂州崇陽縣事包公墓誌銘(并敘)》、天柱山李彦倫、李彦明摩崖石刻。按,《宋史·李先傳》載李先爲李兑從弟,未載籍貫。李先積官至秘書監致仕。兄兑尚無恙,事之彌篤。以子敍封,得太中大夫。閑居一紀卒,年八十三。子庭玉,年六十即棄官歸養。人賢其家法云。然《李知縣墓誌銘》載,李先爲盧州合肥人,天聖五年進士,以太中大夫致仕。李先子李庭玉官朝請郎,贈朝議大夫。孫李彦倫官朝奉郎,贈金紫光禄大夫。曾孫李廱官奉直大夫,贈金紫光禄大夫。《宋宣教郎知鄂州崇陽縣事包公墓誌銘(并敘)》載包拯孫包永年娶朝請郎、贈朝議大夫李庭玉之女。天柱山有合肥李彦倫、李彦明摩崖石刻。綜合判斷,《宋史》之李先與《李知縣墓誌銘》提及之李先爲同一人。李先實爲盧州合肥人,且其家族可考至少連續四代生活在合肥。李先致仕後,侍奉從兄李兑彌篤。説明李兑當與李先同生活在合肥,李兑亦合肥人,貫許州臨潁。

③參見《宋史》卷三百三十三《李兑傳》。

④參見《續資治通鑑長編》卷一百六十九,《文淵閣四庫全書》本。

⑤參見《宋史》卷三百三十三《李兑傳》。

奏議

諫官私謁及序班等事奏

（慶曆七年）五月一日，御史知雜李兑奏：

諫官舊無條制不私私謁，及有帶館職臣僚并尚省差諫院者，其起居、横行並只在百官幕次交雜。乞應但係諫院供職臣僚，今後一依臺官例，除朝参，非公事不得亂出入及看謁。所有起居、横行并諸處集會，乞於兩省、臺官例，近別設幕次。其序班立，即自依本官本品。

［録自《宋會要輯稿·職官三之五三》，中華書局1957年影印舊鈔本。題今擬］

乞試刑法者不得懷挾文字入試奏

（慶曆）八年十月二十八日，侍御史李兑言：

今後應奏舉乞試刑法之人，不得懷挾文字入試。如敢故違，重行朝典。詔御史臺嚴行禁約。

［録自《宋會要輯稿·選舉一三之一二》，中華書局1957年影印舊鈔本。題今擬］

臣僚繳簡尺事奏

（皇祐元年六月）乙酉，起居舍人、同知諫院李兑，禮部員外郎、御史知雜事何郯，監察御史陳旭等言：

比歲臣寮有繳奏交親往還簡尺者，朝廷必推究其事而行之，遂使聖時成告訐之俗。自今非情涉不順，毋得繳簡尺以聞。其於官司請求非法，自論如律。

［録自南宋李燾《續資治通鑑長編》卷九十《仁宗皇帝紀二十七之一》，中國國家圖書館藏清鈔本。題今擬］

劾入内都知任守忠奏

初，欲用入内都知任守忠爲青副，諫官李兑言：

唐失其政，以宦者觀軍容，致主將掣肘。是不足法。

［録自南宋李燾《續資治通鑑長編》卷九十三《仁宗皇帝紀三十之二》，中國國家圖書館藏清鈔本。題今擬］

詔文武臣僚遇郊禋得蔭親屬奏

皇祐五年二月二十一日中書劄子，吏部員外郎、充天章閣待制、知諫院兼判登聞檢院李兑劄子奏：

臣伏覩皇祐四年九月二日敕文，今後文武臣僚，每遇郊禋合奏得親屬者，除子孫依舊外，餘期親候再遇郊禋許奏一名。大功已下，三遇郊禋許奏一名。伏緣文武臣僚，内有于郊禋前方轉官，該得奏蔭親屬，或以衰朽又無子孫，雖有期親，未得奏蔭，若須再遇郊禋，竊恐難霑恩澤。臣欲特降指揮，今後文武臣僚，有初該奏蔭，而年老無子孫，郊禋許奏期親一名，取進止。

[錄自南宋李燾《續資治通鑑長編》卷一百七十四，夾注引《成都府編録册》，中國國家圖書館藏清光緒七年浙江書局刊本。題今擬]

言太常新樂奏

(皇祐五年五月)辛酉，知諫院李兑言：

曩者紫宸殿閲太常新樂，議者以鐘之形制未中律度，遂斥而不用，復詔近侍詳定。竊聞崇文院聚議，而王拱辰欲更前史文義，王洙不從，語言往復，殆至諠譁。夫樂之道，廣大微妙，非知音入神，豈可輕議！西漢去聖尚近，有制氏世典大樂，但能紀其鏗鏘，而不能言其義。況今又千餘年，而欲求三代之音，不亦難乎！且阮逸罪廢之人，安能通明述作之事？務爲異説，欲規恩賞。朝廷制樂數年，當國財匱乏之時，煩費甚廣；器既成矣，又欲改爲，雖命兩府大臣監議，然未能裁定其當。請以新成鐘磬與祖宗舊樂參校其聲，但取諧和近雅者合用之。

[錄自南宋李燾《續資治通鑑長編》卷九十四《仁宗皇帝紀三十一之一》，中國國家圖書館藏清鈔本。脱誤據别本補正，題今擬]

乞令因事責授外任者並限日起發奏

(皇祐)五年八月十八日，天章閣待制知諫院李兑言：

自來在京臣僚，因事責授外任，亦依例朝辭，往往遷延輦轂之下，或進封章，妄論他事；或求上殿，巧飾己非。上瀆聖聽，頗虧臣節。若不禁止，漸恐成風。欲乞今後責授外任差遣者，並放辭謝，量給日限，須得起發。如違，令御史臺彈奏。

[錄自《宋會要輯稿·職官七一之二六》，中華書局1957年影印舊鈔本。個别明顯誤字徑改，題今擬]

轉運使不當理資序奏

（皇祐五年八月），諫院李兑言：

轉運使主一路兵食户税經費財用，故優以俸廩。今或因彈劾罷免，或以年高自求便郡者，多得理轉運使資序而叨厚祿，甚非朝廷勸沮之意。

［錄自《宋會要輯稿·職官五七之三七》，中華書局1957年影印舊鈔本。題今擬］

啓

賀王倅啓

伏審詔下日邊，遡聽疏恩之渥；邦臨湖右，咸瞻半刺之榮。光耀搢紳，懽傳道路。恭惟通判學士，行應人傑，才稱世師。清節照時，注玉壺之沆瀣；高文華國，垂金薤之琳瑯。暫淹展驥之馳，終副佩刀之贈。無施不可，所至有聲。恐未及於下車，已别聞於出綍。某顧慚樗質，謬綰銅章。比從邸報之傳，亟動心旌之喜。晉卿愛日，將遂借於恩光；少室景星，行可期於快覩。江鄉歲晏，門館天遥。倍希遵繕之宜，益厚穆清之眷。兹焉抃頌，無以喻云。

［錄自《聖宋名賢五百家播芳大全文粹》卷二十三，《中華再造善本》影印宋刻本。原書署名“李子西”］

李先

李先，字淵宗，廬州合肥人[①]。李兑從弟。天聖五年（1027）進士[②]。授虔州觀察推官，攝吉州永新令。知信州、南安軍、楚州，歷利、梓、江東、淮南轉運使。所至治官如家，人目以俚語：在信爲“錯安頭”，謂其無貌而有材也；在楚爲“照天燭”，稱其明也。積官至秘書監致仕，兄兑尚無恙，事之彌篤。以子敘封，得太中大夫，閑居一紀卒，年八十三[③]。卒贈光祿大夫[④]。子庭玉，年六十即棄官歸養。人賢其家法云[⑤]。《宋史》卷三百三十三有傳。

注：

①參見《宋史·李先傳》，並參考宋黄榦《勉齋集·李知縣墓誌銘》、宋牛際可《宋宣教郎知鄂州崇陽縣事包公墓誌銘（并敘）》、天柱山李彦倫、李彦明摩崖石刻。按，《宋史·李先傳》載李先爲李兑從弟，未載籍貫。李先積官至秘書監致仕。兄兑尚無恙，事之彌篤。以子敘封，得太中大夫。閑居一紀卒，年八十三。子庭玉，年六十即棄官歸養。人

賢其家法云。然《李知縣墓誌銘》載，李先爲廬州合肥人，天聖五年進士，以太中大夫致仕。李先子李庭玉官朝請郎，贈朝議大夫。孫李彦倫官朝奉郎，贈金紫光禄大夫。曾孫李廱官奉直大夫，贈金紫光禄大夫。《宋宣教郎知鄂州崇陽縣事包公墓誌銘（并敘）》載包拯孫包永年娶朝請郎、贈朝議大夫李庭玉之女。天柱山有合肥李彦倫、李彦明摩崖石刻。綜合判斷，《宋史》之李先與《李知縣墓誌銘》提及之李先爲同一人。李先實爲廬州合肥人，且其家族可考至少連續四代生活在合肥。

②參見黄榦《勉齋集·李知縣墓誌銘》。

③參見《宋史》卷三百三十三《李先傳》。

④參見黄榦《勉齋集·李知縣墓誌銘》。

⑤參見《宋史》卷三百三十三《李先傳》。

墓誌銘

宋故承奉郎守秘書丞知江州湖口縣事兼兵馬都監江君墓誌銘

朝散大夫守秘書監致仕開國男賜紫金魚袋李先撰。

朝奉郎尚書都官郎中新差知歸州軍州兼管内勸農事騎都尉賜緋魚袋借紫李觀書丹。

朝奉郎尚書屯田員外郎騎都尉借緋余仲荀篆蓋。

君諱注，字德長，姓江氏。晉永嘉渡江，世居金陵。李氏尅國，避地廬陵，因家焉。君性稟聰悟，寬厚而有大志。自君少時，愧以生事自業。嘗力學，作爲文章。逾冠應書，遂薦于州，固已得名於時矣。然其踐場屋，累上吏計，而四十始第。鄉閭所稱者，或優其術業，或高其操行。若時之輩學，與夫後進之所表望而相從者，率以此。慶曆中，余襄公以罪貶吉州，於君有知名之雅，下車未幾，遽俾二子授室於君，至若朝夕延就、辭行相欽者，每歎際見爲晚矣。閒嘗謂君曰："昔雒陽吴公因賈誼而名附史傳，予於君亦有望於他日矣。"其稱服如此。後襄公復以仇黨訐斥，再貶歸韶。公實韶人也，地扼嶺表，炎瘴之阻。當其擄憤懣，歸田里，若昔之奔趨競騖，有願出其門而不得者，苟不欲以勢去則寡矣。君於此時，乃能間關千里，以伸久要願見之請。襄公於其歸，乃序詩爲送，而援以大將軍失律單于，時在削逐，而門下之客多往事驃騎，獨任安不去爲説，蓋其言有慕於君又如此。夫襄公之於君，既以賈誼得名於後世爲可慕，而又以任安知義於當日爲可尚，則君之爲人，不特以才見高於世，而能不以富貴貧賤勢利隨爲離合者，是亦大賢人之所爲也。皇祐五年中乙科，初筮洪州豐城簿。時州之左獄掾不克治士，天閣仲公辟以易任。有在仕者，以鹽販被告就劾，君折獄按罪，議在常原之期，當位者務深抵之，乃以君不欲輒枉爲嫌，遽移劾他曹。暨以成奏上，按覆大理，卒如所議。故以能見薦者三人，且以才君用獄之恕，而勇君執法之堅也。固嘗有稱曰："可謂柔而有立者矣。"秩滿，移荆南石首令。君之至是邑也，政寬而能愛，刑簡而不苛，案無叢委，獄無留繫，時有目其邑曰"石首道院"。復用薦改著作佐郎，擬授洪之新建。未幾，丁先廷評之憂。服除還臺，授澤州簽書判官事。君之贊畫郡幙，爲守者多所推稟。澤於河東爲支郡，地控西北，尤爲邊徼襟帶之扼。熙寧四年春，大丞相興師夏國，而河東實當一路策應，若荒堆、三泉之役，皆調發倉卒。時觀文吕公帥并門，檄移以都大提舉入界，君聞命痡馳，勇於即事。既至，觀文吕公以其才，謂宜任以籌幄，不可使親矢石。遂留府，以攝陽曲事，若經略大計，多所參與。是秋，遷秘書丞，得代，乃調杭州之富陽。有同籍著佐朱君者，擬邑江州之湖口，以家毗陵，去富陽爲便親，乃求易其任。君然其請，遂改授焉。昔唐柳子厚於劉夢得，嘗以柳易播，而韓吏部盛稱，以志於其死，蓋多其節義故也。若君所爲，亦不少貶於是矣。君之至湖上也，宿姦弊蠹，不旬日而理。會朝廷新法未繩，時以疾篤，尚能以垂閉之口，竭節效智，亦無負矣。其居官得禄，苟足以活妻子，則又推以給親族之不逮者。晝事之際，其子忠復適以策試集英登第，歸慶庭下，而乃能扶羸以告曰："吾之有家，所知者清白而已，至於後日之謀，非所與也。今有繼矣，雖瞑目何恨?"故其生無羨俸，而死餘令名；官無大位，而禄有世慶，此其可書也歟！

君生平所著辭賦歌詩文論，率五百篇，離爲十卷，緘啓三卷、《高都唱和詩》二卷、《春秋世系録》十卷、《易纂》五卷，皆藏於家。享年六十，卒于江州湖口官舍正寢，實熙寧六年仲夏之甲子也。歸葬于州之吉水縣中鵠鄉青原祖慶崗，實八年孟春之庚申也。江氏之先，於《詩》《書》爲無傳，於《春秋》爲小國。革於晉，以忠孝顯，今十五世也。曾祖郅，祖玗，皆不仕。父曄，追贈大理評事。母謝氏，追封旌德縣太君。娶曾氏，敘封長壽縣君。其貴皆以君，實辛亥季秋之恩霈也。生子二人：忠獻，力學未第；忠復，同學究出身。女一人，早世。繼育其季之女，猶己出也，適同郡鄉貢進士楊成裕。孫男五人：汝直、汝敦、汝平、汝功、汝能，皆業進士。孫女四人，尚幼。

銘曰："寬柔惠直性之德，端廉勤慎身之行。充在己爲善學，莅于官爲能政。名於時則達，位於才則虧。慶於後則有，數於命則違。今其已矣，用寘諸辭。"

［錄自拓片，民間收藏。該墓誌銘1972年出土於今江西省吉水縣，現藏於江西省博物館］

包拯

包拯(999—1062)[1]，字希仁，廬州合肥人。北宋名臣。天聖五年(1027)進士。初知天長縣，徙知端州，遷殿中丞。歷官監察御史、三司户部判官、天章閣待制。皇祐四年(1052)，出爲龍圖閣直學士、河北都轉運使。改知廬州，遷刑部郎中。歷知池州、江寧。嘉祐元年(1056)，進右司郎中、權知開封府。後歷官右諫議大夫、權御史中丞、樞密直學士、權三司使。嘉祐六年(1061)，遷給事中、三司使，繼改樞密副使。明年卒，年六十四。贈禮部尚書，謚孝肅[2]。有《包孝肅公奏議》傳世。《宋史》卷三百一十六有傳。

注：

①包拯卒年根據出土墓誌記載："(嘉祐)七年五月己未，方視事，疾作以歸。上遣使賜良藥。辛未，遂以不起聞。"則卒於1062年。生年根據曾鞏《隆平集·孝肅包公傳》所記"七年，薨于位，年六十四"倒推，知其生於999年。

②參閱孔繁敏《包拯年譜》，黄山書社1986年版。

對策

天章閣對策

仁宗皇帝開天章閣親製策問：朕自纂紹慶基，登臨御寓，每夕惕以忘勞，慮視聽而有怠。爰自近歲以來，河朔之間，民物散亡，水災流注，甚可哀憐。雖已降指揮應災傷去處並令賑濟，及暴露傷損之人各令照管外，其所慮今契丹雖稱幣，汎使忽來，若非慕化之心，慮有可虞之意。復聞聚甲朔邊，議收西羌，夙夜經心，深可預防。然事即未萌，誠在安平之論。或將來北使詣闕，妄稱西去之名；共構釁端，別有邀求之事，詭譎多塗，作何回答？或以今來詐報西行，儻有南顧之虞，西北山川地形，甚處可爲控扼？今以家國方面之材，且無自薦輔翼之能，寔藉衆推。儻事有枝捂，帥領何人？洎數路偏將，何人可補？欲以威禦綏寧，何人堪爲鎮靜？其朔方自水災衝破，户口流移，而軫救之外，軍儲闕乏，財賦屢空，以何法得豐？儻或急速之間，以何爲備？其向去雖是豐饒，將今所用財貨，如何更能省費，致物力以漸從容？及慮諸路冗兵尚衆，作何策精選勇校？復又戰馬闕絶，如何敷足？故事雖未兆，有備無虞。此繫安危，更可詢於有位。體朕焦勞，得不周悉！卿等宜在公忠，理當盡瘁。

對策：臣某昧死再拜言：伏惟陛下有神聖文武之資，紹祖宗大業，以馭重柄，三十年于兹矣。睿謀神斷，豐功偉績，歷選明辟，未之前聞。猶于聽政之餘，躬御便坐，筆成聖策，延問近臣，思究當世之切務，兹見陛下降意求治之至也。臣聞酌言以擇善，莫若盡天下之議；然萬乘之貴，不可使人人畢陳於前。故用天下豪材傑賢，參實近位，就使其中三數人能悉意抗論於赤墀之前，則天下得失之理，如指諸掌矣。况今廣延群論，預謀安危，將相邇臣，博被清問。獨臣昏庸無狀，將何以奉承詔旨，上副周爰？謹竭素有一二，條陳以聞，願陛下以至明擇至愚，則臣不勝大幸！

竊以契丹自先朝請盟之後，邊鄙無事四十餘年。向以昊賊逆命，因敢上書悖慢，并以和親割地爲請。朝廷寬大，未即誅絶，報遣使人，增以金幣，又數年矣。然夷狄之性，不愧貪，不感義，不讓勝，不耻敗，况内審吾計，有不欲加兵之意乎！故自去冬以來，移帳雲州，以西討爲名，駐兵未去。今又無故遣使來此，不有邀求，則别生詭計。但慮以不可從之事爲言，小不如意，得以爲詞，解仇協勢，啓其釁端。何况星文示戒，水災未弭，天意人事，未甚和順。惟陛下熟慮而審處之，萬一無他，亦不可忽焉！

况今三路素爲控扼之所，中則梁門、遂城，南入鎮、定；西則雁門、句注，南入并、代；東則松亭、石關，南入滄州。然松亭以南數百里，水澤艱險，自北界而出者，則塘水足以限其來路。惟雁門、句注背長城而南，地里稍廣，漢與胡人古今所共出入之路也。自失山後五鎮，此路尤爲要害。先朝以驍將楊業守代州，創築城壘，于今賴之。緣代州去雲州數程，地又平坦，或有侵軼，此最可虞。孫武曰："無恃其不來，恃吾有以待之也；無恃其不攻，恃吾之不可攻也。"固不可信其虚聲，弛其實備矣。

臣聞將者，人之司命，而邦國安危所繫，擇之不可不審。且天下不患乏人，患在不用。用人之道，不必分文武之異，限高卑之差，在其人如何耳！

若得不次進用，則必有成效。荀子曰："大賢不待次而舉，大惡不待次而誅。"謂進退賢不肖，豈須歲月哉？今河北沿邊卒驕將惰，糧匱器朽，主兵者非綺紈少年，即罷職老校，隱蔽欺誕，趣過目前，持張惶引惹之説，訓練有名無實，聞者可爲寒心。謂宜委中外大臣，精選其有實材者，擢而任之；其庸懦者，黜而去之。若不速爲之具，緩急旋圖之，則無所及矣。

且河北者，國家根本之地，存亡繫焉。近年黄河決溢，水災尤甚，饑殍過半，公私窘迫。雖累下聖詔，矜恤賑救，使命相望，而農畝荒廢，流亡未復，倉廩虚竭，不支數月，此乃前日主中外計者之過也。臣頃歲嘗奉使送伴，及出疆回日，凡三上言，乞支撥錢帛往河北，當五穀賤時，廣謀計置，以備凶荒，終以位疏言賤，不賜施行。方今粒食翔貴之時，有司雖竭力營辦，而財用不足，何以取濟？若更因循不切措置，恐非社稷之福，惟陛下特出宸斷，鋭意而遂行之，免成後患。臣嘗讀《漢書》，宣帝時以西羌未平，京兆尹張敞建議，願令有辠、非盜、受財、殺人者，皆得以差入穀贖罪。欲乞下有司議，其辠犯可以贖者，條具事件，差入穀多少，俾河北州軍得以贖辠，此亦權宜濟用之一端爾。兼三路官員甚衆，伏見真宗皇帝朝以河北荒歉，減省京朝官、使臣、幕職等七十五員；其逐路部署、押陣使，軍職自觀察而下，悉罷赴闕。此先朝令典，願陛下遵而行之。

臣又聞河北屯兵無慮三十餘萬，然備邊防，嚴武事，不可闕也。而老弱者衆，緩急又不可用。當此艱食之際，供費寖廣，萬一糧儲不繼，勢必生變。望令本路轉運、安撫司揀退老病冗弱，以寬物力。且老弱去，則精鋭者勇；物力寬，則贍養者足。其近裏兵伍，即令漸次抽那於有糧儲州軍就食；不然，則物力俱竭，爲患不細。臣又見頃歲於鄆、同州置二馬監，各侵占民田數千頃，乃於河北監内分馬往逐處牧養，未逾一月，死者十有七八，迄今爲二州之害。議者謂不若依舊盡歸河北諸監，以其地給民，則馬無所損，民得其利矣。緣馬監直屬群牧司，逐州官吏不得統轄，利害無由而知。今若委轉運使兼領，則巡按察視，可以革去積弊，歲繼月及，必致增羨，又何患戰馬不足哉！

臣前所條陳，皆國家之常務，而言事者多及之。臣謂今之切務者，在擇政府大臣敢當天下之責，獨立不懼而以安危爲己任者，委以經制四方。庶幾可弭向者之患，而紓陛下之憂矣。臣愚以爲言之者不難，事行則爲福。

古人有云："言之必可行也。"又曰："非知之艱，行之惟艱。"願陛下參舉衆善，事符機會者，思而行之，則千慮一得，庶少補於睿聰。辭淺氣索，惟陛下財幸！

［錄自《包孝肅公奏議》，臺北圖書館藏明正統元年合肥方正刊本之膠片］

奏議

論取士

臣以孤遠之迹，猥荷聖選，擢陞憲府，退思所以爲報，則智識蒙淺，無以副上旨之萬一，敢竭愚見，唯明主裁之。臣伏覩近降詔敕，以官吏陞陟，賢否相溷；世族補蔭，愚智不分，並立新條，以革舊弊，有以見陛下求治垂訓之深旨也。

臣聞天下，大器也；群生，重畜也。古之聖王，御大器，保重畜，蓋各有其道焉。以萬務之無極也，一統於上，豈可以思慮盡之耶？故立三公，設九卿、百執事，以維持之，俾群材盡力，而百工無曠，則王者正其本，執其要，而天下之大務舉矣！故治亂之原，在求賢取士得其人而已。《漢書》曰："帝王之德，莫大於知人。"大抵斯人之情，皆希榮進，莫不飾正於外，藏邪於内，邪正所蘊，淵密難辨，而審之必有術焉。以賢知賢，以能知能，知而用之之謂也。且知人與不知人而任之，乃得失所繫，而安危從之。宜乎取士之際，不可不慎焉！

夫三代取士之法，濶略難議。兩漢而下，莫若唐天寶之制，自京師逮郡縣，皆有學焉。每歲仲冬，館學課試，乃與計偕；其不在館學而舉者，謂之鄉貢。並責成有司，唯以得之與否以爲榮辱，得士者陞，失士者黜，孰不公其心以進退乎？其得第者，但謂之選人；有格限未至，而能試文三道者，謂之宏詞；試判三道者，謂之拔萃，中是選者，得不限年而授職。復有賢良之科焉，所以區別才行，慎重名器，如是之審也。故當時文物尤盛，比隆三代，基構綿遠，垂三百年，其有繇矣。今之取士則異於是，鄉曲不議其行，禮部不專其任，但糊名謄本，煩以繩檢，復於軒陛，躬臨程試，三題競作，百篇來上，不逾三數日，升降天下士。其考較去留，可謂之精且詳乎？臣亦恐非進賢退不肖之長策也。《周禮》升秀辨官，司徒、司馬、大樂正之職，未聞王者躬其事也。議者謂:“不若近約唐制,歸諸有司。”或曰:“取捨之柄,當繇人主。”曰:“盍使禮部考試,定其可否高下,混於奏籍,賜第上前?抑亦無失於國體矣。然後復宏詞、拔萃之科,明立條目,寬限人數,歲一設之。其與選者,比類奏舉之人,以次甄擢而任之,有以得其實才矣。頃年雖復賢良、拔萃之科,得人裁一二而已。又罷拔萃之舉,恐未足盡魁梧之選也。且今之仕者,非保任則無以自進,若參以二科而精求之,則取人之路豈不裕乎?而又僉舉之敝漸不可長,其間或暱於私愛,或迫於勢要,不得已因而舉之者衆,繆濫無別,宜一警革,若至其甚,何所及焉!”

方今天下多事,邊鄙未寧。政失於寬,而弊於姑息;士弛於務,而幸於因循。固宜推擇真賢,講求治道,外則黜郡守縣令不才、貪懦、苛虐之輩,以利於民;内則辨公卿大夫無狀、諂佞、朋比之者,以肅於朝。杜絶回邪,振張紀律,可使教惇于上,民悦于下,足以導迎和氣,馴致太寧,不亦盛哉?

伏望陛下稽前代之成敗,驗當今之得失,政有未順,理有未安,則思而圖之,圖而行之,行而終之,則生靈受其福,而宗社享無疆之休矣。惟陛下鑒其區區,恕其狂直,一賜觀采。

[録自《包孝肅公奏議》,臺北圖書館藏明正統元年合肥方正刊本之膠片]

論冗官財用等

臣伏見景德、祥符中,文武官總九千七百八十五員。今内外官屬總一萬七千三百餘員,其未授差遣京官使臣及守選人不在數内。較之先朝,纔四十餘年,已逾一倍多矣。竊以唐、虞建官惟百,夏、商倍之;周設六官,僚屬漸廣;秦并六國,郡縣益衆;降及漢、魏,以至隋、唐,雖設官寖多,然未有如本朝繁冗甚也。今天下州郡三百二十,縣一千二百五十,而一州一縣所任之職,素有定額,大率用吏不過五六千員則有餘矣。今乃三倍其多。而又三歲一開貢舉,每放僅千人;復有臺寺之小吏、府監之雜工、蔭序之官、進納之輩,總而計之,不止於三倍。是食禄者日增,力田者日耗,則國計民力安得不窘乏哉?

臣謹按,景德中,天下財賦等歲入四千七百二十一萬七千匹貫石兩,支四千九百七十四萬八千九百匹貫石兩;在京歲入一千八百三十九萬二千匹貫石兩,支一千五百四十萬四千九百匹貫石兩。慶曆八年,天下財賦等歲入一萬三百五十九萬六千四百匹貫石兩,支八千九百三十八萬三千七百匹貫石兩;在京歲入一千八百九十九萬六千五百匹貫石兩,支二千二百四十萬九百匹貫石兩。況天下税籍有常數矣,今則歲入倍多者,何也?蓋祖宗之世,所輸之税只納本色;自後以用度日廣,所納並從折變,重率暴斂,日甚一日,何窮之有!且天下田土財用,比之曩時,虚耗漸以不逮,豈於今而能倍之乎?非天降地出,但誅求於民無紀極爾!輸者已竭,取者未足,則大本安所固哉!

臣以爲冗吏耗于上,冗兵耗于下,欲救其弊,當治其源,在乎減冗雜而節用度。若冗雜不減,用度不節,雖善爲計,亦不能救也。方今山澤之利竭矣,征賦之入盡矣,幸而西北無事,乃是可爲之時;若不鋭意而改圖,但務因循,必恐貽患將來,有不可救之過矣。伏望上體祖宗之成憲,下恤生靈之重困。謂設官太多也,則宜艱難選舉,澄汰冗雜;謂養兵太衆也,則宜罷絶招募,揀斥老弱。土木之工不急者悉罷之,科率之出無名者並除之,省禁中奢侈之僭,節上下浮枉之費。當承平之代,建長久之治。願陛下留神省察,申命宰執,條此數事而力行之,則天下幸甚!

[錄自《包孝肅公奏議》,臺北圖書館藏明正統元年合肥方正刊本之膠片]

請救濟江淮飢民

臣聞天以五星爲府,人以九穀爲命。五星紊於上,則災異起於下;九穀絶於野,則盜賊興於外。天之於人,上下相應。故天變於其上,則人亂於其下。是天人相與之際,甚可畏也。若變異上著,則恐懼脩省,以謝於下;年穀不登,則賑貸予賚,而恤其困。蓋不使天有大變,而民有飢色,則人獲富壽,而國享安寧矣。

方今災異之變尤甚,臣近已論列詳矣。惟江淮六路連歲亢旱,民食艱阻,流亡者比比皆是。朝廷昨遣使命安撫賑貸,以救其敝。而東南歲運上供米六百萬石,近雖減一百萬石,緣逐路租税盡已蠲復,則糧斛從何而出?未免州縣配糴,以充其數。由是民間所出,悉輸入官,民儲已竭,配者未已,縱有米價,率無可糴。父子皇皇,相顧不救,老弱者死於溝洫,少壯者聚爲盜賊。不幸奸雄乘間而起,則不可制矣。當以何道而卒安之哉?且國家之患,未有不沿此而致,可不熟慮乎!

欲望聖慈特降指揮，應江浙六路災傷州縣，凡是配糴及諸般科率，一切止絶。如敢故犯，並坐違制。庶幾少釋疲民倒垂之急。其上供米數，若不敷元額，即候向去豐熟補填。仍令州縣官吏多方擘畫，救濟飢民，不得失所。兼委逐路提、轉專切提舉，如不用心救濟，以致流亡，及結成群黨，即乞一例重行降黜。

［録自《包孝肅公奏議》，臺北圖書館藏明正統元年合肥方正刊本之膠片］

七事

臣非材備位諫職，思所以爲補報者，惟言責而已。然言不激切，則不足開宸慮而補聖政。謹條上七事，皆當今之要務，詞理鄙直，惟陛下留神省察。

一事。臣伏以陛下天縱寬仁，海納謀議，是者取而施用，非者存而掩覆。群下見聖度閎博，不以是非，皆能容受。故奸邪敢肆矯妄，持難明不然之事，巧飾厚誣，使人無由自辨，而默受排斥之禍，致陛下明有所蔽，疑貳忠良，率以此也。夫忠良見疑，則忠義之臣欲竭節盡忠補報陛下者，皆懼讒畏禍，不敢挺然當國家之事矣。由是陰奸得計，滋長敝病，不惟有虧聖德，致害時政。一旦緩急，乏才賢以使，陛下持大任，將誰付之？臣願陛下聽納群下謀議之際，留神深察，如有持難明不然之事，巧飾厚誣於人者，請付有司責其明辨，使真僞不雜，是非較然，則忠邪自分，天下庶幾於理矣。

二事。臣伏聞近歲以來，多有指名臣下爲朋黨者。其間奮不顧身、孜孜於國、奬善嫉惡、激濁揚清之人，尤被奸巧誣罔，例見排斥。故進一賢士，必曰："朋黨相助"；退一庸才，亦曰："朋黨相嫉"。遂使正人結舌，忠直息心，不敢公言是非，明示勸誡。此最爲國之大患也！夫聖明在上，未嘗聞有朋黨。朋黨之來，大抵起於衰闇。故漢之黨錮，始安帝，而極於桓、靈；唐之朋黨，由穆宗，而甚於文、武，是皆衰闇之際。以陛下用心圖治，功同堯舜，詎可如漢、唐衰闇之際，而致有朋黨乎？斯乃臣下務相傾軋，自快其志，加諸其人，不顧破壞陛下事業者也。在昔劉向進諫於漢元帝曰："孔子與顔淵、子貢更相稱譽，不爲朋黨；禹、稷與皋陶傳相汲引，不爲比周。何則？忠於爲國，無邪心也。"又曰："賢人在上位，則引其類而聚之於朝；在下位，則思與其類俱進。"臣謂劉向之言，垂千餘年，談者以爲至當。臣誠學向者也，不忍以熙洽之朝有朋黨之説，虧損至德，蔽塞大明，臣實痛傷不能已也。臣願陛下端慮以臨下，推誠以格物，循名以核其實，因迹以照其心，使忠者、邪者情僞畢見，勿以朋黨爲意，則君子、小人區以别矣。

三事。臣伏聞頃歲大臣顓政，頗惡才能之士，有所開建，則譏其近名；或云沽激，欲求進達。遂使才能之士莫敢自效，縱能不顧忌諱，指陳事理，固亦困於沮撓，無得而施用矣。且名者，聖賢之所貴也。孔子曰："君子疾没世而名不稱焉。"賈子曰："烈士狥名。"人不顧名，何以趨善？聖人所以貴也。夫群下雖衆，然士有志於國家之急者甚少。其能處心積慮圖報於上，又困於近名之説，是則志士仁人終無以奬進矣。豈陛下之心哉？此誠頃歲大臣之罪也！臣願陛下但顧其所否臧而亟行之，勿以近名沽激求進爲念，則人得以盡其心矣。

四事。臣聞議者云："陛下頗主先入之説。"臣以陛下通照於事，務得情僞，理必無之；萬一或有，臣止可過慮而議，不可聞之而不言也。臣謂帝王行事，但顧理道之如何爾，固不計於先入後陳也。必若主先入者以爲是耶？則姦罔之人逞其敏捷，或巧中人，或陰圖事，惟恐居其後矣，得不惑亂於耳目哉！臣願陛下采納群議之際，但顧其事之是非，裁之以當，則先入之患息矣。

五事。臣伏見近日以來，科禁多有疑下之意。如舉御史，須薦二員，上自點定，仍有在京與外任之拘，及見任二府曾舉奏之人，亦不詳論，至與中書、樞密院，止許旬假見客，及不許百官巡廳，臺諫官不得私謁，并與刑法官接見雪罪敘勞之人等事，皆非帝王推誠盡下之美政也。以陛下至德難名，待物無間，方將擬跡堯舜，固非漢武雄猜多忌之比也。斯盖不識大體之臣過防謬論，上誤陛下。臣恐書之史册，取譏萬古，願陛下速革近制，推大信於群下，以景祐初年之政爲法，則盡美矣。

六事。臣伏見近歲已來，災異備至，天象謫見，地理傾震，蟲蝗爲孽，水旱作沴，連綿三數年未已，而河北最甚，其次利州、京東西、兩浙、河東路，循環皆被大患矣。以陛下焦勞求理，恐一物失其所，持此夤畏，寧不感召和氣，格上天之福祿乎？然而致如此者，盖大臣不能同夤協恭，知無不爲，切救時弊；而陛下志慮亦或有疑沮，未能委任忠賢，以成垂拱之美也。方今諸路饑饉，萬姓流離，府庫空虚，財力匱乏，官有數倍之濫，廩無二年之蓄，兵卒驕惰，夷狄盛強，即不幸繼以凶年，加之小寇，則何人可以倚仗而枝梧哉！臣所以夙夜怵惕，思進苦言，冀開悟陛下而不能已已也。臣願陛下切留宸慮，密以事詔今之執政，誰能盡心敢救天下之弊、敢當天下之責者，果得其人，願陛下主張而委任之。其陰拱循默、持祿取容、妬嫉賢能、以一己爲計者，宜速罷免，毋俾久塞要路，則化危爲安，變艱於易，如反掌矣。陛下固不可失此時而不爲。儻失此時而不爲，禍變一發，則雖欲爲，而不可爲矣！惟陛下深存念之。

七事。臣伏見近歲以來，多有竄逐之臣，或以無辠，或因小過，或爲陰邪排陷，或由權要憎嫉，吹毛求其疵點，洗垢出其瘢痕，罪罟寖繁，刑網太密，甚傷清議，大鬱輿情。昔匹婦含怨，三年亢陽；匹夫懷憤，六月飛霜。近歲竄逐之人，詎止匹夫匹婦之倫也？得不逆和氣、召災沴乎！陛下固宜矜體而深惟之。《傳》曰："使功不如使過。"蓋負責之人，自忿廢絶，不能振起；一旦爲明主棄瑕錄用，則其自奮圖報，倍萬常人。願陛下詔近歲竄逐之臣，有才行效實，而本無過累，洎坐累獲罪之輕者，或加牽復，或加寵擢。如此則聖造洪覆，同天之仁，使排陷憎嫉之風不敢復爲矣。

[錄自《包孝肅公奏議》，臺北圖書館藏明正統元年合肥方正刊本之膠片]

乞不用贓吏

臣聞廉者，民之表也；貪者，民之賊也。今天下郡縣至廣，官吏至衆，而贓污擿發，無日無之。洎具案來上，或横貸以全其生，或推恩以除其釁。雖有重律，僅同空文，貪猥之徒殊無畏憚。

昔兩漢以贓私致罪者，皆禁錮子孫，矧自犯之乎！太宗朝嘗有臣寮數人犯罪，並配少府監隸役，及該赦宥，謂近臣曰："此輩既犯贓濫，只可放令遂便，不可復以官爵。"其責貪殘、慎名器如此。皆先朝令典，固可遵行。

欲乞今後應臣僚犯贓抵罪，不從輕貸，並依條施行，縱遇大赦，更不錄用；或所犯若輕者，只得授副使上佐。如此則廉吏知所勸，貪夫知所懼矣。

[錄自《包孝肅公奏議》，臺北圖書館藏明正統元年合肥方正刊本之膠片]

請建太子

臣伏讀前史，見聖王之御天下也，初纂大業，即建儲貳，蓋所以安億兆危疑之心，絶中外覬覦之望，乃有國之常典，而歷代所遵守者也。

伏自陛下紹隆丕構，已逾三紀，仁孝恭儉之德，格于上下，孜孜求治，未嘗一日少怠，兹固群臣仰望清光之不暇。但以東宫虚位日久，天下之心憂危至切。雖前後臣僚論列者多矣,卒不聞有所處置,未審聖意持久不決者何也?夫萬物皆有根本,而太子,天下之根本也。根本不立,禍孰大焉!今既皇嗣未降,亦當采詩人盤維之義,固天下根本之地,不可忽也。臣願陛下特出宸斷,密與執政大臣協議,精擇宗室中親而有德望、衆所推重者,優以封爵,置在左右,日加訓勖,仍與增補僚屬,選用厚重方正之士,令就禁邸,諭以善道,益其聞見。如此則不惟表異親賢,抑亦鞏固王室,可以挫奸雄覬望之意也。竢皇嗣誕育,則以優禮而進退之,此亦古今之通義,陛下何憚而不爲哉?伏況藝祖以艱難得天下,以聖繼聖,傳於陛下,垂及百年。陛下豈可不念祖宗之業,當傳之無窮。若乃徇目前之適,忽經久之策,必稔禍於將來,恐非社稷之福也。陛下得不留神而熟慮乎!

臣以疏外之迹,累當言責之任。今陛下以臣愚直,擢在憲府,若畏罪不言,是上孤陛下委用之意,臣不忍爲。惟陛下審其當否,斷而行之,則天下幸甚!

[錄自《包孝肅公奏議》,臺北圖書館藏明正統元年合肥方正刊本之膠片]

雜著

家訓

後世子孫仕宦,有犯贓濫者,不得放歸本家;亡歿之後,不得葬於大塋之中。不從吾志,非吾子孫!

[錄自《包孝肅公奏議》,臺北圖書館藏明正統元年合肥方正刊本之膠片]

題刻

齊山寄隱巖題刻

至和丙申歲七月二十二日,廬江包拯希仁、富水吳幾復照隣、琅耶王綽德師,同游齊山寄隱巖。

[錄自《齊山巖洞志》卷十五《寄隱巖》,中國國家圖書館藏清光緒二十七年刻本。文題爲編者所擬]

楊察

楊察(1011—1056),字隱甫,廬州合肥人①。楊居簡子。景祐元年(1034)舉進士第二名,除將作監丞、通判宿州②。累遷至開封府推官,判三司鹽鐵、度支勾院,修起居注。歷江南東路轉運使,召爲右正言、知制誥,權判禮部貢院,批駁科舉考試取消糊名之提議。以妻父晏殊執政之嫌,換龍圖閣待制。母憂去職,服除,復爲知制誥。拜翰林學士、權知開封府,擢右諫議大夫、權御史中丞。出知信州、揚州。復爲翰林侍讀學士,又兼龍圖閣學士、知永興軍,加端明殿學士、知益州。再遷禮部侍郎,復權知開封府,復兼翰林學士、權三司使③。至和元年(1054)九月,以權三司使、翰林學士、兼端明殿學士、翰林侍讀學士、禮部侍郎、知制誥遷户部侍郎、提舉集禧觀事,進承旨④。復以本官充三司使。嘉祐元年(1056)七月卒,年四十六,贈禮部尚書,謚宣懿。平生勤於吏職,敏於屬文。有文集二十卷⑤,今佚。《宋史》卷二百九十五有傳。

注:

①參見《宋史》卷二百九十五《楊察傳》。

②參見《宋會要輯稿·選舉二之七》《宋史·楊察傳》。

③參見《宋史》卷二百九十五《楊察傳》。

④參見《續資治通鑑長編》卷一百七十七、《宋史·楊察傳》。

⑤參見《續資治通鑑長編》卷一百八十三、《宋史·楊察傳》、《隆平集·楊察傳》。

制

歐陽修落龍圖閣直學士差知滁州制

敕:夫賞不遺功,罰不阿近,有邦之彝典也。河北都轉運按察使、龍圖閣直學士、朝散大夫、行右正言、騎都尉、信都縣開國子、食邑五百户、賜紫金魚袋歐陽某:博學通贍,衆所見稱;言事感激,朕嘗寵用。而乃不能淑慎以遠罪辜。知出非己族,而鞠於私門;知女有室歸,而納之群從。嚮以訟起晟家之獄,語連張氏之貲。券既弗明,辨無所驗。朕以其久參近侍,免致深文,止除延閣之名,還序右垣之次。仍歸漕節,往布郡條。體予寬恩,思釋前吝。可落龍圖閣直學士,特授依前行右正言、知制誥,散官、勳、封賜如故。仍就差知滁州軍州兼管内勸農使,替趙良規,仍放謝辭。楊察行。

[錄自北宋歐陽修《歐陽文忠公文集·卷首·廬陵歐陽文忠公年譜》,《四部叢刊》影印元刊本。個別明顯誤字據别本改,題今擬]

詔

大旱責躬避殿減膳許中外言事詔

(慶曆)七年三月二十一日,詔曰:

朕臨御以來,于今二紀,夙夜祇懼,不敢康寧,庶洽治平,以至嘉靖。自去歲冬末,時雪已愆,今春大旱,赤地千里,百姓失業,無所告勞。朕思災變之來,不由他致,蓋朕不敏於德,不明於政,號令弗信,聽納失中,俾兹眚祥,下逮黎庶,天威震動,以戒朕躬。大懼不能承宗廟之靈,負社稷之重,苦心焦思,惶悸失圖。是用屈己以謝愆,歸躬而上叩,不御正殿,不舉常珍,外求直言,以答天譴。冀高穹之降鑒,閔下民之無辜,與其降疾於人,不若移災於朕。庶用感格,以底休成。自今月十九日後,只坐崇政殿,仍減常膳。應中外文武臣僚,並許實封言當世切務。三事大夫其協心交儆,輔予不逮。

[錄自《宋會要輯稿·帝系九之一一》,中華書局1957年影印舊鈔本。標題依《宋朝大詔令集》卷一百五十三所擬,校以前書,文字擇善而從。按,此爲楊察代御筆所作,參見《續資治通鑑長編》卷一百六十(《文淵閣四庫全書》本)]

奏議

貢舉事奏

知制誥楊察言:

前所更令不便者甚衆,其略以詩賦聲病易考,而策論汗漫難知,故祖宗莫能改也。且異時嘗得人矣,今乃釋前日之利,而爲此紛紛,非計之得,宜如故便。

[錄自南宋李燾《續資治通鑑長編》卷一百五十五,中國國家圖書館藏清光緒七年浙江書局刊本。題今擬]

論醫官院輪差奏

國信使楊察言:

自來只憑本院輪差，不惟緣路無醫，兼恐貽外國輕笑。

[録自《宋會要輯稿·職官三六之九七、九八》，中華書局1957年影印舊鈔本。題今擬]

論御史舉格太密奏

臺屬供奉殿中，巡糾不法，必得通古今治亂良直之臣。今舉格太密，公坐細故，皆置不取，恐英偉之士，或有所遺。

[録自南宋李燾《續資治通鑑長編》卷一百六十五，中國國家圖書館藏清光緒七年浙江書局刊本。題今擬]

御史論事失實不當遽被詰問奏

御史，故事許風聞，縱所言不當，自繫朝廷采擇。今以疑似之間，遽被詰問，臣恐臺諫官畏懦緘默，非所以廣言路也。

[録自南宋李燾《續資治通鑑長編》卷一百六十五，中國國家圖書館藏清光緒七年浙江書局刊本。題今擬]

哀册

溫成皇后哀册

維皇祐六年，歲次甲午正月丙寅朔八日癸酉，貴妃張氏薨。十二日丁丑，册謚曰溫成皇后。十四日己卯，殯於皇儀殿之西階。粤其月二十日乙酉，遷座於菆宫，禮也。素紼整徒，靈衣戒御，祖饋宵陳，遣觴晨具。泣縞從以成雨，黯椒塗而生霧。皇帝顧懷嬪則，感切仁衷。悼副褘之不見，嘆華掖之俄空。爰命詞禁，紀揚芳風。

其辭曰："厥初洪蒙，分判太儀。陽運剛粹，陰凝方祇。肇經邦家，乃正后妃。河雎播響，王化是基。四女佐嚳，二娥隆嬀。天作之配，人光厥期。黄帝遐源，留封景胄。德厚慶遥，蔭華族茂。玉勝啓祥，珠皋挺秀。有倬英媛，淪精降神。夙智先晤，含徽體真。儗婺齊寶，瞻巫等雲。乃瑞紫闥，來翔秘宸。位以德舉，榮繇才甄。貴首天秩，妃亞后尊。儷儀乾體，協美坤元。履正居位，處順承天。外毗陽化，内參陰政。助月成光，均軒騰景。惠問蘭敷，清懷靈整。性與幽閑，心資婉令。苕茂其柔，淵澄其静。六列宗模，四業純備。言必稽典，動斯率義。蘩藻並修，組紃咸事。鑒史求箴，稱詩迪志。逮下必均，進賢無詖。抑遠外族，澤無偏曁。敦履素約，衣無窮麗。自頃周廬，誰何弛衛？觸瑟方警，當熊已厲。近閔時雨，側躬減味。齋素助祈，精誠獨至。瀝血書文，請咎歸己。深誠不言，遺毫在紙。勤勩爽和，晦明生疹。醫政失全，祲司告煇。生也弗融，天兮難問。奄忽之間，靈暉遒盡。嗚呼哀哉！善必鍾祉，仁期永命。展如之良，宜百斯慶。柘館屢闕，日懷乏應。半燭收光，方春委盛。何華之繁兮實之瘁？胡德之昭兮福之昧？背明世之豐樂，儵幽扃而永逝。異今昔於俯仰，變歡哀於鑒寐。慟皇情於遺物，慘榮恩於恤禮。詔遏音以盈月，輟昕朝而廢視。嗚呼哀哉！熒燎光斷，金波影低。哀笳寒急，楚挽清淒。動輻軒兮晻靄，轉霜旐兮逶遲。風含咽以沉籟，雲縈愁而不飛。去復去兮寧復返？悲莫悲兮長別離！甘泉之像兮空若在，方士之述兮終亦非。惟芳聲之郁烈，綿百代而揚徽。嗚呼哀哉！"

［錄自《宋會要輯稿·禮三三之三、四、五》，中華書局1957年影印舊鈔本，校以《宋朝大詔令集》卷二十。文字擇善而從。按，此爲楊察於皇祐六年正月十三日任端明殿學士時所作，參見《宋會要輯稿·禮三三之二》］

馬仲甫

馬仲甫（？—1081），字子山，廬江（今合肥）人。馬亮第四子[①]。慶曆二年（1042）進士[②]。知登封縣，通判趙州，知台州，爲度支判官。出爲夔路轉運使。歲饑，盜粟者當論死，仲甫請罪減一等，詔須奏裁，請決而後奏。徙使淮南。真、揚諸州地狹，出米少，官糴之多，價常踊登，濱江米狼戾，而農無所售。仲甫請移糴以紓其患，兩益於民，從之。遂由户部判官爲發運使。自淮陰徑泗上，浮長淮，風波覆舟，歲罹其患。仲甫建議鑿洪澤渠六十里，漕者便之。拜天章閣待制、知瀛州、秦州。熙寧初，守亳、許、揚三州，糾察在京刑獄，知通進、銀臺司，復爲揚州，提舉崇禧觀[③]。元豐三年十二月（1081）丁亥卒[④]。葬揚州江都縣[⑤]。贈特進，再贈司空[⑥]。《宋史》卷三百三十一有傳。

注：

①參見《宋史》卷三百三十一《馬仲甫傳》、北宋晏殊《馬忠肅公亮墓誌銘》。

②參見南宋李壁《王荆公詩注》卷五十《崇禧給事馬兄挽詞二首》,《文淵閣四庫全書》本。按,現存合肥地方志俱載馬仲甫爲天聖五年(1027)進士,然《王荆公詩注》載王安石與馬仲甫爲同年進士;再據《嬾真子》卷三内容推斷,馬仲甫生年不會早於1014年,故馬仲甫當爲慶曆二年進士。

③參見《宋史》卷三百三十一《馬仲甫傳》。

④參見《續資治通鑑長編》卷三百十,《文淵閣四庫全書》本。

⑤見本書所收鍾離景伯《宋故安康郡君楊夫人墓誌銘》。

⑥參見北宋吕陶《淨德集》卷九《右朝散郎馬玗弟左朝奉郎玿故父通議大夫充天章閣待制特進仲甫可贈司空制》,《文淵閣四庫全書》本。

記

台州新造刻漏記

天道之大、其啓閉代謝之運,藏功於神用,杳不可見。聖人設法以求其端,於是載諸曆象,而有按據之制。則漏刻之用,興于其初矣。

若夫分至相承,寒暑相推,裁昏明之早晚,節晝夜以動息,時有緩疾,景有長短,乘氣之差,參以增損,故數不能逃,晷不能逾。風雨雖晦,抑無失其準的,非漏刻以視其應,孰從而審哉?且百刻十二辰之法,百代不易之用也。第數之盈縮,繫於二十四氣,以鈞校之,晝夜之多少,固可見矣。《周官》挈壺氏以水火守之,分以日夜,盖其職焉。《禮》天子宫禁暨官府皆建漏刻,有師興則隨次舍設之,示不可聞事也。雖則籌之數與所造之儀度今古迭變,形範各别,然測景揆辰,大概一也。

天台郡漏刻自置守以來有之矣,歷年既久,積習差錯,鍾水無實,法流無定準。規模疏簡,一不如制,叫時發鼓,皆司役之吏,詳天色以驗旦暮耳。此其誤尤甚!又況陰晦弗復辨,其失不亦遠乎!故晷候之違□、制度之紊節,理適然也。乃命浮圖可榮改作之。榮心智機巧,頗能施其術,揆測增減之法,參之於曆,皆有次序。若用器屏壺之屬,惟事事率以新意創始,咸適其宜。既訖工,依其術試之,果得晝夜之正,遲速來往,指刻可驗,觀者得以知之。與曩日之漏甚疏,庶幾乎不繆。故識其歲月,以垂諸後云。

皇祐壬辰三月朔日記。

[錄自南宋林表民輯《赤城集》卷二,中國國家圖書館藏明弘治刻本]

墓誌銘

宋故朝奉郎太常博士三司推勘公事騎都尉賜緋魚袋張君墓誌銘(并序)

淮南江浙荆湖南北路制置茶鹽礬酒税兼都大發運使提舉逐路巡檢兵甲及都大提點鑄錢等公事朝散大夫右諫議大夫護軍扶風縣開國男食邑三百户馬仲甫撰文。

淮南江浙荆湖南北路制置茶鹽礬酒税兼都大發運副使提舉逐路巡檢兵甲及都大提點鑄錢等公事朝奉郎尚書工部郎中充祕閣校理上騎都尉賜緋魚袋借紫張芻篆蓋。

朝奉郎守尚書屯田郎中通判楊州軍州兼管内勸農事輕車都尉賜緋魚袋吕希道書丹。

嘉祐中,三司使蔡公方大振職事,飭僚屬,乃表著作佐郎張君于朝,以爲推勘公事,而君以稱職聞。居三年,治平丙午五月十六日疾卒。其孤中行以其喪歸常州無錫縣,卜十月初三日甲申,將葬于景雲鄉恩覃里之先塋,且請銘于予。予守台州時,君實爲從事,予固知君者也,乃序而銘之。

君諱奕,字源明,常州無錫人。曾祖諱卓。祖諱漢濱。父諱瑩,贈大理評事。母陳氏,追封仙遊縣太君;湯氏,封壽昌縣太君。君起家舉進士,擢乙科,歷太平、台、洪三州之從事,改著作佐郎,在三司,遷秘書丞、太常博士。君敏博而有文,其在鄉里,以行義稱。及出而仕,尤長於時務,遇事不苟,思欲冥諸理而後已。台有大水,隄防繕完之智,出於倉卒,民卒賴以安,實君力焉。郡人張希房尚幼,君視其材可教,收而授之以學問,孜孜焉若己之子,後果擢進士第。洪之屬邑有以縱火民家,囚上于州,有司議棄市。君獨疑曰:“是可死耶?”請自案獄,果得所以未盡之狀,而囚論得免,吏以詘服。京師大聚之地,獄訟之夥,獨天府與三司焉。而三司又括天下之賦入,凡諸道之務,巨細悉關決之。故事物之機會、人情之姦利,日以至者蓋百計,顧非明且恕者處之,則幾不能無刑法之濫。君矯枉去弊,多所辨正,其陰施在人深矣。予聞善惡不虚其報,雖不克身享之,安知不在其後乎?

君享年五十有五。娶朱氏,封仁和縣君。二子,中行其長也,舉進士;次梁卿,始三歲,後君十五日而卒。三女,長適鄉人陳充,先君卒;次適進士李毅;次尚幼。

銘曰:“士之有志,艱乎得時。時之既得,若將可爲。乃不永年,天□喪之。謂天與善,則予不知。”

吴門童迪刊。

[錄自羅振玉輯《吴中冢墓遺文》,《歷代碑誌叢書》第18册,影印民國六年刊本]

宋故尚書刑部郎中充龍圖閣待制贈兵部尚書鍾離公夫人壽安縣太君任氏墓誌銘(并序)

朝散大夫給事中充天章閣待制糾察在京刑獄□[擢]知通進銀臺司□[兼]門下封駁事曹州提舉進奏院判尚書禮部□[改]勾當三班院柱國扶風郡開國侯食邑一千二百户賜紫金魚袋馬仲甫撰。

朝散大夫右諫議大夫□□□□□史館修撰宗正寺修玉牒官判秘閣秘省兼禮儀事權判尚書禮部貢院護軍常山郡開國侯食邑一千二百户賜紫金魚袋宋敏求篆蓋。

夫人姓任氏,曹南人。曾大父光輔,贈太師、中書令,封兗國公。大父載,贈尚書令,□[兼]中書令,封徐國公。父中行,任兵部員外郎,贈工部侍郎。夫人既笄,歸鍾離尚書瑾之夫人。尚書初娶宋氏,生三男三女。夫人既至,舅、姑皆不逮事,而歲時享祀,必盡其誠。母諸子慈愛仁厚,雖鍾氏密親,不以爲非己出。其御事不平而肅,左右女府,未嘗見慍色,而樂其法度。尚書之子多幼,夫人親教以詩書孝悌,諸子溫溫然能蹈夫人之訓,皆□□成人。夫人累封壽安縣太君,由子貴也。享年七十有五,熙寧四年二月六日,以疾終於宣州次子景融之官舍。明年正月二十有九日,葬於廬州合肥縣神龍鄉南平里,祔尚書之塋。

任氏,大族也。夫人之伯父康懿公□□□□公,當仁宗朝繼踐二府,閥閲盛大,耀於一時,夫人隱而不言,若寒家子。晚尤嗜浮圖書,平居樂易,視一切物無纖毫厚薄之間,豈□□□□□至理者歟?男十人:曰景猷,真州六合縣主簿;曰景倩,廬州舒城縣尉;曰景裕,太常奉禮郎;曰景裔,三班奉職;曰景融,供備庫副使;曰景儉,越州□□縣□;曰景伯,水部郎中;曰景圭,殿中丞;曰景行,曰景華,并將作監。景倩、景裕、景裔、景行、景華皆先卒。女六人:長適都官員外郎宋俅,封永寧縣君;次適和縣團練參軍劉珣;次適太子洗馬李伯昂,封德安縣君;次適給事中、充天章閣待制馬仲甫,封靈昌郡君;次適鼎州司理參軍梁宗望;次適大理寺丞崔□□。□[孫]十四人:聞禮、聞道、淵、渙、湍、深、淑、汶、涇、況、洙、沂、滂、演。孫女十人:長適進士□□;次適太子中舍致仕徐宗臣,封永康縣君;次適進士侯疇;次適進士邵常;次適□[懷]州修武縣令王古;次適進士吳子冉;餘未能行能狀。夫人之行,以屬□□□□□□諸子也。仲甫忝姻門下,而尤知夫人之行詳,義不敢辭,故爲□□。

□[銘]□[曰]:"□□□□,車服□煌。夫人之生,淑柔靜莊。嬪於德門,弗速遵章。□□□□,虔於享嘗。夫榮子顯,封邑之選。洗馬在庭,福祿繁衍。□□□□,祔由禮興。刊此銘詩,以告幽遠。"

男景伯書丹。

昭信軍節度推官劉忠填諱。

張振刊。

[本文參考程如峰《合肥北宋任氏墓誌》,《安徽史學》1984年第5期;顧吉辰《合肥北宋任氏墓誌補釋》,《安徽史學》1986年第3期。該墓誌銘1973年夏出土於今安徽省合肥市大蜀山東柏樹郢]

鍾離景伯

鍾離景伯,字公序①,廬州合肥人。鍾離瑾第七子②。宋仁宗時進士③。神宗時,知婺州④。元豐四年(1081),官朝議大夫⑤。元豐七年(1084),知通州⑥。元祐三年(1088)六月,以中散大夫、少府少監知壽州⑦。以善書知名⑧,有《草書洪範無逸中庸韻譜》十卷⑨,已佚。

注:

①參見宋桑世昌《蘭亭考》卷五、宋郭祥正《青山集》卷十三《合肥李天貺朝請招鍾離公序中散吴淵卿長官洎予同飲家園懷疏閣》詩,俱《文淵閣四庫全書》本。

②見本書所收馬仲甫《宋故尚書刑部郎中充龍圖閣待制贈兵部尚書鍾離公夫人壽安縣太君任氏墓誌銘(并序)》。

③參見宋蘇軾《東坡全集》卷一百七《杜訢衛尉少卿鍾離景伯少府少監》,《文淵閣四庫全書》本。

④參見《(乾隆)浙江通志》卷一百十五《職官》,《文淵閣四庫全書》本。

⑤見本書所收鍾離景伯《宋故安康郡君楊夫人墓誌銘》。

⑥參見《(萬曆)通州志》卷一《秩官表》。

⑦參見《續資治通鑑長編》卷四百十二,《文淵閣四庫全書》本。

⑧參見宋孔武仲《觀鍾離中散草書帖》詩、宋周必大《文忠集》、元鄭杓《衍極》、元陶宗儀《書史會要》等。

⑨參見《宋史》卷二〇七《藝文六》。

墓誌銘

宋故安康郡君楊夫人墓誌銘

朝議大夫合肥鍾離景伯撰。

朝奉郎臨江李演書。

朝議大夫致仕洛陽楊公度篆盖。

夫人姓楊氏，其先漢太尉震之後。在唐爲三楊望族，家長安脩行坊。五代之亂，徙居同安，又徙洛，今爲洛陽人。曾祖諱克讓，尚書刑部郎中，贈光禄少卿。祖諱希魯，贈駕部員外。父諱日章，孟州溫縣主簿。母李氏，故相國昉之族女。

夫人幼淵懿穎出，宗族稱賢。通議大夫、天章閣待制馬公仲甫，先娶夫人族姊，賢德蚤世。通議公追悼閲九年，無娶意。於是夫人年浸長，通議公既舊聞夫人能賢，謂必宜吾家，乃禮聘焉。夫人既歸，事通議公猶父，御宗屬，撫幼稚，一均于慈愛，内外得其歡心。勤於治事，纖悉脩舉，終身不見愠色。善女工音律，居有餘力，則誦經史諸子，閲醫藥陰陽筭術之書，至數千萬言，皆通其大義，惟不喜爲辭章。尤深佛學，悟性命之妙。年未三十，絶人事，屏葷血，晨夕躬治佛事，汲水焚香，誦經禪寂，積二十年無少懈。初封壽安縣君，後封安康郡君。元豐三年冬，通議公既寢疾，夫人周旋奉侍，忘廢寢食。逾年，以勤致疾，然猶自力不已。通議公既薨背，夫人益摧毁，由是疾日以加亟，後六月而逝，實元豐四年六月一日也。臨化，泊然不亂，享年四十九。

男六人：玗，奉議郎；玿，宣德郎；珹，太常寺奉禮郎；瑲、瑞、瑧，皆將作監主簿。女二人：長適宣德郎曹淵，早卒；次適秘書省正字滕祐。孫男十四人：永脩，滁州全椒縣主簿；永逸、永易、永履，皆舉進士；永老、永正、永忱，皆假承務郎；永中、永服、永亨、永言、永序、永誼、永叔。孫女十八人。曾孫女二人，並幼。以元豐四年八月十八日，祔葬于揚州江都縣西興鄉東棚村通議公之墓。

銘曰："於美夫人，天秉淑德。作配君子，佐佑維則。推愛以均，惇誠于一。游心苦空，妙悟超物。怡然委化，安袝泉室。"

［錄自《（民國）江都縣續志》卷十五《金石攷》］

馬玘

馬玘（？—約1079），字德之[①]，廬州合肥人。馬亮孫。天聖九年（1031），亮卒，以蔭錄爲將作監主簿[②]。仁宗皇祐間，授大理評事[③]。神宗熙寧三年（1070）十月，以駕部員外郎赴陝西路宣撫司，以備提舉義勇。十二月，通判河南府[④]。熙寧五年（1072），以尚書郎按刑廣西[⑤]，歷廣西轉運使[⑥]。元豐元年（1078），任廣東轉運使[⑦]。大約在元豐二年（1079），卒於江東轉運使任上[⑧]。博學多識，喜鑒藏書畫。

注：

①參見東晉王羲之《遊目帖》之馬玘觀款。

②參見宋晏殊《馬忠肅公亮墓誌銘》。

③參見宋胡宿《文恭集》卷十四《馬玘扈高王誦並可大理評事制》，《文淵閣四庫全書》本。按，胡宿於皇祐元年至三年任知制誥。

④參見《續資治通鑑長編》卷二百一十六、二百一十八，《文淵閣四庫全書》本。

⑤見本書所收馬玘《永州九龍巖題名》。

⑥參見《（嘉靖）廣西通志》卷五《秩官》。

⑦參見《（嘉靖）廣東通志初稿》卷七《秩官》。

⑧參考宋王安石《馬玘大夫挽辭》詩及《祭馬玘大夫文》。文有"使於嶺南，俗易夷鄙。江東内遷，厥勢方起。孰云一朝，壽止如此。攄懷以辭，薦此薄菲"句，再考《（嘉靖）廣東通志初稿》載有徐九思於元豐二年在馬玘後任廣東轉運使，則馬玘當在該年卒於江東轉運使任上。

題刻

永州九龍巖題名

尚書郎合肥馬玘德之按刑廣西，與進士吳復無悔同游九龍洞。壬子六月十四日。

［錄自清陸增祥《八瓊室金石補正》卷一百。文題爲編者所擬］

馬玧

馬玧,字粹老[①],廬州合肥人[②]。馬亮孫輩。登進士第[③]。治平元年(1064),官江陰主簿[④]。熙寧時,因王安石薦,以校書郎、河西縣令爲編修中書條例。後以編修及一年,遷著作郎[⑤]。熙寧八年(1075)閏四月,罷判兵部[⑥]。同年七月,官太子中允、檢正孔目房公事[⑦]。元豐五年(1082)五月,官户部員外郎[⑧]。元豐七年(1084),以左司員外郎知明州軍州事[⑨]。元豐八年(1085)七月,爲都官郎中[⑩]。

注:

①見本書所收馬玧《鄮峯佛峪摩崖題記》。另,《(延祐)四明志》卷二十錄舒亶《和馬粹老修廣德湖》《粹老使君前被召約往它山謁善政侯祠既不果以書見抵謂可歎惜并示廣德湖新記因成長句奉寄》詩二首,有句云:"姓名幾復人間留,惟侯惠施膏如油。"北宋明州郡守馬姓者惟馬玧一人,且與舒亶同時,亦可推斷馬玧字粹老。

②參見上饒市博物館藏《宋饒州長史彭公墓誌銘》。該誌石明確說明由彭汝礪撰,眉陽蘇轍書,合肥馬玧題額。參考合肥馬亮孫輩命名方式,馬玧當爲馬亮孫輩。

③宋李燾《續資治通鑑長編》記載馬玧曾官太子中允、檢正孔目房公事。宋洪邁《容齋三筆》卷十六言:"官制未改之前,初升朝官,有出身人爲太子中允,無出身人爲太子中舍,皆今通直郎也。"說明太子中允須爲進士出身者方能擔任。

④參見《永樂大典·常州府》卷十《年表》,上海圖書館藏清鈔本。

⑤參見《續資治通鑑長編》卷二百二十六,《文淵閣四庫全書》本。

⑥參見《續資治通鑑長編》卷二百六十三,《文淵閣四庫全書》本。

⑦參見《續資治通鑑長編》卷二百六十六,《文淵閣四庫全書》本。

⑧參見宋龐元英《文昌雜錄》卷一及宋曾鞏《元豐類稿》卷二十《王陟臣馬玧户部員外郎制》,俱《文淵閣四庫全書》本。

⑨參見《(寶慶)四明志》卷一、《續資治通鑑長編》卷三百五十,俱《文淵閣四庫全書》本。

⑩參見宋龐元英《文昌雜錄》卷六,《文淵閣四庫全書》本。

奏議

募商人於日本國市硫黄事宜奏

(元豐)七年二月八日,知明州馬玧言:

準朝旨,募商人於日本國市硫黄五十萬觔,乞每十萬觔爲一綱,募官員管押。

[錄自《宋會要輯稿·食貨三八之三三》,中華書局1957年影印舊鈔本。題今擬]

題刻

鄉寧佛峪摩崖題記

龍門令李公壽、吉鄉張□、鄉寧尉王睿、前主簿解章、邑士衛□,同閲遮馬谷水利,遊此。河西令馬琉謹題。

延之、仲方、道祖、□化、世華、粹老,庚戌孟春廿三日來。

[此題刻現存山西省稷山縣佛峪葛條留村南約二公里之河谷西岸崖壁。文題爲編者所擬]

馬玿

馬玿(?—1113年後),字君玉[①],廬州合肥人。馬亮孫,馬仲甫次子[②]。約宋神宗熙寧時進士[③]。已知馬玿兩次婚姻均娶宰相家女,分别爲陳堯佐曾孫女和王珪姪女[④]。一説謂其又娶宰相吕蒙正之子吕居簡第六女[⑤]。元豐四年(1081),官宣德郎[⑥]。歷奉議郎、權發遣同管勾河北東路保甲[⑦]。哲宗元祐二年(1087)八月,爲清河輦運[⑧]。紹聖元年(1094)閏四月,以左朝奉郎提舉京東西路常平[⑨]。紹聖中,又爲京東路轉運判官[⑩]。徽宗崇寧五年(1106)正月至大觀元年(1107)正月,以朝請大夫任兩浙路提點刑獄[⑪]。政和元年(1113),以朝請大夫、騎都尉,管勾杭州洞霄宫[⑫]。

注:

①參見宋黄庭堅《山谷别集》卷十四《與中玉知縣書四》,《文淵閣四庫全書》本。

②見本書所收鍾離景伯《宋故安康郡君楊夫人墓誌銘》。

③據宋莊綽《雞肋編》卷中記載:"漢國公準子四房,孫婿九人,余中、馬玿、李格非、閭丘籲、鄭居中、許光疑、張燾、高旦、鄧洵仁皆登科,鄧、鄭、許相代爲翰林學士,曾孫婿秦檜、孟忠厚同年拜相開府,亦可謂華宗盛族矣。"余中爲熙寧六年(1073)狀元,李格非爲熙寧九年(1076)進士,馬玿列名二人之間,故其應爲熙寧六年或熙寧九年進士。

④參見宋范祖禹《朝奉郎陳君墓誌銘》及宋莊綽《雞肋編》卷中。

⑤此説出自民間所藏吕氏族譜,言吕居簡生十女,且交代各自婚嫁情况甚詳,當有所據。然筆者未能目驗原書,無從定論,姑録於此,俟考。

⑥見本書所收鍾離景伯《宋故安康郡君楊夫人墓誌銘》。

⑦見本書所收馬玿《宋永安院度僧記》。

⑧參見《續資治通鑑長編》卷四〇四,《文淵閣四庫全書》本。

⑨參見《宋會要輯稿·職官四三之六》。

⑩參見《續資治通鑑長編》卷四百九十八,《文淵閣四庫全書》本。
⑪參見《(寶慶)會稽續志》卷二《提刑題名》。
⑫參見宋陳恬《宋故承務郎錢君墓誌銘(并序)》,千唐誌齋藏。

記

大宋趙州永安院度僧記

奉議郎權發遣同管句河北東路保甲馬玿撰。

承事郎權發遣河東轉運判官公事馬珹書。

右班殿直前監邢州新店鎮酒税王岑篆額。

先君正議大夫、天章閣待制、扶風郡開國公仲甫,慶曆中爲太常博士,以河北部使者薦請,通判趙州事,德望之重,冠于一時,政事大小,無不畢舉。暇日遊佛寺,謁唐從諗禪師,訪其遺迹,而永安院乃其故處也。咸平初元,賜以太宗皇帝御書,歲度僧一人,中歲,有司省之。公於是表敘先朝錫御書度僧,所以光昭禪師德美而寵及其後裔之意,願復度僧如故。詔即從請。實七年四月也。迨于今四十年矣。而玿與弟珹蒙誤恩,相繼使北道,覽先君之政治,聆先君之遺愛備矣。寺主僧猶在,具能道其事,且懇請以謂先君有世世無窮之惠於此,懼後之人蒙其惠將不知所自來也,願記諸石以告于後。玿乃泣以記。

元豐八年九月二十三日謹記。

朝奉郎通判軍州兼管内勸農事騎都尉借緋周鼎、朝請郎知軍州兼管内勸農事上輕車都尉借紫杜紳、中散大夫知澶州軍州事兼管内勸農使輕車都尉太原縣開國子食邑五百户賜紫金魚袋王令圖立石。

長老僧契欒、院主僧智球平孟永填諱。

崔秀、崔贇刊。

[録自《趙州石刻全録》中卷,《地方金石志彙編》第2册,影印清同治間刻本]

馬珹

馬珹(? —1102年後)①,字中玉、忠玉②,廬州合肥人。馬亮孫,馬仲甫第三子③。神宗熙寧中至元豐初,歷權熙河路轉運判官,提舉永興、秦鳳等路常平公事，權發遣江南西路、荆湖北路轉運判官[4]。元豐二年(1079)，坐事勒停[5]。歷河東路同管勾保甲、承事郎、權發遣河東轉運判官公事[6]。哲宗元祐五年(1090)八月，以右宣德郎自提點淮南西路刑獄改兩浙路提刑[7]。紹聖初，爲江南西路轉運副使[8]。紹聖三年(1096)，知湖州。四年(1097)，移潁州[9]。元符二年(1099)，以荆湖北路轉運副使，徙知陝州[10]。遷陝西轉運副使[11]。歷知荆南府。徽宗崇寧元年(1102)，以辰州徭賊入寇不即聞，追三官勒停，海州安置[12]。後歿於貶所。工翰墨，擅詩詞，與黄庭堅、蘇軾多唱和。

注：

①馬瑊卒年根據《宋會要輯稿·職官六七之四一》記載："(崇寧元年)九月九日，前知荆南府馬瑊追三官勒停，海州安置。以徭賊入寇不即聞，御史臺具獄上。故責之。"宋黄䓨《跋黄庭堅承天塔記》言："先生遂除名，羈置宜州。忠玉亦以辰州徭賊寇邊，監察御史席震繼而劾之，奪官羈置海州。遂俱殁於貶所。嗚呼！其亦不幸甚矣！"説明馬瑊當卒於崇寧元年(1102)後不久。

②參見《山谷集》《蘇詩補注》等。

③見本書所收鍾離景伯《宋故安康郡君楊夫人墓誌銘》。

④參見《續資治通鑑長編》卷二百七十一、二百七十三、二百七十四、二百八十八、二百九十，《文淵閣四庫全書》本。

⑤參見《續資治通鑑長編》卷三百，《文淵閣四庫全書》本。

⑥參見《續資治通鑑長編》卷三百四十八，《文淵閣四庫全書》本；並見本書所收馬玿《宋永安院度僧記》。

⑦參見宋黄䓨《山谷年譜》卷二十六，《文淵閣四庫全書》本。

⑧參見《宋會要輯稿·刑法三之二一》。

⑨參見《(嘉泰)吴興志》卷十四。

⑩參見《續資治通鑑長編》卷五〇六，《文淵閣四庫全書》本。

⑪參見《皇宋通鑑長編紀事本末》卷一百三十七。

⑫參見《宋會要輯稿·職官六七之四一》。

奏議

乞捕作过山猺奏

(元豐元年三月)癸巳，權發遣荆湖北路轉運判官馬瑊言：

山猺作過，已依捕張奉例立賞，募歸明人等捕殺，及乞朝旨下邵州捕盜官照應。

[錄自南宋李燾《續資治通鑑長編》卷二百八十八，中國國家圖書館藏清光緒七年

浙江書局刊本。個别明顯誤字徑改,題今擬]

請招安邵州猺奏

(元豐元年三月)辛丑,荆湖北路轉運判官馬瑊言:

邵州覘知作過猺人有意歸投,若不乘勢招安,竊恐結集浸盛。

[録自南宋李燾《續資治通鑑長編》卷二百八十八,中國國家圖書館藏清光緒七年浙江書局刊本。個别明顯誤字徑改,題今擬]

契勘徐疇狀

(元祐六年十二月丁巳),右宣德郎、權發遣兩浙路提刑馬瑊狀:

準吏部牒,都省批降指揮,勘會今有身在兩浙,父已垂年,而其子卻用指射家便法授廣南差遣,係何人?具職位、姓名申尚書省。瑊今契勘得係右通直郎、新差權知連州徐疇,有父師民,任中散大夫致仕,見在本路蘇州居住,其徐疇已于今年八月内起離前去連州赴任。

[録自南宋李燾《續資治通鑑長編》卷四百六十八,中國國家圖書館藏清光緒七年浙江書局刊本。個别明顯誤字徑改,題今擬]

乞不受理自毀傷者之訴奏

(紹聖)二年三月十七日,江南西路轉運副使馬瑊言:

訴事而自毀傷者,官不受理。事干謀叛以上,不用此制。

[録自《宋會要輯稿·刑法三之二一》,中華書局1957年影印舊鈔本。個别明顯誤字徑改,題今擬]

論剿猺事

荆南守馬瑊言:

有生猺,有省地猺。今未知叛者爲何種族,若計級行賞,懼不能無枉濫。

[録自《宋史》卷四百七十二《蔡京傳》。題今擬]

柳充

柳充,字聖美[①],其先魏郡大名人[②],至其祖柳灝、父柳載,兩世皆葬於廬州合肥,遂又爲合肥人。官宣德郎,累贈通奉大夫。卒亦葬合肥[③]。

注：

①見本書所收柳充《鴨頭丸帖觀款》。

②見本書所收柳瑊《慈恩寺雁塔唐賢題名跋》。

③參見宋孫覿《南蘭陵孫尚書大全文集》卷五十七《宋故左中奉大夫致仕柳公墓誌銘》，明鈔本。

雜著

鴨頭丸帖觀款

河東柳充聖美、京兆杜昱宜中，同觀于安静堂。元豐己未十月望日。

[録自上海博物館藏東晉王獻之《鴨頭丸帖》之柳充觀款]

王璆

王璆，廬州合肥人。崇寧二年（1103），爲包拯次子包綬妻文氏撰墓誌銘，時爲奉議郎致仕、賜緋魚袋[1]。

注：

①見本書所收王璆《宋故蓬萊縣君文氏墓誌銘》。按，文氏卒於合肥，王璆時已致仕居家，故應爲合肥人。

墓誌銘

宋故蓬萊縣君文氏墓誌銘

奉議郎致仕賜緋魚袋王璆撰。

新授臨江軍新淦縣丞張忠思書并篆蓋。

蓬萊縣君文氏，世爲河東汾州人，河東節度使守太師潞國公諱彦博之季女，今朝奉郎包公名綬之夫人也。天聖初，夫人王父，贈太師尚書令兼中書令諱□[洎]，與朝奉公王父，贈太保諱令儀，同官閩中，時潞國公與皇舅樞密副使孝肅公諱拯，方業進士，相友甚厚。未幾，同登天聖五年甲科。逮嘉祐間，繼以才猷，直至參知政事，而包氏、文氏，仕契亦再世矣。嘗願相與姻締，故以夫人歸焉。夫人幼淑敏，事親以孝聞。既歸朝奉公，雖不及□□舅姑而□□□□□朝奉公先娶直龍圖閣張公諱田之女，生子□，夫人鞠養成，視之與己子不異。待親族和而有禮，蓄妾媵正而有仁。喜於周急，於財無所吝；薄於自奉，於物無所玩。以奉祭祀則勤，以相君子則宜。由是閨門雍肅，而上下順從。初，潞國公以將相之才，佐命天子，而孝肅公又以嘉言直道，顯名天下，皆爲當世榮耀。夫人雖兼而有之，曾不以是自居，未嘗有矜大色也。賦性寡俗，尤□□□□□常不茹葷，以清靜自將，行之終身，不少懈。以朝奉公，封蓬萊縣君。崇寧元年正月庚申，卒于京師，享年三十□。子男四人：松年、耆年、彭年、景年，皆習進士。女二人：長適國學生□□，先夫人而卒；次尚幼。以崇寧二年十二月庚申，卜葬于廬州合肥縣公城鄉東村。

銘曰："舅姑早世，孝不克施。以正承家，閨門是宜。鞠養幼稚，賢哉母職。逮於詵詵，德其均壹。稟性之良，宜壽而昌。命期不長，□□□傷。"

合肥杜規刊。

［本文參考安徽省博物館《合肥東郊大興集北宋包拯家族墓群發掘報告》，收錄於《文物資料叢刊3》文物出版社1980年版。該墓誌銘1973年出土，現藏安徽省博物館］

左膚

左膚（？—1109），廬州人[①]。哲宗元祐七年（1092），爲衡州判官[②]。元符初，由安惇薦，爲監察御史，遷侍御史。累官刑部尚書[③]。徽宗大觀元年（1107）八月，以朝奉郎、試兵部尚書兼侍讀降授承議郎[④]。大觀二年（1108），任户部尚書[⑤]。後以樞密直學士知河南府，改永興軍，卒[⑥]。大觀三年（1109年）正月，以樞密直學士、朝請郎，贈中奉大夫[⑦]。《宋史》卷三百五十六有傳。

注：

①參見《宋史》卷三百五十六《左膚傳》。

②參見《續資治通鑑長編》卷四百七十五，《文淵閣四庫全書》本。

③參見《宋史》卷三百五十六《左膚傳》。

④參見《宋會要輯稿·職官一五之一六》。

⑤參見《宋宰輔編年錄》卷十二，《文淵閣四庫全書》本。

⑥參見《宋史》卷三百五十六《左膚傳》。

⑦參見《宋會要輯稿·儀制一一之八》。

奏議

劾孫諤奏

(元符二年三月甲寅),監察御史兼管殿中侍御史左膚言:

臣伏覩朝廷近以孫諤在元祐中理訴語言不順,罷諤吏部員外郎。按諤在元豐中以監制敕庫漏落條貫罷去,則是因緣職事,無甚可矜。而元祐中三有訴陳,且言:"幸遇朝廷欽恤刑獄,使銜冤飲恨者皆得以上聞。"恭惟先帝在位,明德審罰,諤指元祐爲欽恤,則是先帝未嘗欽恤也。由此觀之,則諤訟先帝者也。其曰"使銜冤飲恨者皆得以上聞",臣不知諤指何人爲可恨乎?若以爲元豐大臣爲可恨,又緣已出先帝聖斷,兼今來訴理官司奏陳改正事件,其間得有罪者,蓋緣得罪先帝,非爲得罪當時大臣也。由此觀之,則諤不獨訟先帝,而反恨先帝者也。爲人臣者,措意及此,萬死有餘,而三省議罪,止令罷職,卻與合入差遣,借使孫諤今係知州或監司資序,則是朝廷猶欲以訟恨先帝之人爲監司郡守乎?臣雖至愚,猶知其不可,況在陛下聖孝昭明,紹修前烈,而有司視諤爲可恕之人哉!

[錄自南宋李燾《續資治通鑑長編》卷五百七,中國國家圖書館藏清光緒七年浙江書局刊本。題今擬]

乞立法令條修例所奏

(元符二年五月乙丑),左膚劄子言:

蹇序辰以《語錄》傳授指使,乞立法令條脩例所,取索見行令敕,重行增修。

[錄自北宋曾布《曾公遺錄》卷七,天津圖書館藏清光緒《藕香零拾》本。題今擬]

劾孫傑奏

(元符二年閏九月丙子),監察御史左膚言:

竊聞起居郎孫傑昨奉使淮浙,有違法不公事,乞施行。

[錄自南宋李燾《續資治通鑑長編》卷五百一十六,中國國家圖書館藏清光緒七年浙江書局刊本。題今擬]

劾開封府通判引散官兑買茶肆奏

(元符二年閏九月壬午),權殿中侍御史左膚言:

權知開封府吕嘉問慢令不欽、違法徇私等事，乞賜施行。

又奏，近彈奏開封府通判引散官兑買姓李人茶肆，見行兑買未了，乞照會施行。

[錄自南宋李燾《續資治通鑑長編》卷五百一十六，中國國家圖書館藏清光緒七年浙江書局刊本。題今擬]

乞宣取古方鼎奏

（元符二年閏九月丙戌），權殿中侍御史左膚言：

竊聞宗室果州團練使仲忽，得古方鼎一，飾以龍文，旁有隸識曰："魯公作文王尊彝。"銅色正綠。伏望宣取，詔儒臣博加考議。

[錄自南宋李燾《續資治通鑑長編》卷五百一十六，中國國家圖書館藏清光緒七年浙江書局刊本。題今擬]

劾吕嘉問奏

（元符二年十月）癸亥，權殿中侍御史左膚言：

臣昨具彈奏權知開封府吕嘉問贓私不法等事，伏乞特降睿斷，推詳前奏，早正典刑。嘉問昨稽違詔命，故縱鄒浩留滯。今訪聞嘉問昨任襄州日，浩爲本州學官，於宣仁聖烈樂禁中使妓樂燕集。今浩以狂妄竄逐，即非嘉問不知，而所差公人擅敢縱留在寺。又嘉問額外增置本府散從官等事。又嘉問昨自發運使移至青州日，令客司安彦用船載米往新任糶賣。竊聞權發運使胡宗師見將帶干連人安彦等在京，伏乞就大理寺推究，庶幾不至留滯，及逐人在外亂有供析。又竊聞嘉問受醫人石與齡馬一匹，爲與齡舉薦其子何乞試醫學，已而知其不可，遂以己所乘馬佯爲貿易。爲府尹職監臨，受馬薦人，欺罔最甚！

[錄自南宋李燾《續資治通鑑長編》卷五百一十七，中國國家圖書館藏清光緒七年浙江書局刊本。題今擬]

乞重定弓箭手敕令格式奏

（大觀元年）十一月十一日，兵部尚書兼侍讀詳定一司敕令左膚奏：

伏聞神考詳告有司，修書之法，必分敕令格式，著爲成憲，以示天下，萬世不可改也。今兵部所有陝西、河東弓箭手敕，乃崇寧元年修成頒降，敕令格式混而爲一，既已乖違神考修書之旨，兼以元符、建中靖國不許引用年分條法修成，及至頒降，至今衝改名件不少，紊錯舛繆，難於考證。伏望遵依神考修書法，分爲敕令格式，重別刊定，垂之永久。

［錄自《宋會要輯稿·刑法一之二二》，中華書局1957年影印舊鈔本。個別明顯誤字徑改，題今擬］

乞立定公使錢奏

（大觀二年）五月十一日，户部尚書詳定一司敕令左膚等劄子：

立定自學士至兵馬都鈐轄公使錢（外任給，内曾任執政官以上，不限内外並給）：觀文殿大學士曾任宰相，錢一千五百貫；觀文殿學士、資政殿大學士、資政殿學士、端明殿學士曾任宰相、執政官，錢一千貫，餘七百貫；龍圖、天章、寶文、顯謨、徽猷閣學士、直學士、待制、樞密直學士及太中大夫以上，五百貫。已上兼安撫經略使或馬步軍都總管、兵馬都鈐轄，各加錢一百貫。乞從本所依此刊爲定制。仍乞不限内外，并所領職任一等支給。

［錄自《宋會要輯稿·禮六二之五一》，中華書局1957年影印舊鈔本。個別明顯誤字徑改，題今擬］

乞修立三師三公三省長官俸祿奏

（大觀二年）五月庚申，增公、師、三省長官俸祿。户部尚書左膚等奏言：

元豐官制，以太師、太傅、太保爲三師，太尉、司徒、司空爲三公，侍中、中書令、尚書令爲三省長官，皆正一品。職任既重，當稱是以制祿。元豐中，止除左右僕射，而公、師、三省長官地皆虚位未除，以故未曾修立俸祿。至是謂皆當增重其祿，以述神考之意。

［錄自南宋徐自明《宋宰輔編年錄》卷十二，中國國家圖書館藏明萬曆刻本。題今擬］

乞立定承務郎料錢奏

（大觀二年）九月十日，户部尚書詳定一司敕令左膚等劄子：

勘會特進至承務郎，今爲寄祿官，惟承務郎未有立定料錢，盭務止破驛料。《元豐官制》立定承事郎料錢十貫文，承奉郎料錢八貫文。今承務郎名寄祿官，而實無祿賜，恐非元豐寄祿之意。

［錄自《宋會要輯稿·職官五七之五四》，中華書局1957年影印舊鈔本。題今擬］

請定開封府牧祿制奏

（大觀二年九月）十一日，又奏：

伏覩崇寧詔旨，開封府置牧，皇子領之，而尹以文臣充。今府尹分行、守、試三等，其職錢自一百貫至八十貫修立有差，惟府牧未嘗制祿。

［錄自《宋會要輯稿·職官五七之五四》，中華書局1957年影印舊鈔本。題今擬］

立定貼職錢奏

（大觀二年九月十一日），又奏：

臣等見編修《祿格》，伏覩學士添支比正任料錢相去遼邈。且如觀文殿大學士、節度使從二品，大學士添支錢三十貫而已，節度使料錢乃四百千，傔從、粟帛等稱是。或謂大學士自有寄祿官料錢，故添支數少。臣等以銀青光祿大夫任觀文殿大學士較之，則通料錢、添支不及節度使之半，其厚薄之不均明矣。切謂觀文殿大學士，近制非曾任宰相者不除，而節度使或由行伍，或立戰功，皆得除授，曾無流品之別，則朝廷顧遇大學士，豈輕於節度使哉？而祿秩甚微，殊未相稱。自餘學士，視諸正任，率皆如此。其所給添支，非前任兩府在外則勿給，比正任且無正賜公使。自待制至直閣，皆朝廷遴選，亦有添支。又學士或守大藩，或領帥權，自有添支。而職錢亦謂之添支，其名重復，今欲將職錢改作貼職錢以別之。謹以正任料錢、公使爲率，參酌立定。自學士至直閣以上貼職錢，不以内外並給。觀文殿大學士一百貫，觀文殿學士、資政殿大學士八十貫，資政殿學士、端明殿學士五十貫，内前執政加二十貫。龍圖、天章、寶文、顯謨、徽猷閣學士、樞密直學士四十貫。龍圖、天章、寶文、顯謨、徽猷閣直學士三十貫。龍圖、天章、寶文、顯謨、徽猷閣待制二十貫，集賢殿修撰一十五貫，直龍圖閣、秘閣十貫。

［錄自《宋會要輯稿·職官五七之五四、五五》，中華書局1957年影印舊鈔本，校以《宋史》卷一百七十二《職官十二》。題今擬，文字擇善而從］

乞修立親王俸祿奏

（大觀二年九月十一日），又奏：

伏見親王俸祿，久來係用《嘉祐祿令》，内皇族所請隨官序支給。見今親王俸給係循嘉王、岐王舊例，與《嘉〖祐〗祿令》多寡不同。此蓋元豐特恩，令甲之所不載。本所累行取索不到。今參酌，除親王公使錢係朝旨逐次特恩添賜，自隨所得指揮外，其俸給欲並依見請修立。

［錄自《宋會要輯稿·職官五七之五六》，中華書局1957年影印舊鈔本。題今擬］

書牘

與通判承議劄

膚頓首：違去高義，俯仰閱歲。兹緣假道，遂獲望履，深以爲幸。謹先啓承動静。不宣。膚頓首再拜。通判承議尊兄（座前謹空）。

［此書劄於1997年、2005年兩度在北京翰海春季拍賣會拍賣，現爲民間收藏］

王能甫

王能甫，廬州合肥人。娶宰相吴充孫女（亦王安石外孫女）。神宗元豐七年（1084），占太學上舍籍[①]。徽宗崇寧元年（1102），歷左、右正言，與左司諫吴材論韓忠彦變神考之法度、逐神考之人材，遂使韓忠彦罷相、出知大名府[②]。遷左司諫、試給事中[③]。崇寧四年（1105）至五年（1106），官刑部尚書[④]。後歷官樞密直學士、朝散大夫、提舉西京嵩山崇福宫。大觀元年（1107）五月，因事落職[⑤]。

注：

①參見宋楊介《宋故文水伯淑人吴氏墓誌銘》。該墓誌銘2007年出土於今安徽省肥東縣店埠鎮農機二廠。

②參見元陳桱《通鑑續編》卷十一，《文淵閣四庫全書》本。

③參見《續資治通鑑長編拾補》卷十九、《宋故文水伯淑人吴氏墓誌銘》《宋會要輯稿·選舉一九之二一》。

④參見《宋故文水伯淑人吴氏墓誌銘》《宋會要輯稿·食貨四三之五》。

⑤參見《宋會要輯稿·職官六八之一四》。

奏議

劾張敦禮奏

諫官王能甫言：

敦禮以匹夫之賤，一日而富貴具焉。神宗親愛隆厚，禮遇優渥，而敦禮詆毁盛德，罪大謫輕。今復與之節鉞，無乃傷陛下紹述之志乎！

［錄自《宋史》卷四百六十四《張敦禮傳》。題今擬］

貢舉諸事奏

徽宗崇寧元年十二月六日，試給事中王能甫言：

陛下明年臨軒親策進士，號爲龍飛。而預試于庭者，皆南省合格之士。南省合與不合，皆繫於考校官之手。謹按，省試點檢試卷官，名爲點檢，實預考校。除朝旨選差外，並主司奏辟。夫主司苟〖不〗能盡公，而或因親戚，或緣故舊，不觀其學術，不審其趣向，偶有出身，遂具聞奏。朝廷因是差焉，而一失其人，則安在其爲取士以稱陛下龍飛之時哉！欲將來點檢官除朝旨選差外，令主司於曾充太學上舍、内舍并學諭以上職事人，及於殿試第一甲、省試府監發解十人内舉辟。如上件人數不足，即以近離科場，久有聲稱人。所貴考校至精，無負多士進身之望。

［錄自《宋會要輯稿·選舉一九之二一》，中華書局1957年影印舊鈔本。題今擬］

論綱運事

（崇寧）五年七月十九日，刑部尚書王能甫言：

國家仰給諸路綱運，全賴軍大將管押，而無關防，姦弊滋甚。欲乞今後已差及見押諸河綱運，或得替未到部，并有縮繫軍大將，應官司雖畫到特旨、朝旨抽差，並不得發遣。

［錄自《宋會要輯稿·食貨四三之五》，中華書局1957年影印舊鈔本。題今擬］

馬永稽

馬永稽，廬州合肥人。馬亮曾孫，馬玘子①。徽宗政和元年（1111），官奉議郎、新差知京兆府櫟陽縣丞管勾學事②。

注：

①參見北宋晏殊《馬忠肅公亮墓誌銘》、北宋米芾《書史·柳公權書陰符經》。

②見本書所收馬永稽《宋故向氏夫人墓誌銘（并序）》。

墓誌銘

宋故向氏夫人墓誌銘(并序)

奉議郎新差知京兆府櫟陽縣丞管勾學事馬永稽撰并書。

宣德郎知壽州六安縣管勾學事兼管勾勸農公事呂希莘題蓋。

夫人姓向氏,其先開封人。性資穎悟,自幼端莊,不妄笑語。嘗侍其母永寧君入見欽聖憲肅皇后。后,夫人從姑也,愛其令淑,欲留禁中。夫人雖在齠齓,逡巡辭遜,宛若成人。后嘉歎,賜賚甚渥。朝議公欲得賢士君子配之,遂歸于承務郎錢愔。向氏自高祖文簡荆王,奕世載德,紀功太常。逮欽聖母儀天下,尊榮一時。而錢氏累葉將相,聯姻王室,門閥之盛,嘉配爲宜。舅朝散公,清慎儉素,日以詩禮訓諸子。姑仁壽縣君薛氏,内治嚴整。夫人能安其家,事上接下,皆得其歡;饍羞祠事,躬服其勞。朝散公寢疾累年,侍奉益謹,藥餌嘗而後進,朝夕在左右,未嘗見怠容。承務君涖官恭慎,時稱其能,實夫人内助之益也。建中靖國元年八月二十日,以疾終于汝州梁縣尉之官舍,享年三十有一。

曾祖傳正,皇任國子博士,贈太尉。祖綜,皇任中散大夫,贈宣奉大夫。父宗哲,見任朝議大夫、知沂州。母高氏,永寧縣君;繼曹氏,仁和縣君。子二人:長曰拱之,次曰撰之,方童穉時,承務君勞於王事,夫人親授以書臬,長皆富於學,有聲庠序間。二女,尚幼。

嗚呼! 夫人賢德懿範,是宜遐齡顯號,以彰厥善,而止於是! 豈報施之理藏於冥冥之中者殆難知歟? 觀二子爽拔不群,必將克世其家,則夫人何憾焉? 卜以政和元年四月丙申,葬承務君于西京洛陽縣北邙山朝散公之墓次,夫人祔焉。

求銘於予。銘曰:"嗚呼夫人! 既安吉窆。銘是懿德,以告幽遠。"

[錄自拓片。圖載《千唐誌齋藏誌•下》,文物出版社1984年版]

王世修

王世修(? —1129),盧州合肥人。王能甫侄。靖康末,知滎澤縣。因抵禦金人有功,改京秩,遂爲苗傅幕賓。後官中大夫[①]。建炎三年(1129)三月，因痛恨宦官專横及不滿高宗政治作爲，策動苗傅、劉正彦政變，逼迫高宗禪位於太子。遷直龍圖閣、尚書工部侍郎[2]。次月，苗劉兵變被平定，爲韓世忠所擒，斬於市[3]。

注：

①參見《建炎以來繫年要録》卷二十一、《續資治通鑑》卷一百一十四。

②參見《建炎以來繫年要録》卷二十一、二十二。

③參見《宋史·韓世忠傳》《宋史·刑法二》《宋史·本紀第二十五·高宗二》。

奏議

乞睿聖皇帝還尊位劄子

臣等三月二十九日請召苗傅、劉正彦等到都堂，諭以睿聖皇帝始以講和大金之故，責躬避位，退處别宫，授位元子，恭請太母垂簾同聽政事。今國家多事，干戈未敉。信使雖遣，難必復命之期；天步方艱，宜急防秋之計。睿聖皇帝當還尊位，總攬萬幾。苗傅等一皆聽從。取進止。

[録自《三朝北盟會編》卷一百二十八，上海古籍出版社2019年影印清光緒三十四年許涵度刻本。題今擬。按，原文僅署"宰執劄子"。據同書卷一百二十六引朱勝非《秀水閑居録》云："世修草奏。"《宋史》卷二百四十三亦云："世忠等遂引兵至，逆黨懼。朱勝非等誘以復辟，命王世修草狀進呈。"據此可判斷，本文作者實爲王世修]

柳瑊

柳瑊（1071—1136），字伯玉、伯和，廬州合肥人。柳充子。娶宰相章惇孫女。徽宗崇寧五年（1106）進士。調淄川縣主簿，秩滿，授蘇州觀察推官。宣和初，任陝府西路轉運判官，反對宣撫使童貫另鑄大錢取代關陝鐵錢，移利州路提點刑獄。因得罪童貫，被移送吏部。久之，授任京西抵當所。宣和四年（1122），除知濬州。改知洺州[1]。宣和七年（1125）四月，因捕盜有方，以朝請大夫轉兩官[2]。中貴人陳宥遣小校于演部勝捷兵次雞澤，屠殺無辜村民數百，以首級報剿賊戰功。事發，柳瑊誅殺其將官，爲童貫指爲濫殺，遭彈劾降職。靖康元年（1126），告老，以朝奉大夫致仕。高宗建炎二年（1128），詔起知蔡州，稱疾不拜。三年（1129），落致仕，召赴行在，又以疾辭。差主管台州太平觀。紹興元年（1131），除福建路提點刑獄[3]，未赴。紹興四年(1134)二月,以左中奉大夫提點兩浙東路刑獄[4],尋提舉台州崇道觀。紹興六年(1136)病逝,終年六十六[5]。

注:

①參見宋孫覿《南蘭陵孫尚書大全文集》卷五十七《宋故左中奉大夫致仕柳公墓誌銘》,明鈔本。

②參見《宋會要輯稿·兵一二之三一》。

③參見宋孫覿《南蘭陵孫尚書大全文集》卷五十七《宋故左中奉大夫致仕柳公墓誌銘》,明鈔本。

④參見《建炎以來繫年要錄》卷七十三。

⑤參見宋孫覿《南蘭陵孫尚書大全文集》卷五十七《宋故左中奉大夫致仕柳公墓誌銘》,明鈔本。

序跋

承恩雁塔唐賢題名跋

唐人登科,燕集曲江,題名雁塔,一代之榮。觀當時士風,以不得與爲深恨。國朝錫燕瓊林,立碑太平興國寺,乃用唐之遺典。故凡歌詩啓敘紀述同年契者,引雁塔爲故事。

雁塔在長安南、曲江西慈恩寺,樂天所謂"曲江院裏題名處"是也。塔成于顯慶間,距今幾五百年,堅完如新,壁间磚上,字墨猶存。四方士大夫,自非身嘗登覽,蓋莫之見,世亦未有摹刻以傳者。

宣和庚子,瑊以漕事使關中,公餘與同僚訪古,周覽塔上,層層見之。字畫遒麗,俱有楷法。全榜無幾,而名卿韙人留記姓字歲月者倍多。乃得善工李知常等,俾盡摹刻于石。託隱士王正叔點校編次,同年樊仲恕冠以敘引。正叔好古博學,通六書法。仲恕高才鉅筆,有聞于時。是書當借重以傳,其詳見于敘云。

宣和庚子十月朔大名柳瑊伯和題。

[錄自宋陳思《寶刻叢編》卷七,中國國家圖書館藏清鈔本]

鍾離濬

鍾離濬,廬州合肥人,徙揚州。鍾離瑾孫[1]。紹興初,以從事郎知高郵縣[2]。紹興三年(1133)正月,以嘗任高郵縣丞,熟知本路利害,由右承務郎特遷一官通判揚州[3]。

注：

①按，鍾離濬目前雖無明確籍貫記載，但其與鍾離瑾孫輩名字偏旁一致。鍾離瑾子鍾離景融遷居揚州，鍾離濬熟悉揚州，知鍾離濬長期在此地生活。基本可以確認是鍾離瑾孫，且爲鍾離景融之子可能性較大。

②參見《建炎以來繫年要録》卷五十一。

③參見《建炎以來繫年要録》卷六十二。

奏議

措置營田之民奏

（紹興二年二月己卯），從事郎、知高郵縣鍾離濬言：

宣撫司指揮合營田之民，有警旋行句集出戰。本縣四十村，歸業之民僅千八十家，少有耕種；又慮秋成，或爲賊有。欲分爲二十社，社三百人，擇精強可仗者二人爲巡社首領。其餘十人爲甲，甲有隊長。如遇警急，遞相救援。二十社計六千人，約耕田六百頃。若無耕牛，可以人代。每畝收一㪷五升，共收穀九千斛，計貸種錢萬六千緡。

［録自《建炎以來繫年要録》卷五十一，《廣雅叢書》本。題今擬］

馮溫舒

馮溫舒，廬州合肥人。五世祖爲南唐名臣馮延魯（後改名謐）。父馮安國官廬州慎縣令，卒葬合肥[1]。徽宗崇寧五年（1106）進士。大觀元年（1107），調汝州魯山縣主簿[2]。宣和四年（1122）三月，官提舉秘書省管勾文字[3]。欽宗靖康元年（1126）四月，以工部侍郎提舉南京鴻慶宫[4]。高宗紹興五年（1135）二月，官左通議大夫、提舉南京鴻慶宫，復秘閣修撰[5]。

注：

①參見宋許光疑《故宣德郎簽書峽州軍事判官廳公事馮君墓誌銘》。該墓誌銘1954年出土於當時安徽省肥西縣小浦鄉，現藏於安徽省博物館。

②參見宋許光疑《故宣德郎簽書峽州軍事判官廳公事馮君墓誌銘》。

③參見《宋會要輯稿·職官一八之二三》。

④參見《宋會要輯稿·職官六九之二三》。

⑤參見《建炎以來繫年要録》卷八十五。

記

翠山禪寺興建記

四明郡之南山，雄氣勝概。蓋與夫雁宕、天台之連屬也。出郭六十里，林岩秀潤，溪流清遠，由桃源鄉歲輸賦于鄞溪，駕長虹以通蘭若。唐乾寧初，僧思明踵其處而樂之，得地于邵氏以庵焉。昭宗光化二年，請長老令參居之。參嗣雪峰存，道馨四聞，來衆雲集，開席其所，以納龍象。山骨癯然，出于林杪，翠色岩岩，遠在人目，院因以名。雲門偃、長慶稜、保福展皆來客居，從兄之游也。龍册興、佛奥默嗣出其間，以述師之範也。而翠岩之聲落天下耳，由老參秉佛事柄而然也。錢氏之有二浙，天福初，文穆王移參主杭之千春龍册寺，賜號"慧日永明大師"。開平五年，改"翠岩"名"境明"。鉅宋混一區宇，夙寒蕩于炎德，和氣吹嘘，跂行喙息，同戴春也。吳越既獻土地，大中祥符初，敕賜今額。自參之去，其徒希賓繼之，凡七傳至義海，始正十方叢林故事。海嗣雲居齋，天禧間，太守李公之所請也。元祐末，得亨主之，嗣報本元，太守劉公之所請也。院舊面山背溪，局不得伸。亨相其面勢，易爲東向，山後旋而屏峙，溪左下而紳垂，深明爽塏，集四顧而麗，亨之力也。累代相承，事無增損。雲衲投棲，□受百數。建炎四年，太守吳公請宗公補處宗事。今天童覺公入門升堂，問法之賓倍前日之數者再。屋不足，合小而大之，易舊而新之；食不足，克勤于耕，克勉于丐，均令湛明。身前單已無兼之妙，回途應變手眼千千。烹鍛之功，神不可傳，于是萃食指幾四千。宗公形槁而氣溫，語淡而味真，道人去就，飄飄如也。吳公出私財三十萬，爲買田于寺旁。比丘員證大師智謙、比丘行因，各施所有田。比丘法潤募緣墾鑿，成半千畝。俾夫主人嚴坐局牀，靜豁機前，以訓迪多士；來其賓友，嘿守圓蒲，超詣象外，以窮通萬彙。佛佛燈燈之傳，祖祖繩繩之事，其在斯乎！賓主之安，施受之利，其在斯歟！原始迨今，垂三百年，其建立更易如此，不可無傳也。故并次而紀之。

紹興八年四月記。

［錄自明高宇泰《敬止錄》卷三十一，《北京圖書館古籍珍本叢刊》第28册，影印清道光十九年徐時棟校鈔本，並參考《敬止錄(點校本)》(寧波出版社2019年版)之校記。文字擇善而從］

序跋

天童覺和尚小參語録序

天童老人蚤以英妙，發聞漢東，道法寖盛於江淮，大被於吴越。經行所暨，都邑爲傾。一時名勝之流爭趨之，如不及也。建炎末，應緣補處太白之麓。海隅斗絶，結屋安禪。會學去來，常以千數。師方導衆以寂，兀如枯株；而屨滿户外，不容終默。故當正座舉揚，或隨叩而酬以法要，或因理而畢其緒言。門人躡音輒爲紀録，歲月未幾，溢于簡編。惟悟本正脉，粗續而僅存；大陽本宗，幾儧而復起。閱世三四，至是紹隆。迅雷當空，震徹九地。句萌甲拆，自然生榮。而彼元氣洪造，初豈有意哉？方來學徒，讀此書而知谷之應聲，會此旨而同水之傳器。始信佛及衆生，皆承恩力，豈虚語也哉？

紹興丁巳歲除日參學馮溫舒序。

［録自《宏智禪師廣録》卷五，《卍續藏》本。個别明顯誤字徑改］

馬永卿

馬永卿（約1086—1150）[①]，字大年，號懶真子，廬州合肥人，徙揚州高郵，南渡後寓居信州鉛山[②]。馬亮曾孫[③]。徽宗大觀三年（1109）進士，授亳州永城主簿[④]。歷淅川令、江都丞、夏縣令[⑤]，後守達州[⑥]。官終左朝散大夫。卒年六十五[⑦]。有《嬾真子》《元城語録》傳世，另著《論語解》十卷、《易拾遺》二卷、集十五卷等[⑧]。

注：

①馬永卿生年據《嬾真子》卷二《詠魏帝廟》（中國國家圖書館藏明鈔本）云："大觀中，僕任永城縣主簿，常謁其廟。……僕吟此詩，年二十五。"其所作《元城先生語録序》云："大觀三年冬，僕將赴亳州永城縣主簿。"大觀年號僅使用四年，若此詩作於大觀四年（1110），則可推知馬永卿生於1086年。卒年據《馬達州自撰墓銘》云："吾年六十五，世緣已盡。……吾與汝等終天之别，定在今年某月某日。"則可推知馬永卿卒於1150年。

②參見《（嘉靖）鉛山縣志》卷十一《人物·寓賢》。

③參見《（萬曆）揚州府志》卷十八《人物志下》及馬永卿《嬾真子》卷三《白骨觀》。按，依馬亮子孫世系推斷，馬永卿當父輩徙高郵，其本人爲出生在高郵之第一代。

④見本書所收馬永卿《馬達州自撰墓銘》。

⑤參見《四庫全書總目提要》卷一百二十一《元城語録》。

⑥參見《(嘉靖)鉛山縣志》卷十一《人物·寓賢》。

⑦見本書所收馬永卿《馬達州自撰墓銘》。

⑧參見《(嘉靖)廣信府志》卷十八《人物志·游寓》。

記

神女廟記

永卿自少時讀《文選·高唐》等三賦,輒痛憤不平曰:"寧有是哉! 且高真去人遠矣,清濁淨穢,萬萬不侔,必亡是理!"思有以闢之,病未能也。後得二異書參較之,然後詳其本末。

今按《禹穴紀異》及杜先生《墉城集仙錄》載:禹導岷江,至于瞿唐,實爲上古鬼神龍蟒之宅。及禹之至,護惜窠穴,作爲妖恠,風沙晝暝,迷失道路。禹乃仰空而嘆,俄見神人狀類天女,授禹太上先天呼召萬靈玉篆之書,且使其臣狂章、虞餘、黄魔、大醫、庚辰、童律爲禹之助。禹於是能呼吸風雷,役使鬼神,開山疏水,無不如志。

禹詢於童律,對曰:"西王母之女也。受回風混合、萬景鍊形飛化之道,館治巫山。"禹至山下,躬往謁謝,親見神人,倏忽之間,變化不測,或爲輕雲,或爲霏雨,或爲游龍,或爲翔鶴,既化爲石,又化爲人,千狀葱葱,不可殫述。禹疑之,而問童律。對曰:"上聖凝氣爲真,與道合體,非寓胎稟化之形,乃西華少陰之氣也。且氣之爲用,彌綸天地,經營動植,大滿天地,細入毫髮,在人爲人,在物爲物,不獨化爲雲雨龍鶴而已。"

僕始讀其書,甚駭異之。既而深思,則皆合於《易》焉。所謂"西王母之女"者,則有合於"坤爲母,兑爲少女"之説;所謂"變化不測"者,則有合於"陰陽不測,妙萬物"之義。豈不灼灼明甚哉!《易》之爲書,與《莊子》多有合。《易》者,陰陽之書,以九六爲數,而《南華》開卷已有"南鵬北鯤"、"九萬六月"之説,概可見矣。又《莊子》所載藐姑射之神人,大似今之神女。是其言曰"肌膚若冰雪",則有合乎金行之色;"綽約若處子",則有合乎少陰之氣;"遊乎四海之外",則可見乎神之無方;"使物不疵癘而年穀熟",則又見乎秋之成物。故郭象注云:"夫神人者,即今所謂聖人也。"斯得之矣。

僕因悟《易》之少女、《莊子》之神人、郭象之聖人、今之神女,其實一也。僕然後知神女者,有其名而無其形,有其形而無其質,不墮於數,不囿於形,超男女相，出生滅法，故能出有入無，乍隱乍顯。舉要言之，乃西方皓靈七氣之中少陰之靈耳。豈世俗所可窺哉？

且《楚辭》者，文章之大淵藪也，而屈、宋爲之冠。故《離騷》獨謂之經，此蓋《風》《雅》之再變者。宋雖小懦，然亦其流亞，自兩漢以下，未有能繼之者。今觀《文選》二賦，比之《楚辭》，陋矣。試並讀之，若奏《桑濮》於《清廟》之側，非玉所作決矣。故王逸裒類《楚辭》甚詳，顧獨無此二賦。自後歷代博雅之士，益廣《楚辭》，其稍有瓜葛者，皆附屬籍。唯此屢經前輩之目，每棄不錄，益知其贋矣。此蓋兩晉之後，膚淺鯫生，戲弄筆研，剽聞雲雨之一語，妄謂神女行是雲雨於陽臺之下。殊不知雲雨即神女也！乃於雲雨之外，别求所謂神女者。其文疏繆可笑，大率如此。

僕今更以信史質之，懷、襄孱王也，與彊秦爲鄰，是時大爲所困，破漢中，轢上庸，獵巫黔，拔郢都，燒夷陵，勢益駸駸不已。於是，襄王乃東徙于陳，其去巫峽遠甚，此亦可以爲驗也。且《文選》雜僞多矣，昔齊、梁小兒有僞爲西漢文者，東坡先生止用數語破之。何况戰國之文章，傑然出西漢之上，豈可僞爲哉？

噫！峽之爲江，其異矣乎！遠在中州之外，而行于兩山之間，其流湍駛而幽深，故無灌溉之利。若求之古人，是蓋遠遁深居之士，介然自守，利不交物，若鮑焦、務光之徒。今吾儕小人，乃敢浮家泛宅，没世窮年，播棄穢濁，日夜喧鬨，其罪大矣！神不汝殺，亦云幸也！且峽既介潔清閟如此，乃陸海之三神山也。是宜閬苑真仙，指以爲離宫别館，誕降爾衆之厚福。故凡往來者，既濟矣，當於此致謝；未濟矣，當於此致禱，以無忘神之大德云。

紹興十有七年二月，永卿赴官期，道出祠下，既已祗謁，若有神物以鬱發僕之夙心者。因備述之，以大闡揚神之威命明辟，且爲迎饗送神之詩，用相祠事，繫之碑末曰：

"夔子之國山曰巫，考驗異事聞古初。有龍十二騰大虚，仙官適見嚴訶吁。霹靂一聲反下徂，化爲奇峰相與俱。至今逸氣不盡除，夭矯尚欲升天衢。壯哉絶境天下無！宜爲仙聖之攸居。仰惟高真握珍符，鎮治名山奠坤隅。昔禹治水何勤劬，按行粤至萬鬼區。妖怪護惜紛恣睢，風沙晝晦迷道途。神人親御八景輿，授禹丹篆之靈書。文命稽首受寶圖，手握造化幽明樞。驅役鬼神纔斯須，萬靈恐懼聽指呼。巨鑿振響轟雷車，回祿烈火山骨菹。犂鬬頑狠如泥塗,岷江東去無停瀦。儻非神人協禹謨,襄陵正怒民其魚。大功造成反清都,朝遊閬苑暮蓬壺。呼吸日月飲雲腴,嚬視濁世嗟卑洿。江皋古廟象儲胥,神兮幸此留踟躕。自古膏澤常霑濡,逮今疲瘵蒙昭蘇。巴峽野人貌瘠臞,願降豐歲朝夕餔。出入樵採無於菟,客舟性命寄須臾。願賜神庥保厥軀,往來上下無憂虞。日則居兮月則諸,緊嚴奉兮永不渝。"

[錄自《(嘉靖)四川通志·全蜀藝文志》卷三十七《記戊》,中國國家圖書館藏明嘉靖刻本,並參考《全蜀藝文志》(綫裝書局2003年版)之校記。文字擇善而從]

報恩寺佛牙樓記

世之議者,以謂天地融結之氣,各有所在。故水聚於東南,而山聚於西地。吾江湖人也,老游宦於蜀,蓋嘗親見之矣。自蠶叢、魚鳧未有書契之前,不知其幾千萬歲,而全蜀之水,晝夜滔滔,汩汩東注,未嘗暫止,未嘗告竭。然則水之多寡,東西南北果安在也。吾意水在天地間,猶血氣之在人身,上下往來,無有窮極,但造化密移,人不見耳。故曰:"陰陽不測之謂神。"是豈世之文字人耳目所能究哉?

夔當全蜀衆水所匯,鎮以灧澦,扼以瞿唐,山川秀發,真天下壯觀也!必得古佛真身舍利以鎮服之,普爲衆生作大饒益。此佛牙樓所以作也。或曰:"舍利在在處處往往有之。何也?"答曰:"教言十方三世一切諸佛,其數如號伽河沙,遍十方刹。然獨於此土衆生,經無量劫,有大因緣,攝取不捨,誓願深重,慈悲濃厚。方佛將滅度時,於人天會前遺敕,真身舍利多留於人間。蓋佛之意,以謂人不能至天上以修崇,而天可至人間以供養。此佛之善巧也。而我暗邦大國,獨爲之冠焉。然此舍利,非得福地,則不可安奉;非遇信士,即不能建立。今夔子之國,可謂福地矣;而又遇信士爲内外護,此其所以能成就如是功德莊嚴歟?"

報恩光孝禪寺者,夔之古刹也。晉號鐵佛,唐稱金輪。比年以來,嘗廢革,布金之地,荒茀不治。而常住舊有佛牙一枚,方寺廢時,爲老比丘極力收藏,如護眼睛,得不遺失。及寺之復也,降禪師初至,將有爲而未能也。今璘禪師繼之,每念佛牙久此湮没,欲一樓以崇奉之,徧謁檀越,未有如給孤獨者。豈象教之興,真有所待歟?

紹興十五年冬,漕使苻公行中出建外臺。一日,公至寺循行,瞻視間,若有神物警發其意者，而又聞璘公建樓之言，詳其本末，公欣然促之，即捐俸錢十萬，以爲之倡。衆皆響應，各獻所有，爭助勝緣。以故未幾，一寺鼎新，巨樓居中，雄視傑立，堂庫廊廡，環而翼之。觀者皆曰："未曾有也。"

一日，方丈老人與二客登樓。一客曰："是蓋如來無量阿僧祇劫之所修證也。故有三十二大人相，爲第八相。其數六六，潔白平正，色如珂貝，歷大火聚，自然堅剛，非金非玉，非輕非重，是真人天福田。而世之談佛者，好爲大言，至盡略去福之因地名相。吾見必極力諍之。"一客曰："是何言之陋也！空而已矣。吾觀世間有爲功德，皆是幻化，虚僞不實。故學佛者，當先庸行勦絶屏當之，然後宴坐，觀我此身，猶如死屍，猶如蟲聚，猶如行厠，污穢不淨。見事是已，即急捨離，心中出火，自焚其身，然後可見無上菩提。今學者不知出此，以思惟心生狹劣相。吾見必唾駡辱之！"方丈老人曰："二客之言皆非也。如前客之言，則佛法不離於文字；如後客之言，即佛法將歸於隕滅。且一身不成二佛，一佛必具三身。今客之所見，爲佛法身乎？佛化身乎？佛報身乎？又客今在此，爲過去乎？爲未來乎？爲見在乎？客若知三時即是三身，則諸佛現前矣。客又不聞淨名居士之言乎？如我觀佛，前際不來，後際不斷，今復不住。若能如是，始可以觀佛牙矣。"二客曰："唯唯。"

爾時，老師復説偈言："壯哉縹緲之飛樓！巋然下鎮三峽流。中有舍利萬億秋，玉奩金鑰那能收？靈光瀋發騰空浮，阿迦膩吒靡不周。魔王積惡招愆尤，正如躔度遇羅睺。宫殿煤黑群魔愁，諸天眷屬時嬉游。會遇佛光喜不休，相與聚集到無憂。共議是事同推求，四禪梵王列幢旒。阿叔迦寶結綢儔，勝鬘纓絡交相繆。作天妓樂風颼颼，緊那樓王最稱優。簫鼓歌唄雜箜篌，舍芝夫人妙音喉。千二百種聲清修，阿素洛王神之酋。降伏彊梗解怨仇，俯伏互跪貌和柔。魚鰓鳥喙狀獮猴，殊形詭制森戈矛。亦來侍衛列群騶，供養既已衆不留。但餘雨花香且稠，吾聞佛事因人修。隱顯相遠殊不侔，維摩居士佛匹儔。應緣示現爲公侯，一見金輪大比丘。受佛記莂如合謀，江山針芥偶相投。成此勝事何優游，惟佛恩大不可酬。何其來此古信州，願垂鴻福常庇庥。如象如馬峽江頭，無礙行客往來舟。俗士狹劣言可羞，止欲福此西南陬。粟散諸國紛蚍蜉，不知更有四大州。"

［錄自《（嘉靖）四川通志·全蜀藝文志》卷三十八《記己》，中國國家圖書館藏明嘉靖刻本，並參考《全蜀藝文志》（綫裝書局2003年版）之校記。文字擇善而從］

弦歌堂記

語天下之樂，而聲之正者莫如琴；語天下之治，而近乎民者莫如弦。故云："聲音之道與政通。"然則能知琴者，其知政乎！是故弦無太急，太急則焦殺，而失其平；弦無太緩，太緩則弇勞，而不可聽。政無太猛，太猛則下有離心；政無太寬，太寬則下有慢志。然則，將如之何？曰："貴於緩急寬猛得其理而已。"雖然，此猶可以言而傳者耳，而未極於妙也。必也本之以天，輔之以人，得之於手，應之於心。蓋有不傳之妙，出於不言之表，然後爲至。若止於緩急寬猛之間，何其淺淺也哉！

鉛山在州之南八十里，蓋清奥之區也。其鎮湖山，其浸大溪，地壤膏腴，風物閑美。是故君子之爲吏隱者，亦不屑爲之。紹興九年五月，鄱陽韓公來斯字民，下車之初，以謂琴既不調，必解而更張之。於是，決壅滯，剪荒蕪，鍼膏肓，去稊稗，焚膏繼晷，夜分乃寐，如是者凡數月而後罷。俄而屈者伸，鬱者明，頗者平，而人人皆得此情。于時父詔其子，兄教其弟，婦勸其夫，咸曰："有賢令尹如此，寧忍負之？是宜深自慶幸，仰承美化，無或作爲頑囂，自取責罰，歸爲宗族鄉里羞。"期年之後，乃至無事可治，無訟可聽，而民風大和矣。

公既嘉邑人之安己，且喜吏治之多暇也。乃即政事之西，作爲新堂，華不及侈，質不及陋，乃速僚友而落之。有客舉手而言曰："賢哉令尹！能成兹政。循哉邑人！善服其化。是真可以弦歌而治也！請以爲堂之名。"雜然稱善。其後數月，僕歸自二浙，謁公於新堂。公曰："榜名無記，子盍爲我言之？"僕謝不能，既弗獲命，輒爲説曰："有世俗之琴，有君子之琴。焦尾綺桐，玉磬霜鍾，此世之寶琴也。若夫君子之琴，則異於是。以虚靜而爲弦，以應變而爲軫，以守法而爲徽，以六經而爲譜，以孔孟而爲師，然後正身靜念，端坐而鼓之。動乎文弦，則彊梗服矣；意在高山，則風俗安矣；意在流水，則惠化深矣。噫！是琴也，不過一再行，其政和矣。此弦歌之明效也。余韓公之所鼓，即君子之琴也。原其所以致此者，雖其善政不可概舉，試舉其要而言之，蓋在於虚心乎？嘗聞昔有鼓琴者，見螳螂之捕蟬，一前一卻，而動心焉，聞琴聲者及門而反矣。且意之所感，則聲爲之變，况於爲民師帥者乎！雖一嚬一笑之微，而百里之休戚係之。然則虚其心者，蓋弦歌之本歟？可不慎哉？可不念哉？"

［録自《（嘉靖）廣信府志》卷四《地輿志·宫室》，《天一閣藏明代方志選刊續編》第45册，影印明嘉靖刻本，校以《（乾隆）鉛山縣志》卷三《公署》。脱漏據補］

銘

六齋銘

誠齋：欲誠乎物，先誠乎人。欲誠乎人，先誠乎身。苟誠乎身，乃宜乎人。可爲人子，可爲人臣。以之事君，以之事親。極其道，無所不至。至於聖人，而盡倫。

深齋：木深以根，其葉蕃蕃。水深以源，其流渾渾。審乎此言，則左右逢原，而深入乎聖人之門。

醇齋：道不欲雜，雜則町畦。學不欲雜，雜則支離。故善學者蚤夜孜孜，以賢爲友，以聖爲師。苟異於是，未免大醇而小疵。

畏齋：不耻不仁，不畏不義。苟有是心，何所不至？是故小人弗畏入畏。彼君子兮，小人之異。始也知畏，終也無畏。故能俯仰天地，而心不愧。

定齋：江河竟注，彼自決兮。疾雷破山，彼自裂兮。我固存定，心不讋兮。無染無污，凜冰雪兮。不詭不隨，寧缺折兮。吁嗟若人！定之至兮。

應齋：逐物喪己，君子所賤。愛己忘物，上天所厭。我學既成，達當兼善。出而應之，可以酬酢萬物之變。

［録自《（嘉靖）廣信府志》卷四《地輿志·宫室》，《天一閣藏明代方志選刊續編》第45册，影印明嘉靖刻本］

疏

請峰頂枯木住鵝湖疏

常寂光中，本絶去來之相；道人分上，豈有喧静之殊？不出當山，請開法席。伏惟峰頂長老，脚根點地，鼻孔撩天。打開南老之三關，截斷遠公之九帶。繼南天之梵相，達麽重來；藴河朔之英靈，趙州復出。高提祖印，拂袖名藍。退居萬仞之危峰，嘗受諸天之妙供。言念湖山之寶刹，近爲荆棘之荒林。痛法宇之久隳，喜野干之遁去。考於公論，屬在當仁。屢奔輳以邀迎，每逡巡而退避。清標嶄絶，固高難進之風；洪誓宏深，幸赴衆生之願。相望數里，何惜一來？隨流水以下山，招閑雲而出岫。黄花翠竹，本來到處相親;夜鶴曉猿,况是舊庵同伴。馬永卿譔。

[録自《永樂大典》卷二千二百六十七《六模·湖·鵝湖》,中華書局1986年影印明嘉靖鈔本,校以《(康熙)廣信府志》卷二十。文字擇善而從。按,此文《(嘉靖)廣信府志》與《(康熙)廣信府志》皆予收録,然均存在不同程度之脱誤。嘉靖志雖早出,錯訛尤多,康熙志亦非完璧,唯《永樂大典》所録文本最爲準確完整]

墓誌銘

馬達州自撰墓銘

馬永卿,字大年,楊州人也。南渡之後,寓於信之鉛山,因以家焉。吾承父兄學,登大觀三年科。自亳州永城主簿,至守達州,凡歷六任,積階至左朝散大夫。

吾性懶,自號懶真子。蓋嘗學矣,而不及古人;蓋嘗仕矣,而不及今人。矯矯亢亢,似高而非高也;跛跛挈挈,似愚而非愚也。有是二者,所以仕宦四十年,年逾六十,而卒無所成。蓋其上則不能致君澤民、立身行道,以遺天下後世;其次又不能乘時投隙,獵取富貴,遺宗族,交遊光寵;其次又不能毀冠裂冕,逃乎山林,如古所謂隱居,以求其志也。時運已往矣,乃退居於鉛山南溪之上。因撰《論語解》十卷、《易拾遺》二卷、《懶真子録》二十卷、集十五卷,以遺子孫。

吾年六十五,世緣已盡。今有一詩,以示二子云。吾與汝等終天之别,定在今年某月某日。俟吾身没,汝等直書其後云。

銘曰:"年六十五,知今知古。終天之别,實言告汝。"

[録自《(道光)續增高郵州志》第五册《藝文志》,中國國家圖書館藏清道光刻本]

序跋

元城先生語録序

僕家高郵,少從外家張氏諸舅學問。五舅氏諱樅,字聖作。七舅氏諱桐,字茂實。九舅氏諱楫,字濟川。大觀三年冬,僕將赴亳州永城縣主簿。七舅氏戒僕曰:"永城有寄居劉待制者,汝知之乎?"僕謝不知。舅氏因爲言先生出處起居之詳,且曰:"汝到任,可以書求教。"僕到任之次日,因上謁。三日,以書求教。先生曰:"若果不鄙,幸時見過。"僕因三兩日一造門。後數月，先生以僕爲可教，意亦自喜，嘗曰："某在謫籍，少人過從。賢者少年，初仕宦，肯來相從，願它日無負此言。"是時，先生寓于縣之回車院，年六十三四，容貌堂堂，精神言語，雄偉闓爽，每見客，無寒暑，無早晏，必冠帶而出，雖談論踰時，體無欹側，肩背聳直，身不少動，至手足亦不移。噫！可畏人也！僕從之學，凡一年有餘。後先生居南京，僕往來數見之，退必疏其語。今已二十六年矣。僕既不能卓然自立，行其所學，以追前輩，已負先生之託矣。若又不能追錄先生之言，使之泯絶，則僕之罪大！僕懷此志久矣，獨以奔走因循，欲作復止。比因竊錄祠廩，晨昏之暇，輒追錄之，以傳子孫。蓋以僕聲名之微，不能使它人之必傳也。先生元城人，諱安世，字器之，事在國史。

紹興五年正月望日維揚馬永卿大年序。

［録自宋馬永卿《元城先生語録》，中國國家圖書館藏明正德十三年刊本］

雜著

玉虚觀道士靈驗記

玉虚觀道士，不知何姓氏，介不與人交，受業玉虚，好掩關獨坐，常恠今人不能崇教，謂："死必警悟之！"紹興十六年，馬永卿《靈驗記》云："父母感疾，有禱輒形。夢曰：'某日當愈。'已皆果然。又過里域祠，輒毛髮竦慄。一夕，夢至其處，有青衣立侍。馬曰：'里域何其靈也！'童子曰：'此本觀道流發心以行化者也。其存時，謂死必爲里域，令未發心者發心，已發心者行持，已行持者精進，已精進者成效。自爲此方主者五十六年，默相陰勸，不知其幾。'問其姓氏，童子不應。然與言甚久，最後謂：'道家大忌五辛！'"

［録自《(嘉靖)廣信府志》卷十九《外志·仙》，《天一閣藏明代方志選刊續編》第45册，影印明嘉靖刻本］

牛際可

牛際可，廬州合肥人。徽宗宣和二年(1120)，官宣教郎、新授江州司録事，爲包拯嗣孫包永年撰墓誌銘①。高宗紹興元年(1131)正月，官朝奉郎，由武德大夫、權淮西總管知廬州張琦薦奏，通判廬州②。

注：

①見本書所收牛際可《宋宣教郎知鄂州崇陽縣事包公墓誌銘(并敍)》。

②参見《建炎以來繫年要録》卷三十九。按,牛際可長期生活在廬州,又爲包永年撰墓誌,非本地人難爲之,應即合肥人。

墓誌銘

宋宣教郎知鄂州崇陽縣事包公墓誌銘(并敘)

宣教郎新授江州司録事牛際可撰。

宣教郎新差知宣州宣城縣管句學事管句勸農公事馮若德書。

脩職郎新授信州玉山縣尉管句學事馬清臣篆。

宣和二年四月十一日,宣教郎、知鄂州崇陽縣事包公,以疾終于家。其弟耆年、景年,卜以是歲七月十一日,奉公之喪,歸葬于合肥縣公城鄉東村祖塋之次。

公諱永年,字延之,世爲廬州合肥人。曾祖諱令儀,故任虞部員外郎,累贈太保。祖諱拯,樞密副使,累贈開府儀同三司,賜謚孝肅。父諱繶,故太常寺太祝。包氏世有顯聞,實自孝肅公始。元豐天子念孝肅忠烈,當追榮無窮。詔登繪像,春秋從享,俾若嗣若孫,加以恩賚。於是,公之叔朝奉,上章瀝懇,乞官其侄。朝廷喜,從所請。粤七年,公受命未仕。元祐七年,始試法預選。初調官無爲軍巢縣主簿。將行,丁母節婦太室憂,杜門終喪,哀毁盡禮,鄉閭稱其孝。服除,任開封府咸平縣主簿。咸平,劇邑也。公至邑,廉勤自守,蔚有政聲,吏民愛思。久之,建中靖國改元,授袁州分宜縣尉。在分宜,會與邑宰論事不協,以故毅然解秩退休,凡閲歲有六。大觀二年,復調官,授將仕郎,試處州遂昌縣令。纔一考,丁所生母蕭氏憂。蕭氏自公幼稚出從人,義不能奪。公既長,蕭氏夫亦亡。公乃懇切請歸,朝昏侍奉,益敦子職。逮蕭氏去世,公居喪如禮。服再闋。政和二年,用薦者改通仕郎,任金州司工曹事。公到任,同曹事有不決者,皆畫謀於公。則知公之材能設施,固不在人下。歲滿,州人願留公不可得,攀轅翳道,相與瞻望嘆嗟,咸曰:“包公之後,信乎有是賢孫也!”八年,改宣教郎,知鄂州崇陽縣事。禮上之明年,以疾告朝假歸治。已而,果不起疾。公享年五十有一。

初娶朝請郎致仕、累贈朝議大夫李公庭玉之女,再娶宣教郎、知鳳翔府郿縣事成公抗之女,晚又娶吏部林公邵之女,林氏亦先公早卒。子一人,曰完,尚幼。女三人:長適同郡俊士賴持正,即故亳州酇縣主簿擴之姪也;次適無爲軍廬江縣俊士文貫。二婿皆以才行稱於時;餘一女,尚幼。

公天資謹畏,樂善好學。視榮貴如□□者。故凡厥莅官臨事,廉清不擾,而孝肅公之遺風餘烈猶在也。公早孤,奉母至孝。先是,母崔氏以節義□朝廷旌表,婦訓姆則,畀於其家。則知公之行誼,稟紹有自矣。朝奉有子曰康年,曰耆年,曰彭年,曰景年。□□□□□□□□□□□□□□□□□爲學校上游,抑公率勵之力也歟! 惜乎康年、彭年,不幸未祿而卒。公之既亡,發所私,了無遺蓄。故喪葬之具,皆公二弟力營之。於是益知公生平刻苦,自筮仕以迄於終,曾無貪求苟得於下也如此。噫! 其行己大節,可謂賢於人遠矣! 是宜有銘,以彰其德云。

銘曰:"孝以奉親,義以檢身。不苟于得,不戚于貧。凡厥莅官,罔替祖烈。所至民譽,曰賢之傑。德則克全,壽胡弗腆? 唯善有福,没也□顯。"

[本文參考安徽省博物館《合肥東郊大興集北宋包拯家族墓群發掘報告》,收錄於《文物資料叢刊3》文物出版社1980年版。該墓誌銘1973年出土,現藏安徽省博物館]

王綰

王綰,字國器,廬州合肥人[①]。徽宗大觀三年(1109)進士。高宗建炎二年(1128)六月,除秘書丞。同年八月,遷考功員外郎[②]。紹興初,爲淮西路提點刑獄,有平反之譽[③]。紹興四年(1134)十月,高宗北征,綰以右司員外郎隨駕扈從[④]。紹興五年(1135)二月,以直徽猷閣知漳州[⑤]。

注:

①參見《大明一統志》卷十四《廬州府•人物》、《(萬曆)合肥縣志》下卷《宦達傳》。

②參見《南宋館閣錄》卷七,《文淵閣四庫全書》本。按,《南宋館閣錄》記王綰爲廬江人,此廬江乃一郡之稱。

③參見《大明一統志》卷十四《廬州府•人物》、《(萬曆)合肥縣志》下卷《宦達傳》。

④參見《建炎以來繫年要錄》卷八十一。

⑤參見《建炎以來繫年要錄》卷八十五。

奏議

酬賞點檢告獲詐冒官資人奏

(紹興)三年七月二十六日,司勳員外郎王綰言:

近降指揮,諸白身人便作有官,或有官而低小便作高官,妄稱失去付身，經部給據或承代冒名授官注闕者，其點檢告獲人，並等第從所屬勘驗酬賞。緣未有勘驗官司，欲乞今後諸處保明到上件酬賞，並隨點檢告獲所詐官名色，隨所屬選分勘驗，關司勳審覆施行。

[錄自《宋會要輯稿·職官一〇之四、五》，中華書局1957年影印舊鈔本。題今擬]

馬滂

馬滂，廬州合肥人。父馬紹庭爲馬亮孫，母呂氏爲宰相呂蒙正孫女。徽宗政和八年(1118)三月，率衆弟爲其父母立墓碑於合肥[1]。

注：

①見本書所收馬滂《宋馬紹庭同妻呂氏墓碑》。

墓碑

宋馬紹庭同妻呂氏墓碑

政和戊戌三月甲申，宋太師舒國公孫馬紹庭同妻大丞相文穆公孫呂氏墓。男滂、沔、注、汲謹刻記。

[本文參考合肥市文物管理處《合肥北宋馬紹庭夫妻合葬墓》，《文物》1991年第3期。該墓碑1988年1月出土於老合肥城南五里衝]

丁特起

丁特起，廬州合肥人[1]。北宋末太學生。金兵圍開封，上書乞早決用兵之計[2]。高宗紹興五年(1135)八月，由貴州文學特差鼎州龍陽縣尉[3]。今存其所著《靖康紀聞》《靖康孤臣泣血錄》，載汴京失守、二帝播遷之事，盛行一時。

注：

①參見《建炎以來繫年要錄》卷一。

②參見《三朝北盟會編》卷六十六、六十八。

③參見《建炎以來繫年要錄》卷九十二。

靖康紀聞序

紀聞者,紀靖康元年中事也。春正月五日,金人擁兵犯京城。二月十二日,退師。秋九月,陷太原。冬十月,陷真定,繼陷滑州等郡縣。十一月二十五日,擁兵再犯都城。閏十一月二十五日,陷京師。明年春正月十日,邀皇帝出郊。二月六日,廢帝。九日,邀太上皇帝、皇后、太子、諸王、公主、嬪妃等郊外。三月七日,改僞楚,立張邦昌,僭號夏。四月一日,退師,擁二帝北去。四日,邦昌僞赦。九日,册命元祐皇太后。十一日,元祐皇太后垂簾聽政,邦昌復避位,收僞赦。五月一日,皇弟康王即位于南京,改元建炎,大赦天下。孤臣特起自冬徂夏,適在京師,初迫桂王,嘗爲西樞門下客,頗得其事。繼游賢關,與同舍郎講問尤詳。悉痛二帝之播遷,閔王室之顛覆,咎大臣之誤國,傷金戎之強盛。事有不可概舉者。大懼天下後世或失其傳,無以激忠臣義士之心,無以正亂臣賊子之罪,無以知吾君仁聖憂勤而罹此不辜之實,因列日以書之。起元年十一月,至明年五月九日,目擊而親聞者,罔敢違誤。其間褒貶,允協公議,非敢徇私臆説也。盟于天,質于地,告于祖宗之靈,斯言無愧。如其青史,請俟來哲。

宋孤臣丁特起泣血謹書。

[錄自宋丁特起《靖康紀聞》,中國國家圖書館藏明鈔本]

陳相

陳相(? —1154),字相之[①],合肥人。高宗紹興二十年(1150)七月,官户部員外郎[②]。二十一年(1151)八月,以樞密院檢詳諸房文字充賀金主生辰使副[③]。十月,官右宣教郎、樞密院檢詳諸房文字兼兵部侍郎[④]。紹興二十二年(1152)六月,試尚書左司員外郎。九月,權吏部侍郎[⑤]。紹興二十四年(1154)六月乙未卒[⑥]。能詩,與謝廓然、周紫芝、王庭珪等多唱和[⑦]。

注:

①參見《三朝北盟會編》卷二百一十九及宋周紫芝《弔陳相之侍郎》詩、王庭珪《蠟梅寄陳相之侍郎》詩。

②參見《建炎以來繫年要錄》卷一百六十一、《大明一統志》卷十四《廬州府·人物》及明余寅《同姓名錄》卷一。

③參見《建炎以來繫年要錄》卷一百六十二。
④參見南宋周密《武林舊事》卷九。
⑤參見《建炎以來繫年要錄》卷一百六十三。
⑥參見《建炎以來繫年要錄》卷一百六十六。
⑦參見陳相《送謝開之》詩(見《天台續集别編》卷五)、周紫芝《次韻庭藻與陳相之李子至定尋梅之約見示》詩、王庭珪《蠟梅寄陳相之侍郎》詩。

記

澧州郡守題名記(殘句)

左界洞庭,右接巫峽。沅湘衡岳接其前,漢沔荆峴帶其後。

[錄自南宋王象之《輿地紀勝》卷七十《澧州》]

合肥野叟

合肥野叟,佚其名,兩宋間人。著有《楊廬州忠節錄》,敘紹興三十一年(1161),駐泊兵馬都監、權廬州事大梁人楊椿收復廬州之事。又作《野叟續錄》,敘隆興二年(1164),金兵再度南犯,沿淮宋將紛紛南逃,百姓追思楊椿忠義之事。記述南宋初年合肥史實頗多[①]。

注:
①參見《三朝北盟會編》卷二百三十五。

雜著

楊廬州忠節錄

公姓楊,名椿,字德元,大梁人。沉勇有謀略,擢自左班行門,蒙恩擢修武郎,特添差廬州駐泊兵馬都監。辛巳冬十月,虜主親擁衆酋犯廬州,在城官吏望風爭遁。時建康都統制王權屯廬州,先領本軍棄城而走。公同本州兵馬都監騫福,在城往來巡邏。安撫龔濤請公并騫福議事,濤云:“江州都統戚方將帶軍馬,於九月下旬棄光州,已過大江。池州都統李顯忠部領軍馬,亦棄安豐軍,往峽山路渡大江。適來本州探稱,番兵不知其數,已在本州北門外離城二十里地名白馬廟下寨。”濤慌急,意欲遁去,因言:“濤今將帶本州人馬,往無爲軍等處措置事務。”委椿權州事。椿白濤曰:“椿今獨員在城守禦,並無人從,欲乞撥安撫司效用一隊,椿守禦候番兵到來,與之血戰,以報國恩!”濤言:“不須如此! 公後生,腳手輕快,且自看勢頭。”公見此言,再白濤曰:“椿元是殿前左班行門,累對御試武藝中選,蒙恩特充前件差遣。今邊事不寧,委椿權州,且番兵未有一卒到城,望風盡走。今椿既權州事,虜主若竭國而來,椿當竭節盡忠,不敢棄城遠遁!”濤聞公言,大怒曰:“公自理會!”濤棄城遁走。公獨員權州,揀選強壯及根刷招募諸軍逃走兵效用,公部領往來巡護州城。十四日,有番兵全裝軍馬,不知其數,於廬州城外往來圍城。公度勢力不加,遂領兵卒乘勢突陣以出,過中派河駐劄,遂急募本地兵,沿焦湖團結水寨。鄉兵總首陳彦等二百人守中派河口,有效用秦實報:“今月十七日,番兵已壞巢縣,龔安撫隨行軍馬千餘人盡皆潰散。”遂親往巢縣招集潰兵。二十九日,有安撫司潰散效用軍兵四百餘人,數中有馬軍效用一百一十二騎。公即時勸諭招募,盡起發往中派河口駐劄。陳彦具言:“前月十五日,虜主大軍到廬州,在州之東北離城五里屯御寨,旋築土牆城一座,新鑿井一眼供御水。至十月十七日,虜主入廬州觀看,詣諸寺廟燒香,駕回市中下馬,喚在城内外被虜守屋百姓數十人,親自撫恤曰:‘今不令軍損壞爾等,若我軍壞一箇南民,我卻殺一個軍。’每人賜銀十兩慰勞,令各從便歸業。虜主撫恤罷,回御寨。至二十日,虜主提簇御軍前去和州。今廬州只有二萬番兵,係是女真正兵,一名頭領授淮南路招撫使康定山,又一名同知紇石烈。今見廬州四城門出榜,召募本州逃移老小,限一月歸業。其諸山水寨聚結逃避之民,聞此榜,日夜入廬州與賊買賣,如同一家,兼以沿淮數處逃移民社鄉兵強壯,動以萬計,隨身各有長槍紙甲、軍須器械,將帶老小牛馬,約數十萬,見在中派河以南舒城縣及廬江縣等處屯駐,各無糧,見行作亂,道途不通,恃強爲勝,劫奪牛馬,殺而食之。番帥康招撫聞知,多出榜文,令百姓強壯者,數齎榜往舒城縣等處召募沿淮逃移民兵歸業。聞説鄉兵緣無糧食,皆欲順番。”公見陳彦等所説,急以所募民兵八百餘人,先差效用岳孝忠部領三百餘人赴上派河口守把,又差宋再興部領三百人赴中派河口守把,並不放人過往。公慮合肥以南無爲軍及舒州等處州縣居民,無人保護,及沿江一帶數百里關津,渡處最多,無人拒守,恐鄉兵泄漏,與賊指路,遂急緊把斷兩道河口要處。公又見諸山水寨團聚民社鄉兵,日逐入廬州與賊買賣,恐泄漏公一行人馬虚實。公急部領敢死民兵二百一十七人渡中派河,廬州城南二十里店埋伏,潛領民兵孫彦等二十人，各將帶火種並隨身器械，於當夜四更，到廬州廬江東門角踰城入，取麻麥空地，徑赴州倉，發火焚燒倉厫糧米，就倉所殺死番賊二十六人，從舊路復出。再於初五日夜，領民兵二百一十七人赴廬州門外五里岡等候，月落二更以後，從廬江門西壁踰城入州。其賊自城門内每五十步擺布正軍，作鋪把截街巷。公等隨鋪掩殺之，其賊不相救援，共殺一十七鋪，在城屯住番賊驚亂，當夜殺出廬城，死者不知其數，及奪戰馬五十四匹。四鼓，歸中派河駐劄，緣此隔絶諸處山水寨，人民自後不敢入廬州與賊買賣。當月二十日，忽有乞丐張貧子，自廬州出城來至中派河口。詢問廬州番家事體，貧子乃言："番家正軍内有一千餘人患病，死損甚多。緣爲今月初四日、初五日夜，楊權州入城，殺盡擺布番兵，焚燒倉厫，番家軍馬全無糧草，日夜驚憂，防護甚緊。其番帥康招撫與紇石烈聞知中派河以南一帶有山水寨，及有團結鄉民老小，聚糧食甚多，同知紇石烈定於來日領正軍出廬州門，往中派河南，盡劫虜諸寨團結老小糧食。"公聞此説，即率民兵踏路，險阻要處，預先擺布，差岳孝忠等六十一人在中派河以北蘆村内埋伏，又差馬軍趙再立領兵七十三騎於廬江門外二十里店草垛後埋伏，公親領步人強壯者七十一名，近廬江門外十里店向南大路皁角寨兩岡下伏藏，乃遣效用胡亮、伏宣二人，於廬江門外三里岡綽望。胡亮未久聞賊至皁角寨下，公分部領埋伏，兩下掩殺，其趙再立馬軍隨至應敵，番兵頭領紇石烈中箭退走，其餘番兵皆潰。公乘勢追殺至廬州城下，賊乃入城，閉門不出。時斬首四十四級，奪戰馬二匹、騾子二頭，生擒女真二人連器械等，公即往中派河口駐劄。又於十二月初二日，再領兵會合焦湖西口水寨合肥縣尉張用，於當夜二更以後，同約入廬州，各部領人，分路劫城中番賊。賊皆驚亂，公領民兵殺至興安寺後縣橋路南，迎番賊大隊，頭領招撫使康定山騎高白馬，頭戴皁氊笠，身披皁氊，擁出衆軍之前。公見，縱馬向前刺，康招撫墜馬而死，同知紇石烈急領餘衆奔縣橋路遁走。公乘勝率兵襲之，賊衆敗走。公追至白馬廟以北，賊傷死者相屬，生擒女真九人，並復奪廬州。公復募廬州縣鎮鄉村聚落諸寨逃移居民老小，不過旬日内，盡皆歸業。公權州，保全生靈，不至肝腦塗地，陰德及人多矣！未幾，蒙朝旨知舒州，張淵權廬州安撫使。張淵以公復奪廬州獲捷事件，申奏於朝。時諸路都統將帥愧己無功，陰賂有司抑遏不行。吁！公雖有以寡擊衆之勞，爲江淮保障，超越乎張巡、許遠，而不蒙褒賞，惜哉！

［錄自《三朝北盟會編》卷二百三十五，上海古籍出版社2019年影印清光緒三十四年許涵度刻本］

野叟續錄

隆興二年，虜衆不滿三萬，再犯長淮。當是時，主帥如韓津，如頓遇，如孔福，皆望風而遁。韓棄合肥，頓棄壽春，孔棄濠州。沿淮居民盡遭驅虜，流離死亡，相踵於道路者。以楊公任滿解印而去，民之傷感無其人也。吁！不見其害，孰知其利？不見其劣，孰知其優？不觀韓津輩之失節，孰知楊公之忠烈保全哉！是以合肥之民，因隆興二年韓津之戹，而追思紹興辛巳楊公之恩，老穉懷慕，欲圖報之而不可得。乃續其遺錄，以傳於後。異時秉史筆者，得采其遺錄，以記楊公之傳，庶幾不没其實焉！

［錄自《三朝北盟會編》卷二百三十五，上海古籍出版社2019年影印清光緒三十四年許涵度刻本］

鍾離松

鍾離松（1101—1186）①，字少公②，一字其紹③，廬州合肥人，徙真州④，貫建康府江寧縣。鍾離瑾曾孫，鍾離景融孫，鍾離沂子。高宗紹興十八年（1148）進士⑤。孝宗乾道三年（1167）三月，以朝請郎知興化軍（今福建莆田）⑥，有治績，任内修《莆陽圖經》。後主管台州崇道觀，官左朝請大夫⑦。卒年八十六。

注：

①按，《紹興十八年進士登科錄》載鍾離松四十八歲登科，鍾離松之子鍾離𤋮《跋寶積蓮社畫壁記》言鍾離松壽八十六。若依此，則鍾離松生於1101年，卒於1186年。然《跋寶積蓮社畫壁記》作於慶元五年（1199），言鍾離松卒之日距其時已十五載。若依此，則鍾離松生於1099年，卒於1184年。按，《寶積蓮社畫壁記》有“宣和初，予未弱冠”句，則鍾離松生年當以《登科錄》爲准。

②參見《紹興十八年進士登科錄》，中國國家圖書館藏明刻本。

③④參見《（嘉靖）惟揚志》卷二十二《人物列傳二》。

⑤參見《紹興十八年進士登科錄》，中國國家圖書館藏明刻本。

⑥參見《（弘治）興化府志》卷二。

⑦見本書所收鍾離松《寶積蓮社畫壁記》。

奏議

奏乞除免猶剩米劄子

臣以非才，誤蒙推擇，待罪一郡。陛辭之日，恭承聖訓，使之勸農桑，戒敕丁寧，無非以民爲念。此正微臣捐軀隕首，以圖報效之秋。臣自初到官，徧問民間疾苦。其間蓋有出一時之權宜，而爲斯民之深害者，不敢不爲陛下極言之。

興化本泉州莆田一縣。自太平興國中，析而爲軍，瀕海偏山，地狹而瘠。封疆所至，東西二百一十里，南北一百四十五里。歲入苗税以斛計之纔六萬有奇，而官租居十之七八。官田一畝所收，僅及一石，而輸租重者至七斗。比之他郡，最爲偏重。豐年輸納，已自費力，一有水旱，往往破産以了官租。然前者官中用度有常，每遇旱傷之年，即與蠲減，以故莆人未甚病也。至建炎三年，閩中寇賊竊發，建、劍、汀、邵，莽爲盗區。朝廷遣兵收捕，本路轉運暫移司福州，就近於興化。取撥見存苗米二萬五百石，以應軍期急闕。是時事出權宜，自此遂爲定例。漕司謂之猶剩米，每歲責令輸納福州，本軍緣此用度大窘。四十年間，每有水旱，官司不復按損。紹興十三年，田以災傷訴於官者，一日無慮數萬户。時莆田知縣高維正恐無以爲猶剩米，堅閉縣門，不爲受理，蹂躪而死者甚衆。維正竟以罪去。至隆興二年，歲復大荒，朝廷委監司差官體量，放及五分。次年軍儲不繼，無以支梧。前守臣張允蹈遂具猶剩米利害，控告於朝。仰蒙聖慈，特出睿斷，蠲去其半。遠人歡呼鼓舞，以戴天地生成之賜。去年荒旱，尤甚於前歲，民間所收，十纔一二，其間亦有絶粒者。漕司復下本軍，從實減免，通及五分。今則軍儲僅可支到六月，未有顆粒可以指準接續。況本軍近年以來，減罷場務凡五處，所捐課利一萬餘緡。舊例，歲得建寧府春冬衣絹三千五百疋、撫州紬三百八十疋、綿四千兩。今建寧府歲僅支到絹一二百疋，撫州無復尺寸銖兩。而本軍增置官兵請給，數倍曩昔。常賦之外，别無羨餘可以支遣。若令依舊以一半猶剩米輸之福州，則無復可爲水旱之備。向後民間或有歉訴，官司懲今來軍儲闕乏，決不敢從實蠲減，使一方之民重受其害，無時休息，極爲可愍。本軍既非商賈往來之衝，民間貧薄，無以爲生，元受官租賦税又若偏重，而瀕海斥滷，亢旱之年，十常七八。若一一爲之減放，則軍儲闕乏，搏手無計；若坐視不恤，則民力凋瘁，狼狽日深。

臣竊謂一州一郡，自有一州一郡財賦，設或不免通融支撥，但當裒多以益寡，未聞裒寡以益多者也；但當損有餘以補不足，未聞損不足以補不足者也。興化歲入財賦，比之福州，纔及十二分之一，豈應翻令小壘裨助大藩？止緣一時倉卒，就近應急，事平之後，不蚤釐正，馴至於此！臣區區昧死以請者，但乞各復其舊，以備非常。無損於大農，無侵於常賦。伏望聖慈矜此一方生靈受弊歲久，將今後所輸福州一半猶剩米，出自宸斷，盡行蠲免，以寬民力。庶幾微臣可以殫竭撫循，仰副陛下臨遣訓敕之萬分。臣草茅一介，要領不足以膏斧鉞，輒敢披露肝膽，以自納於不測之誅，惟天地父母恕而憐之，則幸甚！

［錄自《（弘治）興化府志》卷三十一，清同治十年重刊本，日本國立國會圖書館藏，美國猶他家譜學會公布圖像］

記

寶積蓮社畫壁記

宣和初，慈受禪師住慧林，每苦口語人曰："修行捷徑，莫越淨土。"時魏居士展轉化導，亡慮萬人。江民表左司公望作《念佛三昧詠》，大勸于世。予未弱冠，肄業上庠，蚤預斯社。又因僧兄木訥首座，諄諄警策，知有自性彌陀，惟心安養。迨今年殊七十，雖兵火飄零，晨昏不懈，其得力處益不少。矧予曾高異驗，寶珠備載。若王敏仲尚書古、葛仲忱大夫繁、馬仲玉提刑玗，皆先世懿親，事蹟炯炯，在人耳目。予家有此淨緣尚矣。乾道庚寅夏，予蒙恩奉祠，僑寓蘇臺，解後寶積實講師，遐想蓮社清風，擬追東林高躅。會東平李侯洎諸名德，俱刻意薰修，多歷年所，遂莫逆于心，相與爲社，同聲稱佛，協誠篤願。率載閱月一集，咸知此生不負稟質之靈，報盡決有歸真之所，豈不休哉！一日，社友吳君喟然嘆曰："發菩提心，必具悲智二行。審欲求生聖域，正須啓迪群迷，安得寫十界九品，俾萬目瞻敬，知所省覺，爲廣大無窮之利耶？"言未既，諸君翕然稱善。于是，同社捐金以成之，聞者隨喜以助之。選工施彩，幻出二圖于門廡，復攟摭教藏，發明旨趣，一以示萬法唯心,一以指西方徑路。較餘功德,真所謂百千萬億分不及一者歟!噫!光陰電掣,因果影隨,勿倚壯而廢日,勿肆情而造愆。瞻玆簡易法門,能即迴光返照,則不離當處,超脱苦輪。諸佛境界,悉現前矣。吴君名克己,字復之,東陽佳士也。少年穎悟,窮經博古,尤邃于《易》。内典淵奥,靡不究通。嘗論瞿曇出世,一大事因緣,發吾覆多矣。繪事告成,往來改觀,可不紀諸檀侶,以垂不朽?予因序其梗概云。

越四載,癸巳九月朔,左朝請大夫、前主管台州崇道觀鍾離松書。

[録自明末清初唐時《如來香》卷十四,《四庫未收書輯刊》第7輯第13册,影印清康熙刻本]

墓誌銘

宋宣教郎龔先生墓誌銘

吴郡龔先生年九十餘,日講道誦書,與賓客觴詠遊樂劇談,雖少年,有不逮。當時名公鉅人皆折輩行願爲交。得先生來,率家人子婦再拜,若事其父;既設食,則餕其餘以丐壽。鄉人教其子弟,必以先生爲法。路人一見,悉以手加額,相與遜道而過之。下至田夫野叟,誦其所爲,則目爲佛子。其他識與不識,皆曰"老先生"。其殁也,士大夫跋涉舟車數十里,哭先生之喪。雖鄙夫小人道相違者,亦皆爲出涕。嗚呼!玆地賢者衆矣!求其可以軌範斯世、自陳君子,康靖、朱樂圃之後百有餘年間,始得先生焉。

先生諱明之,字希仲,系出武陽,世有聲烈,著太史氏。自高祖殿院,始徙吴。曾王父諱某,事仁宗,爲尚書郎,號慶曆人材。王父諱某,父諱某,俱揭德振譽於世。龔氏在吴爲望族,先生自重禮法,而資稟素又高,諸父驩曰:"昌吾家者,此兒也!"及長,剛峭少合,行古道,不避流俗。里中士如顔孚端中、范周無外,聲名籍甚,與先生爲忘年友。崔公孝問以訐直陷大僇,其輩喑舌縮頸。先生伺見,慷慨與語,人莫不壯其往。舍法行,入郡縣學,踔厲風發,試名多占上選。甫冠,爲諸生師,儒林共推之。法罷,以選士升太學,居六年,聲價益重。秦益公爲國子博士,一見,語合意,常倒屣迎其來。京師貴人由是欽先生之名。高康簡公權傾一時,嘗與先生大人舊,欲畀以官。先生曰:"功名當自致。"高弗敢強。先生自期必得行胸臆,益脩器業以俟。俄以母憂還鄉，貧不能家，館於外。兄孫畯時(闕)……

［錄自明都穆輯《吳下冢墓遺文》卷一，中國國家圖書館藏清鈔本］

題刻

盱眙第一山題名

鍾離松少□［公］、陶定仲應父，紹興癸酉孟夏二十五日同遊。松之生張一正、定之子遷從行。

［錄自《(光緒)盱眙縣志稿》卷十三《金石》。文題爲編者所擬］

王希吕

王希吕，字仲行，一字仲衡[①]，宿州人，避亂徙合肥[②]。南宋名臣。用祖父蔭補官。既仕，僑寓嘉興，以事忤秦檜去。隆興二年(1164)十月，差權安豐軍使，兼知壽春府安豐縣事[③]。迨孝宗朝召試，登乾道五年(1169)進士[④]。六年(1170)八月，以左修職郎召試館職[⑤]。授秘書省正字。七年(1171)八月，任著作佐郎。同年九月，爲右正言。以劾張説，責授宫觀[⑥]。淳熙二年(1175)，除吏部員外郎，尋除起居郎兼中書舍人。三年(1176)，以吏部郎官參詳貢舉[⑦]。四年(1177)，知廬州，後兼安撫使。修葺城守，安集流散，兵民賴之。加直寶文閣、江西轉運副使[⑧]。五年(1178)，以中書舍人、兼修玉牒官，兼侍講、給事中[⑨]。累遷兵部尚書、吏部尚書兼侍讀[⑩]。八年(1181)九月，以朝議大夫知紹興府。九年(1182)九月，除敷文閣直學士。十年(1183)八月，提舉隆興府玉隆萬壽宫[⑪]。淳熙十三年(1186)八月，知平江府，十四年(1187)四月召[⑫]。一説淳熙十四年四月，由知太平州放罷[⑬]。十五年(1188)六月，以龍圖閣學士、太中大夫再知紹興府，紹熙元年(1190)二月罷[⑭]。晚年居會稽，因一生居官廉潔，至無屋可廬，遂寓僧寺。宋孝宗聞之，賜錢造第[⑮]。子孫家焉[⑯]。史載，王希吕治郡，百廢俱興，尤敬禮文學端方之士。天性剛勁，遇利害無回護意，惟是之從。嘗論近習用事，語極切至，宋孝宗變色欲起，希吕挽御衣曰："非但臣能言之，侍從、臺諫皆有文字來矣！"佐漕江西，嘗作《拳石記》以示僚屬，一幕官舉筆塗數字，舉坐駭愕，希吕覽之，喜其不阿，薦之。合肥舊有三賢祠，祀宋馬亮、包拯、王希吕[⑰]。

《宋史》卷三百八十八有傳。

注：

①參見《宋史》卷三百八十八《王希吕傳》、南宋周密《齊東野語》卷八。

②參見《(萬曆)紹興府志》卷三十七《人物志三·名宦傳》。

③參見《宋會要輯稿·方域六之一七》。

④參見《(萬曆)紹興府志》卷三十七《人物志三·名宦傳》。

⑤參見《宋會要輯稿·選舉三一之二三》。

⑥參見《宋史·王希吕傳》、南宋陳騤《南宋館閣錄》卷七(《文淵閣四庫全書》本)。

⑦參見《宋會要輯稿·選舉二二之二》。

⑧參見《宋史·王希吕傳》《宋會要輯稿·職官七二之一九》。

⑨參見《宋史·王希吕傳》《宋會要輯稿·職官六之七〇》。

⑩參見《宋史·王希吕傳》《宋會要輯稿·選舉一之一九》。

⑪參見《(嘉泰)會稽志》卷二。

⑫參見《(紹熙)吴郡志》卷十一。

⑬參見《宋會要輯稿·職官七二之四六》。

⑭參見《(嘉泰)會稽志》卷二。

⑮參見《宋史·王希吕傳》。

⑯參見《(萬曆)紹興府志》卷三十七《人物志三·名宦傳》。

⑰參見《(嘉慶)合肥縣志》卷十二《祠祀志》。

詔

賜某官乞授一在外宫觀差遣不允詔(代周必大作)

中書舍人王希吕撰。

敕某省所奏劄子,乞授一在外宫觀差遣事具悉。卿秉心無競,制行以和。崇論竑議,裨贊乎朝廷;高文大册,發揮乎王度。自極清華之選,愈嘉趣向之醇。胡爲丐祠,欲以去國?且頻數請外,非卿求退之不力;而遲回尚爾,迺朕眷留之益隆。當知君臣相予之誠,復在出入迭補之外。其祇予訓,無費爾辭。所請宜不允,不得再有陳請。故兹詔示,想宜知悉。

[錄自南宋周必大《周益文忠公集》卷一百二十四《歷官表奏卷三·淳熙五年》,浙江歸安陸氏皕宋樓舊藏南宋開禧二年刊本,今藏日本靜嘉堂文庫。原文題爲《不允詔》]

賜某官辭免經筵進讀三朝寶訓終篇特轉一官恩命不允詔(代周必大作)

王希吕撰。

敕某省所奏辭免經筵進讀三朝寶訓終篇特轉一官恩命事具悉。朕聞，恭祖舊，所以迪順民之方；擇儒人，所以廣多聞之智。誕惟三聖，炳德六經。思昭述於猷勳，迺周爰於殫洽。卿夙儀禁闥，咸擅才謨。進聯講幄之華，備罄幾音之助。甫終篇第，宜有褒優。夫推朕顯尊祖宗之心，故凡今經論訓典之彦，趣加譪賞，式示至公，非爽舊章，毋稽成渙，所辭宜不允。

[錄自南宋周必大《周益文忠公集》卷一百二十五《歷官表奏卷四·淳熙七年》，浙江歸安陸氏皕宋樓舊藏南宋開禧二年刊本，今藏日本静嘉堂文庫。原文題爲《不允詔》]

奏議

乞將民户耕牛免充家力奏

(淳熙五年十一月)丁丑，進呈王希吕繳奏：

浙間州縣推排物力，至于牛畜，亦或不遺。舊法即無將舍屋、耕牛紐充作家業等第之文，送敕令所看詳。人户租賃牛畜，雖係營運取利，緣亦便於貧民。欲依所奏，將應民户耕牛、租牛，依紹興三年五月六日指揮，並與免充家力，行下諸路州縣遵守施行。

上曰："國以農爲本，農以牛爲命。牛多則耕墾者廣，豈可指爲家力，因而科擾？可令檢坐紹興指揮，申嚴行下，監司常切覺察，如有違戾，按劾聞奏！"

[錄自《宋史全文續資治通鑑》卷二十六《孝宗三》，中國國家圖書館藏明刊本。題今擬]

論續修玉牒事

(淳熙五年)十二月十五日，兼修玉牒官王希吕等言：

三祖下第七世以後《仙源類譜》并《仁宗皇帝玉牒》，自慶曆二年以後合接續編修之。

[錄自《宋會要輯稿·職官二〇之四二》，中華書局1957年影印舊鈔本。題今擬]

言批鑿内外諸軍使臣身故狀奏

(淳熙)六年六月二十六日，兵部尚書王希吕等言：

近吏部奏請措置應使臣身故，並令諸州軍批鑿身亡月日。内外諸軍使臣將校，行在委承旨司，在外委總領所批鑿，違者坐以失覺察之罪，賞錢三百貫。其今日以前妄冒身故付身人，許兩月陳首，特與免罪。所有兵部應管下班祗應、副尉、效用補授進勇并守闕進勇副尉，及廂軍補授將校、節級、因功賞轉授名目之人，如遇身故，乞令諸路州軍并内外諸軍依前項指揮施行。

[錄自《宋會要輯稿·職官一四之一二》，中華書局1957年影印舊鈔本。題今擬]

太學兩優釋褐之人不當即爲學官奏

給事中王希呂言：

天子臨軒，策天下之士，取其尤異者一人曰狀元。舍法選舉，有司考校，取其兩優者一人曰釋褐。狀元雖一命得京官，必出而爲簽判。而釋褐之人，一命亦得京官，即入爲學官。又賢良判入三等，方任京官簽判；入四等者，止得選人幕官。而宏辭中選者，亦不過止得選人教授。今兩優之人，即以京官而爲學官。釋褐之人，方其未中也，固嘗以學官爲師矣，一旦中選，則與先生並列；方其未中也，固嘗以學錄、學諭爲師矣，一旦中選，則向之爲師者反在北面弟子之列。事之不當，莫甚於此。

[錄自《宋會要輯稿·崇儒一之四三》，中華書局1957年影印舊鈔本。題今擬]

乞依乾道吏卒令注授副尉及下班祗應奏

(淳熙六年)十二月十七日，兵部尚書王希呂言：

本部所管軍功或恩澤及歸正補授副尉，并紹興三十一年以後歸正守闕進勇副尉名目之人，齎到付身，經部注授，往往經隔年歲。竊慮承代他人付身，妄説緣故，無憑考驗。今欲將前項補授副尉，初參部或任滿後及三年以上赴部陳乞之人，並照應下班祗應參部條法。并副尉自補授及十年無故不陳乞者，亦依乾道令。又諸司主押官補下班祗應者屬兵部，前後循習，止據逐處保奏，下本處審問，於條法無更改，便申密院取旨放行。今乞一依《乾道吏卒令》，先令本處申奏，次令本路轉運司保奏，仍令本部送進奏院契勘，并關刑寺約法。如無違礙，然後申上密院取旨。

[錄自《宋會要輯稿·職官一四之一二、一三》，中華書局1957年影印舊鈔本。題今擬]

乞明令武舉人依條召保奏舉奏

(淳熙)七年三月三日,兵部尚書王希呂言:

淳熙元年及四年兩舉,承指揮將武舉無保奏人放行比試。今舉恐士人臨時復引前例陳乞,如循例放行,不唯衝改成法,兼無以機察姦弊。乞明示舉人,依條召保奏舉,如無保官,不許收試。

[錄自《宋會要輯稿·選舉一八之四》,中華書局1957年影印舊鈔本。題今擬]

乞均給諸郡浙西官田以充義役奏

淳熙七年,王希呂等奏:

昔蘇軾有給田募役之請。臣伏覩浙西一路有官田百萬餘畒,乞均給諸郡以充義役。

[錄自《古今合璧事類備要》卷三十《外集·傜役門·給田充役》,中國國家圖書館藏宋刻本。題今擬]

論典賣産業事

(淳熙七年)五月二十九日,吏部尚書王希呂言:

人户既典賣産業之後,止割税賦。如物力之類,必至三年方許推排,則産去之户虛掛物力,横被追糾。又遠方縣邑有一二十年未嘗推排者。竊謂應人户典賣産業,令於推割税賦之際,即與物力一併推割。如係典業,即候他日收贖之日,卻令歸併。

[錄自《宋會要輯稿·食貨七〇之七三》,中華書局1957年影印舊鈔本。題今擬]

乞將四川屬官復歸朝廷奏

權吏部尚書王希呂言:

欲將四川屬官二十九闕復歸朝廷,其主管官以上則用京朝官,主管官以下則用選人。

[錄自《宋會要輯稿·職官八之四二》,中華書局1957年影印舊鈔本。題今擬]

乞寬展納税年限奏

知紹興府王希呂奏:

淳熙十年六月十二日詔,紹興府蕭山縣新林等鄉被水衝塞田土三萬四千二百八十餘畝,合納苗税除淳熙十年以前免納外,仍自十一年爲始,更免二年，令止十三年起催。今據人户稱，乞依華亭縣仙山等鄉例，寬展年限，乞施行。

[錄自《宋會要輯稿·食貨七〇之七五》，中華書局1957年影印舊鈔本。題今擬]

乞減紹興和買奏

知紹興府王希吕申：

相度本府管和買一十四萬六千九百三十八匹有奇，於内擬豁，及候首併到詭名挾户，別行減額。

[錄自《宋會要輯稿·食貨七〇之七七》，中華書局1957年影印舊鈔本。題今擬]

乞權住民户和買絹奏

（淳熙）十六年，知紹興府王希吕言：

均敷和買，曩者亟於集事，不暇覈實，一切以爲詭户而科之。於是物力自百文以上皆不免於和買，貧民始不勝其困。乞將剏科和買二萬五十七疋有奇盡放，則民被實惠矣。

[錄自《宋史》卷一百七十五《食貨上三》。題今擬]

記

普向院記

王中書希吕撰。

紹興十六年，朝廷以西湖之陰隙地三百弓爲殿前司十三軍之塋地，創立精舍，爲之薦拔之所，遷南蕩之廢寺曰普向者榜其上，從故帥太傅楊王存中之請也。乾道八年，住持僧法千言："兹寺之建，諸軍之士生死蒙福，獨其主帥之屢更，敷陳之不時，州縣之不相謀，故賜額闕焉。深恐歷日寖久，疑信相半，本末之不克備，無以新衆視，示來世，朝廷德意殆成虚美，是誠不可緩者！敢以爲請。"今殿帥節使王公友直即以其事聞，於是有旨，賜以"愍忠資福普向"之額。法千既以敕牒刊之堅珉矣，又筆其大概，使來請文。希吕與千同時杖策而南者，義不可辭。

昔先王之治天下，其紀綱法度所以維持天下者甚設，若其政理，則不過曰"本諸人情"而已。人情莫不好生，則爲之養生之道；人情莫不惡死，則爲之送死之道。是故生者遂其生,死者得其死,而無怨恨不滿之心。孟軻氏以養生送死無憾爲王道之始,揚雄氏亦以病者養、死者藏爲爲政者之思,此之謂也。自兵民始分,日尋干戈,若齊之誅宏父,衛之殤童汪,秦之封殽屍,晉之收死傷,見於傳記,班班可考。惟唐太宗既定天下,立佛寺十六所,以福死士。恤典之有寺,當自此始。然驅無辜之民,置之必死之地,雖假手像教以資冥報,甚非先王養生送死之意矣。本朝聖聖相繼,寢兵措刑,著爲家法。今和戎有年,邊塵不驚,六軍之士安居而飽食,優游以生死,而且賜之葬地,守以僧舍,錫以美名,恩深漏泉,德施罔極,三代以來,本朝而止耳。夫禮尚往來,事有施報,施而不報,往而不來者,世無是理也。將有入是寺讀是文者,灼然知聖人廣大之德,而潛有以發其忠孝慷慨之心,以篤於施報往來之義。異日摧城陷陣,立非常之功,以上報非常之恩者,必有其人矣。

其辭曰:"天生衆民,作之君師。惟君代天,職其撫綏。於衣其寒,載食爾飢。生養死藏,惟君之爲。於赫我宋,始終以仁。二聖嗣於理,新之又新。孰民而兵,盛時是逢。不戰不征,天涵地容。有名有糧,錢帛既豐。不幸而死,又終其終。耽耽北山,古佛所廬。喬木巉天,下列幽墟。鐘鼓朝昏,梵唄淩虚。死者可作,揆安其居。大哉天之德!二聖配之。二聖之德,惟天似之!小臣業儒,文以識之。尚俾來者,知寺之始基。"

[録自《(咸淳)臨安志》卷七十九《寺觀五》,中國國家圖書館藏清同治六年刻本]

精嚴禪寺記

佛之道至難學也,毁形而苦行,割愛而忍辱,食以麤糲,衣以壞色,器以瓦鐵,誦經禮佛,求師問道,從衆應俗,登門望施,修齋設供,立木營造,像設修爲之事,無一不爲。至於口腹之欲、紛華之欲、男女之欲,凡人道之不可無者,一有犯焉,則有司得以治,檀越得以棄,天下之人莫不起而議之。佛道之難學蓋如此。秀州精嚴寺舊號靈光,即東晉選部尚書徐偘熙所施之宅。寺鄰於市,寺亦爲市;僧居於市,僧亦爲市。既爲而久,既久則盛,其分房裂户以百數,而爲之徒者且數百人。龐眉皓首、畏罪慕善、閉門燕坐、勤力精進者,往往有之;而血氣方剛、聞道未篤、六賊所誘、一念不固者,亦所不免也。

淳熙四年，直寶文閣韓公彦質以黄岡政成，聖恩優異，付以玆郡。公遇事精敏，濟以公平，下車未幾，姦伏弱直，優游撫馭，遂以無事，推其治理，勤厥外護。迺請於朝，願以是寺改爲十方，有旨從之。於是，籍寺所有，得二萬餘緡，招一因師，俾主其事。因資巽愞，不任是責，侯即喟曰：“變律爲禪，欲藥其病，變不如初，吾且有過。”迺命黜因，迺命諸山選一道行可以經理者，衆以十六輩諗公，公於其末擇一永祚師景壽，使補其處。壽公道學既高，世法亦熟，年未五十，而十王名刹，升座之日，法音宏暢，舉揚宗旨，合因與果，演化道俗。復以叢林所立規矩，先以律身，還以導人，瞻聽所接，内嚴外敬，頑革善入，一傳百應，先信後舍，無有齟齬，皆順以附。緣法既契，迺取因老所用之餘，計四千緡，并舉韓使君所施之財與大衆之所施者，又爲數千緡，鳩工匠，會竹木，商瓦甓，給雇直。凡爲秀王祠堂三間、戒壇一所、廊廡三十四間、法堂一十一間、僧堂六間、雨花堂五間、前資寮行堂共一十三間、旃檀林後架二十間。爲水田二千餘畝，歲得米一千餘石；爲蘆場二千餘畝，歲得薪五萬餘束。經始於五年之春三月，斷手於六年之夏四月。始師嘗曰：“寺成，當求記於王居士。”既成，使其徒師源具以本末來。希吕使謂之曰：“夫應時有緣，悟道有性，化荆榛爲道場，闢市井爲佛地，易土木爲像設，改喧閧爲禪觀，凡見於有爲者，是謂緣。著一盂糲飯，聚四方衲子，大開不二門，共究無生理，凡歸於自然者，是謂性。今師既已奮空拳，竭願力，了大事，破群疑矣。盍亦息乎其所已爲，而思惟其所未爲者，自緣而修性，由性而悟道，以上報國恩，而次報佛恩乎？”師曰：“諾。”迺爲記之，復以偈言終之。

其辭曰：“佛身廣大充兩儀，肉身有壞法者非。波旬有請不可違，雙林佛子涕淚垂。六反震動人嗟咨，付與迦葉法與衣。其餘佛法得者誰？國王大臣專主之。檀那有力同扶持。維昔東晉咸安時，徐侯家居海之湄。夜有光怪經天維，迫而視之井所爲。迺請舍宅爲佛祠，年來井神不能奇。蜂房蟻穴生瑕疵，既久而變亦其宜。韓侯凜凜百吏師，有意外護非已私。壽公之來乘始基，補僝百弊研毫釐。以身率人人相隨，内嚴外敬自此推。始終一律無可疑，一唱百和風聲移。中堂幻出高巍巍，廊廡繩直遠近齊。方丈寮舍相發揮，山田水國日用資。自起一念不逾期，算計見效如所期。雖然佛法非一岐，傳道應緣實相依。靈刹衲子須自知，請師開門拈白槌。來看兄弟相磨治，以篾縛肚捐飽飢。説出諸方上下機，一洗萬劫貪瞋癡，佛法到此尤光輝。”

朝散郎試兵部尚書兼給事中兼修玉牒官兼侍讀王希吕記。

［録自《（至元）嘉禾志》卷十八《碑碣》，中國國家圖書館藏清刻本］

祭文

祭蝗蟲文

維某年月日，右修職郎特差知壽春府安豐縣王希吕，謹以清酌之奠，祭于蝗蟲之神，而告之曰：

古先哲王之有天下也，兢兢畏畏，於事天治人之禮無不盡，然猶九年之水，七年之旱，見於堯湯之時。是知數之所鍾，有不可得而逭者。則蝗蟲之來此土，食民之産，以肥其身，以孳其子孫，亦宜矣。然嘗聞漢之循吏，一有善政，而蝗不入境。至于李唐太宗，吞一蝗而衆蝗死。當時仰其德，後世歌其事，鏗鏘炳明，盪人耳目，迨兹以爲美談。今天子嗣神聖位，聰明仁厚，出於天性。凡事有不法天、政有不便民者，一切革而去之。老姦巨猾既鋤以耘，不萌不芽，無所容跡。嶺海、吴蜀、江淮、荆湖之民，甍連壤交，仰事俯育，熙熙于于，各得其所。卻視漢循吏、唐太宗，何啻萬萬不侔！則蝗蟲之來處此土，食民之産，以息其身，以孳其子若孫，其爲不可亦明矣。且縣令受天子命，來宰是邑，其治以撫養百姓爲事，則蝗蟲之與縣令又不得並居此土也。道安豐而西北走四十里，即虜人之界。彼其暴虐無道，弑君殺母，無所不有，蝗蟲捨此而去彼，誰爲不可者？今與蝗蟲約，三日北歸，三日不能，五日；五日不能，七日。若七日不歸，是終不肯歸矣。是狃蕃夷之餘習以害我聖朝之善治。夫狃蕃夷之餘習，害聖明之善治，與傲天子之命吏，不聽其言而爲民物害者，其罪皆可殺。縣令則取詩人去螟之語，唐相捕蝗之令，以與蝗蟲從事，必盡殺之乃止，無俾遺種於兹邑。蝗蟲有知，其聽縣令言！

［録自南宋劉昌詩《蘆浦筆記》卷九，《中華再造善本》影印明穴研齋鈔本］

序跋

司馬武子忠節事序

昔予居鄉，有陝右林虎臣者，自西而東，至符離家焉。其家鄰居，數月稍熟，因詢以西事。林因辟人曰："去年，逆酋傾國犯淮南，吾鄉之豪共千餘人倡義而起，有司馬通國者主其盟，將爲批亢擣虚計。不幸事未成而幾已露，司馬氏之家數百指殲焉。俄其徒已變姓名，携妻子，因得出關，以至於此。"予因歎曰："忠孝之節，其萃於司馬氏乎！昔我先正溫國文正公追事四朝，惟忠惟孝。忠潔公繼之，今通國又繼之。皆以忠義憤發，效死虜庭。事雖未成，亦可謂足以繼志。"惜乎時予在虜中，不能爲作傳，姑記其略，以俟詢訪。

王希呂記。

[錄自南宋葉紹翁《四朝聞見錄·丙集》，中國國家圖書館藏清鈔本]

題刻

杭州龍華寺題名

淳熙八年閏月甲午，駕幸玉津園，王希呂、韓彦直、閻蒼舒、鄭丙、賈輝、王佐、施師點、趙汝恭、孟經、葉翥、賈選、木待問、宇文价，以扈從至此。

[錄自清阮元《兩浙金石志》卷十]

鍾離熹

鍾離熹，廬州合肥人，貫建康府江寧縣。鍾離松子。娶紹興十八年進士、江山人柴衛女①。淳熙中，官隆興府靖安縣主簿②。慶元五年(1199)，以迪功郎監行在草料場③。

注：

①②參見南宋謝諤《大理寺正柴衛墓誌銘》，收錄於《江陽嵩高柴氏宗譜》。

③見本書所收鍾離熹《跋寶積蓮社畫壁記》。

序跋

跋寶積蓮社畫壁記

先君司封頃時奉祠吳門，因蓮社可以歸心，迺糾率復爲之，會者幾百人，綽有廬阜之風。繪二圖二壁，并書其事，立石寶積精舍。越十一載，而先君無疾而化，享壽八十有六。距今又十五載矣。四明曉師會稡《樂邦文類》，造門求之。予嘉其志，且欲斯文不朽，遂出以授之。

慶元己未十月旦,男迪功郎、監行在草料場鍾離熹謹志。

[錄自明末清初唐時《如來香》卷十四,《四庫未收書輯刊》第7輯第13册,影印清康熙刻本。文題爲編者所擬]

包履常

包履常(1154—1217),字適可,其先廬州合肥人,徙温州樂清縣[1]。包拯七世孫。孝宗淳熙八年(1181)進士[2],授寧海縣尉。歷盱江教授、吉水縣令。寧宗嘉定十年(1217),以朝請郎差遣平江通判,未至而卒,年六十四[3]。

注:

①參見宋葉適《水心集》卷二十三《包顒叟墓記》及宋真德秀《西山文集》卷四十五《朝請郎通判平江府事包君墓誌銘》,俱《文淵閣四庫全書》本。

②參見《(萬曆)温州府志》卷十《選舉志·進士》。

③參見真德秀《朝請郎通判平江府事包君墓誌銘》。

序跋

歷代紀年跋

余分教盱江郡,或謂余:"元莊之故家有寓盱者。"未幾,晁仲皓(子綺)過余,數往返。見其議論多前輩言行,余喜聞之。一日,至其塾,出《歷代紀年》示余曰:"先伯父提舉公所爲書也。纂緝之工,垂五十載,未有傳者。"余受而閱之。自唐虞三代,以至于今,建國之始末、傳緒之久近、治亂興衰、進退用捨,凡節目之大而關於體統者,可以概見,殆不止於世系年譜而已。余既歎晁公之博而專,且愛此書之有補於學者,爲之鋟木,以成其志。晁公諱公邁,字伯咎,元莊之裔孫,景迂之猶子,崇福之冢嗣。建炎南渡,繇天府掾貳郡。持節問學,能世其家,蓋載之訓詞云。

紹熙壬子季春望後五日樂清包履常書。

[錄自宋晁公邁《歷代紀年》,《續修四庫全書·史部》第826册,影印宋刻本。文題爲編者所擬]

夏友諒

夏友諒,廬州合肥人。嘉定間,爲淮西廬州強勇軍都統[1]。紹定間,爲武略大夫、忠州刺史、池州駐劄御前諸軍副都統制[2]。紹定四年(1231)五月，受將領劉虎、湯孝信遣派，攻金國所據之盱眙，未下[3]。八月，除建康駐劄御前諸軍都統制。轉武顯大夫。紹定六年(1233)九月，致仕。卒贈武功大夫、和州防禦使[4]。

注：

①參見宋真德秀《西山文集》卷十五《申左翼軍正將貝旺乞推賞》，《文淵閣四庫全書》本。

②參見《(景定)建康志》卷二十六，《文淵閣四庫全書》本。

③參見《金史》卷一百一十四《白華傳》。

④參見《(景定)建康志》卷二十六，《文淵閣四庫全書》本。

記

御前諸軍都統制司續題名記

題名有記舊矣，聖朝人物將於是乎觀。而況將帥者，三軍司命，爪牙王室，關繫非輕。去來除代，詎可聽之湮没而無傳哉？金陵爲古都會，粤自警蹕南渡，增屯重兵，屏蔽畿甸，累聖相承，選命尤謹。中興名將，磊砢相望，閎勳碩畫，彪炳汗青，類繇兹出。

友諒誤恩此來，始至之日，搜舉戎務，倥傯靡暇。越三月，軍事稍稍就緒，因詢前哲，或曰："廳之左有題名在焉。鈎畫翠珉，鸞停鵠峙。"摩挲熟視，表表虎臣，姓名先後，品秩崇庳，往來歲月，昭然可攷，而刊載鱗次，溢于顛尾。

邇年帥貳鐫題無所，顧瞻褎裒，良切慨歎。因念日月駸尋，名跡易泯，苟憚續爲，是孤前誌。載礱堅石，用寘廳壁之側，以紀後來。異時斯刻既漫，與我同志嗣而廣之，是亦今日之事也。

紹定辛卯仲冬上澣合肥夏友諒續記。

[録自《(景定)建康志》卷二十六《官守志三》，中國國家圖書館藏清嘉慶六年刻本。題今擬]

趙時鎮

趙時鎮，廬州人[1]。宋宗室。度宗咸淳十年(1274)，任東莞黄田(地在今香港)鹽場官[2]。恭帝德祐二年(1276)，元軍至臨安，趙時鎮以宗丞被宋廷任命爲日記官，奉表投降[3]。

注：

①參見元劉一清《錢塘遺事》卷九《丙子北狩》。

②參見《東莞念恭堂黄氏族譜》，民間收藏。

③參見元劉一清《錢塘遺事》卷九《丙子北狩》。

墓表

默堂妣謝安人墓記

安人陳留郡，克家以勤，生有六男，中通、中立、中建、中鋭、中明、中行，皆勉於學。壬子，長房名石，明經擢第，敕賜迪功郎，初任梅州程鄉簿。長男暨長孫約，接武上庠；孫茂、長皆世其業，出於訓育之也。生二女，長適生綻緯，篤信好義，至捐資贈義不忘。

安人生于淳熙壬寅，終于咸淳甲戌，享年九十有三。兒女送終者曰："它日寢地勿遠望，欲見家母泥敕坑之原。"蓋從治命也。時鎮比緯攝職黄田場，與安人子相友善，義爲契家。請紀其實，鐫於墓碣云。

趙時鎮謹記。

時咸淳十年仲冬承重孫約男中立中鋭中行敬立。

［錄自《東莞念恭堂黄氏族譜》，民間收藏］

元

葛聞孫

葛聞孫(1285—1345),字景先,廬州合肥人。十九歲喪父,事母孝。嘗出爲頓文學,既而曰:"此非養志之道。"遂歸,不復仕。其後宰相薦其文行可用,擢翰林國史院編修,辭不赴,鄉居教授爲生。至正五年(1345),其母束太夫人去世,葛聞孫哀傷過度,是年九月亦卒,終年六十一[①]。著有《環翠山房集》[②]。

注:

①見本書所收余闕《葛徵君墓表》。按,"嘗出爲頓文學"句,諸書皆如此,疑"頓"爲"郡"。

②參見《(萬曆)廬州府志》卷十三《藝文志》。

記

廬州路總管府同知拜住公政蹟碑銘記

今至元六年庚辰冬十一月,朝列大夫、同知廬州路總管府事拜住公既受代,郡之士民周庭柱等來曰:"公莅郡五載,政績表表,非托文貞石,何以慰邦人永久之思? 敢請。"予受廛治下,公之善,嘗耳聞目擊,義弗敢辭。

按事狀,郡先賢宋樞密使孝肅包公拯,剛方清直,足以風勵百世,書院雖設,而廟像未嚴,公捐己貲千五百緡,倡郡人新之。增廣弟子員,敦勸程督,始終無倦。府治館傳久而弗完麗,譙壺漏壞,更鼓弗明,皆先割俸金,委曲規措，事成而民弗知。監倉庾則嚴以去弊，檢水旱則寬以恤民。汰泛濫邏卒，去鄉保土胥。部内番上軍戍淮楚，隸沂澶戎府，其廬里族屬有宿憾，或資産相交涉，率以負封樁爲詞，府聞於省，檄於夫長，督所司徵理，追呼逮捕，爲害已數歲。公閲實舊案，詢考户籍，遂辨其誣。五載之間，其惠利及人多類此。

公蒙古紇烈氏，故湖廣行省丞相恒陽王之孫，武昌王之子。蚤入宿衛，用文蔭授官，歷澧州齊安倅，遷是職。族貴年富，而無一毫紈綺驕蹇之習，質厚氣宏，而濟以廉慎之操，故施之政事，有古循吏風。部使者臨之在上，亦嘗剡其能上之，蓋公論實有所同也。

聞孫既歷序其事，而第其輕重之論，則書院之肇建，尤爲卓異可紀。昔僖公修魯泮而頌聲作，文翁興蜀學而德化行，載之經傳，信而有徵。世之從政者，每汩汩於簿書、期會、錢穀、獄訟之間，論及名教所關，則一切諉爲不急之務。聞公之風，亦可以少勸矣。書之可無媿。

公之伯氏，故江西行省左丞都思鐵睦公。當延祐、至治間，嘗長是府，有惠政，見於去思碑石。公復接武齊名，相門遺澤，蓋淵淵乎其未艾也。唐賈敦頤爲洛州司馬，弟敦實繼爲長史，皆刻石市傍，人稱“棠棣碑”。予於公之昆季見之矣。矧此邦士民能揚其長之善於終更之後，又有以見其俗化之歸厚也。

嗟歎不足，敬系之以詩曰：“朝廷群雄，乘時奏公，風虎雲龍。維紇烈氏，胄華而貴，寔開後裔。功顯廟堂，恒陽武昌。武昌有子，尚德好禮。克濟厥美，貳此大邦。政挈其綱，德化孔彰。新廟奕奕，治傳增飾，挈壺有職。包卒宿胥，姦戢弊除，民用奠居。伊昔郡長，澤被兹壤，耋耄俯仰。棠棣之碑，對刻信辭，於古有輝。淮山高止，淮水清止，德音不已。”

［錄自《（萬曆）廬州府志》卷十三《藝文志》，臺北故宫博物院藏，美國猶他家譜學會公布圖像，校以《（萬曆）合肥縣志》下卷《藝文志》（臺北故宫博物院藏，美國猶他家譜學會公布圖像）。誤字據改，脱漏據補］

含山縣重脩學記

學校者，立教之基也。教立則化行，化行則民知向義，而政無不舉矣。三代盛時，風俗醇厚，政治休明，用此道也。欽惟皇朝偃武脩文，百年於兹，學校之盛,度越前古,綸音戒飭,炳如日星。祗順德意,培植教基,固郡邑長吏責也。含山,古歷陽郡屬邑,按《圖經》,即漢之龍亢。唐武德中,改今名,以其地介群山之間。宋季爲邊圉,學雖屢燬,而士氣不衰,往往流寓江左天門精舍。輿圖混一,以次脩治,漸復舊觀。而土木有形之器,歷歲未久,弊已隨至。前縣尹劉恭慨然有志脩繕,改作講堂五楹,翼以左右室,工未及就而去。今縣尹覃懷榮克讓繼至,亟命即工,視禮殿、神門、東西廡皆棟撓桷摧,將就傾軋。於是,一切易以新木,盡撤舊瓦而重覆之,新建儲粟之廩、更衣之室,浚泮池,建石梁,以達神路,前列靈星門,繚以仞墻,梓人鏝工,黝堊丹漆,並手偕作。

至正元年夏,部使者山東王元戴讞獄行縣,祗謁學宫,仰視新廟,進邑之官屬及教官、弟子員,獎勵諄切,且爲大書"明倫堂"三字,俾揭之楣間。衆心由是益勸,工以大脩。經始於至正元年秋八月,歷三期,始訖事。凡爲屋四十有四楹。其費出於學産,歲入不足,則倡以已俸,僚吏士民好義者咸樂助之,爲錢八千緡有奇。邑監寶寶、主簿郝惟正、縣尉張濬、典史陳起龍,皆好義樂善,同底于成。前教諭河南陳大受、今教諭睢陽王政狀其役,請記於予。

且夫治本於教,教寓於學,興學所以尊師,尊師所以重道,而重道乃所以敷教也。教之大者,莫大於君臣之義、父子之親,士之學爲忠與孝,舍學校何以哉?賢宰之所以屈力殫慮而爲之者,豈非有見於此歟?夫見吏之治邑,類以聚辦爲賢,日汲汲於簿書期會間,自以爲能了公事,其知學校爲出治之源而不可緩者,幾何人哉?然則是役也,不可以不書。矧余又聞,漢桓榮,龍亢人,以經術爲帝者師;唐何卓行蕃、張司業籍,皆産和陽,正色一叱,而六館震動,拂衣歸養,而諸生景仰;有宋儁異之士,史不絶書,而彭思永、張孝祥,尤彰彰者。山川靈秀,猶存耆舊,遺風未泯。是學之成,圓冠方屨,來遊來歌,師生授受,朋友講習,無非脩齊治平之學。當思孝於家、忠於國,以踵二賢之名節。至於稽古蒙印綬,明經取科第,又當思所以繼諸賢之文行,而榮達弗與焉。感觀之下,將見君子克勤愛人之務,小人則祗服易使之訓。弦歌之化,不得專美於武城矣。如此則國家百年涵濡之深,風紀諄切獎勵之意,庶幾無負。而賢宰以教爲政之心,亦可以無愧矣。故列其事如右。

繫之以辭:"句吴之墟,龍亢之邑。山高水深,氣厚以碩。於穆王化,涵濡百年。建學置師,彝教日宣。物久則弊,弊則必葺。顯允邑宰,爲是孔力。爰命工師，左引右尋。曰棟曰梁，爾斧爾斤。迺立應門，迺崇寢殿。廊廡堂皇，以營以繕。士餼有庾，泮水有梁。作室更衣，威儀用章。群材並輸，百堵皆作。既葺既甃，且丹且堊。繡衣戾止，遹觀厥成。載色載笑，以慰爾勤。其成維何，永基善教。嗟爾多士，尚其允蹈。其蹈維何，維孝維忠。民化而淳，時乃之功。善作善繼，功斯罔替。毋曰匪亟，治道攸係。墨綬金章，有社有民。嗣而葺之，鑒此刻文。"

［錄自《(正統)和州志》卷五《文》，臺北故宫博物院藏，美國猶他家譜學會公布圖像，校以《歷陽典錄》卷八（中國國家圖書館藏清光緒十二年刻本）。脱漏據補］

序跋

包氏族譜引

古人尊祖收族之義，莫嚴於宗法，宗法廢而人道睽矣。孝子仁人則必私爲譜牒以紀之，使後世自流徂源，由支達幹，庶不昧其所從出，是亦尊祖收族之遺意也。

宋故樞密使孝肅包公，爲合肥衣冠望族。公之高風清節，照映千古，其世系之盛，天下之士孰不爭先覩之爲快？而因陋就簡，久未有所述，庸非是邦之闕典歟？予常命其八代孫瑊蒐訪故書，其幸存而未泯者，距公之上得四世焉，過此，則文獻不足徵矣；暨瑊而下，又三世，上下通十有五世。竊倣太史公漢表爲橫圖以譜之，昭穆相承，秩然有序。俾瑊藏諸家廟，來者相繼特書，雖千百世無斁者。

嗚呼！嘉祐名臣，載之《宋史》，班班可攷，然子孫數傳之後，多湮没無聞，豈非君子之澤，五世而斬歟？唯公之裔，自通判君而下，雖無甚顯者，而一脉之傳，踰三百祀，且繩繩而未艾也。則知公之在當時，忠言讜論，發於至誠，尊主庇民，其利甚溥，中間盖有人不及知而天獨知之者。不然，何其報之也若是之悠遠耶？是譜之作，非唯勸孝，且以勸忠，讀者當有所興起。

至元丁丑翰林國史院編脩官葛閏孫撰。

［錄自《(萬曆)合肥縣志》下卷《藝文志》，臺北故宫博物院藏，美國猶他家譜學會公布圖像。落款據浙江樂清《雁池分派柳市包氏宗譜》（清乾隆鈔本）補］

潘純

潘純(1292—約1352)[①],字子素,廬州合肥人[②]。少有俊才,性滑稽。遊京師,一時文學之士、貴卿之家爭延致之。嘗著《輥卦》以諷切當世,或以達於元文宗,欲繫治之。亡徙江湖間,後有貴人爲其開脱,事乃得釋。因客江南,值京師舊友如吴可堂、廉亮、達兼善、幹克莊、吴元震、杜德常、魯志道等皆持節在外,遂往來諸公間,名聲藉甚。而江南大姓慕潘純氣勢,望風承謁。於是,挈妻子居東吴,日與諸公觴詠爲樂。所賦詩音節精麗,李義山、溫庭筠輩不能過也。至正壬辰(1352)間,兵起淮東西,淮南行省郎公曹德昭推薦潘純參預軍務。潘純度事不可爲,謝不赴,移家避地於越。時御史大夫高納麟開行臺於會稽,以純爲上客,與參謀議。因向高納麟告發其子高安安不法行爲,被安安暗殺於蕭山道中。子潘穀,葬父於西湖岳王墓側[③]。

注:

①潘純生年據元鄭元祐《寄潘子素文學》詩有句云:"與子同庚命不同,悠悠江海異窮通"(詩見《僑吴集》卷四,《文淵閣四庫全書》本)。按,鄭元祐(1292—1364),字明德,處州遂昌人,遷錢塘,後居吴中。元末東南文壇耆宿(見《元詩選》所作鄭元祐小傳)。

②參見元徐顯《稗史集傳》、元顧瑛《草堂雅集》卷六及清顧嗣立《元詩選》所作潘純小傳。按,《稗史集傳》作廬州人,《草堂雅集》作淮西人,《元詩選》作廬州合肥人。

③參見元徐顯《稗史集傳》。

雜著

輥卦

輥:亨,可小事,亦可大事。

彖曰:輥亨,天地輥而四時行,日月輥而晝夜明,上下輥而萬事成。輥之時義大矣哉!

象曰:地上有木,輥。君子以容身固位。

初六,輥出門,無咎。象曰:出門便輥,又何咎也?

六二,傳于銕轄。象曰:傳于銕轄,天下可行也。

六三,君子終日輥輥,厲無咎。象曰:終日輥輥,雖危無咎也。

九四,模稜,吉。象曰:模稜之吉,以隨時也。

六五,神輥。象曰:六五神輥,老於事也。

上六,或錫之高爵,天下椰榆之。象曰:以輥受爵,亦不足敬也。

[錄自元陶宗儀《輟耕錄》卷十,中國國家圖書館藏明萬曆六年徐球刻本]

余闕

余闕(1303—1358)[①],字廷心,又字天心,唐兀人。先世居河西武威,父沙刺臧卜官廬州,遂爲合肥人。元惠宗元統元年(1333)右榜進士第二名[②],授同知泗州事。歷應奉翰林文字、中書刑部主事、遼、金、宋三史修撰,拜監察御史,改中書禮部員外郎。出任湖廣行省左右司郎中。復以集賢院經歷召入,遷翰林待制。出僉浙東道廉訪司事,以事被劾,歸隱青陽山。至正十二年(1352),紅巾軍起,余闕被任命爲淮西宣慰副使,分兵鎮守安慶。號令嚴明,與將士同甘苦,有古良將風。前後扼守安慶七年,歷經大小數十戰。當時淮東、淮西均已被紅巾軍占據,安慶巋然獨存。陞淮西宣慰司都元帥,轉淮南行省參知政事,尋改左丞,賜二品服。至正十八年(1358)正月,陳友諒大集諸部,猛攻安慶。城池終失守。余闕見大勢已去,遂自刎,沉於清水塘中。陳友諒感其義,派兵覓得其尸,殮葬於安慶正觀門外。元廷贈攄誠守正清忠諒節功臣、榮祿大夫、淮南江北等處行中書省平章政事、上柱國,追封豳國公,謚忠宣[③]。生平著述甚多,有《青陽先生集》傳世。《元史》卷一百四十三有傳。

注:

①參見《元統元年進士錄》、明宋濂《余左丞傳》。

②參見《元統元年進士錄》。

③參見宋濂《余左丞傳》、《元史》卷一百四十三《余闕傳》。

對策

元統癸酉廷對策(第一甲第二名)

臣聞之周武王曰:"惟天地萬物父母,惟人萬物之靈。亶聰明,作元后,元后作民父母。"此言君天下者,凡以仁而已。臣嘗思之,天地生物而厚於人矣;而於生人之中,尤厚於聖人。其所以厚於聖人者,欲其推生物之心以加諸民。是仁者,人君臨下之大本也。臣謹稽天地之理,驗之往古,則仁之爲道，夏以之爲夏，商以之爲商，周以之爲周，祖宗以之而創業，後聖以之而守成，其理可謂至要，而亦可謂至難矣。

恭惟皇帝陛下有聰明睿知之資，有寬裕溫柔之德，愛民而好士，神武而不殺。爰自初潛，仁孝之聲固已播聞於中外。今兹誕膺付託，龍飛當天，輕徭役，薄賦斂，罷土木之役，恤鰥寡之民，而仁厚之澤，果有以大被於天下。當天命眷祐之初，人心歸向之日，又能不自滿，假拳拳以守成之大計，下詢承學之臣。顧臣庸愚，無所通曉。然臣觀陛下策臣之言，反復乎三代及漢守成之艱難，而深諏乎今日當行之切務，自非聖心獨詣，深有以考之於古，質之於今，灼知上天作君之心，與夫祖宗創業艱難之計者，不能爲是言也。

臣伏讀聖策曰："古人有言，得天下者爲難，保天下爲尤難。"臣以爲，人之於仁，憂患而思勉者易，安樂而勿失者難。天造草昧之際，英雄角逐之會，而世主之心所以不敢暇逸者，鮮不如敵國之在旁、嚴父之在上，其思所以康濟小民、惠鮮天下者，蓋饋屢輟而寢屢興，此其勢之易然者也。天下既定，方内無事，兵革不動，四荒向風，天下之臣又日奏祥瑞。豐年頌聖德者，聲相聞於朝；歌太平者，足相躡於道。雖以創業之君，尚不免於不終之漸，況其後世乎？蓋治平則志易肆，崇高則氣易驕。志肆則敗度之心滋，氣驕則愛民之意熄。如是，則豈復念夫先世艱難勤苦爲何如哉！甚者至以其祖宗爲昔之人無聞知，見其先世勤儉之迹，則"田舍翁得此亦足矣"，此亦勢之有必然者也。陛下以保天下爲難，此臣所以踴躍忻忭而不自知。陛下此言，可以承宗廟，可以奉六親，可以育群生，可以彰洪業。臣拜手稽首而爲天下賀，願陛下永永無忘此言也。

臣又讀聖策曰："自古持盈守成之君，莫盛於三代。夏稱啓能敬承繼禹之道，殷稱賢聖之君六七作，周稱成康能致刑措。夫以禹之功而惟啓；以文武之德而惟成康；賢聖之君之衆莫若殷，亦不過六七而已。其後惟漢之文景，而言文景之治猶不得比之三代。善繼承者何若斯之難也？"臣以爲，惟思祖宗得天下之難者，則於保天下也斯無難。啓、太丁、太甲、太戊、祖乙、盤庚、成、康、文、景之君，則思祖宗創業之難而保之者也。桀、紂、幽、厲、桓、靈則反是。故伊尹之於太甲，則明言烈祖之成德；周公、召公之於輔相成王也，亦諄諄於文王之典、武王之大烈。蓋知其祖宗得天下之難，則必能求其所以得之之道矣；知其所以得天下之道，則知所以保天下之道矣。夫祖宗得天下之道，即其子孫保天下之道也。孟子曰："三代之得天下也以仁。"此仁者，祖宗得天下之道也。《易》曰："何以守位？曰仁。"此仁者，子孫保天下之道也。夫仁之難成，亦已久矣。持盈守成之君，若是之難得者，宜哉！

臣又讀聖策曰："我祖宗積德累世，至於太祖皇帝肇啓土宇，建帝號；又七十餘年，世祖皇帝始一天下，以致至元之治。厥惟艱哉！顧予冲人，賴天地祖宗之靈，紹膺嫡統。繼承之重，實在朕躬。夙夜兢兢，未獲其道。"臣以爲，陛下此言可謂深知祖宗創業之艱難者也。當其巡天西下，又詔定西夏，懷高昌，北取遼、金，南取趙宋。其經營開創之事，有不待賤臣之言而後知。若夫祖宗所以得天下之本，則陛下之所當知也。臣嘗妄論之，我國家之得天下，與三代同。自太祖皇帝起朔漠而膺帝圖，世祖皇帝揮天戈以一海内，不持強大，而其仁義之師自足以服暴亂；不用智力，而其寬大之德自足以結人心。至於渡江臨鄂，與建元之詔觀之，則我國家得天下之本，一仁而已矣。故以曹彬之事命帥臣，而革命之日，市肆有不閉；以大《易》之元建國號，而中統之紹，天下所歸心。太祖既以七十餘年而平一之，世祖皇帝又以四十餘載而生聚之，德在民心，功在史策。以聖繼聖，傳至陛下，吾祖宗所以得天下之道，是即陛下保天下之道也。然曰未云獲者，是即文王望道未見之心也。臣何以多言爲？

臣又讀聖策曰："子大夫通今學古，其求啓之所以敬承，六七君之所以稱賢聖，成康之所以致刑措，其道安在？文景之所以不及三代，其故何繇？及今日之所以持盈守成，孰先孰後？孰本孰末？何以致刑措，稱賢聖，繼祖宗之盛？悉心以對，毋有所隱。"臣以爲，三代及漢之君，其見稱於當世者，雖有不同，然不過守其先世之仁而已矣。而今日陛下之所以持盈守成之道，又何以他求也哉？洪水滔天，下民昏墊而成允成功者，禹之仁，啓之所以敬承者此也。啓網祝、征仇餉者，湯之仁，太甲以之處仁遷義，太戊以之治民祗懼，武丁以之嘉靖殷邦，祖甲以之保惠庶民，盤庚以之鞠人謀人之保居，此所以稱聖賢也。以言文王之仁，則無凍餒之老；以言武王之仁，則行大義而平暴亂。成王特制禮樂，以文之而已耳。康王特奉恤厥若而已耳。其所以教化行，刑罰措，仁之浹於民故也。漢家制度，視三代雖有愧，然高帝之寬仁愛人，實滅秦誅項之本原。文帝之務在養民，景帝之遵用成業，實卓然爲漢賢君。其不及於三代者，無太甲仁義之功，無成王緝熙之學故耳。

以今日之道而言，臣則以爲守成之本仁也，所當先務者仁也。至曰功曰利，曰甲兵錢穀，曰簿書期會，曰禁令條教，皆末而當後者也。然就仁之中，而其本末先後，亦不容以無序也。有先王之仁心，有先王之仁政。孔子之告顔子曰："克己復禮爲仁。"此以心言也。孟子告齊梁之君，所謂五畝之宅、百畝之田與夫學校庠序之類，此以政言也。有是心，無是政，則其心終不能有洽於天下；有是政，無是心，則其政亦不能以自行。必有内外本末，交相通貫，是即堯舜之道也。陛下有顔淵明睿之資，可以致脩身之功；有堯舜君師之位，可以推愛民之澤，不宜狃於近功，安於卑下，而不以聖賢自期也。臣願陛下萬機之暇，取孔孟之言而深究之，體之於身，揆之於事，求其何者爲欲，何者爲理，知其爲欲而必克之，知其爲理而必復之。明以察其幾，勇以致其決，日日而克之，事事而復之，則自心正身脩，而仁不可勝用矣。或於聽朝之時，或於進講之際，數召大臣，延問故老，深加咨訪：某事爲先王之仁政而未盡行；某事爲今日之弊端而未盡革；某害未去，某利未興；某賢未用，某物失所。敏以求之，信以達之。時省而速行之，委任責成而程督之，使天下疲癃殘疾得其生，鰥寡孤獨得其養，而無有一物之不遂其生，則民物安阜而人莫能禦矣。異時，陛下五刑不試，如周成康；聖賢之作，如商諸王。夫然後可以答上天玉成陛下之心，生民蘄望陛下之意，先帝慈皇付託陛下之深計，而我國家時萬時億之統，可以傳之永世而無疆矣。

《詩》云："宜民宜人，受禄于天。"古人有言曰："愛民者，必有天報。"陛下誠如臣之所期，則申命之休，將如日之昇，如月之恒矣。伏願陛下少開天日之光，得賜鑒察，則臣不勝大幸！祇冒天威，臨書不勝戰慄之至！

［録自元余闕《青陽先生文集》卷九，中國國家圖書館藏明翻弘治三年徐傑刻本，校以《余忠宣集》卷五，中國國家圖書館藏明嘉靖三十三年雷逵、洪大濱刻本。誤字據改，脱漏據補］

記

合淝修城記

至正十一年，寇起淮南，自浙西、江東西、湖南北以及閩、蜀之地，凡城所不完者皆陷。合淝之城久圮且夷，倉卒爲木栅以守。栅成，賊大至，民賴栅以完。其後，僉憲馬君至，顧而曰："以栅完民，幸也！非所以固。"迺白皇孫宣讓王及其憲使高昌公，議修其城。遂發公私錢十萬貫，召富人之爲千夫長、百夫長者，傭小民，相故所圮夷盡築之。富人得官發錢，無甚費，咸喜助所不足；小民方飢，得傭錢，奔來執事，鼛鼓不設，鞭朴不施，捧柴荷畚，麕至競作。自十三年二月朔戒事，九月畢。城四千七百有六丈，六門環爲睥睨，設周廬，廬具飾器，門皆起樓櫓，相盜所必攻者甓之。計用木若干，甓四百四十八萬，用人之力七十七萬八千。城成，而盜不至者今期月矣。

余生長合淝，知其俗之美與夫所不從亂而可與守者有三焉：其民質直而無二心，其俗勤生而無外慕之好，其材強悍而無孱弱可乘之氣。當王師之取江南，所至諸郡，望風降附，獨合淝終始爲其主守，至國亡，乃出降。天下既定，南人爭出仕，而少不達，則怨議其上而不可止。吾合淝之民，布衣育秀者治詩書，朴者服農賈，昏喪社飲，合坐數百人，無一顯者，無少疾怒不平之色。驅牛秉耒，鷄鳴而耕，朝而息；日昃而耕，莫而息，不合耦而終十畝，負二石之米，日中趍百里而無憊容。惟其質直而無二心，故盜不能欺；勤生而無外慕之好，故利不能誘；強悍而無孱弱可乘之氣，故兵不能訹。昔者，木栅猶足以力戰禦寇，而無肯失身於不義者。今而得賢使君脩其垣墉，救其疾苦，擕持撫摩，以與民守之；而民之與君，又歌舞愛戴，與君守，如子弟之於父兄、手足之與頭目然。自今至於後日，是雖無盜，有亦不足憂也。

君前爲庸田僉事，城姑蘇。今憲淮南，又城合淝。一人之身，而二郡之民賴之以有無窮之固。儒者之利，不其溥哉！君名世德，字元臣，也里可溫國人。由進士第，歷官應奉翰林文字、樞密都事、中書檢校、庸田僉事，爲今官。與余前後爲史氏，城又余之所志而未成者也。義爲紀之。其敦事與凡供役之人，則載之碑陰。

[錄自元余闕《青陽先生文集》卷三，中國國家圖書館藏明翻弘治三年徐傑刻本，校以《(萬曆)盧州府志》卷十三《藝文志》(臺北故宫博物院藏，美國猶他家譜學會公布圖像)。誤字據改，脱漏據補]

廬州城隍廟碑銘

合肥之城，江淮之巖邑也。其神寺在肥水南。浮圖祖桂至元中由明教臺寺來奉祠，傳其子慧淵、孫宗樒，始作僧舍祠傍。樒之子可龍益募人錢爲殿堂、門廡；繼又得寺後廢軍廨及夏氏所施地，構别殿於其上。龍嘗以役請於皇孫宣讓王，王助之。有司與郡人亦皆來助。龍又克效勞苦，至畚锸之事，皆身親之。或不足，則稱貸以從事。如此者凡十有餘年，而後克成。而城之廢久矣。

夫民有血氣之欲，則不能無盜，盜之大者爲亂。先王教人爲門垣以守其宫，爲城郭以守其國，其意在於使民相保以生，而不計其凴之以病己也。古今始爲小大之制，有三國之一，有五之一，有九之一。其所以相保者，卒亦無能以相病焉。雖有如費、郈者，直隳之如制而已。豈以爲是可盡去也？自唐以還，海内分裂，天下未嘗一日無兵甲之事，故其民未嘗一日不爲城郭之備。

元受天命，萬國悉臣。山徼海域，咸奉貢職。舉千餘年分裂之天下而一之，故海内之城皆圮不治，而淮南者尤負固而後降者也，故城之廢爲甚。特其神祠爲民祀禱而存。古之報祀，雖坊庸之微，皆索而祭之。城隍者，保民之大具，其功視坊庸甚遠矣！其祀豈可不嚴？祀之嚴，則先王保民之政尚亦有能議者乎！龍之爲，視其徒可謂近民者矣。郡人白玉、張世傑事神素謹，乃伐碑飾闕，請爲之銘。

其辭曰："阻江阨淮，大邦維廬。夾城于肥，萬人以居。天作潛阜，以殿其旅。神精攸屬，靈保攸御。恭恭厥燭，卓卓厥序。綺寮珠樹，呀如鰲呿。彫房玉除，下有美渠。冠裳珩琚，神容穆如。邦之大夫，童旄婦女。歲時來胥，其容栩栩。燔蕭鼛鼓，烝衎於下。曰神涖予，以及斯所。一者之季，廬受其弊。臨衝大艫，亦莫我既。誰其爲之，伊神之貽。楚人有户，如杼之縷。燠寒風雨，歲以民裕。云誰之祐？神之來汝。我相而畺，昔爲金湯。山川回翔，神其不亡。脩捍而域，神有舊勞。時享其逸，式居以敖。天子息民，燕及百神。神作民主，天子萬壽。"

[録自元余闕《余忠宣集》卷四，中國國家圖書館藏明嘉靖三十三年雷逵、洪大濱刻本，校以《(萬曆)廬州府志》卷十三《藝文志》(臺北故宫博物院藏，美國猶他家譜學會公布圖像)。誤字據改。文題《(萬曆)廬州府志》作《郡城隍廟碑記》，清康熙張純修刻本《余忠宣公青陽山房集》作《廬州城隍廟記》，此從《余忠宣集》]

安慶城隍顯忠靈祐王碑

城隍祠古不經見，自唐以來，始稍稍見之。今自天子都邑，下逮郡縣，至於山夷海嶠、荒墟左里之内,無不有祠。然以余觀之,民之事神與夫神之著靈於民,鮮有聞如舒者也。舒故楚壤也,其俗巫鬼。今乃它無所祠祀,獨於城隍,出必祈,反必報,水旱疾疫必禱。一歲之中,奉瞀蕭、膏鐙、旛幢於廷者無虚日。五月之望,里俗相傳以神生之日也。民無貧富、男女、旄倪,空巷閭,出樂神,吹簫伐鼓,張百戲,遊像輿於國中,如是者盡三日而後止。其祠眂他郡爲特盛。

至正中,潁、六之盜起,江淮以南郡縣陷没者十七八。及盜之平,所在爲墟。舒特比盜竟,大小格鬭前後百餘。民率咨神而後行,卜朝以戰則朝而捷,卜夕以戰則夕而捷,群盜未嘗一日得志而去者。故其城郭廬屋眂他郡爲特完。民不忘神德,相率出泉以新其廟;又請於朝,乞崇其號以大報之。中書下其事,太常博士議升神於王,號顯忠靈祐。十四年夏四月,報下。帥守及民以少牢祀神於前殿,而揚言於衆曰:"夫舒,大嶽之裔也。非南方諸國之所能擬。其神之著靈固宜。且吾舒人親上死長,既義而忠。神之雍休亦其宜也!"乃爲銘詩,刻之廟門,以薦道神休民德於無窮。

其辭曰:"岩岩大嶽,時維皖灊。臨此大邦,爲望於南。神宫於皪,追房綺閣。玉几在中,卷衣朱舄。其靈有皇,其聲有那。使人齋明,奔走是宜。彼惽不臧,盜兵以狂。鑫屯於疆,其旆央央。我民秉義,弗隨禦之。殷輪鼓之,褁創斧之。其衷伊奭,赫若皎日。神之正直,宜福之錫。天人之綍,具曰旭卉。明者睎之,端若觀火。天因者人,人成者天。相彼草木,其固可言。此有榮木,蕃彼雨露。彼有顛由,自無承者。凡今亂邦,孰無神依。民失厥道,胡能有右?桓桓舒人,爲君爲國。先民有言,自求多福。其充厥行,孝父長兄。弗祈於神,丕乃降祥。而自不義,不率不迪。來憎於言,神吐不食。古師之克,執律以報。今我小康,敢忘厥祐?嚴嚴奉常,祑號有光。牲幣版章,升真于王。禮行既具,樂奏既卒。工祝致告,徂賴無極。其自於今,無害有年。民樂齗齗,烝衎於神。"

[錄自元余闕《青陽先生文集》卷二,中國國家圖書館藏明翻弘治三年徐傑刻本,校以《余忠宣集》卷五,中國國家圖書館藏明嘉靖三十三年雷逵、洪大濱刻本。誤字據改,脱漏據補。文題清康熙張純修刻本《余忠宣公青陽山房集》作《安慶城隍顯忠靈佑王廟記》,此從《青陽先生文集》]

書牘

與危太朴内翰書

（至正九年七月十九日至）。再拜啓上，太朴内翰閣下。同年生余闕（鈐印："余闕私印"）謹封。

闕再拜啓，史館兩得從游，豈勝榮幸！區區南行，又辱盛餞，尤其感烈也。鄉暑，伏想文菀優游，雅候動履多福，良慰良慰。友人趙子章北上觀光，謹此附謝。子章有學而能詩，佳士也。得公眄睞，當價增三倍矣。仲舉、至道、以聲、景先、中夫、希元、鳴謙諸先生處不及别狀，望致下忱爲感。餘惟自重，不具。五月五日。闕再拜，太朴内翰先生閣下。

［録自元余闕《致太朴内翰尺牘》，臺北故宫博物院藏。文題依《青陽先生文集》卷五（中國國家圖書館藏明翻弘治三年徐傑刻本）所擬］

贈序

送歸彦温赴河西廉使序

河西，本匈奴昆耶休屠王之地。三代之時，不通於中國。漢始取而有之，置五郡其間。自李唐以來，拓跋氏乃王其地，號爲西夏。至於遼、宋，日事戰伐，故其民多武勇而少文理。然以予觀之，予家合淝，合淝之戍，一軍皆夏人。人面多黎墨，善騎射，有長身至八九尺者。其性大抵質直而上義，平居相與，雖異姓如親姻。凡有所得，雖簞食豆羹，不以自私，必召其朋友。朋友之間，有無相共，有餘即以與人，無即以取諸人，亦不少以屬意。百斛之粟、數千百緡之錢，可一語而致具也。歲時往來，以相勞問。少長相坐，以齒不以爵。獻壽拜舞，上下之情，怡然相讙。醉即相與道其鄉鄰親戚，各相持涕泣以爲常。予初以爲此異鄉相親乃爾，及以問夏人，凡國中之俗，莫不皆然。其異姓之人乃如此，則其親姻可知矣。宜其民皆親上死長，而以彈丸黑子之地，抗二大國，傳世五六百年而後亡，非偶然也。

自數十年來，吾夏人之居合淝者，老者皆已亡，少者皆已長，其習日以異，其俗日不同。少貴長賤，則少傲其長；兄強弟弱，則兄棄其弟。臨小利害，不翅毫髮，則親戚相賊害如仇讐。予猶疑江淮之土薄而人之生長於此者亦因以變,及以問夏人,凡國中之俗,今亦莫不皆然。其於親姻如此,則異姓之人可知也。

夫夏,小國也,際時分裂而用武,必不能篤於所教,而區區遐方,教之亦未必合於先王之法。及國家受天命,一海内,收其兵甲而摩以仁柔,養之以學校,而誘之以利禄,今百餘年於兹,絃誦之聲,内自京師,達於海徼,其教亦云至矣。而俗迺日降如此,吾不知其何説也!

我祖宗之置肅政廉訪司於天下,大要以風俗爲先,而其職以學校爲重,故世謂之風憲,是得先王爲治之意也。故嘗選任尊官,非道德爵位出乎庶僚者,不得與是選,所以爲民表也。今皇帝用嵬名公爲御史大夫,公乃歷選朝著,盡拔諸名臣爲廉訪使,而吾歸君彦溫以樞密院判官而爲河西。君少擢科目,能古文辭,有大節,由國子博士五轉而遷是官。今爲廉使於夏,必能興學施教,以澤吾夏人。吾夏人聞朝廷以儒臣爲尊官以莅己,必能勸於學,以服君之化,風俗必當丕變,以復於古,其異姓相與如親姻,如國初時,如余所云者矣。故道吾夏之俗,以望吾歸君焉。

[録自元余闕《青陽先生文集》卷四,中國國家圖書館藏明翻弘治三年徐傑刻本,校以《余忠宣集》卷二,中國國家圖書館藏明嘉靖三十三年雷逵、洪大濱刻本。誤字據改]

送范立中赴襄陽詩序

宋高宗南遷,合淝遂爲邊地,守臣多以武人爲之。凡百餘年間,未嘗一歲無兵革。故民之豪傑者皆去而爲將校,累功多至節制。郡中衣冠之族惟范氏、商氏、葛氏三家而已。三家之在當時,貴不過通判,顯者或至知縣與府,族亦未甚大也。皇元受命,包褁兵革,休養元元。民既富庶矣,而又修禮樂,定治具。諸武臣之子弟無所用其能,多伏匿而不出。春秋月朔,郡太守有事於學,衣深衣、戴烏角巾、執籩豆罍爵、唱贊道引者皆三家之子孫也。故其材皆有所成就,至學校官,纍纍有焉。當宋季時,諸武臣之富貴,眡三家,蔑如也;而百餘年之後,惟儒家子入爲弟子,出爲人師,隨其才之大小,皆有聞於時。雖天道忌滿惡盈,而儒者之澤深且遠,從古然也。范氏世多聞人,立中尤通敏,由郡直學爲襄陽教諭。宋亡時,蜀流寓之士多在江漢,意必有老成典刑人也。有老成典刑人與之遊,立中此行,將大有得!范氏之後有大顯者必立中也！於其行也，書以贈之。

［錄自元余闕《青陽先生文集》卷四，中國國家圖書館藏明翻弘治三年徐傑刻本］

墓表

葛徵君墓表

君諱聞孫，字景先，姓葛氏，累世皆隱合肥巢湖之上。有少田，力耕以爲學。至君祖嗣武，始補太學生，遷桐城縣主簿。宋亡，遂歸隱。淮安忠武王錄宋官龍泉縣丞，辭不受，而自放於詩酒以終。父天民，亦隱德弗耀。君生十九年而孤，能自策厲爲學。天性警敏，日誦數千言，輒終身不忘。居家孝友，待朋友有信義。每旦，冠衣詣母束夫人，問起居，躬眂食飲。惟夫人色所欲，即趨爲之；凡物夫人未食，即弗御也。親舊知其然，每食親，必先以餽君，使奉夫人。嘗以貧出爲頓文學，既而曰："此非養志之道也。"尋不復仕。其後，宰相薦君文行可用，擢翰林國史院編脩官，復辭不赴召，而教授於其家。諸生不遠齊楚之路，皆來從之。余嘗謁君湖上，升堂拜束夫人，君侍側，鬚髮皓然，進几捧觴，進退旋辟惟謹，爲好言溫藉之。母夫人年八十餘，耳目聰明，泄泄然樂也。食下，始出坐館中，爲諸生談先生之道。諸生環列脩整，皆若有得焉者。間以親故入城中，城中人無少長爭候迎謁，以不至其家爲耻。君與人言，無賢不肖，率依於忠孝。其語切直，初若不可親，及徐就之，乃甚有味，久而不厭也。里中有鬭訟，官府所不能折者，君以一言決之，其見重於鄉如此。以故鄉大夫有大政與大獄，多以詢君；君亦通練誠懇，問無不言。諸大夫陰用之，鄉人多蒙其利。此余之所知，而鄉人未盡知也。至正五年，母夫人以壽終於家。予往吊之，君衰絰癯然，衆以爲君若不勝喪如此。是年冬，余還京師，而君遂以死矣。嗚呼！聖人之道猶天然，而一本於卑近，精粗本末，無二致也。而世或鶩於高虛，若德合一官、行庇一鄉者，往往薄之，以爲不足爲。君平生不事大言高論，而先生行事皆聖賢之實用，其用以教人亦必以此。雖不肯出仕以盡其所學，而其學之可用，蓋不待出而後見也。其文章平實，稱其爲人。有文集若干卷，藏於家。配倪氏，子男一人楨，黄岡縣學教諭；女六人，皆適士族。君之歿以至正五年九月癸巳，其葬在十二月癸酉，年六十一。明年，其友余闕表其墓曰："昔予登第，還里中，里中長老言：‘朝廷召君時，合肥之學甘露降於松。明年，又降於栢。占者曰：國家養老之祥也。’君得於人者如此，而得於天者又如彼，非篤於孝友、積誠而不已，其能然乎？鄉之人士過君墓者式之！”

［錄自元余闕《青陽先生文集》卷七，中國國家圖書館藏明翻弘治三年徐傑刻本，校以《余忠宣集》卷四，中國國家圖書館藏明嘉靖三十三年雷逵、洪大濱刻本。誤字據改］

兩伍張氏阡表

張氏本鄱陽人，其先世有諱豈者，徙家淮南之兩伍邨，子孫繁富，皆有美田在湖上，無貧者。君之祖子可，始爲儒教子。君父諒裔，日誦書，不問其家生業。見異書，無錢，質衣買之。故君家在諸張中獨貧，而教子益不怠。君諱拱辰，字景星，少以儒薦爲興化縣教諭、崇明州學錄、泰州學正、雲南栢興府、建康路兩學教授，改將仕郎，主安豐霍丘縣簿而卒。弟竑，字景山，亦由天長、泰興教諭、揚州學正、真州教授，以將仕郎、滁州判官致仕。初，張氏雖盛，然皆農家，無聞人。自君父以耆學著稱鄉校，逮君兄弟登仕版、有聞譽，故兩伍張氏遂稱江淮間。

君爲人寬厚，不嗜利，居貧晏如，不以動心。竑性剛介，好賢而疾惡。此兩人者，所操雖異，而士大夫與之交者一愛敬之。君兄弟仕時，其父已死矣。君每與人言其先世，必嗚咽流涕曰：“吾先人以儒者望吾兄弟，吾兄弟今皆讀書爲儒官，雖貧，亦何憾哉？”余往吏淮南，聞君伯仲之名甚習。會君之孫天永，遂得其先世之概如此，重爲慨息。

蓋淮俗之數易矣。宋之季時，其地專用武，故民多尚勇力而事格鬬，有號爲進士登科第者，往往皆武學也。混一以來，其俗益降。民之賢者始安於農晦，其下則紛趨於末，以爭夫魚鹽之利，其積而至大富者，輿馬之華、宮廬之侈，封君莫之過也。故其俗益薄儒，以爲不足以利己。朝廷設科以誘之，今三十年，民亦少出應詔。君父子自拔於衆人之中，傾家以爲學，可不謂之豪傑之士哉？天永自樹嶄然，弱冠屬文敦義，異時非能振其宗乎？詩書之教，能淑人心。學之至，可以爲聖賢；其次，不失爲善人；其緒餘亦可以得祿以振耀其宗族。夫孰知不足以利己者爲其家之大利與？君之於鄉，可表以厲俗矣。

君兄弟殁，兩伍之墓隘不能葬，乃改卜倪邨葬焉。君配陳氏，子二人，禎，桃源縣教諭。孫男三人，天序、天庭、天庸。竑娶李氏，子一人，燮，將仕佐郎、揚州教授。孫男三人，長天永、次天奇、天亨。至正六年二月述。

[録自元余闕《青陽先生文集》卷九，中國國家圖書館藏明翻弘治三年徐傑刻本，校以《余忠宣集》卷四，中國國家圖書館藏明嘉靖三十三年雷逵、洪大濱刻本。誤字據改，脱漏據補]

王翰

王翰(1333—1378)①，仕名那木罕，字用文，號時齋②，别號友石山人。先祖係西夏靈武漢人，元初隨昂吉兒下江淮，授領兵千户，遂定居廬州。王翰自父以上三代俱葬合肥大蜀山下③。母夏氏，係宋末元初重臣夏貴後裔④。王翰少時襲爵，有能名，省憲交薦，除廬州路治中。平章燕赤不花鎮閩，辟爲從事。改福州路治中，陞同知，又陞理問官，綜理永福、羅源二縣。任内輕徭薄賦，保境安民，深受百姓愛戴。擢朝列大夫、江西福建行省郎中。平章陳友定敬其才，表授潮州路總管，兼督循、梅、惠三州。至正二十八年(1368)，效忠元廷之陳友定被朱元璋所滅，王翰欲浮海遠遁交趾、占城之地，未果。入明後，避居永福縣觀獵山，隱姓埋名長達十年之久。洪武十一年(1378)，有好事者向明廷舉薦王翰，明太祖聞其賢，強起之，翰不從，自刎死，終年四十六⑤。平居喜讀書爲詩，著有《友石山人遺稿》。《新元史》卷二百三十三有傳。子偁，有才名，明初"閩中十子"之一，曾任《永樂大典》副總裁。

注：

①參見元末明初吳海《友石山人墓誌銘》，收錄於《友石山人遺稿·附録》(民國劉承幹刻《嘉業堂叢書》本)。

②參見明林誌《仰高堂記》，收錄於《友石山人遺稿·附録》(南京圖書館藏明弘治八年龍游知縣袁文紀刻本)。

③參見明王偁《自述誄》，收錄於《友石山人遺稿·附録》(南京圖書館藏明弘治八年龍游知縣袁文紀刻本)。

④參見元末明初吳海《故王將軍夫人孫氏墓誌銘》，收錄於《友石山人遺稿·附録》(民國劉承幹刻《嘉業堂叢書》本)。

⑤參見元末明初吳海《友石山人墓誌銘》，收錄於《友石山人遺稿·附録》(民國劉承幹刻《嘉業堂叢書》本)。

書牘

與吴海書

吾幼失父母，值亂奔走四方，來閩將二十年，淮土爲墟。吾家老幼童僕殆百口，今無一人存者，先隴遂爲無主，吾目不能瞑。諸子皆幼，何以得還？將來失學，不能爲人。吾葬不必擇地，苟夫子不忘平生，其幸爲我誌之！

［録自《友石山人遺稿·附録·友石山人墓誌銘》，民國《嘉業堂叢書》本。文題爲編者所擬］

序跋

文丞相謁張許廟詞跋

丞相文山公題此詞蓋在景炎時也。三宫北轅，二帝南走，時無可爲矣。赤手起兵，隨戰隨潰，道經潮陽，因謁張、許二公之廟，而此詞實憤奸雄之悮國，欲效二公之死以全節也。噫！唐有天下三百年，安史之亂，其成就卓爲江淮之保障者，二公而已矣；宋有天下三百年，革命之際，始終一節，爲十五廟祖宗出色者，文山公一人焉。詞有曰："人生翕欻云亡，好烈烈轟轟做一場。"是知公之時固異乎張、許二公之時，而公之心即張、許之心矣。予守潮日，首遣人詣潮陽致祭。仍廣石本，以傳諸遠，俾忠義之士讀之有所興起，奸雄之輩讀之亦少自警云爾。

［録自《（康熙）潮州府志》卷十一《藝文》］

題刻

潮陽白牛巖題刻

予偕陳中實、逯時中、周德源、趙世延、徐志仁、趙東泉、林汝文來遊，期黄處敬、戴希文不至。時至正丁未秋九日，靈武王用文誌。

［録自清錢大昕《潛研堂金石文跋尾》卷二十。文題爲編者所擬］

下編

下编

明

楊璟

楊璟(？—1382)[①],合肥人。元末以儒家子投奔朱元璋,爲管軍萬户。元至正十六年(1356),從朱元璋攻克集慶,晉總管。至正十七年(1357),從下常州,陞親軍副都指揮使。此後歷官行樞密院判官、湖廣行省參政、湖廣行省平章政事。明洪武元年(1368)春,奉命與周德興率武昌諸衛兵進取廣西,圍永州,敗元軍援兵,四月克之。同年六月,與朱亮祖合兵破靖江。平定廣西後不久,又參與北征,與湯和從徐達取山西,還鎮南陽。洪武二年(1369)十月,奉命赴四川招降明昇,致書勸降未果。洪武三年(1370)四月,率軍討伐慈利土司覃垕。同年十一月,封營陽侯。洪武七年(1374),佐大將軍徐達鎮北平,練兵遼東。洪武十五年(1382)八月,以疾卒於家。追封芮國公,謚武信[②]。《明史》卷一百二十九有傳。

注：

①楊璟卒年根據《明太祖實錄》記載:"洪武十五年八月二十九日,營陽侯楊璟以疾卒于家。賜葬于鍾山之陰。"

②參見《明太祖實錄》、明黄金《皇明開國功臣録》卷九《楊璟》。

書牘

喻蜀書

璟聞古之爲國者,同力度德,同德度義,義不足不敢抗,德不足則歸順。

故能保身家於兩全，流名譽於無窮，福及子孫，族姓長久。反是者，往往取敗。今足下以幼冲之資，藉先人之業，據有巴蜀，默然在位，不咨至計，而聽群下之議，以爲瞿塘、劒閣之險，一夫負戈，萬人無如之何。此皆不達時變以誤足下。何則？昔之據蜀最盛，莫如劉備，諸葛孔明佐之，訓練士卒，財用不足，取之南中。然猶朝不謀夕，僅能自保。今足下疆埸，南不過播州，北不及漢中，以此准彼，相去萬萬，而欲以一隅之地，延頃刻之命，可謂智乎？若謂險阻可恃，則三苗之墟不滅，有扈之國不亡，蠶叢、魚鳧之鄉不至足下矣！

我主上仁聖神武，遣將用兵，天下無敵；運謀出奇，神明響應。順附者無不加恩，負固者然後致討。以足下先人通好之故，不忍加師，數遣使諭意。又以足下年幼，未歷事變，恐惑於狂瞽之説，失遠大之利，故復遣璟面諭禍福。深仁厚德，所以待明氏者不淺，足下可不深念之乎？

且向者亂雄如陳友諒、張士誠，竊據吳、楚，造舟塞江河，積粮過丘山，強將勁兵，自謂莫敵。然鄱陽一戰，友諒授首；旋師東討，張氏面縛。此非人力，實天命也。足下視此以爲何如？友諒之子，竄歸江夏，王師致伐，勢窮出降。主上宥其罪愆，封以侯爵，恩榮之盛，天下所知。足下無彼之過，而能幡然覺悟，獨斷於心，自求多福，則必享茆土之封，保先人之祀，世世不絶，豈不賢智矣哉？若必欲倔強一隅，假息頃刻，魚游於沸鼎之中，燕巢於危幕之上，禍害將至，恬不自知。璟恐天兵一臨，勢不可禦。前日之臣爲足下謀者，或以郡獻，或以城降，各自爲身計，以取富貴。當此之時，老母弱子，將安所歸乎？縱足下年幼未曉，語及老母，獨不痛心乎？禍福利害，瞭然可觀。逆順之途，在足下審之而已。

［錄自明黄金《皇明開國功臣錄》卷九《楊璟》，中國國家圖書館藏明弘治正德間馬金等刻本。個別明顯誤字徑改，文題依《（萬曆）合肥縣志·武勛傳·楊璟》所擬］

祭文

祭余忠宣公文

於乎！洪濤蕩潏，砥柱屹立。雪霜摧烈，喬松茂鬱。公之忠貞，皎如日星。俾後之人，是式是承。天道之常，人倫之綱。泰山北斗，峻極光芒。

公之螽歲，茂登甲科。蘭臺栢府，其政伊何。秋霜之烈，春陽之和。令聞令望，内外喧歌。惟公之學，聖賢堂室。羲軒周孔，是究是習。

惟公之文，雲漢天章。于經于史，賈馬班楊。四方靡寧，塵驚波揚。公闢帥閫，鎮于大邦。率民以義，身先戎行。孤城自守，不撓以康。七年之中，信孚政舉。人弗予欺，敵弗予侮。在昔張許，守厥睢陽。勳烈赫奕，昭于有唐。追死不變，千古彌彰。公乎同安，先後有光。

愧我不材，時焉何補？奉國之命，來守兹土。疆埸其寧，全民之生。爰浚厥隍，爰新厥城。惟公神靈，永保吉真。清酒蔬肴，是用假享。公其有知，來燕來享。

［録自明張穀《青陽先生忠節附録》明嘉靖刊本，臺北故宫博物院藏，美國猶他家譜學會公布圖像。原文題爲《楊平章璟祭文》］

蔚綬

蔚綬（1357—1431）[①]，字文璽，一字大章，合肥人[②③]。洪武末，由歲貢入太學，授户部度支主事。歷户部度支員外郎，秉心淳實，履行端方，精核出納，下人不得緣以爲奸[④]。建文二年（1400），陞山西右參政[⑤]，再著賢聲。永樂六年十二月十二日（1408），陞户部右侍郎。二十六日（1409），改禮部右侍郎[⑥]。時尚書吕震恃才自用，又深刻難測，小心謹畏，震亦雅重之。屢知貢舉，及充廷試提調官，關防嚴密，類多得人。永樂十九年（1421），遷都北京，吕震改北部，蔚綬掌部事。洪熙元年（1425），陞南京禮部尚書[⑦]。宣德五年（1430），以年老致仕[⑧]。宣德六年（1431），卒於家。謚文肅。賜祭葬，祀鄉賢[⑨]。

注：

①蔚綬生卒年據《合肥世蔭堂蔚氏宗譜》所記“生於元順帝十七年丁酉正月二十九日戌時。……卒於宣德六年辛亥十月三十日未時”，知其生於1357年，卒於1431年。

②參見《（萬曆）合肥縣志·宦達傳》。

③參見明過庭訓《本朝分省人物考》卷三十四《蔚綬》。

④參見明雷禮《國朝列卿紀》卷三十五《國初户部侍郎行實》。

⑤參見《（成化）山西通志》卷八。

⑥參見《明太宗實録》。

⑦參見明雷禮《國朝列卿紀》卷四十二《南京禮部尚書行實》。

⑧參見《明宣宗實録》。

⑨參見《(嘉慶)合肥縣志》卷二十二《人物傳第二》。

書牘

永樂二十二年家書

父書示長子蔚觀、姪蔚謙、蔚震等:

近因公幹在外,老病日侵,兼新辦事未完,朝夕憂懼,不遑寧處。切念諸子姪遠居鄉邑,久失訓誨,以致不知人子之道。比年以來,定省久曠,音問日疏,不惟爾等思親不置,實使老夫念爾等之不忘也!且爾等俱已年長,有妻有子,各爲人之父母,如何廢棄人倫之道?今當改過遷善,益修子職,寬慰父心,勉勵後輩,庶不爲人之所恥。鄉里長幼間,早晚謙和,慎勿多言。家庭中,事長恭敬,待下寬仁,毋群聚飲酒,毋干預官事。如有買賣生理,務要安分,儆尤加謹慎,凡事含忍,毋因小節與人爭競,謹守法度,共享太平。慎之慎之!

今將所囑事件開去,仰一一書報我知:

一、祖宗父母墳塋,每歲用心修理,依時祭祀。松柏毋得侵毀,致傷其根本枝葉。

一、我父母辭世年、月、日、時,備細開報。

一、孫男孫女,咸賴祖宗父母積德所生。如何不令我知?書至,即將各人乳名、歲數開報。

一、古人八歲入小學,十五歲入大學,使知愛親事長之道。今諸孫早擇嚴師訓誨,着他讀書寫字,以期成人,毋致荒廢。

永樂二十二年正月十五日寓濟甯棗林,孤叟封付男觀等開拆。

[錄自《合肥世蔭堂蔚氏宗譜》,安徽省圖書館藏。原文題爲《先尚書祖家書》]

洪熙元年家書

平安字付男蔚觀、姪蔚謙、蔚震等:

我蒙朝廷厚恩,位列六卿,此布衣之極。愧無補報,朝夕憂懼,不遑甯處。爾等居家,凡百事謹守法度,勿貽我憂。

祖宗墳墓,宜加修理,原有樹木令愛護養,新栽小柏亦要依時澆灌。

孫蔚珍讀書寫字，我等自看。夏衣靴襪俱辦完備，不必憂慮。此子頗勤，期在成人，以繼家道。

如有便船，小麥稍帶三兩石、菉豆一石前來，署用。不備。

洪熙元年六月初一日寄。

［錄自《合肥世蔭堂蔚氏宗譜》，安徽省圖書館藏。原文題爲《尚書公家報》］

宣德三年家書

父書示男蔚觀、姪蔚謙、蔚震等：

我在外年久，今已老疾。仰蒙聖恩致仕，歸期在邇。切念原籍在城舊居房屋窄狹，又在街市人烟湊集處，子姪家人數多。我輩老疾之人，心志只好幽靜。況在京城人口亦多，一處難容居住。已煩親友於小東門外父母墳邊，尋覓空地一段，累令爾等蓋造房屋，候回日就彼居住，看守墳塋，以終天年。汝等當竭力爲之，略報劬勞之萬一。豈年期愚昧無知？全無人子之禮，百般推故，不順父命，致使懷抱晝夜，鬱鬱不安。是誠何心？哀哉哀哉！

今再令姪蔚謙寄書前來，務要依命，共同協力造成。再令汝老母，於九月間將齎米糧等項前去相助整理。如是仍前執迷不順，别有處治！

再囑男蔚觀：早晚奉事爾嬸母，優待諸弟，和睦親戚，毋得傲慢，遺笑鄉里，致使我憂！

宣德三年七月十七日草。

［錄自《合肥世蔭堂蔚氏宗譜》，安徽省圖書館藏。原文題爲《尚書家信》］

祭文

祭弟文

維永樂十七年歲次己亥五月乙巳朔越日，禮部尚書蔚綬遣男蔚觀、蔚泰致祭於亡弟紳之靈曰：

嗚呼哀哉！同生兄弟，惟我與汝。我生薄祐，父母皆早棄背，至親所賴者，爲吾弟耳。今又已矣，痛當奈何！

追維平昔，自幼至長，飲食相聚，出入相隨，急難相恤。兄弟怡怡，如足如手。

自我出仕，今三十年。綜理家事，維持門户，吾弟孑孑，獨任其勞。使吾得盡心事君，而無内顧之憂者，以有賢弟也！是以居官食禄，未嘗一日而忘之。何云一疾，遽焉永訣！聞訃驚悸，如何可云？嗚呼哀哉！

昔與吾弟，雖各處一方，然時時通書，伸問慇懃，慰吾離别之思。而今而後，吾復何望？嗚呼！吾弟少吾六歲，體力康強，而遽至於此！吾年又長與汝，比喪其室，今又喪弟。憂惕百端，餘生幾何？

兹特遣人祭汝，緘詞致哀。老淚如汪，嗚呼哀哉！尚饗。

［録自《合肥世蔭堂蔚氏宗譜》，安徽省圖書館藏］

陳瑄

陳瑄（1365—1433）[①]，字彦純，合肥人。習兵略，精騎射。洪武中，屢從征西南，以功陞四川行都司都指揮同知[②]。建文末，遷右軍都督僉事，命總舟師防江上。燕王兵至浦口，瑄以舟師迎降。朱棣即位，封平江伯，充總兵官，總督海運。建百萬倉於直沽，城天津衛。後改掌漕運。督理河漕三十年，建樹頗多，功績顯赫。宣德八年（1433）十月，以病卒於任。追封平江侯，謚恭襄[③]。《明史》卷一百五十三有傳。

注：

①陳瑄生卒年據明楊士奇《平江伯追封平江侯謚恭襄陳公瑄神道碑銘》所記"竟薨，宣德癸丑十月十一日也。春秋六十有九"，知其生於1365年，卒於1433年。

②參見明楊士奇《平江伯追封平江侯謚恭襄陳公瑄神道碑銘》，收録於《國朝獻徵録》卷九。

③參見《明史》卷一百五十三《陳瑄傳》。

奏議

條陳七事奏

（永樂二十二年九月二十日），平江伯陳瑄上言七事。

一曰重國本。南、北二京實國家根本，不可不爲深遠鞏固之謀。今明詔下頒，軍民忻忭鼓舞，咸起回鑾之望。乞留聖意，任將益兵，以嚴守備，爲國家萬年之計。

二曰擇賢能。庶民服田力穡以供賦税，軍士被堅執鋭以備戰守，皆國家赤子。必得賢能之人長之，則政事脩明，人得其所。然選能在於推舉，推舉在於覆實。乞令諸司舉人，惟其賢能，不必悉拘資格。又乞命朝臣之公正者分巡天下，咨考百司政治得失，進廉能，黜貪鄙，如此則官使得人而天下理矣。

三曰蘇民力。今天下歲運糧餉，惟湖廣、浙江、江西三布政司及直隸蘇、松等府州縣，去北京甚遠。又河道有洪閘壩及淺凍之阻，往復踰歲，所費數倍正糧。上逋公租，下妨農務，皆由於此。乞令運於近便淮安、徐州等處交納，別令官軍接運至北京，如此則民力可蘇而農務不妨。又快船、馬船二三百料者所裝運物貨不過五六十石，每船已有官軍二三十人，又於緣河軍衛有司添差軍民遞送，常拘集軍民聽候接遞，聽候日久，有至凍餓失所者。乞行革罷。

四曰興學校。夫建學校以育賢材，以備官使。今府州縣教職多非其人，生員務學亦少。乞令中外風憲官及守令頻加督勸，其教職不稱、生員無成者黜之。而於雜職或軍民中，訪舉老成儒士以補教官。仍選鄉里俊秀補生員，責其成效。軍中子弟亦宜使之入學讀書，習知禮法。庶幾將來官使得人。

五曰整軍伍。夫兵所以御侮衛民，國家之大計也。方今軍伍自京師至外服，竄亡者多，在役者少；加以官長私役科擾，軍士鮮有得其所者。乞敕都府兵部及都司衛所時加清理，老疾者令以子弟代役，竄亡者令約期限追補，户絶者驗實開豁。庶幾軍伍實，武備修，緩急可恃。

六曰謹邊防。邊防之要，在於足兵足食。比年，開平等處往往城不足兵，兵不足食。二者既皆虛乏，所守何由完固？乞擇武臣有勇略者，授以精壯；軍士足其衣食，給之堅甲利器，使日操月習；有沃野者，令耕守兼務。如此則外寇絶窺伺之心，邊民免侵擾之患矣。

七曰專漕運。各處官軍每歲運糧北京，運畢，已財力殫乏；及歸，又須修整壞船，下年再運。是終歲勞勤，有可矜憫。而該衛所於其歸，又加他役困之。及當再運，軍之困者未蘇，舟之壞者未修，公私俱妨。乞禁約各衛所，運糧軍士歸者不得別有役使。

上覽奏，以付翰林臣曰："瑄言皆當，令所司速行！"又曰："大臣能用心如此亦難！"遂降敕獎諭之。敕曰："朕嗣承大統，君國子民之心，夙夜惓惓。

卿所陳數事,皆今切務。覽之再三,良契於懷。已敕所司施行。惟卿忠愛之誠,嘉念不忘,特兹奬諭,想宜知悉。”敕下,左右或言:“瑄亦常談,無足煩寵褒者。”上曰:“武臣能言及此,難得! 且今皆懼言出得罪,所當奬掖以導之。古人尚買死馬骨,吾此舉,豈不遠過之哉?”

[錄自《明仁宗實錄》。個別明顯誤字徑改,文題爲編者所擬]

論餽運事

(宣德五年三月二十九日),平江伯陳瑄言餽運四事。

一南京及直隸衛所運糧官軍逓年選下西洋及征進交阯、分調北京,通計二萬餘人。又水軍右等衛官軍今年選下西洋者亦多,俱無軍撥補。今江南民糧止運於淮、徐、臨清三處,却令官軍運赴北京。比之上年,須增儧運以足歲用。然軍少,加運亦艱,乞以南京并湖廣、江西、浙江及直隸衛所附近府縣清出遠年迷失旗軍,見在寄留操備者選其精壯補數。

一山東都司舊調兖州護衛旗軍一千三百人運糧。宣德元年,魯府奏留修理王府。本司以登、萊、寧海、膠州四衛所旗軍撥補,緣俱近海,路遠來遲,况其軍士不諳水運,往往悮事。今濟寧等衛旗軍亦有撥緣海備禦者,請令所有司計議,以登、萊等衛所官軍遣還備禦,仍以兖州護衛所留官軍或濟寧等衛貼守捕倭官軍運糧。

一湖廣都司瞿塘、衡州、九溪、永州、永定、茶陵、長寧、夷陵、直隸寧山、潼關、汝寧等衛所官軍每歲以路遠來遲,有悮運糧。請以湖廣武昌及河南宣武等衛所清出寄操旗軍代之,其湖廣瞿塘等衛運糧官軍止令專於本處採木,每年一送至淮安造船,庶省民力。

一浙江緣海,昌國等衛運糧官軍已經奏内地衛所官軍易換。然嘉興、松江等處俱係偏僻之地,守禦官軍别無操備,亦無他役。請以撥補各衛欠數,領船運糧。

上悉從之。

[錄自《明宣宗實錄》。文題爲編者所擬]

論運糧事

(宣德七年十二月二十六日),總兵官平江伯陳瑄至京言運糧四事。

一浙江等都司所屬衛所,運糧最多,每至歲終,始得休息,春初復行。

其官軍有缺者須補，船有壞者須修治。然每都司止都指揮一人總之，地里廣遠，催督難遍，或致稽誤。諸衛官軍又有往運遵化諸處糧儲者，軍船亦多，亦無都指揮總督。竊議每都司宜用都指揮二人總之，其一專理船軍，其一專督轉運，互相更代，庶幾責有所歸。今龍江衛指揮李琮等，總督糧運歲久，勤慎可勝其任，乞敕銓注。

一永樂中，運糧官皆歷練老成之人，故糧儲不乏。今直隸儀真諸衛指揮張綱等，率皆懦弱奸頑，往往糧運耗欠，船壞不修，來年若更用之，誤事茲甚。乞敕選能幹指揮代之。

一各衛運糧軍士有爲所管官以公事責罰，心懷小忿，搜求細故誣害之者；亦有官畏運糧，謀託軍士誣告，以圖罰役就閑者。往往如此，有誤軍餉。乞敕該府該部繼今有如此者，准在京運糧例，自備船，令缺船官軍管運，有情重者別議，庶使訟簡弊革。

一河南都司弘農衛指揮呂源等，宣德五年，於徐州廣運倉轉運官糧，凡四千八百石，中道委棄逃歸。已摘別衛官軍爲之看守，責令次年補運。又於蒲溝守凍，露積在岸，仍復棄歸。已別遣指揮李進督運。今歲所運糧又欠運一萬六千餘石。如此頑慢弛事，法所難恕。乞敕法司鞫治，以警其餘。

上命所司詳擇以聞。

［錄自《明宣宗實錄》。文題爲編者所擬］

祭文

祭姚廣孝文

平江伯陳瑄等：

惟公學究群書，博聞廣識。爰從蚤歲，託迹空門。戒行精嚴，性源融朗。荷蒙眷遇，益竭乃心。攄忠效謀，協贊興運。平定内難，懋著勛勞。論功錫爵，列位三孤。盛福榮名，益隆壽考。比來京國，乘化而歸。追想範行，實愴輿情。捧觴致哀，尚其來格。

［錄自明姚廣孝《逃虛子集補遺》，《四庫全書存目叢書·集部》第28册，影印清鈔本］

袁文

袁文(1370—1420)[①],字仲會,號和齋,合肥人。建文元年(1399)舉人[②],授河南歸德府夏邑縣教諭。調湖廣寶慶府邵陽縣教諭。丁母艱,復除江西南昌府豐城縣教諭。陞山西晉王府教授。素善飲工詩,王府時召晏,特賜至厚,告歸不得,遂卒於官[③]。

注:

①袁文生卒年根據肥東撮鎮袁官橋《合淝卧雪堂袁氏宗譜》記載:"生於明洪武三年庚戌正月二十七日子時,卒於永樂十八年庚子四月二十七日申時,享年五十有一。"

②參見《(萬曆)廬州府志》卷七《鄉科》。

③參見《合淝卧雪堂袁氏宗譜》卷一。

序跋

金斗袁氏創修族譜原序

國之所修者爲史,家之所傳爲譜。譜之勝,莫勝於晉,而尤莫勝於唐。矜門第,分甲乙,士大夫以此相尚。第自五胡雲擾、五代紛亂之餘,僅存什一於千百。宋興,摭拾遺缺,失真者爲不少矣。

吾族亦莫詳其所自始。吾曾祖十四府君(諱)清(字)永潔,原籍本廣西平樂,適宋末元初,兵禍蔓延,兩粵兄弟逃難離散,莫知存亡,劫火之餘,蕩然一空,家譜變爲煨燼,而世次自府君之上,莫得而知矣。兵變時,避亂於宣城,就微職;既而,左遷廬州合肥之店埠驛,遂卜居於府治東四十里,鎮曰"撮城",名其鄉曰"開元",村曰"旌賢",煢煢孑立,門户蕭然。再傳至先人興十公,元末,兩淮東西又罹兵燹,挈家渡江,避兵宣城,太祖皇帝授以義兵千户,辭以疾,不拜;兵弭,復還故里,臨終遺囑曰:"吾家累代積善,未嘗爲一惡事,樂施不冀人報,竊聽鄉人稱爲'隱德不耀'云。不幸數遭世變,吾族不絶者如綫,豈非天乎!每欲立家譜以傳遠,因多故,事有未果,志有圮遂。汝曹能讀父書,可繼而成之,吾雖没,無遺憾矣。"文與兄泣涕俯聽,言畢而終。今垂二十餘年矣,拳拳服膺,先人遺言猶在耳也。奈始由薄宦相羈,奔走不暇;中值母、兄之喪,又不果爲。

今聖人在位,大明重熙。綸音焕布,凡離本宗而冒他姓者尚許復之,況文叨祿文邦，竊名儒業，豈可不繼其志而述其事乎？斯譜之所由作也。且譜之作，蓋取諸木本水源之義、敦宗睦族之道，以啓後昆孝敬之思，豈可妄爲附會，冀耀人耳目哉！昔郭崇韜拜子儀之墓，而貽譏後世；狄青不紹梁公之後，而見稱於人。二者當鑒，不可蹈覆轍。此所以自其可知者紀之，其不可知者不可妄託也。於是乎，率子姪輩釐訂爲譜，效歐蘇故事，支分派别，昭穆分明，使覽之者展帙而知其梗概，庶幾廣先人之志而貽厥孫謀，俾後世視今，豈不以今世作古哉？文敢自僭爲引，蓋欲使後之作文者有所徵焉。

明永樂九年冬四世孫文拜書。

［録自肥東撮鎮袁官橋《合淝卧雪堂袁氏宗譜》。合肥袁文海先生提供書頁照片］

王偁

王偁（1370—1415）①，字孟揚，號密齋，别號翁石山人。父王翰，本廬州人，元末爲潮州路總管，入明避居福建永福縣觀獵山，遂家焉。因其父以上三世先祖俱葬合肥大蜀山（古時又稱獨山）下，故常自署"獨山王偁"。"閩中十子"之一。洪武二十三年（1390）舉人。會試不第，入國子監。旋陳情養母。永樂初，用薦授翰林檢討，與修《永樂大典》，充副總裁。出參英國公張輔軍攻交趾，還守故官。與解縉友善，後坐縉黨，下獄死②③。爲人氣節高勁，議論英發，文章偉博，書法遒妙。工詩，有《虚舟集》傳世④。《明史》卷二百八十六《文苑二》有傳。

注：

①王偁生年據其《自述誄》所記"吾年、月、日皆庚"，並參考元末明初吴海《友石山人墓誌銘》，知其生於1370年。卒年據明徐惟起《紅雨樓序跋·周祠部宜秋集》記載："孟揚死于永樂十三年"，則卒於1415年。

②參見《明史》卷二百八十六《文苑二》。

③見本書所收王偁《自述誄》。

④參見清陳田《明詩紀事》卷十。

傳

括囊子傳

括囊子，閩人。先大父用和，字元敬，倜儻好士，而恬澹守素，日以譚道課子自娱。父需，博極墳典，嫻於文辭。迄括囊子，三世矣，咸隱德弗耀。

括囊子外介而中虛，志不同於人，好立一己之見。當始仕之年，將出，介於龜，遇坤之豫，其繇曰："地道之窮，上下不通。紛紛溶溶，君子括囊。可晦以藏，莫之與京。"於是，括囊潛伏，不與人境，退事一室，面山臨水，花竹媚好，琴書左右，偕子姪昆弟討論其間；暇則臨流賦詩，登高眺遠，其樂洋洋，無所膠於中也。因以括囊爲號稱焉。有無爲先生自崑崙來，將浮於南海之濱，遇於謝端洲上。一見懽如，平生相與，倒囊而論，窮日夜不息，顧有所問，立答如響，雖誇辯莫能窮其舌。先生乃瞠目視之，目不移睫，曰："以子之才辯如此，而號括囊。吾恐子終當脱穎而出也！"别去不顧。衆方然之。

贊曰："當言而瘖，賢者不處。宜默而進，咎將乘之。括囊子蓋審是矣，而龜兆符之。彼無爲先生特激其中而堅其志也。若夫乘時彙征，當有所俟。"

括囊子姓林，名岊，字公頫。無爲先生則靈武王孟敭云。王偁撰。

［録自明陳潤《螺洲志·人物列傳·隱逸》，《中國地方志集成·鄉鎮志專輯》第26册，影印清鈔本］

晞髮生傳

晞髮生，名巒，公頫弟也。棲止螺女江上，善爲唐聲，作文遒勁有法，而英偉孤潔。嘗以有道徵辟，不就。每病世之溷俗，自號曰"晞髮生"。余與之遊有年，嘗讀其《土苴》《清嘯》等集，既愛其文詞，又因其號而思其意，知有棲神遁氣、伐毛洗髓之想。

特此爲之贊曰："和陽曈曈，咸池濯濯。飲和嗽清，可滌元髮。浮游天地，迅若一羽。皭然孤騫，以脱塵滓。我思古人，沅湘莫追。舉世溷濁，哺糟啜醨。謝洲逸人，遠近之侶。晞日扶桑，伐毛元圃。奚必一氣，以周三元？皎皎不污，千載不長。"王偁撰。

［録自明陳潤《螺洲志·人物列傳·隱逸》，《中國地方志集成·鄉鎮志專輯》第26册，影印清鈔本］

巢雲子傳

巢雲子者，余友括囊子、晞髮生之姪也。名頫，字廷邇。自幼聰穎過人，及長，著作宏富，齊名二伯，遠近咸稱爲"三才子"云。寄志深遠，不以仕進爲心。嘗坐閲江雲浮沈聚散、俯仰萬變，超然有浮空高舉之志，因自號曰"巢雲子"。

其伯父屬予贊之，予因爲之贊曰："大江之濱，厥惟螺渚。有英一人，鶴群鷗侶。仰視太空，神會飛雲。爲綺爲縠，百變不窮。以青以丹，以黄以碧。或集或翔，或睽或□。悠然意遠，思與之俱。如鳥巢林，匪特目寓。咄咄林生，古人誰許？乘氣御風，實唯列子。兹巢雲中，得無近似？捲舒何意？離合何心？優遊遺世，飄爾江潯。林生之名，山高水深。"王偁撰。

［録自明陳潤《螺洲志·人物列傳·隱逸》，《中國地方志集成·鄉鎮志專輯》第26册，影印清鈔本］

皆山樵者傳

七閩爲東南奥區，其地有武夷諸山之勝，西北引匡廬、天姥，相去峙立不千里而近。古之隱德之士，名可得聞而人不可得見者，恒不在于此山之巔，則在于彼水之涘。若今所謂"皆山樵者"，其殆庶幾於斯人之流歟！

樵者少業爲士，漫游江海間。中年乃棄去名迹，葛衣草屨，樵隱于七巖之山，逮今二十年矣。當其披雲岑，履月磴，礪斧清澗之濱，弛擔中林之野。仰觀孤雲，俯聽群籟，油然興發，拊石而歌之。歌曰："朝採吾樵兮西山之岑，暮歸來兮白雲深。我形雖勞兮，庶無累於我心。"又歌曰："陟彼西山，言採吾樵。幽幽長林，可以息勞。堯舜之世，豈不美兮！邈西山之莫招。我思古人，於焉逍遥。"歌以長嘯，聲若鸞鳳，山鳴谷答，林樹振動，翛然若將蜕汙濁而超鴻濛者。既而迺曰："夫環吾閩皆山也。山皆可樵也。顧何必於是乎？"於是，復持其斧斤，東探海上諸峰，西登武夷，造九曲之深，往來于幔亭、仙掌間。又將道三衢，入爛柯山，求古人陳迹而覽之，以候安期、羨門于烟蘿雲逕之表，冀有所遇。因自號曰"皆山樵者"云。

論曰："昔莊周行山中，見大木焉。伐木者止其傍而弗顧。周曰：'此木以不材壽。'又曰：'夫直木則先伐矣。'此皆材之累，而中道之夭于斧斤者。樵者入山有年，其所見得不有同于是乎？遯世之士，雖非中庸，潔身守志，君子取焉。"

余爲樵者著傳，越五年，朝廷搜羅遺逸，而樵者以聘至京師。且入東觀，與校讎之列。暇日過余翰林，相視一笑。余因戲之曰："君得不以會稽之章綬而來乎？"樵者笑曰："子幸毋深誚我，吾之斧柯固無恙也。"因爲重書前傳，漫識于此。

時永樂五年丁亥仲春之望翰林院檢討獨山王偁孟揚書。

[錄自明袁表、馬熒輯《閩中十子詩·王典籍詩集·首卷》,中國國家圖書館藏明萬曆刻本]

記

螺江八詠記

永樂庚辰,靈武王偁孟敭。

大江之中,有浮邱焉,郡城三十里而遥,相傳爲謝端之洲,迹與武陵相類。其地既據江漵爲壤,處其間者,如身栖鏡中,如酥浮水面,如汎槎而泊之空虛,草木蒙密,魚龍不驚,無龍伯氏掣鼇之憂久,實雲卧翁父子所居。朝遊而夕覽,乃即其景之異者,爲《八詠》,將以詠其奥焉。

余恒往來之。方其長江不波,千頃一色,翫之疑練之澄;島峙前浮,送芳逞峭,覩之如藍之積。當春而朝烟在渚,暮澌飄泊,飛來而襲人;當夏而夜月映篳,超幽揖怪,恍朗而瑩徹;漁歌隱隱,聽之於秋爲宜;書燈熒熒,望之與雪門潔。陰雲四霾,潮聲挾雨而蜚空;落日在麓,孤舟傍岸而有待。四時寒暑,可喜可愕者,無不畢具。信斯景之奇!不待假之旁搜而遠索也。

至若長筵坐花,飛觴促客,或琴或棋,投壺擊筑,歡呼動盪,以永朝夕。此蓋景外之樂,景有所不具焉。詠歌述懷,更唱迭和,冲融長篇,鏗鏘短什,焜耀士林,此則樂外之趣,將有囿于樂之中而不知者。

噫!天壤間有此,信亦奇矣!顧古人於遊觀之勝,輒有所記。我非能得趣者,但樂於此,不可無述,遂操觚以記云。雲卧翁名需,字克行。其子曰公頫、公俊、公魯云。

[錄自明陳潤《螺洲志·藝文》,《中國地方志集成·鄉鎮志專輯》第26册,影印清鈔本]

南湖草堂記

南湖草堂者何?余家之别業也。堂以南湖名者何?居之南有巨浸焉,曰龜湖,境以湖勝,故草堂以南湖名也。嗚呼!昔先君宦遊,遭世中變,遂擇其地居之。先君没,堂燬于鬱攸氏之災,去之逾廿年,始克復其故也。

堂舊爲制凡數楹,不陋不飾,西闢小齋,面南有山,扁曰悠然,取陶靖節之語，示隱志也。東偏别爲一室，前臨磐陀，號曰友石，先君嘗以友石山人自名，軒與石對而命之也。堂既重構于山人之子，於是，竊以悠然之扁更其名曰仰高，示見山有景行之思也；友石之號易之翁石，禮父友而翁尊之也。後闢祠宇一所，庸妥先君之靈。中爲怡怡之堂，爲吾兄弟之居也。堂外復構小樓數級，凭闌而望，雲飛英英，松梓在目，潸然出涕，吾弟容叔乃以望松名之也。此草堂之規制始末也。

至若緑野無際，登堂而適望也。澗聲四時，俯几而足聽也。青山如屏，迎抱左右，此堂中之景也。鳥鳴而春山幽也，葉脱而秋氣肅也，朝烟而夕霏，風晨而雪候也，此則景中之勝也。夫堂以景而名，景以人而勝，於焉壺觴時集，互唱更酬，游也宴也，驩也咲也，有不知其身之羈而異鄉之足感也。堂中又有書數千卷，經史子籍俱書畫數百本，上泝晉唐而有之。故廩雖貧而趣常適，室雖罄而樂常充也。爰念昔人有作必私有所紀，此草堂之記所以述也。噫！春蘭可紉，秋菊可餐，瞻戀松楸，孰謂廬山之勝可以易此，而北山之文爲吾之移也？

翁石山人王偁記。

[録自元王翰《友石山人遺稿·附録》，南京圖書館藏明弘治八年龍游知縣袁文紀刻本]

書牘

元夕帖

元夕後十日，偁頓首。大尹高相公鄉兄至契閣下。小兒於舊歲道過治下，過蒙雅貺人力之賜，感激不勝。况於前後拜德極多，念拯於窮途之中，施惠於不報之地。非至情高誼，曷以臻兹？近人來，又别惠以盤費，憔悴聞之，令人慚惧感佩无已。盖因其旋，略此草布。幸恕草草。令嗣孟玉及諸彦前，不殊此。區區淹滯頗久，今歲數極不佳，過此倘得承厚澤，行當趨伏于庭階以謝大德耳！不具。

[録自故宫博物院藏明王偁《元夕帖》]

誄

自述誄

王偁，字孟揚，其先東阿人，宋寶元、康定用兵西方，士有没于元昊者，王氏遂爲西方人。元有天下，其地最後始附，賜姓唐兀氏。高祖王父某，從下江淮，授武德將軍、總管，鎮廬州。曾祖王父某，祖王父某，相繼襲爵，改上千户，没俱葬大蜀山下。先府君某，當搶攘之時以材用薦者，調民職廬州路治中，歷江西、福建行省郎中，至階朝列大夫、潮州路總管，當時稱廉吏第一人。所莅政績卓異，字惠小民，攘剔豪右，禮賢士，植綱紀，至于今民奉以祠。元運改玉，度時不可爲，浮海去之，道閩，閩父老遮留，退居永福山中，爲黄冠服十年，朝廷聘之，耻爲二姓臣，遂自引决。嗚呼！是時，偁生方九齡，家觳然壁立，太夫人守節自誓，艱阻備嘗，手疏先君之蹟與古今豪傑大略教之。外王父姓劉氏，諱某，由宣文閣博士出僉閩憲，再召入爲秘書丞，没王事，贈嘉議大夫、福建行省參知政事，其學淹貫靡不究，博古好雅，翰墨之妙絶當世，偁不及見之。

閩先正聞過齋吴公，學行醇偉，爲士林望，其與先君交誼相與也。先君没時，屬偁夫子教之竺，未弱冠，夫子没，倀倀罔依歸，賴外王父遺圖書手澤多，杜門自研涵。少多病，負笈者三年，莫臻其至。弱冠入庠序，與陳君從範游，陳蚤入聞過夫子室，獲其指授懇懇，汰其瑕礫，示以瑜瑾，一旦如發蔀矣。洪武庚午，賓興歲，領鄉薦，方去海濱，觀光上國。會試春官不利，例入國子，處晉雲朱先生館下，日求齊魯士，與談訪其遺風及四方之賢者，而私淑之。上表陳情，乞終養，高皇帝憫之，南歸越震澤，徘徊吴會間，不敢留。趨侍湯藥膝下，始冀收其實，而從範已物故，閩故老亦凋剝殆盡，四顧毗落，無與語。晚得晉昌林誌，相與講學，假以柯範，抗顔爲多，暇則窮幽極深，趣豁如也。既無幾何，太夫人捐館舍。嗚呼！居喪不敢渝禮，既合葬先君塋，廬墓下者六年。永樂初元，用推轂者至京師，待命黄閣，因自陳“願處學校，勵人才”，不允，授從事郎史官、翰林檢討，進講經筵，以文字供職。時錢塘王洪擅詞垣，與同官過相推重，敕脩《大典》，萃内外儒臣及四方韋布士毋慮數千人，濫竽總裁之列。大將軍英公覆征交阯，辟居幕下。於是，泛洞庭，浮沅湘，歷九疑，吊蒼梧，徵兵南海，既而窮象桂，道五管，覲師于日南、九真之交，時有贊勳，大將待以爲揖客，歸仍守其舊官。

先娶鄭氏，前名御史潛之孫女，新安人，先卒；再娶薛氏，閩故族，孝養于姑，内得其亮，生男一人，振，女子子一人；其次男拱，女子子一人，側室李氏出也。此族系出處之概。

少之鋭志於有爲，毅乎思準古以馭今，而用弗以施學，雖服群聖，獵百家，亟於聞道，而質淪惷杌。遇登高吊古，慨然發其悲壯愉樂，一寓於文若詩，而辭愧土苴。其爲人則似齷而容，似傲而恭，家貧而心樂，身困而處裕。然疾惡太過，遇權貴不能俛眉下之；任情以直，而不能骫以徇人成功，此其見短于世也。見人善，不啻若己有之，己之有，雖匹夫問，未嘗不竭以盡；與人交，内外莫敢擕，此則自以爲有微長焉。若夫惋以爲終身之憾者，齔失所怙，哭吾父幾不能生；粗知學，而哭吾師如哭吾之父焉；未幾，哭吾友如哭吾之師；比得祿，而太夫人不逮于養；有子教之未立；身荷兩朝之厚恩而莫舉報。嗚呼！况兹縶于縲絏，東陵西山，淆而未分。庶女之號，孤臣之慟，南音之戚，梁岸之章，孰爲發之？術家以生日支幹推定人禍福死生，謂吾年、月、日皆庚，迪于丙，歲在閼逢，麗于鶉火，其弗延矣。嗚呼！是果然耶！

孟子曰："桎梏而死者，非正命也。"晝夜之理，吾曷念之？因述其縶，而極之以呼天辭，用自誄，俾後之爲烏鳶，爲螻螘，在陽矦，在回祿，或返其遺骸，或招其魂魄，或藏其衣冠，庶令有考者，閔其志而哀之云。

辭曰："予概觀夫古之人，估材者恒困於弗施，志大者曰顛頓之屢躋。嗚呼孟揚！矧爾乏古之材，而尚其志，焉得不奇於時，而諉於戾！爾負而君，爾負而親。嗚呼！誰其白之？悠悠蒼天！"

閼逢敦牂之歲拙在圄如裁生霸。越翊日煖，再書一通付南湖草堂。是夕，寤遊三山，在輗生館。起覺凄然，遂錄。

憂思忽忽，精神琢喪，書此不覺滿紙訛漏，豈真非久長之兆耶？

[錄自元王翰《友石山人遺稿·附錄》，南京圖書館藏明弘治八年龍游知縣袁文紀刻本]

墓表

龍泉阡表

嗚呼！唯我先妣夫人棄代，而顯考君没已有十九年矣。又明年丁丑，孤哀子偁與其弟偉，視前窆所卜匪所宜，乃遷先君之柩以三月，與夫人合葬於龍泉山之原。竊惟銘誌之刻，特閫諸幽；若夫傳述先德，碣以示後昆者，墓必有表。先正如柳宗元、歐陽脩者，類自爲之。偁之膚涉，曷敢擬于斯？爰據二誌，纂其大節，不敢加一辭者，亦庶不肖之志焉。

嗚呼！我先君系出王氏，先世齊人，陷没於李元昊，元有天下，賜姓唐兀氏。曾祖從下江淮，有功授武德將軍、領兵上千户，鎮廬州，家焉。迨先君襲職，三世。先君爲人精敏果毅，幼即有大志，於時持身斬斬，刻苦特甚。十六，領所部，以能稱，省憲共言其材，改民職廬州路治中，再調福州。三魁賊亂，地險，兵不能平，先君身造其壘，諭降之，升同知。又升理問官，綜理永福、羅源二縣，所至一以愛民爲主，共賴之，比去，旄倪遮道泣留。莆寇柳莽跋扈，團民爲兵，惟永福不敢近。擢朝列大夫、江西、福建行省郎中。時南方屢擾，以先君威望素著，表授潮州路總管，兼督循、梅、惠三州。先君請勿拘以文法，至則大布恩信，已逋責，緩繇賦，簡刑罰，事有害政者，以便宜罷之。興學禮儒，使民知好惡，姦宄革其舊習，服順若良民。元駕北巡，浮海抵交占不果，退居永福山中，黄冠服十年，號友石山人。有以其名薦之，命既下，先君嘆曰："女適二姓可乎？"遂自引決。嗚呼痛哉！

夫人劉氏，故贈正議大夫、福建行省參政、前職宣文博士、秘書丞、僉閩憲真齋公之女。幼以聰明名，及長來歸，耑而有禮。先君出入郡邑，廉潔自將，不以家往。夫人家居，恬然以淡泊爲己分。先君没時，遽手刃自決，爲家人所護，乃號擗不食，積六日不死，是後服葬，終身稱未亡人。貧至薪米不繼，而守益勵，教子嚴而有方，夜課其業，身績於左。偁之不肖，賴夫人教誨之餘，始薦名春官。上表陳情闕下，得如其請，歸侍夫人湯藥逾六年，而夫人不作。嗚呼痛哉！

惟我先君死生一致，而夫人艱阻備嘗，可謂爲節爲義，兩濟厥美，而慶流後昆者。奈何偁之不仁，不能繼紹明德，以大將來，顧乃食睡而生，碌碌瑣瑣，言弗人信，行弗世從，偁之負罪則大矣。含哀謹書於石碑，後昆有作，睹是辭，知我先德之不泯者，可不凜凜然思所以不墜前休於無窮哉！

先君諱翰，仕名那木罕，字用文，卒年四十有六。夫人名印，享年視先君加六。子男三人，偁及弟脩、偉，脩以殤卒，附葬于墓左。孫男纔一人曰振云。

［錄自福建永泰《官烈王氏家譜》舊鈔本，美國猶他家譜學會公布圖像］

序跋

友石山人遺稿跋

先府君平昔喜作詩，晚年忍隱林壑，尤必以此自娱。故凡其觸物感事，流連光景，一寓於詩，以舒其抑鬱之懷，以發其憤惋之氣。其作頗多，第以家不畜稿，偁自悼年爲所背棄，不能一舉成篇。比自有知以來，始於耆老故舊之間掇拾遺篇，粗得以上若干首，類成卷帙，用敢示之子孫。是雖不能盡得其詳，而其志節大略亦於此焉見耳。嗚呼！爲子孫者苟能因其詞而知如其心，則亦庶乎凜凜然思以繼承於不墜哉！

歲上章敦牂孟春初吉孤子偁謹書。

［錄自元王翰《友石山人遺稿》，民國《嘉業堂叢書》本］

唐詩品彙敘

選唐詩者非一家，惟殷璠之《河嶽英靈》、姚合《極玄集》有以知唐人之三尺。然璠、合固唐人也，而選又專主於五言，以遺乎衆體，寂寥扶疏，不足以盡其妙奥。下此諸家所選，皆私於一己之見；見之陋，則選之得其陋者。雖以王荆公號稱知言，而《百家選》偏得晚唐刻削爲奇，盛唐冲融渾灝之風，在選者戞戞無幾，他盖可知矣。及至近代襄城楊伯謙《唐音》之選，始有以審其始終正變之音，以備述乎衆體之制，可以掃前人之陋識矣。然其中不能無詳略之可議者，故今吾龍門漫士之《品彙》出焉。嗚呼！自有唐詩以來，七八百年，至是方無棄璧遺珠之恨。士之獲遇於知己也難哉！

余嘗聞之漫士之論詩曰："詩自三百篇以降，漢魏質過於文，六朝華浮于實，得二者之中，備風人之體，惟唐詩爲然。然以世次不同，故其所作亦異。初唐聲律未純，晚唐氣習卑下，卓卓乎其可尚者，又惟盛唐爲然。"此具九方皋目者之論也。故是選專重於盛唐,而初唐、晚唐特以備一代之制,充充乎去取之合乎公,而不偏於一己之私見者也。

編成,漫士持以質是非于偁。噫!以偁之陋,何足以知此也?因爲序其選取之意于首。漫士姓高,名棅,字廷禮,博古好雅君子也。推是心以往,雖古今之禮樂,漫士亦將有志于折中焉,又不但是集之編也。

靈武王偁序。

[錄自明高棅《唐詩品彙》,中國國家圖書館藏明刊本]

題聞過齋集後

右《聞過齋集》一編,乃先師魯客吳先生之所著也。偁懼其久而湮没不傳,遂與同志謀鋟之梓。嗚呼!惟先生以剛明仁勇之資,充聖賢誠正修齊之學,不幸生匪其時,視當世有不可爲者,於是卓然長往,終身不沾一命。然間於閱歷古今,感時憤事,則寓於文辭,以發其趣。惟其蘊於中也弘,故其著於外也茂。是編之作,毋慮百餘篇,確確乎言切而理當,氣充而筆嚴,讀之使人肅容斂氣,不肖之心喪匿消沮。蓋自六經之文不作,濂洛載道之言以下,而文之有益於世者,僅於先生得之。是豈世之文人墨客操觚執簡、馳騁於詞藻之場者所可冀哉!此讀者必自有以識之矣,烏待區區一詞之贅?第念曩昔先生與先府君相信彌篤,故卒俾偁得受學於先生之門。今去先生十有五年,而先生不可作矣。顧以偁之不肖,不能繼承先志,而先生之道莫之聞也。再覽遺文,涕泗交作。

時建文三年歲次辛巳仲秋初吉門人靈武王偁謹識。

[錄自元末明初吳海《聞過齋集》,中國國家圖書館藏清鈔本。落款時間據日本石井積翠軒舊藏明建文三年刻本《聞過齋集》補]

跋土母帖

唐人書法自徐浩來,已駸駸入於宋矣。至蘇、黄,始一大變,而無復唐意。今觀李西臺書,雖在宋人,當去唐爲不遠。前論謂其有李北海之風,是爲知言矣。金華高士陳君大有得寶此帖,間出相示,觀畢謹識。

時戊子歲五月一日也。獨山王偁書。

(鈐印:"默而成之")

[錄自臺北故宫博物院藏北宋李建中《土母帖》之王偁題跋]

題田畯醉歸圖

四海昇平一事無，醉歸春社倩人扶。洛陽況有名花在，那惜相邀倒百壺？

余觀《洛中風土記》，載洛陽牡丹爲天下冠絶，其間名園不下十數，園中之花以種計者凡數百，以株計者數千，以花計者蓋數萬。花始開時，載酒醑來賞者，自郡守以下，至田夫野老逮駢至無虚日。及花盛開，則郡守擇佳日，大會賓客其間，縱都人來觀者恒數萬人。凡人家私有所植名品異花，則以金盤綵籃舉獻于座。至暮霑醉，乃下至臺輿隸皂，莫不插花以歸。此當宋之盛者如此也。蘇子瞻之序《牡丹記》亦略及此，可以想見當時太平氣象。兹圖不知作于何人，所畫者爲誰？而醉乘牛，插牡丹于巾上，衣冠古野，陶然自得，顧非向日洛中之賞者乎？記中所謂"下及輿臺莫不插花"，又曰"雖田夫野老，駢至無虚日"，徵于此，可信矣。

永樂庚寅仲夏翰林王偁識。

（鈐印："王偁""王孟揚"）

［錄自故宫博物院藏南宋無款《田畯醉歸圖》之王偁題跋］

題褚遂良書倪寬贊

褚遂良，字登善，善書，與虞齊名。世南嘗荐之文皇，世南死，登善獨擅大名。當時御府所收右軍真跡，贋者相半，他人不能識，登善輒能辨之，至纖悉不爽。後遇有所購，必經登善審鑒爲定。及其自書，乃獨得右軍微意，評者謂其"字裏金生，行間玉潤"，變化開闔，一本右軍。其諸帖中，《西昇經》是學《黄庭》，《度人經》是學《洛神》，《陰符經》畫像、湖州《獨孤府君碑》、越州《右軍祠記》、同州《雁塔》、兩《聖教記》是其自家之法。世傳《蘭亭》褚本，亦與率更不類，蓋亦多出自家機軸故也。

今觀永新文學鄧仲經甫所藏《兒寬贊》，正與《蘭亭》《聖教》諸記相似，筆意婉美，似瘠而腴，似柔而剛，至于三過三折之妙、特加之意，誠褚法也。後有趙子固及柳道傳、黄溍卿、揭伯防諸公跋尾，皆信而可徵。柳公謂："中間刮去弘字，爲宋國諱。"信然！宋人以弘爲 弘 是也。弘，宣祖諱。

永樂辛卯二月獨山王偁觀畢書于鍾山書舍。

唐人寫字多用硬黄，其次則用槌熟紙，蓋韓退之以爲生紙錄文爲不敏是也。鳥絲闌唐界濃墨而理細，宋人淡墨而理麄，此唐界、宋界之别。惟作方眼格子爲對待書，則自唐始，六朝以前無有也。米元章常病此，蓋一時之宜云。

偁又識。

［録自明汪砢玉輯《汪氏珊瑚網法書題跋》卷一］

題王寧立屯赤岸册子

襲闓兄督屯永之磨笄，林侍御聰賦詩贈之，吴明府彦清和之，陳茂才可述三之，邵孝廉經邦四之，不佞五之。既屯永，觴諸子於磨笄之折桂亭。林、邵以道阻不與，余又觸天網，爲襲闓憂。聞之陳子、吴子，亭俯清谿，距山椒里許，怡曠平衍，草色花容，鳥語雲態，欣然若與遊人俱，以不忍去。雖然途之畏者莫如宦，任之重者莫如身。啄鳴之善也，其禔躬也，可大畜也；疇類之合也，其樂群也，可同人也。予行萬里，閲人多矣，所咏嘆編藏者有是，所爲惓惓而不能至者有是，是不亦足多乎？率是道也，於學問别其真贋，於朋從分其鳳鷙，於服官矢其忠誠，於劃務審其義命。他日者，携手里社，接景桑梓，餘生良有冀也！因泚筆而爲之敘。

［録自《（民國）永泰縣志》卷八《藝文志》引《蟬巢集》］

雜著

續書評

蓋聞規矩方圓之至，聖人以體天地之撰，以類萬物之情。故奇圓而耦方，轉筆爲圓，摺筆爲方，方之平爲準，圓之直爲繩，陰陽五行，所以成象成形也。書以方圓平直爲之主，而輕重、大小、低昂、長短、邪正寓其變焉。上字之於下字，左行之於右行，横邪疏密，各有攸當，所謂“增一分則大長，虧一分則太短”。魚翼鳥翅，花鬚葉芒，油然粲然，各止其所。上下連延，左右顧矚，意象森嚴，血脉生動。縱横曲折，無不如意，毫髪之間，直無遺憾。其四面八方，巧於善陣，所謂“紛紛紜紜，鬭亂而不亂；渾渾沌沌，形圓而不可破”，豈足喻其妙哉？必其一字之間，自應絜矩一篇之中，可無絜矩之道乎？故右軍書古本最善行列，近世惟趙吴興深得其旨。然就一篇之中，固皆欲佳，必有數字登峰造極者爲之主；一字之中，雖皆欲善，必有一點、一鈎、一拔、一拂主之，如兵之有將，石之有玉，使人玩繹不可名言。若握筆，則"虛圓正緊"四字盡之，其餘以意變通，則壓、捺、鈎、揭、抵、拒遒逸，其説益密矣。至於用筆之功，鋒芒毫釐之間，正用之，側用之，偏用之，批荅用之，背向用之，承覆用之，傲讓用之，低昂用之，長短用之。逆而順之，下而上之，襲而掩之，空中擲之，架空搶之，窮深掣之、頓挫之、鬱屈之，周而折之，抑而揚之，藏而出之，垂而縮之，往而復之、盤旋之、踴躍之，瀝之使之入，衂之使之凝，築之如穿，按之如埽，注之趯之，指之擢之，揮之掉之，提之拂之，收而縱之，蟄而伸之。淋之，浸淫之，使之茂；卷之蹙之，雕而琢之，使之密；覆之削之，使之瑩；鼓之舞之，使之奇。喜而舒之，如見佳麗，如遠行客過故鄉，發其怡；怒而激之，如撫劒操戈，介萬騎而馳之，發其壯；哀而思也，低回聚促，登高弔古，慨然而發其悲。樂而融之，如夢華胥之遊，聽鈞天之樂，與其簞瓢而樂之也；忘情筆硯之間，和調心手之用，不知物我之有間，體合造化而生成之也，而後爲能書之至爾。

[錄自明王偁《虛舟集》，中國國家圖書館藏明嘉靖刻本。編者按，明解縉《春雨雜述》中有《書學詳説》一節，文字與此篇大同小異，不知孰者爲先]

王惠

王惠，字仲迪，號霜筠，合肥人，從兄千户王志調官籍於瓊州。博學能文，師從趙謙，講明性命義理之學。潔白清修，毅然自立。洪武末，用大臣薦至京，以三喪未舉，力辭歸隱，天下聞其節行。家富藏書，爲女婿趙璟繼承，常借友人薛遠、丘濬閲讀，以故薛、丘二人多得名書觀覽，皆起寒畯，而能以學識致通顯。所著有《截山詠史》《嶺南聲詩鼓吹》等[1][2]。

注：

①參見《(正德)瓊臺志》卷三十六《人物》。

②參見《(正德)瓊臺志》卷三十七《人物》引王佐《瓊臺外紀》。

贊

畢烈婦贊略

畢氏,直隸太湖人。年十五,南昌後衛指揮屠經取爲側室。宣德初,經以累,謫海南衛前所千户。病劇,訣别。畢誓同死,經許之。斂夫訖,乃沐浴更衣,上堂辭母。母痛子傷,婦兩難其請,相抱痛泣,左右不忍見。俟衆防少懈,潛入室,堅户自經而死。

王惠贊略:“生死大事也。然以一身之大事,能立決於所天既傾之初,不移頃刻,變荼毒爲安恬,捐身如土苴,舍生取義,視死如歸,其從容剛果如此。雖世所謂大丈夫者,殆不能;而畢以孱然一女子而能之。嗚呼烈哉!夫天秉民彝,終不可泯,乃隱於此而見於彼。惜哉!”

[録自《(正德)瓊臺志》卷四十《人物•列女•死節》。文題爲編者所擬]

序跋

學範跋

先師餘姚丂古趙先生,生平博學,無書不讀,視古始無遺者,而於音韻尤精。嘗以窮經之隙,彙集先儒議論所長,而間斷以己見,編爲《學範》六篇,以惠後學。

于時先生典教瓊山,惠獲從游於其門,既覩是書成,心誠悦焉。竊謂:“是書一出,不惟使後學之士有所矜式,而今古教人之良法既詳且悉,蓋亦未有過於此者矣。”急欲鋟梓,以廣其傳。嘗擬游閩,訪匠氏,以成厥事。已而,值先母有疾,弗果。適沙陽鄧子富以商在瓊,將還,惠於是以是書而謹託焉,時洪武甲戌也。明年,先生捐館。自時厥後,音問寥寥,迨今十有一年矣。每以道路阻脩,不克躬詣,于兹曉夕,常往來於懷,不少休置。第恐此書因而淪没,以負先生于地下爲深慊。

今歲甲申秋,惠特來閩,用畢初志。幸爾此書無恙,展玩數四,手澤如新,俯仰今昔,不勝感愴,遂俾匠氏歷山羅友慶鳩工以刊之。紙以張計,七十有一;字以數計,二萬一千六百二十有奇;計工以日,凡一百一十有三,經始於九月壬子，成於冬十月丙申也。負版以歸，願貽四方同志。苟能從事於斯焉，則於古人乎何有？

門人合肥王惠謹識。

［錄自明趙謙《學範》，中國國家圖書館藏明永樂刊本，殘損處據臺北圖書館藏明刊本補］

跋薛氏家卷

夫天道杳茫，蓋人難以一理而論。一者，理之常；而二三者，理之變也。古之君子，其所言者，理；所行者，理；而其所信畏者，亦理。理豈有變哉？然以人事而推之，其可信與難信者常相半，故不能不使人無疑爾。《易》曰："積善之家，必有餘慶。"此理之必然也。今則不然。盖予觀浙之耆儒楊先生起宗曩歲嘗爲前工部尚書濡湏薛公彦祥所狀行實，其所以處心積慮，無非忠君愛民之誠，與夫見諸事功者，皆仁政，而歷歷可考。已而乃罹大難，而家復播遷，其子孫至今未振。豈非理之既變，而使人不可曉者耶！

［錄自《（正德）瓊臺志》卷四十二《雜事·積善餘慶》。文題爲編者所擬］

王憲

王憲，字用章[①]，合肥人。永樂十九年（1421）進士。宣德元年（1426）四月，授行在江西道監察御史[②]。性峭直，彈劾無所忌[③]。宣德十年（1435）七月，大學士楊士奇等以王憲"才識老成"，薦陞按察司副使[④]。正統元年（1436）五月，就任山東按察司副使，仍專分巡遼東[⑤]。尋以憂歸。正統六年（1441）二月，服闋，仍舊職[⑥]。任內參贊機務，邊境肅然[⑦]。正統十三年（1448）五月，陞貴州按察使。景泰二年（1451）八月，疏請將貴陽城内南霽雲忠烈廟列於正祀，帝從之[⑧]。景泰六年（1455）十一月，因老病，命冠帶閑住[⑨]。

注：

①參見《宣德五年會試錄·監試官》。

②參見《明宣宗實錄》。

③參見《（萬曆）合肥縣志·宦達傳》。

④⑤⑥參見《明英宗實錄》。

⑦參見《（萬曆）合肥縣志·宦達傳》。

⑧⑨參見《明英宗實錄》。

奏議

請忠烈廟南公祀典疏略

臣聞以死勤事則祀之,爲民禦菑則祀之。竊見貴州城内舊有忠烈廟,祀唐忠臣南霽雲。洪武初,都指揮程暹建,至今軍民皆稱其神靈。每歲春首風狂,境内常有火災及水旱、疾疫、蟲虎、寇盜,禱於神,其應若響。雖神貺久孚人心,而聖代未蒙祀典。臣謹考,南霽雲在唐天寶末,安禄山爲亂,圍睢陽,守將張巡、許遠與之誓死拒賊。嘗求救兵於賀蘭進明,初嚙指示信,已而城陷,霽雲死之。兹者顯靈八番,陰爲禦菑捍患。乞追賜美謚,頒祀典,每歲春秋,有司致祭。非惟聖恩廣布,不遺前代之忠臣;抑使神惠愈彰,永濟邊方之黎庶。

禮部尚書胡濙等題覆,制曰:可。

[録自清衛既齊等《(康熙)貴州通志》卷三十一《藝文》,日本國立國會圖書館藏,美國猶他家譜學會公布圖像]

方正

方正,字應端[①],合肥人。永樂初,以善楷書應徵,參與《永樂大典》編纂。入太學,授工部都水司主事。都御史李慶薦,除營繕司主事。時建北都,方正督工役,規畫有條。端午應制賦詩,蒙賜彩幣、寶鏹、乳酒。大臣蹇義等人交薦,陞屯田司郎中。宣德七年(1432)八月,擢江西右參政[②],尋以父憂歸。宣德十年(1435)七月,服闋仍舊職[③],任内平定長河峒賊朱南政等叛亂。正統三年(1438)十二月,尚書吳中薦,陞福建左布政使[④]。境内出現旱災,方正虔誠齋禱,翌日天降大雨,耆民作《薇垣甘雨詩》頌之。福安山銀礦久苦處州賊盜取,方正擒獲賊衆,械送京師。釐奸剔弊,民稱善治。正統十年(1445)正月,方正因事遭吏部彈劾,被革職爲民[⑤]。歸卒於家[⑥]。

注:

①見本書所收方正《題包孝肅公奏議集後》篇末鈐印。

②③參見《明宣宗實録》。

④⑤參見《明英宗實録》。

⑥參見《(萬曆)合肥縣志·宦達傳》。

題包孝肅公奏議集後

鄉先哲宋包孝肅公,平生事業,著於《奏議》,其門人張田爲之編次,凡十卷,置諸家廟,遺其子孫,亦嘗刊行矣。歷世既遠,荐罹兵燹,故刻不存;而公之忠孝大節、嘉言讜論、流風餘韻,所謂没世不忘者,烏可泯耶?

宣德癸丑,予以家艱而歸,間訪公之後嗣,乃得是編,嘅然興懷。然摹寫傳訛,不免有魯魚亥豕之歎。今重爲較正,命工鋟梓,以廣其傳。讀之者則公之平生事業可一覽而知其概矣。噫! 正以鄉之後生,雖不敢論世尚友;然誦其詩,讀其書,可不知其人矣乎? 是編之傳,盖亦寓高山仰止之意云。

正統元年八月朔日江西布政司右參政合肥方正謹識。

(鈐印:"金斗世家""方應端氏""藩府旬宣")

[録自《包孝肅公奏議》,臺北圖書館藏明正統元年合肥方正刊本之膠片]

方杲

方杲(1421—1452)①,字景輝,合肥人。方正子。正統十年(1445)進士。正統十一年(1446)四月,授兵部武庫司主事②,政尚公廉,濟以寬平。正統十四年(1449),達虜入寇,奉敕取戰馬於南京太僕寺。道經故鄉,風聲凜凜,人不敢干以私③。景泰元年(1450)八月,尚書于謙等奏保,陞武庫司員外郎④。上《時務十二事》,言多剴切,有資治體。于謙嘆曰:"通敏練達,有用之才也!"不久,染病去世,年僅三十二歲。方杲天性至孝,篤於友義。其爲文根據理要,自出機軸,詩亦冲淡可讀⑤。

注:

①方杲生年根據《正統十年進士登科録》所記"年二十五,二月十四日生"倒推,知其生於1421年。卒年根據《(萬曆)合肥縣志》所記"遘疾卒,年三十二",則卒於1452年。

②參見《明英宗實録》。

③參見《(萬曆)合肥縣志·宦達傳》。

④參見《明英宗實録》。

⑤參見《(萬曆)合肥縣志·宦達傳》。

制義

春王正月(隱元年)。城楚丘(僖二年)。天王狩于河陽,公朝于王所(二十八年)

同考試官教諭嚴批:《春秋》之作,所以正王伯、君臣之分,場中作者多失書法,惟此得之,故宜錄出。

考試官侍講學士馬批:屬辭比事,貴得其理。此篇鋪敘嚴整,文有發明,可取。

考試官學士錢批:此篇斷制明白,得《春秋》謹嚴之旨,高薦無忝。

明王道而略伯功,尊君道而全臣禮,此《春秋》之法也。嘅自黍離既降,而雅頌不作,聖人假魯史以寓王法。於一經之首,即書“春王正月”,意謂王不奉天,則無以行號令於天下;諸侯不承王朔,則無以立政教於國中。故書“王”次“春”,書“正”次“王”,言王必欽若天道,諸侯必謹守王度,則大一統之義斯著,而王道明矣。惟其欲明王道,彼伯功雖大,亦奚足取?若衛爲狄滅,而齊桓城楚丘以封之,雖曰興滅繼絶,然封國乃天子之大權,豈伯主所得專也!《春秋》於此没其迹而抑其事,非明王道而略伯功者乎?

至若晉文自嫌強大,召王就見,《春秋》乃書“狩于河陽”,意謂周轍雖東,猶爲天下之共主;晉伯雖強,不過列國之諸侯。以臣召君,其何以訓?用以天王自狩爲文,使天下咸知所尊,而無敢不敬,則名分正而君道尊矣。惟其欲尊君道,故諸侯脩禮,亦在所取,若我公領袖乎!列辟展敬於行在,雖曰“所”,非其所。然巡狩乃天子之大典,朝覲適禮之變也。《春秋》於此諱其實,而存其名,非尊君道而全臣禮者乎?

吁!《春秋》之作,在於尊君抑臣。故略伯主之專封者,其詞微;著望國之脩禮者,其詞顯。筆削之際,可謂嚴矣。雖然專封姑置弗論,“王所”之書,當時諸侯與伯主皆在,《春秋》何略之,而獨書“公朝”者?豈非以晉文召君名義終不可諱?聖人之心,深有所不足於此也歟!

[錄自《正統十年會試錄》,《天一閣藏明代科舉錄選刊·會試錄》第7册,影印明刊本]

朱紳

朱紳(1424—1494)[①],字大用[②],晚號逃竽野人、逃竽子[③],陝西河州衛軍民指揮司軍籍[④],直隸合肥人[⑤]。景泰五年(1454)進士,授江西道監察御史。按部雲南、山西、直隸,所在有聲。後體問郡王事,允協輿情,明英宗嘉之,即以御筆書之屏曰:"御史朱紳,老成忠厚"[⑥]。成化元年(1465)二月,升浙江按察司副使,巡督海道。成化八年(1472)四月,陞浙江按察使[⑦]。任内廉明公愛,倭奴輸誠,興學校,築海堤,立義塚,賑貧施藥,重名節道義,有"靖海蜚聲"之誉[⑧]。成化十四年(1478)九月,陞貴州左布政使。成化二十年(1484)正月,以老疾致仕[⑨]。家居以終。

注:

①朱紳生年根據《景泰五年進士登科錄》所記"年三十一,九月十一日生"倒推,知其生於1424年。卒年根據《(康熙)河州志》所記"卒年七十一",則卒於1494年。

②參見《景泰五年進士登科錄》。

③見本書所收朱紳《逃竽庵記》。

④參見《景泰五年進士登科錄》。

⑤按,《景泰五年進士登科錄》僅記載朱紳役籍,並未説明其鄉貫。而朱紳五世孫朱家仕,於崇禎元年考取進士後,《進士題名碑》上明確記錄其爲"陝西河州軍籍,直隸合肥人"。且本書所收朱紳《弘治巢縣志序》文末亦自署"合肥朱紳"。以上皆説明朱紳鄉貫爲合肥無疑。

⑥參見《(康熙)河州志》卷三《人物》。

⑦參見《明憲宗實錄》。

⑧參見《(康熙)河州志》卷三《人物》。

⑨參見《明憲宗實錄》。

記

康豐寺記

自佛法流入中國,千有餘歲,世無貴賤賢愚,奉之惟謹。凡天下名山勝概,浮屠之宫十據其七八。窮極土木之工,日增月益,務相誇尚以爲不如。是則無以侈崇奉之意,而表佛之尊且神也。

全椒治南,舍半許,有寺曰"康墳"。父老相傳,宋景德間,康王葬于此,故創寺,以資焚修、妥厥靈。歷時滋久,碑石無存,王之名氏無考,翁仲、羊馬頹列於墳旁者尚纍纍,故寺依墳而張弛者亦不一。元季兵燹。國朝初,盖有興之者,然上雨旁風,尋復就圮。永樂初,南京異善寺高僧端古庭之徒蓮一舟奉札來住,然四顧蕭然,荒煙草莽而已。一舟苦力精修,遍禮諸會,慨然以繕修爲任。檀信翕從,雲蒸霧滃,乃鳩材召工,首創正殿五楹,左右翼以修廊;前建山門,四周繚以垣墻。洎夫倉庫、庖厨、湢浴之所,亦咸粗備。一舟示寂,其徒淨寶嗣之,謹戒行,亦以補遺易弊爲務。凡規制經營之未足、丹青文綵之未備、幡幢薌花之未具,咸於此而修舉焉。非惟法門壯觀,而兹鄉山川亦爲之出色矣。

禮科給事中李公昊奉命過曰:"'墳'非所以名寺。"乃更曰"康豐"。淨寶恐其師之功或泯,且無以彰給事之美。於是,具顛末踏庭拜記。

余惟佛法以虚無寂滅爲教,緇衣蔬食,窮居僻處,固無事乎修飾。廣厦萬間與孤燈半龕者何異?兹寺完美,固已焕乎一新矣。淨寶、淨玄偕其徒道烋、道霦輩,尚當遵佛之教,求佛之心,俾一色悉歸空界,則方丈之間,綽然自有餘地。不然,棟宇雄麗,金碧相輝,徒美觀爾,其於道之有何?淨寶悚然拜曰:"命之矣。"遂書以爲記。

[錄自《(泰昌)全椒縣志》卷三《綜幽志·寺觀》,《全椒古代典籍叢書·全椒舊志彙編》,影印日本蓬左文庫藏明刊本]

逊竽庵記

昔者齊王好竽,而善竽者咸集於王之門;其不能竽者,亦竊濫於其間。一日,王遍試焉。其不能者,皆逊之。

紳自景泰甲戌倖登進士第,授江西道御史。九載考滿,陞浙江憲司副使。逾八載,轉憲使。至成化戊戌,轉貴州左布政使。又幾四載矣。乃竊祿三十年,是謂濫竽於王之門也。今歲甲辰春,退休離職。是始得逊竽矣。然罷官則投閑,逊竽則擊壤。昔吾叨官以縻盛世之好爵,今投閑以樂盛世之太平,未必真閑也。故自號逊竽野人,亦曰逊竽子。

復以己心之所好所懲者列爲三事,名曰"逊竽三要"。分列其目,曰:三不赴(不赴官、不赴席、不赴會)、三可往(往問疾、往弔恤、往見賢)、三不言(不言官事、不言人過、不言世利)。吾自幼癖於好學,但叨祿苟延,歲云其逝,倏忽花甲一週也!良可自嘆。今於休閑,特述此以異覽者,君子幸針砭而指進之,庶不失爲人之正,不負讀聖賢之書,而無愧於戴履兩間矣。成化甲辰四月記。

[錄自《(嘉靖)河州志》卷四《文籍志下》]

墓誌銘

故前監察御史婁公墓誌銘

賜進士嘉議大夫浙江等處提刑按察司按察使關西朱紳撰。

賜進士奉政大夫右春坊右庶子兼經筵講官安成劉宣書。

賜進士及第中憲大夫詹事府詹事兼翰林學士莆田柯潛篆。

成化庚寅十月三十日,前監察御史婁公卒。越四年十月十二日,葬於邑之建牙鄉皎嶼祖壟之次。先期,江浙都閫陳君彥章以子納贄於婁,篤葭莩之誼,致書於予,以墓上之文請。予與婁嘗同官於朝,相知最深,曷敢辭?

按狀,公諱濬,字濬夫,行二。系出唐師德公之後,世居永嘉□□里。曾祖琉;祖盛,掌教閩之寧德;父昕,司訓郡庠;母劉氏。公生而歧嶷聰敏,涉獵讀書,過目即成誦。父奇之,曰:“吾兒秀穎不凡,異日必能取青紫,以繼簪纓。”長補弟子員,侍厥考於庠序,親熏濡染,文行日進。以《書經》領浙闈鄉薦,小錄鏤其文爲程式。景泰辛未,登進士,觀政内臺。壬申,拜貴州道監察御史,能以振肅綱紀、激揚清濁爲己任。辯雪冤,抑推讞,明決略,無纖芥凝滯,爲其平反者居多。甲戌,奉敕出巡南畿,星軺所至,動搖山嶽,貪者懼,暴者懾,善者勸。臨莅潁州,適悍夫假天垂象以惑衆,群愚一時信服,植黨自固。公廉知,即捕之鞫實,皆寘極典,而居民奠安,吏民無不服其威而懷其德。明年乙亥,復命,還道掌事,克副股肱之寄。知無不言,言必切中乎事機。時郕王據當宁之位,刑政乖違,災異迭著。公率十三道憲臣上疏,有不副意皆愎諫,遂左遷爲邢臺典史。公直受其責,不以職之崇卑爲喜愠。惟篤忠貞、施德禮以導俗,民咸傾心向化,無敢違其教令。

丁丑春,伏遇英宗睿皇帝光復寶位,詔起爲曲周縣尹。公益增淬礪,亮采服勤,不渝其初,而及民之政有加於昔,數載政成化洽,譽聞隆著。當道序公等十三人事績聞於上,不次遷秩,以獎忠直。會公内艱訃至,守制還鄉。繼惟外艱,治葬祭,無越禮。既免喪,趨京,天官爰例擢膺大用,公引疾力辭休致。得解官南旋,杜門不出,外務一不干其心。日與縉紳賡歌自適,人皆羨公合進止之宜。得年五十有四,生永樂丁酉正月六日。

配陳氏,先卒。繼娶户侯女傅氏,暨沙河王氏,並有淑德。子男五,恭、讓、壽、德、保,俱夭。以侄□□爲後。女三,適浙省劉都指揮男瓚,世襲溫州衛指揮同知;邑庠生黄鑒;其一入贅,即公子陳納也。

予謂公之學,蚤登科第;公之才,榮任侍御,皆所宜有。公之德量器識,宜進職台輔,顧乃履險即夷,僅以令尹而終,且年不及下壽,育子五人皆亡,豈非所謂莫之爲而爲者也?

爲之銘曰:"猗歟婁氏,簪紱蟬聯。世澤攸遠,於公象賢。登庸黄甲,薦冠任事。百僚懾服,糾謬繩愆。篤忠納諫,内臺左遷。敷政外邑,德禮爲先。夷險一節,終始克全。論功拔擢,用旌直言。名遂身退,引疾歸田。天嗇其壽,弗與德肩。皎嶼之麓,屹屹新阡。勒銘焯行,百世永傳。"

城南王汝覃鎸。

[録自拓片。圖載《溫州訪碑録》,文物出版社2019年版]

序跋

送二守吕侯思朝致政還鄉詩序

河州古枹罕之地。洪武初,置軍民指揮使司。成化拾年甲午,增置河州,隸臨洮府,民悉屬焉。仰惟皇上軫念河州乃建置之初,遠在邊徼,欲司牧者得其人,特命銓曹慎選循良,以稱任使。盖重其地而難其人也如此。時掌銓衡者夙夜兢惕,務副聖意。乃以祥符白侯宗祐知州事,以侯爲同知而副二之。逾二載,政治平和,衆心翕然。一旦,侯縈恙,不視事者數日。輒嘆曰:"君子耻尸素也。吾豈可固禄位而妨賢路耶?"力欲謝事,以疾辭。乃亟報於有司,具聞於上,而允其所辭,命下矣。濱行,河之民不忍其去而留之。士夫亦惜其别,咸賦詩以豔其行。或美其德政之善,或詠其遺愛之深,或述其去後之思,或揚其急流勇退之義,或狀其離别懷感之情,或鳴其截鐙攀留之意,或道其園林雲水之樂,或稱其故鄉晝錦之榮。珠璣璀璨,綺綉煥燁,音響鏗鏘。亦榮矣哉!

俾予爲序,以弁諸簡端。予曰:"士之仕,本以求榮也。然得其榮者易,保其榮者難;保其榮者易,全其榮者難。譬之五穀,種而苗,苗而秀,秀而實,此可言穀之成也。士君子幼而學之,猶農夫之耕而播也;壯而行之,猶播而耨也;慎修厥職,猶耨而斂也;顯親揚名,猶斂而穫也;不虧其行,不辱其親,猶穫而食也;不虧不辱,始終保全,猶食而飽也。庶足以言榮,而爲仕之成矣。吕侯由太學任南京龍驤衛經歷,推恩褒贈父母,膺簡拔以遷州佐。居官清謹,莅事平易,民多愛戴。然尤以耻尸素爲妨賢,決去就。誠可謂難進易退之君子也。此不負聖天子簡命之盛心,亦無愧於今日士大夫歌頌之雅厚,其無忝於始生懸弧之初意。歸於家,而與鄉之耆碩優游徜徉,以樂其天年,爲後學之矜式。傳之子孫,以爲美談,則其榮豈有窮乎?所謂耕而耨,耨而斂,斂而獲,獲而食,食而飽者,乃全其成,而爲仕之成耳。視彼之受直怠事,貪墨除名,有玷於名教,見鄙於士夫,貽笑於鄉邦,果仕榮乎哉?惡在其爲榮也!予亦叨禄者也,言於斯而亦有警焉。"予不佞,第愧以蕪陋之詞,而冠於群玉之首。

[錄自《(嘉靖)河州志》卷四《文籍志下》]

弘治巢縣志序

《禹貢》别九州,揚居其一。廬、舒在揚州,金斗分野。巢則廬屬邑,介在江表。自司馬晉後至唐,凡八易代,咸建都金陵,巢嘗隸鄰治。皇明混一,定鼎南畿。巢爲畿内大邑,湖山形勝,卓冠淮西。蓋王化所先之地,涵煦漸摩之久,其文獻之富且懿,風俗之醇且厚,英秀之蓄且碩。苟不資諸制作以登之焉,則爲政者將奚以諳其俗,而措諸務也?

成化初,廬太守朱公脩郡志,以巢附之。縣因無志,而令是邑者,甲更乙代,卒未有能自倡始者。弘治壬子,乃縣令林侯宗哲莅政之四載,境内向化,政通人和。暇日因取舊志稿閲之,歎其遺漏太甚,邑教許君端惠、羅君悦咸請編葺。適太和士達尹先生自南譙至,侯禮延于邑之西隱刹,以校摩爲囑。先生忻然秉筆,昕夕之間,廣蒐遠獵,旁咨博採。凡巢之山川地利、名宦人物、歷代以來鉅卿名儒所爲文章詩賦,有裨于是邑者,咸收無遺。且又訂其牴牾,審其去取,魯魚訛舛者正之。研精鈎深,不使有魚目碔砆混珠玉之誚,用心可謂恪且密矣。閲三月,書成,侯偕縣簿盛君明、縣幕李君恒議鋟梓以行,走介謁余,序其簡首。

余惟郡邑之志,即郡邑之史,古帝王政教攸寓,太史氏所重也。奈之何今之論政者以刀筆期會爲尚,言教者以呫嗶鉛槧爲工,其于名教攸關,往往諉爲不急之務。非有禮文儒術之士以飭吏事者,其克知所重哉?林侯以瓊山之英,早擢科第,抱負未售者餘二十年,始得領縣滁篆。公慎廉勤,治官事如家事。今一旦舉闕典于百二十年之餘,以風勵兹邦,以昭我國家典章文物之盛,豈古所謂循吏悃愊無華者歟?余故嘉侯之志,喜斯志之有成,并書以爲巢之英彦賀。

弘治壬子孟秋月之吉賜進士第正議大夫貴州布政使司左布政使前浙江按察使司廉使致仕合肥朱紳書。

[録自《(康熙)巢縣志》。原文題爲《林公舊志序》]

任彦常

任彦常(1434—1499)[①],字吉夫,號克齋,學者稱克齋先生,南京江陰衛軍籍[②],合肥人。幼遊京庠,刻苦有志,蒐獵群書,爲文辭理並到。天順六年(1462)應天府鄉試解元。考官劉吉見其卷,驚曰:"此奇才也!"拔置第一人,梓行其文。及揭曉,物論以爲允當[③]。成化八年(1472),成進士,授南京户部貴州司主事。成化十五年(1479),陞廣東司員外郎[④]。成化十七年(1481)七月,陞福建按察司提學僉事[⑤],體恤士類,甚得其心。弘治元年(1488)閏正月,科道官彈劾任彦常等"素行不謹",被朝廷勒令致仕[⑥]。福建八府師生聞訊,遣人赴京保奏,保連一十二章不報,遂歸。從容林下,十有二年而歿。著有《克齋稿》若干卷[⑦]。

注:

①任彦常生年根據《成化八年進士登科録》所記"年三十九,十一月二十四日生"倒推,知其生於1434年。卒年根據《國朝獻徵録》記載"弘治紀元,致仕歸。……從容林下,十有二年而歿",則卒於弘治十二年(1499)。

②參見《成化八年進士登科録》。

③④參見明過庭訓《本朝分省人物考》卷十二《任彦常》。

⑤⑥參見《明憲宗實録》。

⑦參見明焦竑《國朝獻徵録》卷九十《任公彦常傳》。

論策

天順六年應天府鄉試策

問:士學古以入官,時務不可不知也。姑商其要可乎?考課所以廉吏治,然今有司賢否,不知其幾,而毁譽多出徇情之好惡,功過概試一日之議論。何以使勞心撫字之儔不失於詢察,迎合取譽之輩不得以倖進歟?學校所以育賢才,然今太學生徒無慮數千,而精鋭罷於歲月之拘歷,才智迫於資用之不給。何以使長安困厄之賢皆有所激勵,唱義仁勇之士不至於淹滯歟?國家設立都司,分遣邊將,欲其保障一方也。今遇一方小警,輒勤王師遠征,而西北用兵,糜費尤甚。何以使榦不庭方者悉能有備,圖上邊奏者能省費而息患歟?漕運取粟於民,輸輓以兵,欲其兵民兼濟也。今值兑粟之際,民既出其贏餘;而輸納之時,兵多窘於逋貸。何以使沾體塗足者不至重困,汎舟勞役者不至疲憊歟?至於刑罰以謹民命,朝廷每斷一獄,必詳審而後行,然窮鄉小民情弗上達者多矣。何以使白日受誣者皆有所控訴?科派以資國用,朝廷所需,不能什一,然有司因而掊尅者夥矣。何以使登壟罔利者不肆其侵暴歟?兹數者皆時務之所當講者,諸生能有以處之,則他日從政,可迎刃而解矣。幸直言之毋隱。

同考試官教諭蕭批:時務一策,政欲觀士子之才識。場中作者但敷演問目而已,惟此篇隨事剖析,無不可行者。篇末盡心之説尤爲有見。可敬!可敬!

同考試官教諭王批:斟酌得宜,甚切時弊,非有識之士不能也。一薦何忝?

考試官檢討邢批:道故實而不迂,陳時務而有據。策場多士,當以子爲白眉矣!

考試官脩撰劉批:奉法、體意、盡心之説,皆他卷所不到。其真知時務而不遺本領者歟!

對:奉朝廷之法,當有以體朝廷之意;居人臣之職,當有以盡爲臣之心。夫朝廷立法之意,無有不善,所貴奉行之者何如耳。爲人臣者,苟能盡其心,體而行之,則何爲而不當?何往而不獲其效哉?知此則可以復明問之萬一矣。且士學古以入官,無非欲推所有以見用爾。欲見用,而於時務有不知,不可也。請得舉今時務之要者而言之。

考課所以廉吏治。朝廷立法，本欲得人。如知其人果能也，表而出之，何恤乎徇情之好惡？如見其人果賢也，察而用之，何嫌於議論之不足？如是則雖有司賢否之多，而勞心撫字如陽城者，必不失於詢察；迎合取譽如阿大夫者，必不得以倖進矣。

學校所以育賢材。朝廷立法，本欲選賢。誠使賢者拔用於已存，雖有歲月之拘，不至於罷敝；使不肖者不得濫進於方來，雖有資用之迫，不害乎才知。如是則雖大學數千之衆，何患如漢長安困厄之賢不有所激勵，如唐倡義仁勇之士不至不淹滯也？

朝廷設立都司，分遣邊將，欲其保障一方也。夫何承平日久，武備漸弛？故有一方小警，輒勤王師遠征，又西北用兵，糜費尤甚者。誠使受分閫之寄、任邊隅之責者果能體朝廷設遣之意，居常或脩武備而勤撫循，或興屯田而練土著，有事則倡勇敢之氣，盡禦遏之方，如是則方岳有備，邊鄙患息，不啻斡不庭方者之足以輔於周、圖上屯田奏議者之足以稱於漢矣。

漕運取粟於民，輸輓以兵，欲其兵民兼濟也。夫何事久弊生，爲患非一？故有兑粟之際，民既出其贏餘；輸納之時，兵多窘於逋貸者。誠使司出納之任、備率領之職者果能體朝廷兼濟之意，不厚斂以戕其生，不侵削以肥於己，又或相水道之險易，謹舟楫之往返。如是則民不重困，兵無疲憊，將見沾體塗足者咸有含哺鼓腹之樂，汎舟勞役者得免去土出息之憂矣。

至於刑罰以謹民命，朝廷每斷一獄，必詳審而後行。然窮鄉小民情弗上達者，由壅遏之弊多也。誠使任刑憲者體朝廷欽恤之意，盡詢咨仲理之勞，則何有白日受誣、無所控訴，如蘇子之所云者乎？

科派以資國用，朝廷所需，不能什一。然有司因而掊尅者，由貪墨之風行也。誠使首民牧者體朝廷節用之意，嚴獎廉黜貪之政，則何有登壟罔利、肆其侵暴，如孟子之所譏者乎？

兹數者皆時務之所當講者，愚生既略言之矣。雖然，自古奉法易而體法難。非體法之難，能體法之意爲難也。自非勉乎在己者，何足以與此？是必公而不惑於私，明而不昧於事，勤而不懈於位，廉而不繫於外誘，誠而不飾於矯僞，然後可行。愚生竊以爲，居人臣之職，當有以盡爲臣之心者。此也狂斐之言，不勝瀆冒，執事幸恕而教焉。

［録自《天順六年應天府鄉試録》，《天一閣藏明代科舉録選刊·鄉試録》，影印明

刊本]

制義

子之燕居,申申如也,夭夭如也

同考試官教諭蕭批:此題作者不失之泛,則失之略。惟此篇詞意春容,筆力高古,一以中和貫之。誠有學之士!

同考試官教諭王批:此題似平易,寔難措辭,故佳者少見。偶得此篇,詞既暢達,又講歸盛德之至。一薦何忝?

考試官檢討邢批:能形容聖人燕居氣象,得當時門人之意矣。

考試官脩撰劉批:視他作騁浮語者不同。

觀聖人在閒暇之時,其容色一中和之著。夫聖人之德盛於内,則雖閒居之時,自有中和之氣著於外也。門人特記以示人,詎無意乎?

思昔弟子形容聖人,有言其盛德光輝接於人者矣,有記其容色言動著於事者焉。今而曰:子之燕居,申申夭夭。何也?蓋燕居乃閒暇無事之時,非接人待物之際。斯時也,常人不失之怠肆,必入於嚴厲,欲其容色一適於中和,不可得已。惟聖人盛德之至,隨寓而安,不怠肆也,而亦不嚴厲。其容之見於身者,則動静舒徐,而迫遽之不形;四體展布,而局促之無有。此非有意於舒展,乃中和之氣自然發見爾。其色之著於面者,則油然愉悦,不啻春風之和;藹然怡樂,有若朝陽之煦。此非有意於愉樂,亦中和之氣自然呈露爾。

門人有見乎此,而難於言。不徒曰"申申",而又曰"夭夭"。以"申申"之意有未盡,故更著"夭夭"字也。不徒曰"申申夭夭",而又一則曰"如",二則曰"如",以自然之妙尤非言語能形容也。意亦可謂善觀聖人而用心於密者歟! 雖然,人徒知聖人燕居之時,其容舒,其色愉,而不知由其中和之發見也;人徒知聖人中和之發見,而不知本其盛德之至也。攷之他章有曰:"子溫而厲,威而不猛,恭而安。"又曰:"望之儼然,即之也溫,聽其言也厲。"斯皆盛德自然之符爾。有志於學者,宜於是潛心焉。

[錄自《天順六年應天府鄉試錄》,《天一閣藏明代科舉錄選刊·鄉試錄》,影印明刊本]

媚兹一人，應侯順德。永言孝思，昭哉嗣服。昭兹來許，繩其祖武。於萬斯年，受天之祜

同考試官教諭蕭批：《詩》卷不下九百，作此題者多不可人意。忽得此篇，形容武王之孝，殆無餘藴。取之以冠本房，孰曰不宜？

同考試官教諭王批：此篇理明而暢，辭富而葩，可取！可取！

考試官檢討邢批：形容武王之孝，光前裕後。《下武》詩人之意，正如此。

考試官脩撰劉批：辭暢達而理不失，亦善於作義者。

天下化而聖孝昭然，有以繼其先；聖道明而後王繼之，永以獲乎福。盖天下之歸化，即聖孝之所由明也。後王苟能繼其迹而不違焉，又豈不永獲上天之福哉？

是《詩》美武王能纘大王、王季、文王之緒，以有天下而作也。謂夫武王德足以成王者之信，孝足以爲天下之法。是以普天率土，非一姓也，莫不愛戴武王，以爲天子，而所以應之者，維以順德焉；群黎百姓，非一人也，靡不親媚武王，以爲元后，而所以化之者，亦維以順德焉。盖順德即孝也，武王長言孝思，而天下化於孝。是能以一人之孝爲千萬人之孝，其孝之昭然能嗣其先世之事者，不可掩矣；以一身之德爲天下之德，其孝之明哉能繼其先王之緒者，不可昧矣。武王之道，昭明如此。爲後王者，苟能繼其迹而愈光焉，又豈不獲乎福哉？

是故法武王之信，必天命之永配，而無頃刻之或違可也；法武王之孝，必世德之是求，而無一息之敢忘可也。誠如是，將見雖於萬斯年之久，子子孫孫亦永荷天禄而不替，所謂"邦國是有"者有焉；雖萬有千歲之遠，本支百世亦久獲天眷而無窮，所謂"百禄是遒"者有焉。噫！繼三后於已往，開後嗣於方來，非武王之達孝，其孰能如是哉？抑《下武》一詩所以詠嘆武王者，不一而足。要之，武王之道不過信與孝爾。故於此又即其孝之著者，以勉其後人。然武王之孝，豈一朝一夕暫行復輟者所能至哉？必常永不已，盡誠無間，而後可庶幾也。此又讀者之所當知。

［録自《天順六年應天府鄉試録》，《天一閣藏明代科舉録選刊•鄉試録》，影印明刊本］

記

瑞樟書院記

蓋聞厥木有根,厥水有源,明有本也。矧夫人參於兩間,其家世族系豈無所自耶?

麻沙劉氏自唐少府開國公翱受官建州,維時五季繹騷,避亂於潭城之麻沙,矚其山川勝概,遂卜居焉。手植樟木,蔽芾陰翳,且祠以祀鼻祖有漢劉公向。迦宋嘉定,裔孫潯州守曰中者創瑞樟書院,與其兄子翬者卒業焉。宋學士洪邁遂爲之記,今見《夷堅志》。其址則坐癸面丁,依盤龍之峰,懸雲岩之下,蓮湖襟其左,武陵環其右。其廣則一十有二丈,其深則二十有八丈。重岡疊嶂,突如森如;青谿碧湍,浩如瀏如。前爲門屋五間,中扁曰“瑞樟書院”;次則庭楹四列;其次則堂屋一棟;其寅賓之廳則扁曰“忠文世家”;正堂則扁曰“道源”,祀劉向,配以屏山文靖公子翬、右史文忠公崇之、存庵砥、在軒礪、篁嵲子寰;其東廳則扁曰“義齋”,中祀開國公,配以忠簡公頜、忠顯公韐、忠定公子羽、忠肅公珙、忠烈公純,與其梅石公震孫。綜其楹六十有八焉。第歲久傾圮,正統、景太、天順年間,屢奉部符,先後起廢脩墜,國家恩典攸及矣。然世既綿邈,堂廡因之彫朽。

玆成化辛丑,余奉敕視學八閩。自樵川馹按潭城,道經麻沙,謁於其祠。見其堂宇傾圮,不覺讙然嘆曰:“向爲炎劉宗室;而翱之德,見諸我太宗文皇帝《爲善陰隲》所載者,昭然在人耳目。至於後胤,若文靖,若文忠,若五忠,諸從祀者或以道學名世,或以精忠播時,炳燿史册,千祀弗寢。可使之湮没,弗克世享禋祀乎?”乃白之代巡汪公奎,允其請,檄邑令汪律重加脩復。改義齋爲五忠堂,樹坊表凡三焉。中扁曰“忠哲流芳”,左曰“力扶正道”,右曰“五忠風烈”。輪奂亦既鮮明,奕然改觀矣。

余猶懼乎開國公之後裔罔知所自,乃援筆以紀其概,將使公之裔孫與夫宦于斯者,體余之心,亦知所重。至於諸公道德忠烈與夫樟木之兆祥,史傳載之詳備,玆不復贅。

[錄自《(萬曆)建陽縣志》卷二《建置誌》,《稀見中國地方志彙刊》第31册,影印明萬曆刻本]

科貢題名記

提學僉事任彦常撰。

國家取士與士之進身，惟科貢其正途，外此則非所重。譬之良金美玉，固在在有之，人必麗水、崑崗，非以其所出之不凡歟？夫萃天下之才，養之於學校，三年而一科，再年而一貢，考較必嚴，揀擇必精，進取必公，所以抑奔競，杜僥倖，非真材勿與，何若是其重耶！

亦曰："今日之事，異日公卿大夫百執事之選也。君德臧否、社稷安危、民生風俗休戚淳漓係焉。"不端其本，無以直其末；不澄其源，無以清其流。所以養而取之者，夫何容於不重哉！雖然，養之有道，取之有法，所以取重於我者，意固有在也。吾之所學者何事？聖賢之垂訓於我者何事？君國蒼生之望於我者何事？若惟爵禄是利，而報稱無聞，則負其重我之意矣！

予觀仕宦之進自他途者多，或致於蠱厥心、怠厥事、隳厥職，人必揆厥所由，曰："彼不自學校科貢中來，無足怪者。"兹承學校一日之養，幸發身於科貢，金出於麗，玉出於崑也。可不知所重哉？推所學以施之行事，于以堯舜君民，挺然爲一代豪傑，亦誰能禦耶？

清流，汀之屬邑，山川盤礴，鍾秀於人，以故人材輩出而科貢不乏。邇來，文運興而比昔尤盛。司教者請立石于學宫，以記其名氏，盖亦知所重也。夫豪傑之士，求副之以實，豈以名之記不記爲意哉？然勒石示勸，化導之職也。以豪傑自待，而不負其所重求；若良金美玉，無忝其所自出者，二三子之職也。職所職，重所重，庶斯名之益著，殆將與日月而爭光！予其有望於二三子。

［録自《(嘉靖)清流縣志》卷五《詞翰》，《天一閣藏明代方志選刊續編》第38册，影印明刊本，校以《(嘉靖)汀州府志》卷十八《詞翰》(《天一閣藏明代方志選刊續編》第40册，影印明刊本)。誤字據改，脱漏據補］

墓誌銘

楊母太淑人朱氏墓誌銘

京闈壬午解元合肥任彦常撰。

南京尚寶司少卿奉直大夫長沙夏瑄書。

南京羽林左衛指揮僉事明威將軍東魯都勝篆。

太淑人姓朱氏,諱安,故光祿寺卿士廉公之女。性幽閑惠順,爲父母鍾愛,生十九年,選所宜歸,遂適羽林前衛指揮使楊公清。太淑人既歸楊氏,克盡婦職,事舅姑以孝,事夫子以敬,待媵侍以恩,處家用以儉。至於歲時蒸嘗,尤謹飭,覃厥心。舉族譽之。楊公先卒,太淑人撫諸孤,夙夜劬勞,出服飾與其就學。故諸孤繼成立,克肖至。成化元年六月初八日,太淑人以疾卒。是月丙申,合葬于先夫楊公之墓,地在江寧縣安德鄉之原。據其生洪武二十九年十月二十三日,享壽七十有一。子男三人,長曰茂,襲父爵,有廉能聲,爲時碩臣所信□□遷有期,娶蕭氏;次曰晟,孝謹能業家,娶商氏;次曰俊,娶張氏。女一人,適都指揮僉事男韋能。孫男四人,曰瓚,曰瑋,曰□,曰□,皆有業。茂率諸弟子泣血請銘。

銘曰:"猗與淑人,令德孔純。苗于文族,爰歸武臣。爲婦克敬,爲母克仁。采蘩采藻,必躬必親。緊有令器,爲時之珎。廉潔不疵,淑慎其身。云胡其然? 由母之甄。昊天罔極,滄海無□。刻銘墓石,千載惟新。"

[錄自拓片。圖載《新中國出土墓誌·江蘇 貳 南京 上册》,文物出版社2014年版]

序跋

三原縣志後序

天地冲和之氣,萃於西北,而關中爲盛。三原尤爲關中甲邑。然而名山大浸,受天地之氣爲多,其所産之物不能以獨當之,必有奇傑魁偉之士挺生其間,以鍾其秀,而發洩乎天地山川之藴。上自三代,下及漢、唐、宋,世不乏人,或以道德名,或以文章顯,或以功業著。迨我聖朝,則有今大司馬、前都察院右都憲王公其人焉。

公蚤掇巍科,歷登樞要,文章事業,光昭一世,視昔無前。是知公之生也有所自,其出也有所爲,而天地山川之藴不能不賴公以爲之發洩,而公亦自知其任有不能辭者。乃於公務之暇,蒐職方,披地圖。凡山川、壇墠、宫室、井巷、古今人物、名宦、土産所宜、職貢所有,與夫朝廷之褒恤、古今之題詠,皆備書而詳錄之,以爲三原信史。釐爲二册,以卷計一十有五,以目計五十有九。昔杜佑嘗言:"談地理者,在辨區域,徵因革,知要害,察風土。"觀公是編之作,蓋有之矣。

嗚呼！公之用心可謂勤且仁矣。今之人以官爲家者,心溺於富貴名利之場,其於先人之墳墓與其家世出處之故,尚有遺忘棄置而不知顧,况于一邑事物之夥哉！如此者其視公之用心宜何如？他日,邑之賢大夫能知所輕重者,贊成公志,繡梓以傳,使鄉人由今以及千百世之下,披卷一覽,而一邑之事,無巨無細,或因或革,舉集目前。若然則公仁惠之心將與三原之山川庶物同爲不朽矣！天地間傑然大丈夫之事,固如是哉！

大司成王先生嘗與校正,且序其顛末之詳于首。顧予何人？亦獲厠名于後。

成化辛丑秋九月望日賜進士第奉議大夫福建等處提刑按察司僉事奉敕提督學政金斗任彦常書。

[錄自《(弘治)重修三原志》,美國猶他家譜學會公布圖像]

陳鋭

陳鋭(1439—1503)[①],字志堅,合肥人。陳瑄曾孫。天順八年(1464)襲平江伯[②]。成化六年(1470),總鎮兩廣。成化八年(1472),移鎮淮安,總督漕運[③④]。弘治初,命提督京營,操練軍馬,兼掌左軍都督府[⑤]。弘治七年(1494),加太子太保,協同劉大夏治張秋運河。弘治八年(1495),以功加太保,兼太子太傅。弘治十一年(1498),加太傅。弘治十三年(1500),朝廷命其率軍赴大同禦韃靼。時陳鋭年老多病,精力弗逮,最終無功而返[⑥],被奪俸閑住[⑦]。閑居二年卒[⑧]。

注:

①陳鋭生卒年據明李東陽《明故太傅兼太子太傅平江伯陳公墓誌銘》所記"蓋閑居二年而卒,是爲壬戌十二月十五日,壽六十有四",知其生於1439年,卒於1503年。

②參見李東陽《明故太傅兼太子太傅平江伯陳公墓誌銘》。

③參見《明憲宗實錄》。

④參見《明史》卷一百五十三。

⑤參見《明孝宗實錄》。

⑥參見李東陽《明故太傅兼太子太傅平江伯陳公墓誌銘》。

⑦參見《明孝宗實錄》。

⑧參見李東陽《明故太傅兼太子太傅平江伯陳公墓誌銘》。

奏議

論漕運事

(成化九年正月二十五日),鎮守淮安漕運總兵官平江伯陳鋭奏漕運事宜。

一各都司運糧把總、都指揮、千百户等官,多有不畏法律、貪贓害軍者。乞皆退回原衛,帶俸差操,别選廉幹者代之。自後,凡借債者皆令停俸運糧,候債完日支俸。若年久不完及剥削害軍者,照例問發,立功哨瞭。其果廉幹者,依文職旌異例,或量陞署職,以勵後人。

一淮揚、徐吕、濟寧、臨清一帶,河道淺澀,以致船被凍阻,軍多逃亡。乞從寬恤減運。其阻凍之船,量其地近,可以不誤領兑者,促回兑運;果地遠有誤及船或損壞者,修艌堅完,將兑運并下年支運俱於附近倉領納,卻將各該官軍下年兑運。暫不爲例。令有司以正耗米賣銀解京,就給官軍,准作月糧。

一運糧軍士費用多端,至於交納不完,未免借貸,歲久利息日加,一衛一所有至本利七八千兩者。以此軍士月糧、行糧、冬衣布、花皆用償債。今欲以前所借銀,除加利不還外,如本銀全負,暫以淮浙餘鹽給還,或許本船回載北河鹽於江南賣還。

一各府州縣官通同糧里長濫收惡米,及兑糧之際,復潑水和沙。其河南、山東等處,米益不精。領兑在船,蒸濕浥爛,難於上納。乞敕各處巡撫、巡按等官,嚴督所司,痛革其弊,違者究治。

一各倉收糧,每斛例一尖一平。近年,俱攤薄曬晾數日,又有五七人成行,號爲耕米,往來躧踐。其糧多年久空腐者,半作灰塵。及平米又淋尖踢斛,外增官堆。計收糧一石,加耗三斗有餘,虧折甚多。蓋因前官得其積,出羨餘以爲功績,是以遞相倣傚。今不改正,疲敝愈深。乞敕管糧内外官員并巡倉御史嚴加禁約,務遵舊制而收。仍令旗軍行概,斛下餘米,盡還本軍,違者罪之。庶使軍困稍蘇而糧獲早完。

疏入,下户部議。皆可行,惟請官鹽以償私債爲不可。詔從之。

[録自《明憲宗實録》。文題爲編者所擬]

條陳五事奏

(弘治六年閏五月二十五日),平江伯陳鋭陳五事。

一謂在京各營號頭、把總等官,乃傳布號令、管領隊伍、時常操練以備他日之用者。而比來賢否溷淆,不足以昭示勸懲。請命兵部會同總兵官考選,年力精健、才識可取者留之,老疾貪婪者革退,别於聽缺并隨伍官内選補。凡推選,宜勿專騎射。此後仍五年一次行之。

一謂居庸、倒馬、紫荆、山海諸關,黄花、密雲、古北口、喜峰諸鎮,修理墩墻,多虚應故事,一遇山水衝激,輒復損壞。况山木爲人砍伐,險阻變爲坦途,雖常差官點視,不能周徧。此後巡邊大臣宜同巡關御史及鎮巡等官徧歷踏勘,某地可增墩堡,某地可置溝墻,某樹可植,某岩可削,某地近,可使兼管;某地遠,可加分守。逐一處置,務求至當。

一謂兩京武學銓選儒官,教養武職子弟。比來生徒庸劣,蓋由師道不尊、學規廢弛所致。臣等間嘗考試諸生,有入學三五年,《武經七書》尚不能講解記誦者;甚至有經年不肯肄業者。况原選六百人,今止二百餘人。乞命兵部會同各營總兵官,揀選不堪者,送營差操;將各營見操幼官、應襲舍人内,揀選資質可教者送學,務足原數。兵部該司官每十日一員,下學稽考所讀經書、課程勤惰,量爲懲治。仍令吏部,遇有教官員缺,務選學問老成者除授。果能教導有方,宜録其功蹟擢用,否則降黜。其大臣下學考試,亦須每月一次。以後武舉之時,先策略而後騎射。若學識無可取者,已之。南京武學亦照此例。

一謂大同、宣府、遼東諸鎮及各邊關地方,俱有内外官員受托重寄,操練軍馬,控禦夷虜。比來兵備廢弛,旗軍精壯富實者役占於私門,老弱貧難者疲困於征役,勞佚不均,人情嗟怨。乞命兵部查照舊例,選差給事中會同巡按御史,親詣衛所,查取户口册籍,逐一點視,精壯者編爲征操出哨,貧弱者屯田守城,老疾者令其替役,仍造册送部。候三年差官盤糧之時,將原册逐一查究。有仍前役占者参奏。庶邊軍勞佚得以適均。

一謂山東、河南、北直隸及鳳陽等處連年凶荒,各處官軍儘數運糧。京操雖有下班官軍,多潛回原籍,所在城池空虚。間有守城舍餘,因無糧餉,一遇有警,缺人調用。乞命兵部移文各處鎮巡等官,將京操下班官軍令在本城原伍操守,每十日一赴教場,演習武藝,固守城池。其所在軍士月糧,鎮巡等官務令按月支給,庶免逃移之患。

下兵部覆奏,從之。

[錄自《明孝宗實錄》。文題爲編者所擬]

張淳

張淳(1454—1519)[①],字宗厚,號載菴,合肥人。明代名臣。成化二十三年(1487)進士。弘治元年(1488),授湖廣長沙府瀏陽縣知縣[②]。爲官不事苛刻,曲盡人情,不修邊幅,優渥士類,忠愛實惠,上下兩得。去後,民思之,爲立遺詠樓於縣儀門左[③]。弘治七年(1494),轉山西道監察御史[④],巡按光禄寺,復巡捕畿甸,奉敕巡視牧馬草場,頗有政聲[⑤]。弘治十一年(1498),奉命巡按貴州,任内平息叛亂,擒普安阿保父子,餘黨五十九寨悉就撫。弘治十三年(1500),轉江西吉安府知府,政績卓著,御史交章薦之[⑥]。正德元年(1506)四月,陞四川按察司副使,備兵松潘[⑦],諸番懾服[⑧]。正德四年(1509)四月,陞南京太僕寺少卿。正德七年(1512)二月,陞應天府府尹。同年十二月,陞都察院右副都御史,撫治鄖陽。正德八年(1513)十一月,改巡撫保定,兼提督紫荆等關[⑨]。時傳報邊警,淳經略邊務,悉心區畫,達虜聞風遁去。河間諸郡告饑,奉敕賑濟,全活者以萬計[⑩]。正德十年十二月(1516),以被劾,乞致仕。帝許之,令馳驛歸[⑪]。家居以終,賜祭葬[⑫]。張淳修髯火色,剛果自信[⑬],性仁厚,雖素所甚惡者,見罹患難,猶思救援[⑭]。萬斯同《明史稿》卷二百五十六有傳。

注:

①張淳生年根據明楊道賓《明故通議大夫都察院右副都御史張公墓誌銘》記載:"公生景泰甲戌。"據《成化二十三年進士登科錄》記載:"年三十四,正月二十二日生。"卒年根據《明武宗實錄》記載:"(正德十四年十月十八日),養病都察院右副都御史張淳卒。"

②參見楊道賓《明故通議大夫都察院右副都御史張公墓誌銘》,收錄於《楊文恪公文集》。

③參見《(嘉靖)瀏陽縣志》上卷。

④參見《明武宗實錄》。

⑤⑥參見楊道賓《明故通議大夫都察院右副都御史張公墓誌銘》,收錄於《楊文恪公文集》。

⑦參見《明武宗實錄》。

⑧參見《(萬曆)合肥縣志·宦達傳》。

⑨參見《明武宗實錄》。

⑩參見《(萬曆)合肥縣志·宦達傳》。

⑪參見《明武宗實錄》。

⑫⑬參見《明世宗實錄》。

⑭參見明劉春《明故通議大夫都察院右副都御史張公神道碑銘》,收錄於《東川劉文簡公集》。

奏議

報捷及議處地方疏

都御史張淳奏:爲"報捷音及議處地方"事。

臣會同分守太監劉祥、總兵李瑾、紀功巡按御史何棐,據鄖陽府申稱:"正德八年三月初三日酉時,總兵統領官軍在於石鎮江與賊對敵,斬獲首級貳百顆,生擒貳拾柒名,騾馬七百匹頭。初四日,又在連山河斬獲首級壹千顆。初七日,在綿州木槽溝斬獲首級壹千伍百顆,將賊首廖麻子殺死,捉獲伊妻。初十日,生擒流賊壹千餘名。傳報前來,合行申報施行。"

據報行間,又據僉事惲巍稟稱:"四月初一日,據本道原差武昌衛千户馮京齎文彭總制處回還傳報:三月十六日,在鹽亭縣總制衙門,親見閆遊擊家人解到賊首廖麻子首級驗實。十七日,彭總制同時總兵起馬往保寧府,行五十里至富村驛,偶遇喻老人壹枝約賊貳千衝來,當被官軍斬獲首級柒百"等因。

據此案查,節准欽差總制四川、湖廣、陝西等處軍務、都御史彭澤咨爲軍務等事,煩委謀勇將軍督率精鋭漢、土官軍民、快人等作急前到四川追賊,所在會集聽調。仍選布、按二司官各一員,督令各府佐貳官分投於各該經過地方整備等因。准此當行都指揮王偉統領鄖、襄官軍及府屬民兵共貳千名;及行守備甄昂、分守下荆南道參議白金、督同同知趙忠等,各將官軍操練守把;又行永順宣慰司操點土兵策應去後,俱分布防截調用。

今據各呈獲功緣由,臣等無任歡忭上言。伏以兵出有名,師行無敵。逆賊廖麻子敢爾不恭,圖爲不軌,殺我官民,屠我州縣,反計已成,惡貫已滿。荷蒙皇上既命憲臣以總制,又命三省鎮巡諸臣以協力,紀功寄於科道,贊畫司於部屬。撫剿並行,恩威大振;勝算下臨,群情惶怖。臣等欲盡萬全之策,媿非所長。顧惟一得之愚,焉敢不盡是用?發兵分哨,隄備截殺,幸爾大軍一至石鎮江而略挫其鋒,再至連山河而大破其衆,三至綿州、潼川勦擒，難以數計。地方寧謐，軍民仰賴。此誠我皇聖德同天，萬萬年之業也。除功次查明另報外，各該官員見領軍馬，久戍他鄉，疲困百端，窮苦萬狀，欲候寧息，將各官兵應減者量減，應掣者量掣，既省糧費，亦寬力役。及將所屬各州縣舊無城池者，行令修築，以爲保障；鎮店無墻垣者，或立排栅，或築土墻，或挑深溝，以爲防禦；其人烟荒落、可以通賊去處，設立巡司、哨堡，以備他虞。救偏補敝亦將有賴於此也。謹題請旨。

［錄自《鄖臺志》卷九《奏議》，《中國史學叢書三編》第四輯，影印明萬曆十八年刻本］

平獲賊黨疏

都御史張淳奏：爲"平獲賊黨"事。

臣會同欽差總制四川、湖廣、陝西等處軍務、太子少保、都察院右都御史彭澤，據四川兵備副使張敏呈，爲"流賊告願投降"事。照得本職節奉都御史彭澤帖案，嚴督各路官軍，務將殘賊喻老人擒斬盡絶回報等因。依奉於正德八年五月二十八日，會同僉事郭東山，督兵追至通、巴等縣，節被各枝官軍追趕擒殺。又該欽差平賊將軍右都督時源、欽差巡撫陝西都御史藍章、欽差巡撫四川都御史馬昊、欽差撫治鄖陽等處都御史張淳，督各官軍合兵追剿。比賊裝做鄉夫，奔至廣元，又被守備龐壽截殺。

本職欲便會兵前進，緣舊賊數少，新虜人衆，未免濫及無辜，有傷朝廷好生之德。及查總制都御史彭澤原行，如果賊勢窮蹙，畏我兵威，真心聽撫，遵照敕諭，許其解散，各安生理。以是，夥賊陳廣仁等男婦伍百名口陸續投降，獨喻老人尚未授首。隨准時總兵手本，據分守關南道參議蘇乾，據原差老人楊巡在遊仙里捉獲喻賊原虜婦楊氏等供稱，喻老人即喻思俸，王老人即王長子，及吳伯明、王應高、臘生和尚、六蠻四老、杜保兒、小六姐、二姐，俱迯往陝西西鄉老山藏匿。本年六月内，該兵部題爲前事，奉欽依，喻老人即係藍五等同起老賊，有能擒斬來獻的，都准照沙長孫例，陞世襲正千户，賞銀壹千兩。欽此。遵將喻思俸年貌及夥賊名數，備示徧發，曉諭擒拏去後。本年十二月初七日，楊巡督領鄉兵張得海，圍住喻老人、王長子，各又拒敵。楊巡奮勇將喻老人，張得海、王長子各殺傷，擒獲吳伯明、王應高等，并解前來，押送都御史彭澤覆審是實。

會同臣等參照，喻老人、王長子、吳伯明、王應高等，本藍、鄢之遺孽，糾廖賊之渠凶，搆亂七年，貽害三省。勞民傷財，而公私因竭；興師動衆，而遠近驛騷。上厪宵旰之憂，下極生靈之苦。内喻思俸依山恃險，稔惡肆凶，勞士馬已踰半年，費錢何啻萬計！夥賊降散已盡，仍敢奔逸爲非。罪惡貫盈，神人共怒。今者仰承神算，殄滅無遺，地方輯寧，兵戈偃息。是皆荷蒙皇上大彰宸斷，在必剿之無疑；屢播綸音，示再生之有路。廟謨明萬里之見，天威赫咫尺之臨，兵餉充盈，賞格甚重之所致也。再照四川等處地方，盜起累年，上勞宸慮，命將致討，歷久方平。禁廷元老贊襄之周祥，本兵大臣督勵之嚴緊，固皆簡在帝心，不敢僭擬。臣等瘝曠之罪，不敢自文。但各該地方頻年塗炭之小民，即太平供職之小民；今日平賊有功之臣下，即昔日失事有罪之臣下也。伏望聖慈念人才難得，憐赤子無知，普施曠蕩之恩，大慰雲霓之望。庶臣工益勵忠貞之節，而反側再瞻熙皞之天，幸甚！

［録自《鄖臺志》卷九《奏議》，《中國史學叢書三編》第四輯，影印明萬曆十八年刻本］

蔚春

蔚春（1458—1517）[①]，字景元，號直庵，合肥人。蔚綬玄孫[②]。弘治六年（1493）進士，授兵科給事中。遇事敢言，明孝宗特加眷注。地震時，陳時政八事；慮患，陳邊務七事。上嘉納之，悉見施行[③]。弘治十三年（1500）九月，陞户科右給事中。弘治十四年（1501）三月，陞户科左給事中[④]。同年七月，清屯兩浙，貞度肅寮[⑤][⑥]。弘治十五年（1502）十月，陞福建右參議[⑦]，誘誅妖民[⑧]。丁憂歸。正德二年（1507）八月，服闋，調陝西右參議[⑨]。正德七年（1512），晉廣西右參政[⑩]，分守桂平[⑪]。正德九年（1514），按臨平樂府恭城縣，見縣學殿堂圮壞，發贖鍰修理[⑫]。同年十二月（1515），以剿賊功，受賞銀五兩、紵絲一表裏[⑬]。敦素秉直，囊無長物，冰蘗之聲，溢人耳目。性鯁介，忌者或中傷之[⑭]。正德十年（1515）十一月，遭南京監察御史鍾曉等人彈劾[⑮]，遂抗疏乞歸，不俟報可。高風峻節，足以廉頑立懦云[⑯]。去世後，吏部尚書喬宇爲撰墓誌銘[⑰]。

注：

①蔚春生卒年據《合肥世蔭堂蔚氏宗譜》所記"天順二年戊寅二月十六日子時生。……

正德十二年丁丑五月二十七日酉時卒於家庭",知其生於1458年,卒於1517年。

②参見《合肥世蔭堂蔚氏宗譜》。

③参見《(萬曆)合肥縣志·宦達傳》。

④⑤参見《明孝宗實錄》。

⑥参見《(萬曆)合肥縣志·宦達傳》。

⑦参見《明孝宗實錄》。

⑧参見《(萬曆)合肥縣志·宦達傳》。

⑨参見《明孝宗實錄》。

⑩参見《(嘉靖)廣西通志》卷六《表四·秩官》。

⑪参見《(雍正)廣西通志》卷五十三《秩官》。

⑫参見《(雍正)平樂府志》卷七《學校》。

⑬参見《明武宗實錄》。

⑭参見《(萬曆)合肥縣志·宦達傳》。

⑮参見《明武宗實錄》。

⑯参見《(萬曆)合肥縣志·宦達傳》。

⑰参見《合肥世蔭堂蔚氏宗譜》。

奏議

論災異疏

(弘治七年十二月)丁巳,兵科給事中蔚春奏:

竊見陛下即位于兹七年,災異疊見,亦嘗屢下修省之詔,而未見消弭。意者聖心所以福乎民者,於天心或有未協歟?且以近事言之,京師雨雹,四方地震。劉向曰:"雹者,陰脅陽也。"凡陽盛,則爲雨;若陰迫之,則轉而爲雹。《五行志》曰:"地之戒,莫重於震動。"地者,陰也,法當安靜。忽震動者,是陽伏而不能出,陰迫而不能入也。若今甘肅重地,阿黑麻負固不服,自去歲迄今,胡虜殺傷軍士無數,劫掠孳畜亦至二十餘萬。莊浪、永昌民窮財盡,張秋河決,蘇松水患,江北大旱,南京烈風摧折陵木。臣謂陛下當此之時,正宜求直言以開聰明、以達壅蔽、以求禦戎之策爲急,而乃汲汲於求畫士,其餘政事,未見有所施行,則何以俯慰人心,仰答天意?災異之來,端有自矣!伏望陛下念災異之當懼,思天意之可回,博采人言,力革弊政,而於畫士,已至者罷黜之,尋訪者禁止之。他如土木禱祠、遊觀淫樂之類,凡有萌於心、有勞於民、有干於天變者,一切罷之,則陰邪自退,災異自消矣。

章上，命所司知之。

［録自《明孝宗實録》。文題爲編者所擬］

諫崇王來京表

兵科給事中臣蔚春謹題：爲"公大權以從衆議"事。

須聞禮部爲傳奉事。該司禮監太監鄧敏，傳奉聖旨："聖祖母聖慈仁壽太皇太后年高，念叔崇王，欲得一見。便敕差官取來。該衙門知道。欽此。"續諭："禮部等部科道等官伏闕交章奏聞，欲封取崇王來京一節，蒙陛下復旨：你每説的是，但朕承順聖祖母之意。有旨，取王來了罷。欽此。"

臣以事體所關者大，故昧死上言。臣聞，權者，人君之大柄。權出於公，則人君之權專，非人可得而私，可以私則非專矣。古之人君，於政事，責在廟堂，廟堂有取失，給舍得言之；給舍有弗逮，臺諫能言之。臺諫者，不能天下之士皆得以言之而無所蔽。我聖朝稽古建官，在京五府六部等衙門、六科十三道等官，即其制也。伏覩詔書，凡天下利病，許諸人直言無隱。豈非酌古準今，慮臺諫等官言有所未知、知有所未盡乎？陛下博采群言，以彰權之大公而益專也。今崇王欲差官取來，臣等所奏不蒙采納。臣恐權出於陛下一人之見，拂乎衆論之公。權而非公，則私而不專也。

臣請以崇王來京言之。天時旱傷，人民饑饉，道路往來之費皆不足惜；其大可慮者，數十年間，未有此舉。况當其時災異疊見，夷狄爲擾，方宜宣布德音，以安中外。一旦以聖祖母之意，遽取崇王來京，傳聞舛誤，不無惶怖。天下人心，陛下獨不少以爲念乎？且事無損於國體、無關於大嫌，而聖祖母太皇太后母子之情豈不樂遂一見？府部科道等官輒有是情耶？蓋事有出於所不可料者，非狂之以理之所有也。使情雖禁，法可行，則崇王相間，亦豈應如此之久？别嫌防微，所以爲慮者，遠且大也。且聖祖母必欲其子之來，雖全私恩於一時，而實開釁於後世，知其愛而不知其所以愛也！陛下必欲從母之命，雖篤大孝於今日，而無以垂憲於後昆，知其從而不知其所以從也！知其所以愛，知其所以從，則必不爲目前之謀，而當思遠大之計。何也？臣以陛下之於崇王，以位言之，則君臣上下之别；以親言之，則叔姪尊卑之等。其分嚴，其情親，待之之道，正召公告武王："分寶玉於伯叔之國，時庸展親。"夫以陛下一體祖宗舊制，親親之禮，恩義既備於此；復推聖祖母之意,倍加錫賚,則母子之情可以兩全,而何必於一見之間?蓋事有爲人臣子所不敢言而不得不言者。昔周公爲成王叔父,遭流言之謗,遜位居東。且周公大聖也,况遜位以自避嫌;使崇王知此,雖以聖祖母之命,而亦不可無所嫌。非違母之命也,明哲之道也。然陛下對聖祖母之意,不拂之者,亦非所以違之者,守祖宗之法,從天下之議也。臣所謂"人君之權出於公,非一人之私,必協乎天下之公論",如此則爲專。昔宋太祖以杜太后之命,未與衆議,即命趙普藏之金匱。厥後,渝金匱之盟,後世不能無憾!其迹雖殊,其勢則同。此可見人君之權,誠不可以不專,而專則不可以不公也。使聖祖母皇太后而聞此,則取以爲國家萬世之慮,亦深且遠;而府部科道等取奏,必欲賜俞允,弗取崇王來京,直天下幸甚!萬世幸甚!

緣係"公大權以從衆議"事理,未敢擅便,謹題請旨。

[錄自《合肥世蔭堂蔚氏宗譜》,安徽省圖書館藏]

除奸黨抑奔競以弭天變疏

兵科給事中臣蔚春謹題:爲"除奸黨抑奔競以弭天變"事。

先該科道官劾奏文武百官交結内官監太監李廣情由,乞要追究簿籍查考等因。欽奉聖旨:"法司看了來説。欽此。"臣民懽欣,道路歌頌,以爲陛下真聖朝之不世出之主。其於李廣饋送簿籍,必一一查究,次第而譴責之也。昨見刑部等衙門復奏,乞要查拘李廣管事内官及指揮周玉,追取簿籍,通發究問等因。欽奉聖旨:"奔競交結的,還着科道官指名來説等因。欽此。"臣伏讀詔旨,又知奸黨之謀、彌縫之巧,將以欺蔽聖聰,欲以潛消其迹也。何也?蓋查考簿籍,則某官用銀若干,某官用金若干,某官用緞疋等物若干,再如該等衙門奏,要將管事内官及指揮周玉提問追究,則某官平日賄賂某官,平日結交某官,平日亦曾往來,其奸黨之跡,輕重大小俱昭然矣。如是而原情定罪,則公道大明,群心帖服;彼有罪者,甘心而無辭矣。今欲科道指名來説,則彼奸臣之行事,昏夜乞哀,如鬼魅之不可測;蹤跡譎詐,如盜賊之恐人知,舉其一未免遺其二,舉其大未免遺其小。縱指名而舉之,其事不明,其心不服,而大奸大惡反得以墮其計中矣。奔競何時而止?邪正何時而辨?紀綱何時而立?朝廷百官何時而正?上天災異何時而弭?祖宗在天之靈又何由可慰乎?

或謂:“簿籍一行,則去此太平,有傷國體。”臣以爲,奸邪之交結内官,設心措慮,夤緣作弊,要寵求陞,上以欺罔陛下,下以流毒四方,其所以傷國體者,彼實大且重矣。或又謂:“陛下盛心,優禮大臣,俯從寬恕,不欲顯著其迹,姑從科道指名來説,以例其餘。”臣以爲,不知其奸而不去,則人猶有所畏而不敢爲;既知其奸,復姑息之,則奸者益放肆而無忌憚矣。正當顯著其跡,明正其罪,爲天下後世不臣者之大戒也!可寬恕之,而使人放心肆惡耶?將來之流,無所不至,陛下獨不思所以念之乎?況今百度廢弛,亦已至矣!貪官壞法,亦已甚矣!祖宗安邊之策,一切失矣!天下軍民之苦,亦已極矣!揆厥所由,是皆奸邪結黨,内外交通,以貪污爲上策,以奔競爲能事,相煽成風,延蔓天下之所致也。援此而整頓作新,豈非陛下更化之日、大有爲之時乎?

臣伏覩陛下《修省詔》内“如有奸貪顯著的,務要指陳無隱”。臣以太監李廣權大納賂,排陷忠良,扶持奸惡,罪以貫盈。上天祖宗默佑,遽奪其魄,而其迹始敗露,則簿籍之所載者,正奸貪顯著之人也!聖心故昭然知其人,不待臣等指其名矣。伏望陛下以宗社大本爲慮,特下睿旨,着法司等官追出簿籍,並管事内官及指揮周玉查究,一一得實,具名上請定奪,應罷黜者罷黜,應降調者降調,庶公道昭明,人心激勸,而可以仰副陛下勵精圖治之心,可以潛回上天災異之變,可以垂億萬年無疆之業,靡不出於此矣!臣無任惓惓激切憂國之至!

緣係“除奸黨抑奔競以弭天變”事理,未敢擅便,謹題請旨。

[録自《合肥世蔭堂蔚氏宗譜》,安徽省圖書館藏。原文題爲《劾李廣交結北虜入寇表》,然與正文内容無涉,當有誤,故改今名]

論選將事

(弘治十二年七月二十一日),兵科給事中蔚春言:

今京營中堪舉以備主將者,皆世襲公、侯、伯。夫封爵所以報前功,非謂子孫皆可用也。趙括爲名將子,徒能讀父書,不知合變,遂有長平之敗。今之世,襲服美于人,未閑兵略,豈能臨機應變,以成厥功?況在營在邊,有昏耄老疾、貪酷無厭、退而復用者,一時薦舉,視爲故事,非苞苴之請託,則權勢之要結。雖有豪傑,無階可升。乞諭天下諸司,公舉將才,不拘流品,凡善用兵、有勇略、曉占候者,悉舉赴部,各隨才略用之;山林之下,有才堪百萬之將者,朝廷以禮聘之,或擢總京營,或專守大鎮,後有成功,賞及舉主。至於治兵者,在平日教練有法,乃能以寡擊衆。若騎射、步射、戟楯、刀牌之具,操習各有法度,請令各營舉武藝之精者爲教師,立格驗試以賞罰之;有警出征,就於教師内選充頭目,别爲奇兵,則人思奮激,而一可當百者出矣。

兵部覆奏,從之。

[錄自《明孝宗實錄》。文題爲編者所擬]

計處軍士疏

(弘治十四年閏七月十一日),户科給事中蔚春等言五事。

一京營軍士逃放數多,請令各衛别立簿籍。凡在營開逃,到衛逐名填注,某營某把總管隊,下兵部,先行議擬,逃軍多寡、日月久近,量行革罷降調,用憑考驗。其填注不以實抵罪。

一驗軍委官之設,所以革私占之弊。在京各衛所軍士餘丁,請照南京兵部五年一次差官勾考事例,凡餘丁空閒者抽補雜差,正軍選送操備,審定雜差多寡,并注由票,造册備考。

一勳戚府部各衛所官,軍伴各有定額。近來撥補日繁,操兵益耗。請令驗軍官以附近軍士,先餘丁,次單丁,次正軍,依額撥付,五年一更。如或逃故附近,易於勾補,其例外雜差,即以多占罪之。

一附近軍士如騰驤等衛,該順天等府、京畿之内,五年間,開除無慮二萬餘人,所司不行勾補。乞敕兵部將臣等勾考出各衛所逃故軍士附近地方五年内者行文,責限三月内,聽其自首歸衛;在外各衛,造册請勾。

一五陵軍士所以防衛陵寢,保障地方。如長陵一衛,原額七千八百餘名,今止二千二百人,而雜差居多。况五陵路接居庸、紫荆二關,并黄花、鎮邊塞,軍士尤宜操練。請通令操練如法。其巡山、巡捕,於見操内摘撥附近有事故者,速令勾補。且神宫監買閒數多,亦合照例選革。如違,聽巡撫巡按官糾舉。

兵部覆奏,從之。

[錄自《明孝宗實錄》。文題爲編者所擬]

劾右都御史史琳糧餉不充表

户科給事中臣蔚春謹題:爲"推忠直黜奸懦以經制邊鬮"事。

該兵部題,會集廷臣計議禦虜方略,以絶大患一節。奉聖旨:"你每再從長計議停當來説。欽此。"臣仰惟聖諭至再,以邊方重務,悉付群議,而必求得夫確論。在廷之臣,當不遑寢處,劃歸一策,以舒九重之憂。夫何積議日久,互有異同? 一旦賊衆過河,大舉噬臍無及,緩不逮事。

顧臣愚昧,切以大同孤懸受敵,乃京師吭[吭]背;地方緊急,論之者當先其急。近來將領乏人,如馬昇、王重、姚信等,透[逗]遛退怯,屢遭敗衄,以致軍民離困,皆將不用命之故。揆其所以不用命者,實由軍法未立、統制之權不專。古之立大將,君詔之曰:"社稷安危,一在將軍!"乃命太史卜吉日,授以釜鉞之柄。將既受命,拜而報君曰:"願君一言之命於臣:'軍中之事,皆由將出。'臨敵決戰,無有二心!"故能所向成功。伏願陛下如古之將將,重節制之權。彼有遇賊透[逗]遛者,即命斬首以狥,孰敢不用命哉? 一應兵機調用等項,悉聽經略,作其軍中敵愾之氣,以收其離困之心。此正今日安邊禦虜之急務,要在委重得人,而提之任可以兼理。

若右都御史史琳,立心奸回,欺罔誤國,節該奉敕提督軍務,特命先去會同大同、宣府鎮巡等官,設法多方措置糧草,務要豐盈,足夠主客兩支用,不至臨時缺乏。其餘合行事宜,聽爾便宜區劃。其任重矣! 今史琳到彼,未聞建一處置之方,乃曚朧造册,事完回京。續該大同守臣奏稱:"本鎮糧草不夠主兵二年支用,若加以客兵,將何以仰給?"史琳既受重托,正宜遵奉敕諭事理,便宜區劃,汲汲奏請;回京顯足懼,料賊勢春來擁入,恐有敗事,推艱避患,情罪昭然! 即日動調客兵,糧草不足,誠爲誤事! 其視敕諭事理若罔聞知。及回京,自知公論莫逃,却奏辭職以掩衆議。夫大臣受朝廷曠蕩之恩,曾不思螻蟻捐軀之報,大肆欺罔,何望其圖功攸終哉! 急當罷黜,以示戒臣下! 仍敕廷臣會議,慎選老誠、久諳邊務、素有真節者二員,上請簡名一員,委以總制,重以兵權,敕令前往,遵依施行。其在京操選,聽征軍馬,預備邊儲事宜。該户、兵二部,逐一議擬,奏請定度,庶緩急得宜而軍威自振,虜寇不足患矣! 臣無任憂國之至! 謹題請旨。

[録自《合肥世蔭堂蔚氏宗譜》,安徽省圖書館藏]

陳情致仕表

廣西等處承宣布政司右參政臣蔚春謹奏：爲"陳情乞恩致仕"事。

見年五十九歲，直隸廬州府合肥縣人。弘治六年，由進士，本年十二月初一日，欽陞兵科給事中。弘治十三年九月二十七日，欽陞户科右給事中。弘治十四年三月二十六日，欽陞户科左給事中。續於本年九月十九日，欽奉敕差往江浙，清理屯田。弘治十五年九月初一日，歷任九年，例應考滿，蒙敕下，命勘問御史王哲、太監董讓各訐奏事情，除欽遵會勘問。本年十月内，蒙欽陞福建右參議，弘治十六年六月十九日到任。弘治十七年八月十八日，聞父喪，守制。至正德元年十一月十八日，起服，赴部。正德二年八月十八日，欽蒙復除陝西右參議。正德四年七月二十九日，聞母喪，守制。正德七年正月二十八日，起服，赴部。於本年四月内，欽陞廣西布政司管糧右參政，本年八月二十九日到任。讀諭巡撫兩廣都御史林廷選，委臣統領官兵、士兵征勦北流妖賊李通保，斬獲首級功次，又蒙欽賞表裏、銀兩。本年十二月内，出巡地方，督徵錢糧，清理屯田，禁革姦弊，一應事情，悉遵敕諭事理。臣在任三年，偶值歲豐，田糧頗足，又該巡撫兩廣都御史周南，委臣分守梧州地方。看得積弊多端，本府庫吏徐華多收鹽價銀一千餘兩，及追積年；經紀王通拖欠鹽價銀三百餘兩，各見追在庫；更換鹽行、木行經紀等六十餘名；鞫問謀殺劫財兇犯王邦靜等、李月庭等，各見監候；及梧州府蒼梧縣生員李子昌等五名各挾嫌賭博，照例問革；撫處府江、思恩等地方事宜，罔敢推避，但調用客兵，動以萬計，錢糧不敷，皆臣之責。查得官軍包占屯田數多，納糧數少，臣欽奉敕專一清理屯田，及奉勘合，會議題准，爲"修屯政以足軍儲"事理。永樂間，三分守城，七分下屯。緣廣西各諭衛所，向因征交趾，官軍戰亡，田地抛荒；今承平百餘年來，日漸開墾，多被勢豪侵占。臣遵照事例，吊查老册，用復原額，上體朝廷任用之心，欲圖實效。但御史鍾曉，原任梧州府學訓導，係臣行事地方，毁譽之言出於愛憎之口，一時風聞不實，劾臣管糧，人多稱屈。國計乃爲家計，臣切謂一介書生，荷蒙聖恩，欽陞前職，粉身碎骨莫能補報。自叨任給事中，並陞福建、陝西參議，及廣西參政在任，並無公私過名，今被論劾，情實難堪！如蒙乞敕行巡撫、按衙門查臣，若果有贓私，臣雖斬首情願！但受委有功，抱屈無伸！

臣偶得心腹脹滿，四肢無力，行步艱難，及頭頂生瘡，時流膿血，不能辨理庶務。伏願皇上憐憫,準臣致仕,以延殘喘,以釋人言。臣無任悚懼感恩之至!

緣係"陳情乞恩休致"事理,爲此具本,令家人蔚福親賫,謹具奏聞,伏候敕旨。

(原文下有"《劾馬兵部諫章》句字今已脱落,不敢擅鐫。其他建白尚多,先參政春祖皆焚之,今無所據"一句,乃後裔修譜之時所作説明)

[錄自《合肥世蔭堂蔚氏宗譜》,安徽省圖書館藏]

書牘

正德八年家書

父書示男蔚林等知會:

我於七月初八日到廣城,適有朱繡衣不法事敗露,兩司各官俱爲所累,我獨一無干預。勘官今已差官具奏,便中書示汝等,誠恐一時風聞不實,汝母子憂念。此皆是我平生居官自守,上體朝廷任用之重,與祖父教育之深,不敢有毫苟且、貪贓壞法、傷天害理,惟欲憂國愛民,以圖補報萬一故爾!

所慮者,地方連年荒旱,錢糧拖欠,日久且多,今以法催併,未免招怨惹謗;欲仍前姑息,又恐玩時廢事。況近日北流地方,夷民頗多作孽。一時有緊,將何以足軍需?此又眼前之可慮者。今秋幸熟,秋糧徵收在倉,查理額數,似或可完,較之往時前官所收者已加倍矣。代巡與我説:"欲其少緩。"我應之曰:"敕諭甚重。設使怠緩,罪有所歸。"跡似相失,我所執手不懼者,惟有法耳!此心可以對之天地鬼神,人言於我何損?

切思各處祖宗父母墳墓,乃子孫根本之地。爾等體我之心,依時祭掃修理。尚書塋内松竹,汝等不可擅自侵取,致傷枝葉。謹之!戒之!

我今年近六十,血氣已覺衰。此處山嵐瘴厲,甚不可當,雖自保愛,以圖却病,又未知天意如何。蔚材、采、楫,學皆有成,可努力進取,倘得中科第,我浩然而歸,休休林泉,以樂餘年。此汝等之大孝也!勉之!勉之!

聞六郎姻事,仲家已不成,或擇良門。可急急寫書報我知道,我差人來行定禮。

汝母年已老,爾等可朝夕奉養。汝兄弟等務要相篤友愛,不可或因小節,有傷和氣,以貽我憂!

差人回,爾可備細寫書開報。

[錄自《合肥世蔭堂蔚氏宗譜》,安徽省圖書館藏。原文題爲《先參政祖家書》]

周璽

周璽(1461—1507)[①],字天章,號荆山,直隸廬州衛軍籍,安慶府太湖縣人[②③]。弘治九年(1496)進士。弘治十年(1497)十一月,授吏科給事中。弘治十五年(1502)三月,陞工科右給事中。弘治十七年(1504)七月,陞吏科左給事中[④]。弘治十八年(1505)八月,陞禮科都給事中[⑤]。性忠直,重節義。始事孝宗,抗疏直言,多見採納。迨武宗即位,寵倖奸佞,宦官劉瑾專權,殘害忠良,周璽屢疏其罪惡。劉瑾遂懷恨在心,思設計陷害。乃於正德二年(1507)三月,矚陞順天府丞,使去言路。不久,藉故誣陷周璽蔑視使臣,矯制付詔獄,極其拷掠。身無完膚,弗少屈,曰:"吾死不足惜,使忠義畏懦爲可惜耳!"瑾聞益怒,又令加杖,遂死於獄中[⑥⑦]。鄉里哀之,私謚忠愍先生[⑧]。越三年,劉瑾伏誅,武宗詔復其官,遣守臣諭祭。世宗即位,詔録先朝守正被害之臣,遣官加恤典,廕其子爲國子生[⑨⑩]。弘光立,追謚忠愨[⑪]。其與北宋包拯、元代余闕並稱"廬陽三賢"。有《垂光集》傳世。《明史》卷一百八十八有傳。

注:

①周璽生卒年根據明朱希周《明故中順大夫順天府府丞前吏禮科都給事中周忠愍公配孺人潘氏合葬墓誌銘》明確記載:"卒於京師旅舍,時正德丁卯六月朔也。距其生天順辛巳十月五日辰時,得年僅四十七。"

②參見朱希周《明故中順大夫順天府府丞前吏禮科都給事中周忠愍公配孺人潘氏合葬墓誌銘》,收錄於《周忠愍公垂光集》清康熙三十六年張純修刻《五名臣遺集》本。

③參見《弘治九年進士登科錄》。

④參見《明孝宗實錄》。

⑤參見《明武宗實錄》。

⑥參見《(萬曆)合肥縣志·宦達傳》。

⑦參見明過庭訓《本朝分省人物考》卷三十四《周璽》。

⑧參見《(雍正)合肥縣志》卷十五《人物·忠節》。

⑨參見《明世宗實錄》。

⑩參見《(萬曆)合肥縣志·宦達傳》。

⑪參見明末清初黄宗羲《弘光實錄鈔》卷二。

奏議

論罷興作疏

題:爲"罷興作以隆治道"事。

竊惟爲治之道,莫大於得民心;得民心之道,莫大於恤民力。蓋民者,國之本也。雖畏威易役,實至愚如神然。或重役以窮民力,則其本傷矣。本既傷,而欲國之治,未之有也。故《春秋》凡一宫室、門觀之作,必謹而書之,其重民力如此。

仰惟陛下即位之初,勵精圖治,愛養斯民,詔諭天下有司:一夫不許擅役,一錢不許擅科。天下之人皆曰:"不圖今日復見堯舜之君!"夫何近年以來,承平日久,怠心易生?揆之厥初,似略有異。興作之事,連年相繼;府庫之財,費出無經。民困於科派,而流亡過半;軍苦於力役,而逃竄恒多。財耗力竭,人不堪命。臣心知其非,而緘默畏死,不惟負陛下委任諫官之盛心,抑且負祖宗設立諫官之本意也。故敢昧死言之。

昔唐堯奄有四海,土階茅茨不害於變之風;夏禹曆數在躬,卑宫陋室不損敏德之化。漢文帝惜十家之産,基址既成,而一臺不築,遂成富庶之休;唐太宗鑒秦人之弊,財用既具,而一殿不爲,遂成貞觀之治。蓋撙節於一身者甚小,而功利之及於一世者甚大。是皆載之史册,昭然可考,願陛下察之。

往者,壽寧侯宅第之營,數年未得休息;今歲,毓秀亭之建,此時正當勞費。近日,又差官前去河間府興濟縣地方修蓋房屋、廟宇。夫以是工一興,耗竭民力,糜費財用。陛下仁同天地,明並日月,安忍作無益以害有益哉!且京師,腹心元氣也;河間數府,其肢體也。若土木一興,則數府動摇,人心嗟怨,肢體傷矣!肢體既傷,而腹心元氣寧保其無恙乎?方今北虜入貢、遠人慕義來王,此時正當詰戎兵、修政教,使知我朝隱然有虎豹在山之勢,以讋服豺狼窺伺之心可也。今土木之工興作無厭,軍民之力疲敝不勝,彼將覘我中國之虚,而萌覬覦之念矣!况近日,四方有災異之陳,京師有陰霾之變,兼以鳳陽地方,流賊作耗,正陛下敬天勤民、恐懼修省之時也。伏望皇上俯察微忱,斷自宸衷,憫斯民之苦,罷不急之務,仍於萬幾之暇,日御經筵,留心經史,親近元老,講求治道,則聖心湛然,百職惟熙,而太平至治之效，可以並唐虞，超三代，陋漢、唐於下風矣！

臣叨居言路，輒敢上瀆。言出而禍隨，臣非不知也。萬一微言得入，天意少回，罷止興作，以省無益之費；導迎善氣，以迓無疆之休。臣雖碎首殞身，死之日，猶生之年也！臣不勝戰慄待罪之至！

［錄自明周璽《周給事垂光集》，清光緒間合肥張氏毓秀堂重刻《廬陽三賢集》本］

論釋無辜疏

題：爲"開釋無辜以全聖德"事。

臣竊見户科給事中華泉劾奏學士程敏政賣題緣由。荷蒙皇上聖武布昭，乾剛獨斷，著法司衙門拏在午門前鞫問。其所賣舉人徐經等，一被鞫問，即便輸服，情見迹具，理屈詞窮。既而，程敏政恃其狡猾，陰結權貴，乃敢文過飾非，重爲欺罔。原問官不能執法，苟事阿附，以其變詐之詞，上塵九重之聽。

臣愚以爲，陛下大明無私，容光必照，必將程敏政明正典刑，以爲貪濫無恥者之戒。俯俟成命，不敢輕瀆。至若科道官給事中魏玒等，遵奉祖宗舊制，同去門前問人。陛下以爲擅干獄情，著錦衣衛都拏送鎮撫司打著問。自弘治十二年四月十一日下獄，今三十餘日，未見發落。近日，臣聞得御史等官王鼎等，俱在獄中得患傷寒霍亂等病，憂愁鬱悒，命在須臾。

臣以非才，待罪言路，寧爲過慮而議，豈忍知而不言？故不知避忌，輒敢上瀆。且魏玒等，果是擅干獄情，當送法司論罪；若是遵行舊制，亦宜曲賜寬容。今乃久被監禁，憂悒成疾，若萬一一人不幸，病死獄中，知者以爲病也，不知者必謂陛下溺愛程敏政，故將言官拘囚困苦，陷之死地，以箝其口。然言官之死雖不足惜，但於陛下神功聖德，不無虧損。何以爲法天下，傳之後世，而服外夷之心乎？彼好生惡死，人心所同。程敏政之奸貪，顯然可見，言官劾之，尚被連坐；萬一不逞之徒包藏禍心，隱而難知，有臣所不忍言者。孰肯蹈湯火、冒白刃，復爲陛下言之哉？昔唐睿宗因諫官言事，不避權貴，權貴多毁之，乃曰："鷹搏狡兔，須急救之，不然反爲所噬。"程敏政，狡兔也；言官，鷹也。若非陛下善救，言官無計苟全矣。况近日，法司輕重罪囚，俱以天氣暄熱，得蒙寬恤；惟魏玒等無辜繫獄，病且危急。是萬彙皆榮，而一幹獨枯。覆載生成之偏，不宜如此。

伏望皇上俯察微忱,斷自宸衷。以祖宗爲法,以好生爲心,以奸貪負國爲可惡,以言路壅塞爲可憂,將魏玒等或送法司論罪,或量情發落疏放,免致萬一病死一人,以累聖明好生之德。則宗社幸甚!天下幸甚!弘治十二年五月十二日具題。

[錄自明周璽《周給事垂光集》,清光緒間合肥張氏毓秀堂重刻《廬陽三賢集》本]

論治化疏

題:爲"謹初服以隆治化"事。

臣聞,召公告成王有曰:"若生子,罔不在厥初生,自貽哲命。"蔡沈注云:"王之初服,若生子,無不在於初生。習爲善,則善矣,自貽其哲命。爲政之道,亦猶是也。"仰惟皇上以英妙之年,嗣歷服之大,睿智夙成,仁孝天性。生民無疆之休,宗社萬年之慶,實本於此。天命一新之初,正服行教化之始。始而不謹,而能謹其終者無之。故伊尹告太甲曰:"慎終於始。"《詩》曰:"靡不有初,鮮克有終。"

臣以菲材,叨蒙先帝錄用,待罪諫垣。今奉敕清查勇士,雖悲哀思慕,痛切於心,而遭際聖明繼統,不勝欣幸。誓心圖報,義不容默。謹條陳四事,昧死上呈,伏乞留神採納,宗社幸甚!天下幸甚!

一曰昭儉德。臣竊見中外臣僚士庶之家,靡麗奢華,彼此相尚,而借貸費用,習以爲常。居室則一概雕畫,首飾則濫用金寶。倡優下賤以綾緞爲袴,市井光棍以錦繡緣襪。工匠廝役之人任意制造,殊不畏憚。雖蒙朝廷禁止之詔屢下,而奢靡僭用之俗自如。若不再行區處,切慮糜費財用,扇長澆漓,踵事浮華,大損聖化。臣愚以爲,朝廷四方之極,京師天下之本。語曰:"城中好大袖,四方全匹帛。"斯言如戲,寔切治體。方今内帑空虛,公私匱乏,撙節財用,乃其急務。况當新服厥命之始,係觀法奢儉之機。伏望皇上躬行節儉,痛抑奢華,法夏禹之菲惡,體周文之卑服,如漢文帝之示朴,爲天下先。日用常制之餘,悉從省約;天下正貢之外,不事誅求。罷無名之賞賜,停不急之工作。左右工匠之流,敢作奇技淫巧、希取恩寵者,即係奸邪蠹國之民!重罪一二,以警其餘。《大學》所謂:"無諸己而后非諸人。"則表正影直,源潔流清,不令而行,不動而化。仍乞敕法司衙門通行,刊榜曉諭,嚴加禁約。凡天下臣民服舍器用等項,悉照《諸司職掌》所載,安分遵守。

敢有仍前違式者，治以重罪，追奪入官；有司視爲汎常，不即奉行者，一體連坐；其工匠任意造作，問發充軍。如此則人人警懼，而儉約可行，財用可省矣。

二曰息邪説。臣聞，宋臣朱熹曰："邪説橫流，害人心術，甚於洪水猛獸之災，慘於夷狄簒弑之禍！"方今邪説，僧道爲甚。髡首左衽，黄冠羽服，架一偏空説，以惑世誣民。凡京城内外大小之家，被其扇惑，極力信崇，彼此往來，男女混雜。近如仰山寺僧人，犯在法司，貽羞勳宦，乃其徵驗。若夫禍福之説，無有而不足信者，唐、宋諸儒講議已明，臣不敢再瀆，特舉近日目擊者言之。朝廷每歲春秋之時，舉行祈報之典。創造寺觀，不惜財力；修做齋醮，不時賞賚。所以然者，上以祝延聖壽，下以濟利生民。今一歲之間，兩遭大故，災異迭見。將以求福也，適以召禍；將以求利也，適以取害。烏用是緇黄者爲哉！况新服厥命之初，實觀法邪正之機。仰惟皇上，德侔天地，明並日月，斷不爲邪説動摇。愚臣猶以爲，言者，蓋防微杜漸，自不能已。伏望陛下獨奮乾剛，布昭聖武。乞敕該部通行，查出近年京城内外新建寺院、宫觀，悉令拆毁；及近日法王領占竹一應番僧，發遣遠去，屏諸遐方。凡無益齋醮，一切停止。使京城内外、天下大小之人觀感興起，是則是效，爲善爲福，爲惡爲禍，不求諸渺茫冥昧之間，不信夫虚無妖誕之説，皆稱"大聖人所爲，出於尋常萬萬"。則人心日趨於正，而邪説之患息矣。

三曰親正人。臣聞，宋臣程頤曰："人主一日之間，接賢士大夫之時多，親宦官宫妾之時少，可以涵養氣質，而薰陶德性。"今陛下左右前後，不無正人君子；而輔弼開導，必資賢士大夫。况當新服厥命之初，正治忽之所由係。臣願自今萬幾之暇，日御經筵，留心經史，親近儒臣，講明正學。凡内外章疏，付之内外大臣議論可否、斟酌停當，然後斷自宸衷、播之中外。事關軍國重務、天下利害、生民休戚、進退人才等項，乞遵先帝已行盛典，召見各該衙門大臣，虚己下詢，清心訪問。仍令科道官各一人隨之，嘉言善行，得以紀載；事干機密，不許泄露。如有乘間蠱惑聖聰者，聽其即時糾劾。

四曰謹大婚。臣聞，婚姻之禮正，然後品物遂而天命全。《詩》曰："窈窕淑女，君子好逑。"言能致其貞淑，不二其操，然後可以配至尊，而爲宗廟主。此綱紀之首，王教之端也。節該欽奉先帝遺詔有曰："嗣君以繼承爲重也。已敕禮部選婚，可於今年舉行。欽此。"兹當新服厥命之初，係内外之所觀法。臣願自今選婚，責成該部并内臣素稱公正、衆所推服者，令於内外各該地方旁求博訪，妙選閨門嚴肅、姆教有素之家。凡勳舊貴戚，不許援引親識鄉鄰，夤緣鑽刺，濫與其選，希圖瓜葛，以爲固寵之計。竊恐世禄之家，鮮克由禮；而驕惰之性，素所養成。萬一有此，則根深蒂固，難以口舌爭矣。如蒙乞敕該部，從公選擇，不避權貴。敢有絲毫徇情，許科道官指實劾奏，一體連坐。此係宗社大計，所以思患而預防者也。弘治十八年五月二十九日具題。

［録自明周璽《周給事垂光集》，清光緒間合肥張氏毓秀堂重刻《廬陽三賢集》本］

論内侍劉瑾等奸邪疏

題：爲"糾治群邪以正朝綱以隆聖治"事。

臣等猥以凡庸，待罪言路，静思身計，非不知緘默足以自容，多言適以取禍。而受國委寄，食君廪禄，事有當言而不言，與勢有可慮而不慮，將來大壞極弊，不可救藥。彼群奸者，剉屍分骨，固無辭矣！然而，迷國誤上，臣等之罪，亦復何逭！是以不避批鱗之諱，僭伸苦口之言。惟陛下曲赦其愚，而開懷俯納焉。

臣竊見陛下臨御以來，善政不聞，國是大變。凡古者縱欲敗度之事，踵而不疑。大臣伺顧而不言，小官守位而不發。泯棼愆錯，牢不可回。推原禍根，蓋左右群奸惑亂之所致也。今中外切齒於數人者，而九重獨未覺悟。臣等不惜爲陛下言之。

竊照司禮等監太監劉瑾、馬永成、谷大用、魏彬、丘聚、張永、傅亨、羅祥等，或係先朝舊人，或經春宫任使，遭際已極，寵倖實深。當皇上嗣統之初，正國家多事之日。爲各官者，自合小心恭謹，因事納忠，以救不逮。庶幾上報先帝，光輔新政。何乃各恃其技能工巧、言辭捷給，每早退朝，輒引聖駕或汎海子，或遊南城，或縱騎射，或放鷹犬，或盛排筵席而酣飲，或搬演雜劇以縱觀，或進新聲以逞奇，或獻果核以乞賞，凡所以蠱惑心志、變移性習者，蓋無所不用其計。近日來，多以耳目玩好爲娱，而經史不暇究；以宴安沈湎爲事，而政務不及理。或起居無常，或動息失養。或賞以喜僭，而内帑財帛用如泥沙；或恩由濫與，而蟒龍玉帶施及童稚。或成命已行而復改，或詔書已出而竟違。貴倖傾朝，奸諛得志，老成擯而不用，公道鬱而不行。聰明則日蔽於上，弊政則日滋於下，目前凡百無有一當人心而協輿論者。陛下試思此等舉措,果斷自聖心者耶?抑此數人者誤賺而成此也?

痛哭流涕,賈誼尚施於漢文之世,而今日事勢,特甚於彼,奈之何而忍緘默耶?且如四十萬之銀,庫藏已竭,假婚禮爲由,必欲取盈;五七歲之童,乳臭未除,以勇士爲名,必欲收用。織造停免矣,而又啓織造;傳奉查革矣,而又開傳奉。鹽法方差官整理,而崔杲又奏帶鹽引;地土方差官清查,而張永又奏討地土。凡朝廷之大計、軍旅之重事,國家所恃,以爲安危強弱者,此曹皆縱情恣意,橈亂阻敗而不恤。尚安顧其他哉?臺諫雖交章抗論,該部雖再三執奏,從者無一二,不從者恒八九。甚則指摘差訛,隨加責罰。臣等以千言,而不足彼以一言而有餘。則是壞祖宗之家法,傷清廟之治化,累陛下之初政,醖天下之禍亂,非此數人,將誰諉哉!

只今各處旱乾水溢,民窮盗起,財用困於内,盗賊肆於外。今歲孛彗飛流,明年日食歲首。凡此皆災異之大,聖心所當儆畏者也。其尤可憂者,往年,雷震奉天殿鴟吻,未幾而有土木之變;今夏,雷擊奉天殿鴟吻,其應將何如哉?前事不忘,後事之師。陛下固欲修省,祗行祭告,是徒事虚文,罔修實德,實自誣耳!何足回天變而安人心也哉?夫天變於上而不悟,民怨於下而不知,此古昔有國者之所深忌。今日之勢,不幸類此!陛下豈可盡謂天下無事,日與此輩施施然安於不職也哉?

外議洶洶,萬口一談,皆此數人者。壞陛下繼述之孝,而引之於有過之地。他日,根蒂已牢,禍階已成,則事無及矣!伏望念祖宗艱難之業,察愚臣犬馬之忠。乞敕錦衣衛,將此數人拏送法司,明正典刑,或肆諸市朝,或迸之遠裔,告謝天下。然後治臣多言之罪,以謝此曹。仍乞陛下自今講學親賢,修身遠佞,早朝晏罷,節用裕民。各項弊政,憫念時艱,悉從該部議處,俯賜俞允。如此則國典自正,國是自明,天人之憤泄,陰陽之氣和,災沴自消,瑞應自至,天下自太平矣!臣不勝迫切忠懇之至!正德元年五月二十二日具題。

[録自明周璽《周給事垂光集》,清光緒間合肥張氏毓秀堂重刻《廬陽三賢集》本]

論誅大逆疏

題:爲"誅大逆以彰天討"事。

嘗聞,挾無將之心者,有誅無赦;逐亂賊之黨者,讎不共天。竊見司禮監太監劉瑾,專權擅政,蠹國殃民,抑且私意妄干,潛謀不軌。臣儻知而不言,一旦逆謀果肆,雖與之同科,亦難逭緘默之罪矣! 故敢昧死上聞。

伏惟陛下之天下,祖宗之天下;陛下之臣工,祖宗之臣工。瑾敢擅作威福,於各衙門大小官員,每每尋事陷害打死;科道等官一言觸犯,即行枷號充軍。如薛堂、王岳之死,尤爲慘毒。夫二三群工,糾察奸邪,所以共保社稷也。乃敢恣意殘蹴,略無忌憚。豈惟全軀保命之臣畏之如虎? 即矯矯素著者,亦將惕於烈燄而杜口矣! 指鹿之奸,復見今日。彼一切不法等情,誰肯蹈湯火、冒白刃爲陛下言耶? 甚之差委指揮楊玉等管事害人,不時差出府司、州縣,訪察官員賢否,所過地方,重遭擾害。一時百姓,如罹荼毒;冤號之事,徹於遠近。臣嘗奉使,道經寧夏,百姓遮訴,至不得行。所在有司,不敢阿問。間有一二慫慂之輩,潛入其黨,反假聲勢,助之牙爪。是專權之瑾一,而附權之瑾百,往往至於激變。嗟嗟小民,安能叩九閽、見天子哉?

近又僉緣掌管本監印事,權勢益重。内外百寮,一應章奏,不與各官計較,不與内閣相干,一一抽回私宅,與孫聰、張文冕等捏寫旨意,屢更屢變,是非混淆。時常分付吏、兵、工部,陞遷先于己處允行,方許奏請。内有今日陞職,明日黜退,賄賂一通,隨即起用。夫鬻爵賣官,此漢、唐季主所爲,而瑾敢盜弄大權,至於如此。天下後世謂陛下爲何如主? 此瑾之假勢張威,負罪滔天者也!

近又招引術士余明、余倫、余子仁,出入監中,占候天文,相面算命,妄意圖度,至有臣子所不忍言者。蓋因見財貨充盈,及勢燄張大,故輒起異心。臣既知之,不敢不言。

又訪得於本年四月,密令心腹牛昭、潘□等,暗造衣甲、牌面千有餘副,弓弩五百餘張,潛匿私宅。夫春秋之義,家不藏甲。瑾之逆謀,尤爲彰著! 已經河南道御史蔣欽等劾之,陛下不惟不問,返坐之罪。果出自聖斷,以爲此等欺誑耶? 抑瑾之矯命雄行,箝言者口耶?

夫大奸起於下,而忠言壅於上。有識者莫不爲陛下危,而陛下處之竟若此。不幾養虎貽患、胎變稔禍耶? 臣思祖宗來,豈無奸權? 豈無邪黨? 而大逆不道,無如瑾比! 陛下即欲過狎昵,當如宗廟、社稷何?

臣待罪言路,素性愚戇,每憤及此,誓不共天! 故區區之心,惟願陛下擴日月之照,奮雷霆之威,即將臣、瑾俱下法司,面相勘問。如果臣言不謬,乞斬劉瑾,以謝天下;復斬臣首,以謝劉瑾。則死之日,猶生之年也!宗社幸甚!天下幸甚!

[錄自明周璽《周給事垂光集》,清光緒間合肥張氏毓秀堂重刻《廬陽三賢集》本]

書牘

盡節前寄家書

前見潘二舅書,説你母子要來京,不知何意?我在科多年,其淡薄爾輩所知。况此時劉瑾陰肆逆謀,主上信任不疑,諸臣懼勢不言。我雖屢疏未下,每念及此,食不下嚥。爾輩但宜在家平平過日,各事學業。倘有難處之事,請潘二舅裁酌。不必來京,以致多事。五月初一日父寄。

[錄自明周璽《周給事垂光集》,清光緒間合肥張氏毓秀堂重刻《廬陽三賢集》本]

魏境

魏境(1472—?)[①],字華甫,北京羽林前衛官籍,直隸合肥人。正德三年(1508)進士[②]。正德四年(1509)五月,授貴州道試監察御史。正德六年(1511)九月,陞鴻臚寺右少卿。正德十二年(1517)正月,陞鴻臚寺左少卿[③]。正德十五年(1520)九月,陞鴻臚寺卿[④]。嘉靖初,加太常寺卿,仍掌鴻臚寺事[⑤]。

注:

①魏境生年根據《正德三年進士登科錄》所記"年三十七,二月初六日生"倒推,知其生於1472年。

②參見《正德三年進士登科錄》。

③參見《明武宗實錄》。

④參見明雷禮《國朝列卿紀》卷一百五十六。

⑤參見明雷禮《國朝列卿紀》卷一百五十五《鴻臚寺卿年表》。

制義

天數二十有五,地數三十,凡天地之數五十有五

同考試官訓導趙批:此作一本《河圖》自然之數,而發揮之,殆經生中之

表表者，是可錄矣。

同考試官教諭周批：作此題者類欠明白。此篇善分析，且無冗長語，故錄之。

考試官侍講張批：以理演數之文，潔淨無疵。

考試官學士梁批：講義明白，結題亦有所見。

《大傳》於《河圖》之數，既分奇耦而積之，復總奇耦而計之。蓋天地之數，陽奇陰耦也。《大傳》既分而積之，又總以計之，則《河圖》全數之妙於是而見矣。何則？天地之間，一氣行而陰陽分，陰陽分而五行具。《河圖》之爲數，不過一陰一陽，一奇一耦，以兩其五行而已。是故天以陽之輕清，而位乎上也。陽數惟奇，故圖之一、三、五，生數也；七與九，成數也，皆以奇而屬之天焉。五奇以五，而積之。其爲數也，二十有五。天之數，不外乎是矣。地以陰之重濁，而位乎下也。陰數惟耦，故圖之二與四，生數也；六、八、十，成數也，皆以耦而屬之地焉。五耦以五，而積之。其爲數也，則有三十。地之數，不越乎是矣。夫天數之二十有五，所以主變而以生以成者也，必合地數之三十而後化；地數之三十，所以主化而克生克成者也，必合天數之二十有五而後變。合天地之數，總五十有五。統奇耦之積，妙圖數之全。于是，陰陽配而五行兩，至理寓而大化存，流行不滯，變化無端，所以綱紀造化而顯著妙用也歟！《大傳》發明，以著大衍之原，其旨深哉！抑論龍馬出河，伏羲遂其文以畫卦，固也。何《係辭》所論作《易》之由不一耶？夫鴻荒之世，天地陰陽雖各有象，然數初未有也。至於《河圖》之出，然後五十有五之數，奇耦生成，粲然可見。所以深發聖人之獨智，非汎然物象可得而擬也。然伏羲仰觀俯察，安知《河圖》非其中之一事耶？先儒謂："聖人作《易》，其法象之規模必有最親切處。"其《河圖》之謂也。

［錄自《弘治十四年順天府鄉試錄》，《天一閣藏明代科舉錄選刊·鄉試錄》影印明刊本］

墓誌銘

皇明登仕佐郎鴻臚寺序班静窻華公暨配孺人俞氏合葬墓誌銘

賜進士第嘉議大夫太常寺卿掌鴻臚寺事侍經筵前貴州道監察御史合

肥魏境撰。

賜進士第奉政大夫通政使司右參議前山東道監察御史古燕孫禬書。

賜進士第奉直大夫協治庶尹鴻臚寺左少卿撫寧王道中篆。

嘉靖丁亥六月三十日，登仕郎華公卒。其子嶽，衰絰踵吾門，泣而言曰："先父疾且革，語嶽曰：'吾已矣，誌墓之文必魏太常庶足以慰吾於地下。'"語畢，出施中翰先生所爲狀，再拜泣弗止。予與登仕有牽聯親，相知頗習，烏乎辭？

按狀，公諱琇，字文器，姓華氏，别號靜窻。世爲揚州府高郵州人。先世以扈從文皇帝北上，因隸金吾衛。曾大父旺、大父禮、父誠，俱有隱德，稱鄉善士。母徐氏。公生姿貌豐隆，賦性穎慧，不伍群兒，見者多異之。比長，從陳雪樵先生治《毛詩》，日見進益，輒有文名。以明經補京庠弟子員，蒐羅經史，造詣閎深，時輩多屈服，不敢較先後。奈何值數不偶，累挫鋒於場屋。公益進進，不緣此自懈。治經有暇，愛學楷書，會憲廟詔取善書者供事内庭，公寔與列，授鴻臚序班，盖志在娱親，故不計其小就也。自入官，勤勵不怠，期克盡厥職，未及報政，以剩員致仕，士論惜之。公付之一笑，略無愠色。跡雖林泉，未嘗忘世慮。弘治初年，歲荒歉，公迺條陳糶官賑饑數事以上，多見採納。至於友兄弟，訓子孫，御僮僕，動皆合理，鑿鑿爲里閈取法。平居無他好，惟披閱子史，飲酒賦詩，一切聲利，不留於懷。承考有子，幹蠱惟勤，用是家□□殷，公之自用率從儉約，周恤戚黨多且頻，不厭也。疾革，召子婦在側，諄諄數語，大抵勤儉立身之説，語竟而徂，瀕危不亂如此。

公生景泰壬申十月三日，得年七十有六。配孺人姓俞，錦衣户侯淳之女。母王氏。孺人幼有女德，父母器重之，務擇良配，見公能力學，乃字。比歸，翁姑在堂，飲食衣服非躬治不敢進，深得其歡心。公每試不利，懷且抑鬱，孺人則曰："學果有餘，命也。未至，當自反。何鬱之有？"意遂解。及公仕，綜理家務，井井有條，公得盡心於官，無内顧憂，孺人之助也。訓子婦率以勤儉，待僕婢嚴而有恩。公有義舉，孺人極力贊之，唯恐不遂，是以稱賢婦者，外内無間言。弘治壬戌十二月十九日以疾卒，距其生景泰丙子七月十五日，年才四十有七。嗚呼傷哉！子男二，長嶽，娶杜氏；次崧，娶馮氏。孫男繼祖。孫女六，一適劉俊，一王懋，餘尚在室。嶽以本年七月二十八日，扶柩城南東皋村，啓俞孺人墓合葬。

嗚呼！閨門之中，萬化攸出，所係至重也。世降風移，夫婦之道多忽，甚則戾焉，盡之者尠。惟公與孺人，剛毅有則，足以振厲於外；柔順不忒，足以表儀於内。所謂“夫夫婦婦，而家道正”，僅見於此也，兹可以無銘？

銘曰：“育彼泮宫，才名彰只。文戰屢北，命弗臧只。以仕娱親，爲謀良只。既晉復摧，志何妨只。觴兮詠兮，日永長只。繼述有人，憂心忘只。厥配斯賢，坤德光只。警切雞鳴，家日昌只。事無專制，時多匡只。宜老以偕，胡先亡只。啓竁而窆，魄同藏只。有封若堂，草木彭只。我銘納幽，其永康只。”

［錄自拓片。圖載《北京市文物研究所藏墓誌拓片》，北京燕山出版社2003年版］

明故文林郎陝西蒲城縣尹王公墓誌銘

賜進士嘉議大夫太常寺卿鴻臚寺掌寺事侍經筵前貴州道監察御史合肥魏璄撰。

賜進士出身通議大夫都察院右副都御史奉敕總督南京糧儲廣陽張玠書。

奉敕提督三千營總兵官兼掌前軍都督府事前奉敕充總兵官鎮守薊州永平山海等處地方特進榮禄大夫柱國太子太保遂安伯西蜀陳鏸篆。

嘉靖己丑二月廿七日，蒲城尹王公卒於官。其子紹思泣杖，持後府經歷朱君勝所爲狀索銘。予謹按狀及所嘗聞者，以悉王公之履歷。

公諱烜，字朝用，簡齋其别號也。世爲大名濬人。高祖諱恕，曾祖諱頤，俱以陰陽訓術，贈太傅、威寧伯。祖諱越，光禄大夫、上柱國、少保、兼太子太傅、威寧伯、兼都察院左都御史，贈太傅，謚襄敏。三世妣皆贈太夫人。父諱春，懷遠將軍、錦衣指揮同知。母程氏，封淑人。公其中子也。

自幼岐嶷，刻意易學，無間寒暑，舉業浸以大成。以兄錦衣指揮同知諱煜早逝，爲家政所累，不果第。弘治中，推襄敏恩例，公入胄監。名重六館，義服多士，而公自處歉如也。正德甲戌，筮仕光禄寺掌醢署丞。公綜理庶政，如辦家事。亨人習以油米代薪，公責之曰：“暴殄天物！是可忍也，孰不可忍？”笞其人而止之，省財不啻百倍。中貴需索，日不暇給。公正色，弗狥其意，衆怒而莫能侮。部寺交稱，遂有賢能之譽。丁丑，丁外艱，公哀毁踰禮，面深墨而甚羸。居無何，衆求分異，公力辭不獲，厥器厥田，自擇敝瘠，曰：“母之遺命也。”惟既服闋，授良醖署丞。公益勵初志，麯蘗惟均，寮寀服其能，酒人憚其嚴，賢能之聲，倍于前日。武廟簡在，敕命進階爲徵仕郎，曰“課功惟最”；贈□□□□張□女爲孺人，曰“方著宜家之美，竟違偕老之心”。盖公夫婦之賢，又上知於天子也。嘉靖甲申，銓曹以蒲城凋弊，須□□□以表□，出公宰之。盖推用□□□循資也。公□□勉以勤勵，勸農戒其惰遊，民多□□□□之□□□□集盖□□也。公不□□□□□方□置牛車纚屬于道，倉庾充而民□□□且□不能怵，賂不能動，喪禮禁佛氏之□，婚姻絶論財之非。蒲城之風，肅然丕變□□□爭□□□者富矣。藩臬撫按察爲邑之良□，褒舉將大用之，惜其未竟也。

盖公之爲人，素性介直，交□不苟。飲食衣服，悉從簡朴，不□寒素。嘗自謂曰：“清白無愧，每存惕勵之心。”故教子常過於嚴，檢身率以勤儉。如此則公前日之事業，豈偶然乎？及公之没，蒲城無老稚，咸垂涕，如失怙恃。盖德教所洽，自不能已也。嗚呼賢矣！

公所配孺人，女一，適邑庠生胡淶。徐氏子三，長紹思，娶錦衣指揮僉事覃緣女；次紹雍，聘陳氏；次紹顔，俱習舉業。女一，適滑庠生劉守次。姬氏子一，紹商，尚幼。公生于成化甲午三月初三日，得年五十有六。嗚呼傷哉！公止至此耶？紹思等將以是年十月廿三日，安厝于城南大伾之西，從先兆也。

銘曰：“才之亨，用盍大伸？德之惇，壽盍大臻？兹惟天哉！孰究厥因？抑靳于身，將以昌於後人？”

［録自拓片。圖載《新中國出土墓誌·河南 壹 上册》，文物出版社1994年版］

沈俊

沈俊（1473—1528）[①]，字人傑，直隸廬州衛官籍，泰州人[②]。正德六年（1511）進士。正德七年（1512），授山東登州府萊陽縣知縣[③]。當時萊陽縣城已被起義軍焚燬，沈俊念民瘡痍，不忍修葺，坐席棚治事；公餘，單車適野，勸課農桑，時有“一廉清似水，萬姓仰如天”之謡[④]。正德十年（1515），擢試監察御史，邑人爲作《沈公去思碑》留念[⑤]。正德十三年（1518）十二月，實授陝西道監察御史[⑥]。崇朴任質，不事矯飾。巡按直隸、山西、湖廣等處，所至雪冤滌弊，舉賢宥過，老成持重，動合憲體[⑦]。遷江西道監察御史。嘉靖七年（1528）九月，陞山東布政使司右參議[⑧]，卒於官。子孫貧寒，至於不能自存,公論高之[9]。

注:

①沈俊生年根據《正德六年進士登科錄》所記"年三十九,五月十一日生"倒推,知其生於1473年。卒年根據《(萬曆)合肥縣志》所記"擢山東參議,卒於官",今查《明世宗實錄》,沈俊於嘉靖七年(1528)九月十五日陞山東布政使司右參議(據《(嘉靖)山東通志·職官》,山東承宣布政使司設右參議一人),雖其離任時間失載,但次年即已有他人擔任此職,則當卒於1528年。

②參見《正德六年進士登科錄》。

③參見《(康熙)萊陽縣志》卷五《官師》。

④參見《(康熙)萊陽縣志》卷四《名宦》。

⑤參見《(康熙)萊陽縣志》卷十《藝文》。

⑥參見《明武宗實錄》。

⑦參見《(萬曆)合肥縣志·宦達傳》。

⑧參見《明世宗實錄》。

⑨參見《(萬曆)合肥縣志·宦達傳》。

奏議

地震疏(正德十四年 九月 日)

巡按直隸監察御史臣沈俊謹題:爲"地震"事。

據直隸隆慶衛經歷司呈,據本衛陰陽生趙得安呈稱:"正德十四年九月十六日夜丑時分,地震二次。俱從北往南,聲響如雷。官軍房屋俱各摇動,隨止。理合呈乞轉達施行。"等因具呈到臣。

竊惟地道以寧靜爲常,今乃震動,有聲如雷,是地道失常矣。然天人一理,感應一機,災異之來,必有其由。此皆臣素飡曠職之所致也。除臣痛加脩省、仍通行所屬大小衙門官吏一體脩省外,緣係"地震災異"事理,不敢隱諱不言。

[錄自《西關志·居庸》卷六,臺北圖書館藏明嘉靖二十七年刊本之膠片]

贊

周忠愍公像贊

予鄉先民，曰有孝肅。亦粤忠宣，清風如穆。公侍明廷，寔司耳目。抗疏摧奸，埋輪奮笏。殞命損軀，九京瞑目。帝曰嘉哉！寵光下燭。爰賜褒旌，顯忠後錄。既慰營魂，百世斯淑。有嚴遺像，威鳳停鵠。生氣横空，浩浩矗矗。瞻拜起敬，景慕芳躅。憶予顓蒙，荷公化育。方圖報稱，公遽不祿。原委統承，吾道攸屬。公靈在天，不腐如物。世篤忠貞，以嗣以續。

山西道監察御史門人沈俊頓首拜贊。

[録自明周璽《周忠愍公垂光集》，清康熙三十六年張純修刻《五名臣遺集》本]

孫禬

孫禬（？—約1569）[①]，字以誠[②]，北京錦衣衛籍，直隸合肥人[③]。少育於外叔祖葛華，因從母姓葛[④]。遂以"葛禬"之名，並以母家鄉貫"浙江嘉興"參加科舉考試[⑤]。正德九年（1514）進士。正德十年（1515），授山西平陽府曲沃縣知縣。鋤強抑暴，惡人斂迹，磚砌城垛，民便之[⑥]。正德十三年（1518）十二月，擢山東道監察御史。嘉靖元年（1522）四月，陞通政司右參議。嘉靖六年（1527）六月，請復孫姓，帝允之。歷官光禄寺少卿、太僕寺少卿、山東按察司副使、河南布政司右參政。嘉靖二十年（1541）八月，陞都察院右僉都御史巡撫遼東[⑦]。奏修東北一帶邊牆，通諳邊情，剛介明敏，去後人思之[⑧]。官至户部左侍郎，以疾致仕。卒贈工部尚書[⑨]。

注：

①孫禬卒年根據《明穆宗實録》所記"隆慶三年三月二十日，贈故户部左侍郎孫禬爲工部尚書，賜祭葬如例"，則當卒於1569年以前。

②參見《（嘉靖）曲沃縣志》卷五《官師》。

③參見明雷禮《國朝列卿紀》卷一百十九《巡撫遼東行實》。

④參見《明世宗實録》。

⑤參見《明清進士題名碑録索引》。

⑥參見《（嘉靖）曲沃縣志》卷五《官師》。

⑦參見《明世宗實録》。

⑧參見明李輔《全遼志》卷四《宦業》。

⑨参見《明穆宗實録》。

奏議

請給錢糧疏略

臣奉命差往薊州，提督軍務，候敕即行。切念此官一時創設，事務未有定規，除到地方查處次第舉行外，至於錢糧，乃今日所當大破常格以濟急用者。且薊州兵馬素稱單弱，一鎮諸路將領數員，所統兵馬總不出五萬，而近日逃亡事故者過半，且隘口通賊處所極多，不止潮河川、古北口而已。賊之來也，動經數萬，雲奔風迅，倏忽而到。即今殘破之後，須充其糧賞，以蓄養操練；廣爲召募，以填實行伍。臣又聞薊州一帶邊墻、隘口、堡砦、墩臺又多殘缺，雖及時修築，尚難畢集。凡此若非多給錢糧，有不能辦者。伏望皇上敕下户、兵二部速爲議處，或將太倉糧銀，或將太僕寺馬價，或别爲查處，先發十餘萬兩，運送密雲管糧郎中交收，以爲補給糧賞、募軍修邊之費；候臣到地方，逐一相度，估計足用與否，再行題請。庶可以修舉廢墜，以守則固，以戰則勝矣。

[録自《四鎮三關誌》卷七《薊鎮制疏》，全國圖書館文獻縮微複製中心1991年影印明萬曆刻本。原標題作《提督侍郎孫禬請給錢糧疏略（嘉靖二十九年）》]

記

武安王廟碑記

正德十四年知縣葛禬撰。

曲沃城東南有廟。予抵任初，謁諸神，至此，而詢其廟爲誰？義勇武安王也。已而入瞻其象，恍若有精靈者。俯伏拜揖間，自儼莫敢褻。至此可想王之忠精英氣逼人自來，人敬服也固宜，亦宜其爲吾民者無弗欲以爲廟，亦無弗欲以爲祀也。

廟立久矣。正德丙子，鄉民解敬輩意以爲有廟必有祀，其獻祀不可無殿。乃各出已貲，互相抵力，督工以爲之。甫成，各相謂曰："昔神殿咸寧劉公爲之記，至今可垂不朽。是殿之建，烏可以無記？"遂鑿石成碑，托邑人判簿張鎧等屬予以爲文。予以弗克爲辭,久弗獲已。

予惟王之在當時,其超拔識見、忠烈肝膽、趨正事業,已盡於劉公之記,無容予贅矣。弟有所謂,是廟之建,有感於王之忠義者,是即予之無弗欲以爲廟與爲祀之意也,而復有所謂,否則非吾所知也。之言無乃爲斯民邀福者之意耶?於戲!神不享非禮,固也。矧王之得爲神者,以其持正不撓,故忠魂義魄,至今耿耿也。其廟享血食,而舉世推尊,無敢慢者,以其福善禍淫,不逐民好也。曲沃,古唐虞之地,純朴之俗固在也。而世遠人亡,安保其無險邪?不道玩法欺公者乎?有一於此,而徒有事於廟、有事於祀,吾見其誣神也益甚矣!神果可以誣耶?是非惟不能邀福,適以買禍。是則所謂獲罪於天,無所禱也。然則爲吾民從事於兹廟者,惟先知所以自反,而求無得罪於其神,斯善矣。審若是,則兹廟之建,蓋將爲惇俗厚風之一助,其庇民豈淺淺哉?

[録自《(嘉靖)曲沃縣志》卷四《文章志》,中國國家圖書館藏明嘉靖刻本]

墓誌銘

明誥封明威將軍錦衣衛指揮僉事張公配淑人顧氏墓誌銘

賜進士中憲大夫太僕寺少卿前山東道監察御史燕臺孫禬撰。

賜進士出身中憲大夫通政使司右通政臨潁杜柟書。

奉敕提督三千營軍務總兵官兼掌前軍都督府事前奉敕鎮守薊州永平山海等處地方特進榮祿大夫柱國太子太保遂安伯西蜀陳鏸篆。

公張姓,諱欽,字士敬,别號震齋,籍系河南開封祥符人。曾祖玉元,樞密知院,歸太祖,累戰功,官都指揮同知,從太宗靖難,卒于陣,歷封河間王,謚忠武,配饗太宗祀。祖輔,亦累功,歷封新城侯,平定交南,封英國公、太師。正統己巳,戰死土木,追封定興王,謚忠烈。父懋,襲英國公,加太師,追封寧陽王,謚恭靖。母王、許,俱封夫人。生母楊,以公貴,封太淑人。祖姑,文廟貴妃。姑,仁廟敬妃。

公生英秀不凡,長就師勤學,益奇偉。授勳衛,恪恭三十年無過舉。弘治、正德間,從征兩廣、山東,皆有功。先晉錦衣指揮僉事,後同知,遇例落級,仍前官。公累世勳戚,寧陽王又握重兵柄,貴富極矣。公恒自檢束,服食自奉若儒生。事王及祖母吴、母王、許、楊曲盡孝謹,没皆哀毁踰禮,時祀必精腆。遇三弟,穌敬如賓。五泉公,公同胞弟也,出守遼,公懷弗置,歸益篤情好。以勤儉教家,嚴甚。子嶽,繼公秩,綽有賢聲。英國公崙,姪也,佩公教如嶽。尤博雅,子史道佛經亦皆涉獵,至詩詞聲律,多曉暢,最善丹青筆,山水小景極精奇,《圖繪寶鑑》因錄公焉。且狷介,笑言舉動不苟,日惟端居静養,時或以花卉池塘少自娱,無紛華紈綺習。偶罹疾,囑子弟曰:"吾年踰古稀又七,無善可述。如誌,但紀世系、名氏類耳,無過詞。喪具當守法惜費,勿爲子孫累也。"語竟,遂不起。謙冲謹恪,斃而後已。嗚呼傷哉!是爲嘉靖甲午正月十有四日也,距生天順戊寅八月八日。元配顧,鎮遠侯淳之女,封淑人,有女德,歸公,相夫以敬,事翁姑以孝,婦道母儀無缺焉,先公五十四年而卒,乃成化庚子三月十日,生于景泰丙子正月二十有五日;繼穆,亦先公卒。子男三,長即嶽,顧出,取光禄何署正通之女。繼取辛;次嵩,錦衣百户,側室魏出,取甯,嵩先卒;次岱,幼,劉出。男孫二,拱辰、向辰,俱幼。女孫三,長適金吾指揮翟承勳,次適昭聖皇太后之姪金潤,次適錦衣千户馬清之子一桂。嶽以卒年二月二十有九日,葬于宛平縣京西鄉盧溝橋西連三岡寧陽王祖塋之側,遷顧、穆二淑人柩合窆焉。乃持友仁夫周君狀請予銘。按狀,穆卒,曾誌其墓,顧未誌也。况公與顧懿德淑行皆可紀,奚容弗銘?

銘曰:"祥符山水雄中州,氣鍾人物多殊尤。震齋稟秀獨更優,英風磊落難爲儔。世承閥閲家王侯,富貴不淫何貽羞?王師勦逆東南陬,毅然從征無逗遛。凱奏赫奕奇功收,金紫炫耀追前脩。公猶恬淡絶華浮,陶情惟向林塘幽。庭闈養志親解憂,塤篪時奏偕春秋。淑女窈窕公好逑,琴瑟斯鼓相綢繆。婦道克閑生匪喻,從夫死不慙同丘。况鍾賢嗣衍芳流,緜緜瓜瓞貽孫謀。生如公者復何求?泉臺笑登應無愁。貞珉詩勒幽堂留,永昭來裔懷前休。"

[錄自拓片。圖載《北京市文物研究所藏墓誌拓片》,北京燕山出版社2003年版]

明故管錦衣衛南鎮撫司事明威將軍指揮僉事致仕春野魏公墓誌銘

賜進士第通議大夫兵部左侍郎掌通政使司事前兵部左侍郎兼都察院右僉都御史奉敕提督薊州軍務合肥孫檜撰。

賜進士出身通議大夫通政使司通政使加從二品俸直内閣侍經筵嘉禾張文憲書。

賜會武第特進光禄大夫柱國錦衣衛掌衛事後軍都督府右都督奉敕提督官校緝事侍經筵前充扈蹕使平湖陸炳篆。

今年三月十四日,予聞春野魏公疾篤,撥冗往視之。至其門,公歿已二日矣,予感慨傷悼者累日。其從弟錦衣户倏雨,衰服持予姻憲副晴川蔡公狀,詣予請銘。予於春野舊同庠,洎同朝,爲莫逆交且久。錦衣衛主東湖陸公,素雅愛春野者,亦造予以春野誌銘囑。予非能文者,辭再三不得。

按狀,公諱頤,字養正,別號春野,世爲山西文水人,後徙居趙州之高邑。高祖起群,曾祖時友,祖林,皆隱德弗耀。林生二子,長鐸;次銘,即公父也。銘本楊姓,號儆齋,以外祖司禮太監魏公恩廕,爲錦衣百户,因從魏姓。以剿流賊功陞副千户,今加贈明威將軍。配鄖氏,加贈恭人。皆從公貴也。子男三人,長顒,次顥,俱蚤卒,三即公也。

公性穎異,幼就學于塾,多讀強記,殊不類童蒙。少長,從名公文中朱先生業《書》,綽有時名。初入武庠,旋改順天儒庠,每督學試,輒居優,充廩膳生。累不利於場屋,儆齋公曰:“汝弗竟於文試,命也。吾老,不能待汝。其就武試,聊以慰吾可也。”公重違父命,遂習騎射,究韜略。正德丁丑,高擢武舉第,授錦衣冠帶總旗。是年,襲父職,授試百户,奉部檄,從遼東撫鎮贊畫,有斬獲功,陞實授百户。本衛東司房理刑員缺,公以諳刑名推補。嘉靖甲午,皇史宬及廟功完,公以巡督功,陞副千户。是年,終以年勞,例陞正千户。戊戌,奉敕差往浮圖峪等處踏礦洞,公勘處精詳,啓閉有法,奸弊用釐。己亥,駕幸承天,公督官校,扈蹕巡察,所至肅然無驚擾。庚子,同工科沈司諫、刑部錢正郎奉敕往浙江勘府守孫存事。時當道者與孫有隙,欲陷以重讞。公據實秉公,孫賴以全。當道者忌之。自是,公之賢聲藉藉在縉紳間矣。乙巳,以緝捕逆子功及年勞,例陞實授正千户;又以緝捕越皇城盜官物者功,加正四品服色俸級。丙午,東廠理刑員缺,故事皆本衛自推用,東湖公破格疏名上薦,以公居首,得如請。此官與督廠中宦分嚴,堂屬不少假。太監馬公重公清慎寬平、老成諳練,每折節遇之,至同食飲笑談,稱字稱號,時或稱先生云。是年,又以緝捕刻僞印功,陞指揮僉事,任南鎮撫司事。節年欽賞羅紵綵幣頻繁,皆異數也。廠衛事權,嚴重且密,少不省檢,便涉偏刻。公曰:“寧失之寬,毋傷于嚴。”人多戴之。東湖公嘗謂人曰:“衛政弊滋多弛,吾初莅之,多過于嚴。春野每承以寬恕,故刑政少枉。抑吾得以寘過者,春野之力也!”是雖湖公謙冲遜避,而公之賢,亦不可誣也。

公乏嗣,戊申,迺立其再從弟涇次子承恩爲後。無何,公罹火炎上疾,諸藥罔奏功。辛亥三月,承恩以疾暴卒,公因過哀,疾轉劇,遂不起矣。惜哉!公性坦夷平易,處親交,極愛敬,久而弗渝。至其第,輒款留暢飲,談笑移日。以故訃聞,皆傷悼不置。

先娶陸氏,工部侍郎華女;繼張氏,隱士興女,俱贈恭人。張生一子循,年十七而卒。再娶劉氏,大興左衛指揮璋女,封恭人。公卒後,劉恭人主立户侯雨次子棟奉公祀,時論韙之。公生於成化甲辰二月初八日,卒于辛亥三月十三日,得年六十有八,近古稀,足矣!獨乏嗣,不無可惜。然發身文武,宦業逈拔,享有令名,公亦可以無憾矣。户侯君將以今年四月九日,扶公柩出崇文關排房祖塋之次,啓陸、張恭人竁而合葬焉,禮也。宜爲銘。

銘曰:“始發于文,繼以武顯。文實基之,武用以衍。武科高掇,於文有光。武政施仁,文德乃揚。已紹厥宗,乃啚其後。善未食報,此理孰究?公雖已矣,名當不朽。我銘于石,以垂永久。”

[録自拓片。圖載《北京市文物研究所藏墓誌拓片》,北京燕山出版社2003年版]

明文林郎大理寺左評事東湫岳君墓誌銘

賜進士第正議大夫資治尹户部左侍郎致仕前兵部左侍郎兼都察院右僉都御史兩次奉敕提督薊州軍務合肥孫禬撰。

賜進士出身正議大夫資治尹工部右侍郎加二品俸直内閣侍經筵同修國史玉牒嘉禾張文憲書。

賜進士第文林郎河南道監察御史陽曲段汝礪篆。

余友東湫岳君卒,訃報,余痛悼故人凋謝,爲之哽咽者累日。其子崇輩,持君壻靳生所爲狀詣余,泣曰:“先君逝矣!疾篤時,囑崇以墓銘丐先生,恃先生爲知己也。幸勿靳言,以成先君之志。”余聞之,益增悲愴,豈容以不文辭?

按狀,君諱粱,字國濟,東湫其别號也。世爲順天漷縣人。始祖德甫,生思銘。思銘生興,以從征軍功,累陞府軍前衛指揮同知。興生端。端生坪，即君父也，以君貴，贈中書舍人。母韓氏，封太孺人。叔祖正，蒙泉先生，以進士及第官翰林，居内閣，忠貞蹇諤，爲時名臣，有先生壻李西涯所爲傳，可考此君之家世也。

君生而聰慧，穎拔不類群兒。長治舉子業，鋭意場屋，頗善書法。君父老，欲君速進取，以需禄養。命君以書法應春官選，果中式。入昭文館，纂修實録成，授鴻臚寺序班。以君家世，兼通辭翰，簡入□敕房，掌絲綸代王言者三十年，勞績頗著，賚亦數歷。擢大理寺左評事，其通達事體，諳練典故，甚爲國老所倚重。性頗直戇，有蒙泉風，以此致忤當道，乃借草司徒陶公琰誥命語過褒□之故，謫君山西都司斷事，時論惜之。當道者去任，復君前秩，仍直内。尋以足疾乞休，得遂所請。家居，治圃灌畦，爲林泉樂。尤耽局嗜吟，日與故人徜徉自娱者十五年。君性孝友，父偶罹疾，醫藥罔效，君默焚香籲天，割股以進，父疾遂愈。翰林九川滕公欲白其事，君力止之。後父卒，事母氏孝養益至。□篤愛弟槃，所入□資悉供母弟用，無私積。族屬有貧乏者，量所有以周之，不少吝。鄰人甯中貴家□焚，烈焰逼門，人苦迯避，君急令人穵壁以救之，男婦賴以全活。家資多爲救焚者竊去，至遺金寶首飾一篋，君見而收之，甯亦自分不能得，火少息，君取還之。鄉人義君，稱不絶口。尤精吏事，其任斷事時，有獄冤不伸、疑不決者，多賴君暴白之，大爲撫按公所推重。

少年酷好詩詞，時有題詠，每就正于西涯翁。翁悦而教之，親爲改削，日有進益，歸田來尤肆力焉。所著有《東湫雜詠》，有《鏡光唱和》，有《海灣遊吟》，有《梅花百詠》，有《和梅花百詠》，有《征途雜詠》，皆鋟梓以傳。晚年每恨李、杜大家詩韻不爲《韻府》所收，乃取李、杜集細閲，摘其語義連屬者，分隸各韻，以補《韻府》之遺，名曰《李杜集韻》。又見《詩餘》平仄無□定式，作者莫知適從。乃取蘇東坡、秦少游、辛稼軒諸詞人集，参互考訂，每調酌爲定式，以爲作填詞者的。二事極力圖之，尚未脱稿而病作，竟不能成，惜哉！

嗚呼！蒙泉先生爲當代名臣，精忠偉業，膾炙人口，《類博稿》所載，後人喜傳而樂道者。微東湫，則詩禮業廢，家聲日湮，亦與常人等耳。若東湫者，亦可謂光前裕後者矣！死復何恨？

生于成化乙巳七月廿一日，卒于嘉靖丁巳四月十八日，享年七十有三。先配劉氏，贈孺人；繼楊氏，封孺人。子男三，長崇，武驤左衛正千户，承祖職也，娶龍驤衛千户□相之女；次崑，業儒，娶賈氏，繼曹氏，俱楊出；次岱，側室王氏出，娶沈氏。女一，楊出，適順天府庠靳生□郊，早卒。孫男三，長紹文，次紹武，次紹忠，俱幼。孫女四，俱未聘。以卒之年五月廿一日，扶柩葬於漷縣堅村祖塋之側。宜爲銘。

銘曰："於維東湫，名臣之裔。人贊密勿，才猷允濟。孝稱宗族，義重鄉評。偉矣蒙泉，罔墜厥聲。刻意苦吟，老而彌篤。景會情融，聯篇未足。堅村之原，佳城其歸。銘勒泉堂，以詔來祀。"

［録自拓片。圖載《通州歷史文化叢書·記憶——石刻篇之一》，北京出版社2010年版。該墓誌銘2005年5月出土於今北京通州區永樂店鎮堅村西北原岳家墳處，現藏於通州區博物館］

皇明太保英國蒙溪張公側室趙氏墓誌銘

賜進士第正議大夫資治尹户部左侍郎致仕前兵部左侍郎兼都察院右僉都御史兩次奉敕總督薊州軍務合肥孫襘撰。

特進榮禄大夫柱國少保兼太子太傅遂安伯右軍都督府掌府事前奉敕鎮守薊州永平山海等處地方掌前軍都督府事兼奉敕提督三千營兼提督十二營諸軍務總兵官及奉敕留守北京充留守使西蜀陳鏸書。

正議大夫資治尹侍經筵官鴻臚寺掌寺事通政使司通政使仁和吳祖乾篆。

太子太保英國蒙溪張公持鴻臚竹齋蕭君狀，偕婣丈遂安栢窓陳公詣余，曰："某冢嗣生母趙氏卒。念其生子承祧，行頗宜家，欲銘其墓，以圖不朽。先生與某三祖五泉翁交厚，三祖側室江卒，及某大祖震齋翁卒，誌銘皆先生撰。趙氏之銘亦丐先生成之。"詞懇再三，余厚公愛久，有難以老病辭者。

按狀，趙先世占順天大興籍。父龍，有隱德。母李，感異夢，遂孕而生趙。髫年德性閑雅，少長，益端重寡言笑，不與群女相嬉戲，專事女紅靡怠。將來歸，人可占爲賢婦，母夢端必有徵。公夏夫人多病不孕，夫人念宗祧爲重，汲汲爲置側室，屬媒氏博訪鄉閭淑女。迺得趙氏，年十九，端莊不凡，遂禮聘焉。

公先世以靖難殊勳，報膺上公，河山帶礪，與國同休，且又三世封王，二世册妃。公承祖爵，進階太保，統領府政，敬慎勤王，蹇蹇匪躬，簡在當宁，爲時名臣。趨侍壼幃者頗難稱婦，及趙于歸，必敬必戒，允執婦道不隳。夏夫人每卧病,趙供湯藥饘粥,夙夜靡寧。事曾太夫人,備極勤慎,罔敢懈弛。故二夫人咸得其懽心,殊無恚言。時遇奉先讌賓,趙必代夫人督饌,務求精潔。至於接鄗婦有禮,處群婢有恩,尤人所難。

生男四,長元功,乃承宗祧者,性資英妙,器度磊落,綽有父風;次元德、元增、元福。芝蘭之秀、珠玉之珎,萃於一堂。元功娶東寧伯焦君女,元德娶玉田伯蔣君女,元增、元福尚幼。生女三,長適應城伯孫文棟,次許聘西寧侯宋君子公度,次許聘平江伯陳君子胤兆。子女嬋綿,皆閥閲門楣,簪纓雜遝,葭莩聯絡,貴顯相望。而趙身被華榮,茂膺繁祉,殆非偶然。異夢至此,信有徵矣!

偶罹痰疾,展轉二年,竟至不起,年僅四十有六。嗚呼惜哉!生於正德丙子四月十六日,卒於嘉靖辛酉正月八日。蒙溪公、夏夫人及闔門皆傷悼不置,可謂生榮死哀者矣。公以卒之年正月廿九日,引柩葬於京西鄉連三岡之原,從先兆也。

銘曰:"妊也有夢兆其賢,生也不凡始信然,笄也于歸上公前。椒房逈入如登仙,錦衣珍食何綿綿,自驚豈勝諸福駢?益敦婦道酬良緣,仰夫赫赫得所天,幸子振振紹厥先。金書鐵券有所傳,祖功宗德垂綿延,連三之岡祖域邊。巍然埋玉開新阡,爲撰銘辭沉礎鐫,庶幾不朽昭黃泉。"

[錄自拓片。圖載《北京市文物研究所藏墓誌拓片》,北京燕山出版社2003年版]

皇明誥封昭勇將軍錦衣衛管衛事指揮使致仕省菴張公暨配淑人王氏合葬墓誌銘

賜進士第正議大夫資治尹户部左侍郎致仕前兵部左侍郎兼都察院右僉都御史兩次奉敕總督薊遼軍務合肥孫禬撰。

賜進士出身中憲大夫山西提刑按察司副使奉敕整飭偏寧石隰等處兵備黎陽朱天俸書。

賜進士出身中憲大夫陝西苑馬寺少卿前工部都水清吏司郎中東吳戈九章篆。

國有老成,典刑尚在;鄉有丈者,不失宗依。省菴公立朝之忠、居鄉之德、處家之行,老成耆舊,恐無與儔者,而今已矣!嗚呼哀哉!兹長器梅亭君,抆淚詣予,乞銘公墓。予辱同鄉,稔知公生平,重以進士翟樓村君之狀尤足徵，何敢以不能文辭？

按狀，公姓張氏，諱爵，字天錫，省菴其别號也。原籍湖廣德安府應城縣人。國初，高祖諱珍臘占籍燕山前衛軍役。祖考穩，考安，俱隱德弗耀。弘治初年，親王之國，安以前役選充興府群牧所總旗，坐老疾不能從，時公習舉子業，屬嫡長，辭不獲，遂補役。尋以才華充書辦，府中諸侍從子姪悉委訓之。正德癸酉，准王奏，給冠帶。辛巳，因請封事抵京，聞迎立今上皇帝嗣登大寶，不憚夙夜，七日抵府密奏，宸懷嘉悦，荷懋賞焉。暨聖上即位，敕吏、兵二部酬文武官勞績，公扈駕有功，書辦年久，陞錦衣衛，實授百户世襲。本年，欽遣奉迎聖母至儀真，先期復命，宣至密殿面諭，有金帛之賜，誠殊遇也。尋比例陞副千户世襲。嘉靖甲申，遇選東司房理刑，類奏有功，陞正千户。公懼滿盈，告回所居。無何，復取掌街道房事。東廠缺官理刑，時難其人，僉以公舉，詔可之。以緝捕功陞指揮僉事，提督象房。戊戌，皇上幸山陵，缺堂官侍駕，大司馬廷推公，得授本衛堂上僉書，即蒙賜四獸朝麒麟服、鑾帶繡春刀、銀鋄瓢方袋三事。己亥，皇上大狩，龍飛巡幸，承天特命充前驅使事，一切機務，悉倚毗焉，仍加食都指揮僉事俸。自發駕以至回鑾，飛魚、蟒衣、帑金、廐馬、酒飯之賜，及宣召面諭之優，不可枚舉。提督西司房袁公楚府勘事，公奉命代攝，會緝假印，功陞指揮同知。本年類奏，績陞指揮使，賜羊酒實鏹。庚戌，鄭府詰奏，特遣公同内監賈公、都尉謝公、少司寇楊公往勘問，得獄平。公任衛堂二十有三載，凡殿試賜宴、監比考選，率多遇焉。祖考、考以公貴，皆累贈如其官；祖妣傅氏、妣韓氏俱累贈淑人。己未，自陳蒙恩致仕，完名全節，人以爲榮，武衛所僅見者也。

公端方質實，沉静淵弘，平居一言一動，悉中矩矱，至所遇雖順逆不一，而喜怒不形。故人無貴賤小大，無不愛且敬之。性樂施予，歷仕四十餘年，所獲俸資有餘，悉周貧乏，宗族賴之舉火者不暇十數家。自幼好讀司馬溫公《通鑑》及唐諸家詩，晚年猶不釋手。歸田來，以琴棊結社，召集朋儕，非訂究往迹，則吟咏性情，至於朝政，絶口不談也。每自謂“林下一人”，信哉！

據生成化乙巳正月二十九日，卒於嘉靖丙寅八月二十一日，得壽八旬有二。訃聞於朝，天子悼念藩邸舊臣，賜祭一壇，蓋殊恩云。元配王氏，錦衣總旗王華女，暨歸公，能執婦道，姑性嚴，小心承順，卒得其歡心，且曰：

"王氏吾家孝婦也,相夫必顯,生子必亢吾宗。"未幾以疾卒。累贈淑人。生於成化丙午十二月二十七日,卒於嘉靖丁亥正月初十日。繼配盛氏、趙氏、陳氏。子男一獻,即梅亭君,原任錦衣衛千户,娶錦衣百户楊西崖女,繼娶楊氏。淑人王出女六,長適順天庠生董希周,次適錦衣馬世文,次適錦衣百户方榮,次適錦衣百户水天和,俱王出;次適錦衣呂健,盛出,俱先公卒;次適錦衣小旗陸韞,陳出。孫男六,長應乾,娶順天庠生翟汝義女;次體乾,娶錦衣小旗呂鈁女;守乾聘太學生徐逵女;承乾、崇乾俱幼;效乾楊出,亦幼。孫女二。曾孫女三,長二,翟氏出;三呂氏出。兹卜嘉靖丙寅十月十二日,啓王淑人之窆,將合葬焉。法宜銘。

銘曰:"漢宗儒吏,唐系詞臣。源深本固,祥鍾偉人。偉人伊誰?省菴卓越。繩武亢宗,既明且哲。夙從獻帝,之國承天。今皇龍飛,世秩賞延。歷陟金吾,近侍玉案。大業既雄,令名稱善。小心翼翼,廿有餘年。帝賜優禮,致政歸田。曰既歸田,樂天知命。泉石幽尋,怡真養性。八十二歲,受祉既多。還元返本,一笑南柯。厥配曰王,好逑貞淑。同窆豐丘,永世懽穀。鬱葱佳氣,都城之南。穹碑矗矗,巋然具瞻。"

[錄自拓片。圖載《北京市文物研究所藏墓誌拓片》,北京燕山出版社2003年版]

高誨

高誨,字廷弼,合肥人[①]。弘治十四年(1501)舉人。正德十二年(1517),授山東濟南府青城縣知縣。愷悌廉明,賦平訟簡[②]。嘉靖元年(1522),重修青城縣學宫[③]。嘉靖二年(1523),陞萊州府通判[④],司泰山香税。今泰山大觀峰有其隸書題名云:"嘉靖二年三月十八日合肥龍池高誨廷弼記"。政事、文學並著。擢養利州知州,辭不赴。家居清素,尤長於詩賦。著有《泰山勝覽》[⑤]。

注:

①參見《(萬曆)廬州府志》卷九《鄉賢列傳》。

②參見《(萬曆)青城縣志》卷一《官制》。

③參見《(萬曆)青城縣志》卷一《學宫》。

④參見《(萬曆)萊州府志》卷二《職官表》。

⑤參見《(萬曆)廬州府志》卷九《鄉賢列傳》。

記

廬州府修城記

廬州介江淮間。自春秋橐皋之會,以巢取舒,屢書不絶。漢興,爲重鎮。魏武東置,視爲必爭地,終權世,圍之竟無功。而梁堰淝水以灌,下迨金人以八十萬衆四面攻擊,皆是城也。

凡奉符兹土者,有守與不守,其勢在城,而其機則在人也。故張濬之築、郭振之展、胡舜陟、杜杲之修,皆欲恃以地利,職此。我國家承平百四十年來,民不知兵,凡干盾戈矛之屬,有老死不知爲何物者。其視城池之爲用,漠如也。

弘治丁巳,孔布以妖術嘯聚濠梁南境,前太守馬公視城弗完者舉新之。至是又十有五年,風雨摧毁,日復湮塌。正德庚午,大盜起霸州,擁衆十餘萬,山東、河南所過城邑不守者十已七八。當國者恒議淮西以廬、壽、歷陽爲表,則建業、姑熟得以襟帶咽喉之地,恐不可扼。適廬守員缺,僉以武昌徐公當之。公初以名御史忤中貴坐廢,至是,復命下,馳檄授太守符券,刻期就道。至則視篆,方三日,即循城壘週垣,計其傾圮五十六處,總二百丈有奇,而北濠更淤淺不瀦,加以樓櫓廡落,駭謂諸帥曰:“今日何時也?而顧城池不治若是乎!”於是屬役賦丈,召工匠以營。其徒庸之計、財用之慮、餱糧之書,悉有定法。以辛未秋七月始作,而以壬申春二月告成。他如葺器械、操矢石、治溝塹、立砦隘、塞水關,咸以次舉行。未幾,月餘而賊至,以城固,不敢犯,遂去。攻破定遠,極其殘滅,雖大軍躡其後,彼方肆志弗顧。

嗚呼!城之不完,受禍獨慘,而後知功之在城也。雖然,方城漢水,楚非不固也,而入郢之師,如蹈無人之境,形勢果足恃乎?亦惟在乎人焉也已。使城備而守以非人,不過爲虚器;既得人而城不足以守,亦未免爲徒摶。均有賴焉。昔玁狁之難,而城彼朔方則有南仲;蠻荆之難,而城彼東方則有山甫。之二臣者,所以卒成攘夷狄、安中國之功,蓋有在矣。予故曰:“勢在城,而機在人也。”郡伯其以之。

賊既平,復置沿城更舖四十六所,城東、北二門吊橋各一,暨馬道、木栅若干座。廬民德之,有南仲、山甫之頌。鄉耆葛隆、陳清,暨士庶杜寬、楊緯輩,磨石徵言,以識其事。君子謂:“是役也,在春秋亦當書之。”予敢掇其修城大率，以紀歲月。若夫循良善政，當在觀風者采焉，不能備。

[錄自《(萬曆)廬州府志》卷十三《藝文志》，臺北故宫博物院藏，美國猶他家譜學會公布圖像。個别明顯誤字徑改]

遊泰山記

泰山在州治北，高四萬餘尺，延袤幾二百里。名峰七十有二。其巑岏列巘，森然而供秀者，弗可勝紀。古爲東鎮，天下之山莫高焉。

予往歲計偕上春官，取道登謁，時甚寒，倉卒以未獲盡觀奇勝爲恨。嘉靖壬午冬，予由青城轉東萊司馬，臺檄督岱宗事。癸未春三月六日，肩輿出自北城門，踰小橋二里，道左右，亂石棋布，近麓有廟祀、池館，俱壯麗。左有老栢數株，相傳漢武帝東封時所植也。又二里，至紅門，跨道爲飛雲閣。道傍爲更衣亭，楔扁曰"宗岳"。循溪産天麻、黄精諸藥，土人負筐采之。又五里，至高老橋，有漢壽亭侯祠，祠前桃李始華。稍前爲水簾洞，泉自天紳巖出，飛流垂練，聽之泠泠然。下有小石橋，通泉于溪。左爲巖巖亭，登之畢見景物。又四里，至馬棚崖，稍前爲回馬嶺，山石漸峻且奇，林木亦幽邃。溪崖有椒，有梅、杏、櫻桃，山居者資以爲利。又五里，至黄峴嶺。西行折東北，上而復下；又西行折東北，則下而復上。雖屈曲下上，率坦易。凡三，以里計亦三。遊人疲于峻陟，至是舒快，名曰"快活三"云。其西巖，有竹繁茂。又五里，至御帳，宋真宗駐蹕之所。五松高數丈，秦皇避雨其下，封大夫云。竹林僧獻松花餅，啖之香美；復進甌茶，問之，曰："東巖所産。"味亦清苦。又五里，至大、小龍口，两山懸削，水從石峽噴瀉。上有古松，偃仰若蟠虬然。又五里，至十八盤。崖間楸、槲、野棠、山榴、彌桃，或花或實。石磴齒齒倚空，仰視似有不可至者。乃傴僂攀援以上。盤盡，至峽口，高處石門題曰"南天門"，有三靈廟。又東北二里，爲元君祠。左側石方池，曰"玉女泉"，一名聖水，甘寒清冽，汲以烹茗，味可比浮槎、龍泉。又東北，至岳神祠。祠後有唐磨崖碑二，一爲開元《紀泰山銘》，一爲乾封《朝覲頌》。側多古人題詠，蘚蝕不可讀。又北上，至絶頂，有玉帝祠。祠前石表丈餘，一名"秦王無字碑"。又東南行，至日觀峰，人云："鷄鳴時見日出。"有石函，方丈許，人云："成化間，雨水衝決，得玉檢以獻，命中使瘞舊所。即此。"峰之西，巍然而突出者，秦觀峰也。稍南而獨見者，越觀峰也。峰之下，壁立萬仞者，舍身崖也。崖之右，則試心石、仙人橋也。延竚四望，滄溟東坼，河流天傾，而汶水湯湯，秖環一綫。西南萬山伏地，殆如米撮。惟徂徠、尼父，僅露脊可指耳。近顧諸峰，若丈人，若回鴈，若蓮花，若明月，若東、西神霄，雲烟相盪，勢若爭雄，其不能以一峰名，而附之以見者，如拱如揖，凜然有夔夔聽命之狀，真奇觀也！

予始至，瘦石嶙峋，剛風怒嚎，溪竹崖松，宜雪宜月。其尤足聽聞者，樵斧之聲與崆峒應荅。既而鳥鳴花麗，萬谷皆春，泉香可啜，蔬美可饌。山容于是乎忻忻然，而人亦得以樂之。至於溪雲出没，而陰晴變化于立談之頃，此又造物者之翕張，而莫知其所以然也。

夫山之景象，奇于冬，麗于春，而遊人或拘于時，止于暫。予以公事，久于斯，而又頻于下上，則夫山之情狀、景之變態、古人遊豫登眺之迹，靡不襲其芳而踵之。兹遊也，可不謂獨勝乎？書以紀歲月。(是作最勝)

[錄自明查志隆《岱史》卷十八，《續修四庫全書·史部》第722册，影印明刊本]

雜著

地理辯

馬氏《輿地考》："廬爲古廬子國。"予疑其治當在今廬江或無爲，而今之府城是即秦時合肥縣治也。漢以其地分爲廬江、九江二郡。按廬江所屬，爲縣十二，若舒、居巢、襄安、潯陽、皖等處，皆在今邊江及江南一路；九江所屬，爲縣十五，若壽春、浚遊、合肥、歷陽、鍾離等處，皆在今淮以南一路。至晉改九江曰淮南，并廬江爲二郡，其合肥仍屬淮南。使合肥即爲郡治，則當屬廬江，而不當屬九江暨淮南，豈有倚郭之縣而分屬他郡耶？又晉史載，袁真爲廬江太守，攻合肥，執南蠻校尉桑坦，遷其百姓而還。則郡縣之分、遠近之勢，彼此較然矣。至梁改合肥爲合州，而隋復改爲廬州。則移郡治於肥，當自隋始也。唐因之爲郡，領縣五，曰合肥、慎、巢、廬江、舒城。觀今日所屬，即隋唐遺制也。

[錄自《(萬曆)廬州府志》卷十三《藝文志》，臺北故宫博物院藏，美國猶他家譜學會公布圖像。個别明顯誤字徑改]

玉女考略

泰山玉女神，顯靈于天下，其來尚矣。世傳爲東嶽女，盖謬説也。人心崇尚，習舛承訛，非特愚夫愚婦之不知，雖博雅君子亦未聞有能考其實者。

按《州志》載："嶽頂玉女池。"馬端臨《通考》紀："池側故有玉女石像，泉源壅濁。宋真宗東封，先營頓置，泉忽湧上升山，其流自廣，清泚可鑑，味甚甘美。王欽若請浚治之，像頗摧折，詔易以玉石。既成，上與近臣臨觀，復礱石爲龕，奉置舊所祭焉。"唐劉禹錫《送東嶽張鍊師》詩云："久事元君住紫微。"而李白《遊泰山》詩亦云："玉女四五人，飄飖下九垓。"及觀李謂《瑶池記》，謂："黄帝建岱嶽觀，嘗遣女七人，雲冠羽衣，修奉香火，以迎西崑崙真人。"

由是考之，則知玉女必黄帝所遣七女中之修而得仙者，後世因之祠于山。而宋、元間龕像建觀，尤有徵。迨我朝，拓新殿宇，靈應益著。不然，則泰山喬嶽之上，何緣有此？據《通考》、唐詩所載，質之謂記，益信。

[録自明查志隆《岱史》卷九，《續修四庫全書·史部》第722册，影印明刊本]

於旻

於旻，合肥人。弘治十四年(1501)舉人。學博行端，歷官南京刑部司務、刑部郎中①②。

注：

①參見《(正德)廬陽志》卷十九《鄉舉》。

②參見《(萬曆)廬州府志》卷七《鄉科》。

記

重修佑聖宫記

玄帝肇跡武當，行祠徧天下。吾廬舊有祠，在郡城武定君巷，名曰佑聖宫。宣德壬子，郡守安公至，禱雨有徵，暨經歷沈達等，益新祠宇，歷今百年。皇上紀元之夏，江北數郡大旱，我郡伯星沙龍公，深以爲憂。暨同寅少府孝感劉公奎、通府泰和歐陽公嵩、推府桂林張公仝節，致禱弗應。公曰："吾聞諸古有曰：索鬼神，乃徧謁名祠；至祠下，則益著靈應。"既而果雨，歲獲有秋。先期，居民趙秀等十二人，矢心武當，欲修是宫。後千兵侯榮、社副李鎧等六人,道士王守明、募緣人韋仲全等復協力經營。至是,相率請命於公。公方圖報神賜,會有兹舉,遂捐俸助其成。合肥尹馬平劉君良能,亦同心樂施。乃範銅像飾金,祀之正殿。增後殿,肖淨樂國王像。前設拜殿,旁翼兩廡,門基亦拓於舊。道院委曲,規制稱停,不謂吾廬之一福地矣乎?其役始於正德辛巳之秋,成於嘉靖壬午之冬。秀等介靳清求記于旻。

夫敬神恤民,爲政當務。吾聞敬神而不恤民者矣,未聞恤民而不敬神者也。且玄帝之祀,其來尚矣。至我太宗文皇帝永樂壬辰,敕遣勳戚大臣營建武當宫觀。伏讀聖諭有曰:"至我朝真武,闡揚靈化,陰佑國家,福庇生民,十分顯應。"蓋爲其有益於國與民,而崇祀之也。

然則龍公是舉,亦仰體文皇洪恩盛德,爲斯民祈報之地耳。矧公之在廬,正士習,重農業,鋤強植弱,興廢舉墜。凡可以澤民者,無所不用其極,故民戴之如父母。殆孔子所謂"務民之義,敬鬼神而遠之"者也。夫豈臧孫辰可例論哉!

公名誥,字孔錫,别號東洲,湖之攸縣人。以正德戊辰進士,歷郎官洊至今職云。

[錄自《(嘉慶)合肥縣志》卷三十四《集文》。避清諱字徑改]

蔚材

蔚材,號思訥①,合肥人。蔚春子。嘉靖初歲貢生②。歷官浙江杭州府於潛縣學教諭③、紹興府學訓導④。晚年致仕還鄉後,創修《合肥蔚氏宗譜》。

注:

①參見《(康熙)於潛縣志》卷四《秩官志》。

②參見《(萬曆)廬州府志》卷七《歲薦》。

③參見《(康熙)於潛縣志》卷四《秩官志》。

④參見《(萬曆)紹興府志》卷二十九《職官志》。

傳

先世次第譜傳

祖諱與字、行、生卒及娶氏皆無所考。尚書祖於家廟軸子止書曾祖考蔚公太醫,而亦無名字。惟合肥故老相傳,郡東舊七里站大路南北相去不幾許，有蔚氏祖塋有二。先君存日，嘗歲時致祭。今不肖續修家譜，以承先志，斷自省六祖，而不敢入太醫祖者，以其兵燹之後，歷世久遠，恐涉於妄認，而不足以傳後世也。嗚呼！先世去今三百餘年，而其墳墓聲名尚相傳不泯，則其積德深長可稽也已！不然，簪纓繼世，如是之蕃且遠哉？後世子孫有能推其尊祖敬宗之心，善其繼志述事之大，先世在天之靈當必顯揚於後日矣！故存之以俟。

一世

祖諱省六，生卒無考，追贈尚書。神道在大東門外不半里。先君丙午領鄉薦，嘗有啓告宗人，共力修葺。據所敘，墓址四面各二百步，爲居民侵占，僅存三分之一。先君登進士，任黄門，本府因而重加修理。今牌額雖存，侵占如故。不肖已愧無力爲先人增光，後世子孫有才望顯出於宗族之中者，當奮力恢復而更新之。不惟有以榮先朝之恩，而我祖種德之勤因以不墜，尚書與先大人永言孝思之心亦可以少慰矣。娶王氏，贈夫人，生子可立。

二世

祖諱可立，字號、生卒失考。追維先祖之在當時，行誼之在當時。行誼之實，雖未有所稱述於我在後之人，意其篤生我先祖，忠貞清謹，以明經受知遇我太祖高皇帝，歷事四朝，位列六卿，人品事業，爲時名臣，非先祖種德深長，能有是乎？追贈尚書。墳墓、神道在小門外尚書祖塋之左。垣牆、牌額歲久湮没，先君登仕，職黄門，本府因而重加修理，焕然一新。自是，先君令人栽植松竹，至今崇苞暢茂，風光氣聚，誠爲子孫百世根本之地也。娶孫氏，贈夫人，生子綬、紳。

三世

祖諱綬，字文璽。生於元順帝十七年丁酉正月二十九日戌時。自幼天資篤厚，人品魁梧。洪武中，以明經薦授户部主事。陞員外、山西參政、部侍郎，陞本部尚書。年七十有四乞休，及陛辭，賜寶鈔萬緡，給官舟還，當時縉紳共羡以爲榮遇。壽七十有五，卒於宣德六年辛亥十月三十日未時。平生歷官忠勤，始終介守，及歸，家無宿貲。孝友出於天性，觀其家書所及，雖官至尚書，猶惓惓以修理先塋、依時祭祀爲念；至於弟紳，又每以手足至情言之，因其先逝，乃慟悼不已，非天性孝友不如是也。先祖卒，有司以聞，上乃遣官諭祭，爲營葬事，諭祭文内稱其"秉心純實，履行端方"。金、楊二公贈歸致文，稱其"歷事四朝，益著忠勤；清白之操，至老不倦"，共詳載於諸公贈行詩文。娶方氏，封夫人，生子二，曰觀，曰泰。葬小東門外不半里許，有諭祭諭葬文碑亭，享堂、神道在焉。綬祖弟紳祖未錄。

四世

祖諱觀，字仲賓。生於洪武壬戌年十一月十一日亥時。配趙氏，生子三，曰珍，曰瑄，曰珉。卒於正統壬戌年七月十二日未時，葬尚書祖塋之側。觀祖弟泰祖未錄。

五世

祖諱珍，字廷貴。成童時，從先祖尚書寓宦邸，事舉業。一旦厭世紛華，慨然心醫道，自號杏林隱叟。自幼至老，不苟言笑，存心古樸，履行簡靜。見人初事有不合道者，遜言開導，必欲其知改而後止；貧困有疾，不能請醫，聞之即躬至其家，用藥調治，來謝者必辭之，以故一時貧苦而病，聿以全治者衆矣。配朱氏，生子七，曰澄、清、海、滢、淮、浦、洪。永樂庚寅年五月十七日子時生，卒於成化辛丑年十一月十六日寅時，壽七十有二。葬水西門外七里許。户部侍郎秦公所撰墓誌銘。珍祖弟瑄祖、珉祖未錄。

六世

祖諱清，字本濂。珍公次子。隱居弗仕。生平慷慨多大節，仗義疏財。人有過，輒面折之。鄉人爭，有不得其平者，咸就正焉，言一出，無不信服也。居家嚴毅，内外有則。以先君恩封兵科給事中。配楊氏，封孺人，生子五，長即先君，次曰杲、時、曉、昂，女一；側室李氏生子三，曰智、杲、昕，女一。宣德癸丑年七月初二日未時生，卒於弘治甲子年七月十五日申時，壽七十有二。遷葬城西大蜀山之陽，有兵部尚書秦公所撰墓誌銘。祖妣楊氏，宣德壬子年二月初二日巳時生，卒於正德己巳年十一月十六日戌時，壽七十有八，與先祖合葬，墓誌銘陝西武功狀元康公所撰。清祖兄澄祖、弟海祖、瀅祖、淮祖、浦祖、洪祖未錄。杲、時、昂、曉、智、泉、昕未錄。

七世

考諱春，字景元，號直庵。清公長子。天順二年戊寅二月十六日子時生。自幼穎異不群，弱冠即倜儻有大志。治《書經》。充郡庠生，初式於提督戴公，首重之曰："公輔器也！"乃命有司優禮待之。領應天丙午鄉薦，登弘治癸丑進士。初授兵科給事中，以直言敢諫以自任，受知於孝宗皇帝。一日，以疾未與朝參，先皇曰："鬍子給事中如何不朝？"先君力疾謝恩，先皇乃遣御醫調治。其知遇如此。陞户科右給事中，倏轉左給事，陞福建、陝西參議，廣西督理糧儲參政。壽七十有六（編者按，此處疑誤，若依前後文所述，得年實爲六十歲），正德十二年丁丑五月二十七日酉時卒於家庭。配樊氏，封孺人，壽光縣學訓導凱之女。先外祖爲人嚴毅多識，尤善於閲人，以先妣貞靜莊淑，必欲擇佳壻，先君適從學，一見奇之，遂以先妣配。生不肖等六人，曰林、材、森、采、棟、楫；女一，適都憲載菴公長子衛輝府通判張相。先妣生於天順三年己卯六月二十日卯時，卒於嘉靖三年五月十一日酉時。庶母劉氏生弟柯，女一，適兵部尚書儆庵公長孫秦彦隆。嗚呼！先君平生剛正廉介，出於天性，嘗篤志勵行，守先尚書祖清白之操，故自歷官以來，家無宿貲，與世不合，爲時輩齟齬者傷之，先君聞而疏上，懇乞休致。追維先君立朝建白甚多，今皆散逸，幸存三四草耳，如諫止崇王之來朝，力劾李廣之交結北虜入寇，而論右都御史史琳之失職、糧餉不充，而論兵部尚書馬文昇之當罷，先皇皆納之。他如奉敕閲實陝西邊儲，積弊盡釐；清查浙江屯田，侵占悉復；按罪許滔三之邪術；擒獲李通保之謀逆，揚歷中外，不止於此，此昭彰在人耳目者也。至於居家，事親最孝，先祖性嚴毅，如少不愉，先君委曲承順，必得其懽而後止；處兄弟克篤友愛，宗族鄉黨、親疏長幼，處之無不各得其情，故内外遠近，人咸慕之。其他事蹟尚多，盡見於太宰白岩喬公墓誌碑銘。先妣封孺人，先考給事，特恩也。先塋在城西二十里餘大蜀山之陽膽人崗東首，艮山坤向，兼丑未三分。該塋周圍護墳旱地五斗，其地形勢頗佳,堪輿謂:“風氣完厚,誠爲子孫百世之根本。”名其地曰“紫袍龍”云。

旹嘉靖二十七年歲次戊申冬月穀旦八世孫材謹誌。

[錄自《合肥世蔭堂蔚氏宗譜》,安徽省圖書館藏]

論

原柏論

嗚呼!此記(編者按,此記指明宣德元年國子監丞臨川人吳溥爲時任南京禮部尚書蔚綬所撰《植柏記》,敘蔚綬爲太學新植柏樹數十株之事,與本文同載於《合肥世蔭堂蔚氏宗譜》)勒石於太學者,吳公及太學諸生成之,將以紀先祖重念斯文之意之一端。迄今百年以來,皆鬱鬱森森,尚蒼顔晚翠,於青霄而直上,無一摧瘁,猶如曩日者,亦可以顯先祖培植士類、忠勤相國之心也。不肖孫於嘉靖七年戊子人太學,嘗游息於斯柏之下,瞻仰之餘,有若見先祖之德容勁操,顒然在上,依依不能去也。今不肖承先君之志,纘脩家譜,將所抄《植栢記》用謹書於金、楊二公贈文之後,蓋欲先祖之澤光垂於無窮也。我後子孫烏可以不念之哉!

後裔材謹撰。

[錄自《合肥世蔭堂蔚氏宗譜》,安徽省圖書館藏]

序跋

合淝蔚氏譜引

家譜之作,先大人家君之志,嘗屬之不肖焉者也。追維先君給事黄門,揚歷藩省,賢勞王事二十餘年,歲丁丑,弗意先君遽爾謝世。嗚呼!是譜也,嘗有志於作而未遑暇及。今不肖持繼先君欲爲之志而爲之耳,然譜至是而始作者。不肖曩嘗努力進取,志弗獲,遂至嘉靖戊子,應貢上京,竊禄糊口,奔走南北,十有六年,甲辰休歸時,方得有所暇。於是,博訪遠近宗人之賢,參考先世淵源之緒,以及我在後之人,迨戊申孟冬朔,譜獲就草稿。不肖將卜吉秉纂,繕寫成牒,俟授諸梓。乃敢拜手稽首,僭爲一言,引諸譜端，用申告我同姓之親，則當知譜之所由作，尚期相與敬承之弗替也。

嗚呼！我蔚氏之族，封自鄭大夫蔚翩。趙宋南渡時，宦居廬之合肥。元順帝乙未，洪武皇帝自廬由和渡江，泛掃金元，混一區宇。迨丁酉，天命聿新，人文宣朗，是歲，我先祖諱綬者適誕生焉。厥後，洪武登極，我先祖以明經拔授户部度支主事。嗚呼！明良之期相遇若此夫！豈偶然也哉？嗣是，歷官尚書，顯事四代，爲國理學純儒。我蔚氏之族，始開大焉。

尚書祖之祖諱省六，尚書祖之父諱可立，以尚書恩追贈如其官，今墳墓、神道尚存，得有所據。省六祖以上，兵燹之後，歷世久遠，雖合肥故老相傳，東門舊七里站大路南北相距不幾許，有蔚氏祖塋二，曰太乙行者，緣無的考，不敢徑收入譜，恐涉於妄認之誚，姑俟覆實焉。其譜之始祖，則斷自省六者，蓋取其所可信而足傳後也。

慨自尚書祖以後，族大支繁，迄今百有餘年以來，其間長幼之屬，有互相絶遠而或不識者，有吉凶慶弔日乃疏闊而不往來者，又有亂其行次、同其字名而不知其改正者。嗚呼！族屬之衆，本同一宗，今親親之殺不相維繫，乃至於此！豈可不深慮哉！不肖用是恐懼，齋告祖父神靈，尚克相予，敦其本源之舉，僭用鄙意，參酌海内名家譜例，所以重同宗。使凡以異姓承繼者，不敢入也；其在我族之中，有榮於後先，及婦氏之受封者，則詳以書之，榮恩命也；又有行誼孚於宗族者，亦紀之；其餘則止書名字、别號及所娶所生耳。其誥敕、墓誌、詩文等類皆備錄者，將以示後榮先也。其行次之序者，則以寡從衆；名字相同者，則以少從長；其先世亦有不序而同者，改無及矣，姑存之；其墳墓各紀其地，俾子孫知其所在，可以竭力盡誠，以時而修祀之也；於圖之首而先之以世編者，使後之觀譜，先於此焉而觀之，知吾祖宗子孫自源徂流之次序也。

於戲！是凡例者，皆不肖所以作譜之大概也。抑斯譜圖也，今十世矣。自是而往，有才子弟傑然出於宗族之中，如尚書祖與先君大人之賢，由十世以至於百世之遠，益續其譜於無窮。據是考之，又易易耳。苟不知所重，視爲故事，乃妄誕而爲之言曰："惡用是譜爲也？"嗟夫！甚非古人水源木本之念矣！

切以我蔚氏，凡長若幼，自今觀之，各父其父，各子其子，支分派别，若不相屬，殊不知溯流而源，悉自我省六祖一人之體而分。根本之重、聯屬之戚、合而爲一之理，蓋有本於天而不可易之道也。若省五公墓，郡東六十里，譜失莫辨，難以併序。慎之也，非外之也。譜之作，推本慎重之意若此，豈可以易易視之哉！如我蔚氏子孫之賢，抑且苟能玩其譜圖，釋不肖所以作譜之故，知我蔚氏若長若少，自我省六一體而分，如木之有本，如水之有源，莫不互相戒飭，目是譜也，親親之道也。人之所以爲人，而與禽獸遠者，此也。可易易視之哉？由是而感發興起，相觀爲善，熏陶漸染，日改月化，俾倫理正，恩義篤，以九族之衆，通孝思而不敢薄其根本，敘禮節而不敢傷其枝葉，守家法而不致於失己，勵行實而不使之愧人，合肥稱其禮樂衣冠之族，必首諸我蔚氏，斯不忝於先祖尚書種德修業之勤與方伯先君光前裕後之志，庶幾有光於斯譜之作矣！不然，徒爲陳迹耳，何取於譜之爲哉？此不肖所以惓惓有望於同姓之親也夫！

旹嘉靖二十七年歲次戊申十月吉旦八世孫材頓首謹書。

[錄自《合肥世蔭堂蔚氏宗譜》，安徽省圖書館藏]

雜著

譜記

不肖讀先祖書，忠孝之心，昭格於天，耿耿有不容以磨滅者。先君已將原書裝成手卷，以便觀覽。今不肖纂修家譜，記於後，俾吾子孫百世知其德之所自云耳。且嘗聞先君誦先祖家訓有云："養子強如我，要錢做甚的？養子不如我，要錢做甚的？"以此觀之，則其清白之操，如精金群玉，一毫不能以染之也！雖古人四知、一錢不受，不是過也已。後世之所以蕃衍於弗替者，夫豈偶然也哉？

後裔孫材謹誌。

[錄自《合肥世蔭堂蔚氏宗譜》，安徽省圖書館藏]

杜璁

杜璁(1499—?)[①]，字玉仲[②]，合肥人。嘉靖二十年(1541)進士。授直隸順德府内丘縣知縣，賞善懲惡，毁淫祠，正風俗[③]。嘉靖二十二年(1543)，重修内丘城廓[④]。歷擢大理寺副、大理寺左寺正[⑤⑥]。嘉靖三十一年(1552)，陞廣東按察司僉事，整飭嶺南兵備[⑦⑧]。任内參與平定地方叛亂，屢立戰功。嘉靖三十五年(1556),調廣西按察司僉事[9]。後致仕歸。隆慶末,主持修纂《廬州志》。

注:

①杜璁生年根據《嘉靖二十年進士登科錄》所記"年四十三,正月二十日生"倒推,知其生於1499年。

②參見《嘉靖二十年進士登科錄》。

③參見《(崇禎)内丘縣志》卷三《官師》。

④參見《(崇禎)内丘縣志》卷二《城廓》。

⑤參見《(崇禎)内丘縣志》卷八《碑銘》。

⑥參見《(萬曆)廬州府志》卷七《甲科》。

⑦參見《(萬曆)廣東通志》卷十《秩官》。

⑧參見《明世宗實錄》。

⑨參見《(萬曆)廣西通志》卷七《建官》。

記

廬州府重修三橋記

廬爲畿輔名郡,當江淮之衝。而紫蓬、雞鳴、大蜀諸山,實峙于其西。其水則由郡城而東,會于巢湖以入于江。春夏間水漲,勢若轟雷,奔騰湍急,不可以舟,宜有橋以通之。橋之横跨于城中者,則爲鎮淮,爲惠政;而其跨于城之東南者,爲浮橋,其建舊矣。弘治間,賢守馬公肇舉而修,迄今歲久,橋圮矣。兑溪張公治廬之初,政以次舉,閲兹橋圮,而重修之。乃捐俸,爲鳩工計,而民之好義者悉響應焉。擇巨材以壯其趾,伐堅石以固其岸,敝者葺,傾者起,玉蝀、金鼇,勢侔坤軸,而民之艱難宏濟矣。是役也,經始於乙卯季冬,落成於丙辰孟夏。廬士民徵予文以記其事。

予惟天壤之間,水居其多,而平天下之患,奏天下之功,惟仁智者能之。蓋至仁無恩,大智不鑿,有經世之遠圖,無及人之小惠爾。昔子産乘輿濟人,後見譏於孟子,以其匪王政也。載觀諸史,如武侯之治蜀,蘇公之守杭築堤,程子之博求橋才,乃知王政之大,聖賢之心曠世而同神者。有司於此,奚可視爲末務也哉!

公在諫垣,忠誠天植,論列有補於世。邇者,出牧吾廬,體國恤人,罔不事爲之制,患爲之防,勸農桑,重學校,興利除害,善政未易悉舉。而兹橋獨勒諸石，記公王政之一端也。觀碑懷德，亦可以知廬人之不忘矣。嗣是莅兹土者，時葺而順導之，將不爲廬人萬世之利也哉！惟時郡倅冀公、節推董公，皆以碩德重望，愛民寅恭，以贊其事。合肥丞、簿，亦與有勞。而兩庠師儒，則盡觀厥成；税課分司，則督理厥功者也。遂書以爲記，而并繫以銘云。

銘曰："惟肥之水，異歸同出。郡國襟帶，脉絡連屬。夏潦秋霖，重爲民害。濟以橋梁，利澤斯大。長虹跨碧，老蜃横空。截險乘流，往來以通。歲久易湮，不無傾圮。疇不欲修，或失則止。允毅張公，悦以使民。民忘其勞，不日告成。誕登道岸，砥柱中流。民無病涉，六府孔修。爲治簡易，漢之循良。廬人歌頌，以永不忘。蜀山崔巍，肥水湛澄。張公之德，山高水清。"

［録自《（嘉慶）合肥縣志》卷三十四《集文》。避清諱字徑改］

太守屠公祠堂記

初，嘉靖己未，屠公以監察御史奉命守廬州。越二載，辛酉春二月，以疾卒。廬之民士無遠邇，無不驚怛至於泣下者。時王侯爲合肥尹，謂民士之思，匪建祠崇祀，曷以慰之？矧公政教深且厚，義當血食兹土。持其議謀於前郡邑博士今遷任金君柱，議相協。於是，入告於今郡伯喻公及郡之貳諸公，咸以爲可。於是，列牘請於撫按督學，凡奉敕監司諸公咸可其請。乃合肥民士爭輸七百餘金，及無爲、六安、廬、巢、舒、英、霍之有司又共捐俸伯二十餘金。邑侯殫心營措，集所在之金，而復益焉。搆民曠居，藏工庀物，度時料力，悉更新之。爲殿四楹，肖公像其中。爲門之楹視殿數。殿之後，爲東西翼室各四楹。又後，爲燕室，亦如之。齋有寢，牲有庖，蒔松藝竹，有苑有隙，繚以周垣，徑以修術，甃以瓴甋，塗以堊丹，侐然偉觀，廓然邃敞。且拓西鄰之室，募民居之。歲入其租，以供春秋祀事之費。經始于辛酉秋七月，迄功於冬十二月。邑侯謂："非記無以啓遐詔來也。"因介郡邑諸生戴冕、張炤、席相、徐標輩，戒予爲記。予不佞，爲公之民，於兹役惡敢後哉？

竊聞之，民之病最大有三：曰冗費，曰負賦，曰詘時。費冗矣，莫或裁之；賦負矣，莫或貸之；時詘矣，莫或賑之。病孰加焉？繇公來廬，躬視庶務，慨然以康濟爲己任，奉身節儉，厭紈綺，素袍敝舄，處之泊如。賓客饗餽，恒慮過侈。時倭奴獷梗，瓜、儀戒警，鄰壤號多事，憲臣開府，軍餉支調，勢皆責之於民。每檄至，公酌量裒縮，十償一二。大率謂頻年饑饉，民多流殍，則無所出。當道素重公，事遂多寢。適景府之國，供費爲亟，閭閻洶怖。公首下令曰："無輟爾業，無假爾財，無奪爾力。"惟我屬指麾底定，他郡騷訧，獨廬晏然若無事。玆非裁費之冗乎？庚申歲大侵，合肥、六安爲甚，部使未下蠲租之令，民方救死不贍，常税寔艱。公周悉經畫，重墨鷔之罰，益以無礙，得若干金，代民輸之，父子妻孥賴公相保者衆。玆非貸賦之負乎？慮民之困，凡倉庾貯積幾十萬，平價通糶，與民便之。復以所入金，命富民貿易他境，得穀如初，官罔告費，民咸以蘇。境内有山，城有雉堞，産有薪芻，舊一歸之官，民不得取，取有禁。公至，弛其禁，聽民樵采，且多方拯濟，易危以安。興學育才，鋭意風教，諸生貧乏，待公畢昏舉喪者數十人。玆非賑時之詘乎？此三大病云者，滌濯爬摩，千里仰資。其他異政善教，競美循良，視此不啻千伯之什一爾。

於戲！樂只君子，民之父母。公爲邑長，則撫字瘡痍，室家胥慶；爲御史，則鋤遏彊禦，魑魅以屏。趯趯赫赫，所在著聲。而竟以民事勞瘁，溘焉不禄，不重爲公惜乎！公名仲律，字宗豫，浙江嘉興人，舉甲辰進士。邑侯名育仁，字延化，江西泰和人，舉己未進士云。

［錄自《（萬曆）廬州府志》卷十三《藝文志》，臺北故宫博物院藏，美國猶他家譜學會公布圖像］

墓誌銘

夔岡王公墓誌銘

嘉靖乙酉秋九月初一日，致仕榆社縣知縣王公卒。子彦民暨厥昆季卜是年十一月十九日，於邑城外西北十二里許桃花港先塋之次葬焉。以余嘗守土厥邑，知公稔也，因庠生蘇大實、郭安來請銘。夫誌有不朽之義焉，抑公端人也，余奚容辭？

按，公諱宗周，字文郁，别號夔岡。其先山西樂平人，洪武初，徙居内丘。曾祖諱泰。祖考諱夢祥，爲汝寧府照磨，稱廉能。祖妣趙氏，賢行丕著。考諱經，蓄德弗耀，重於鄉評。妣郝氏，孝友貞厲，爲時閫範。公甫一紀而孤，即遜志敏學，入邑庠，經業閎邃，爲文冲澹而奇，遠近宗之，邢郡邑以科目顯者多出其門。歲辛卯，膺里選，中順天鄉試。上春官，累不第，迺就銓次。太宰誠齋汪公見而奇之曰:"此安静之選也。"授令滎陽,興學課農,節財釐弊,抑横遏奸。僅二載,滎治翕然。薦剡交上,銓司以榆社俗野民疲,兼西賊侵軼,檄公更治焉。去滎,滎之人號泣卧轍留靴,如失慈母。遂單車就榆,首築三關,以衛居民,自是虜不能犯。其諸興革,一視之滎。期月而政成,鄰邑則之。公曰:"吾志已行,不負所學矣。"遂乞休。榆士民之當道保留,竟弗能奪。以乙巳致政,歸去之日,清風两袖,如寒士然。榆人扶老携幼,邐拜於郊,不忍别,曰:"公吾小人所恃以爲命也。公去,其誰綏我?"其愛慕深,至不啻滎矣。享年六十有七,距生成化癸卯十月十六日也。

先配閻氏,繼甯氏,柔嘉齊軌。子男五,長獻民,次俊民,次秀民,俱爲諸生。獻民早卒。次彦民,中丙午鄉試。次慧民,未冠。女三,長適喬元相,次張世良,次劉琚,皆太學生令族。孫男八,與福,諸生、與禄、與榮、與寵、與爵、與恩、與澤、與治,俱業儒。孫女二,尚幼。曾孫男一,曰經,甫二歲。公天性孝友明決,不苟言動,治家以禮,待人以誠,族姻不給者爲之衣食婚娶,歲荒,嘗倒廩爲户代輸公税,不責以償,里無間言。既解綬,敝廬舊畦,一無所加。日與其邑士大夫結會社,葛巾野服,寄傲水山,裕如也。晚年猶博極群書,躭文詞,不停披絶吟。課子姓,遠迹公府。盖其耿介醇雅,天分既多,而學力足以充擴,以故行己應物,立政親民,居鄉善俗爲有自來。子若孫又克世厥美,恩贈將未艾。君子曰:"王氏之盛自此始。公可謂不朽矣!"

銘曰:"嵯峨蓬鵲,濼迴李陽。明秀攸會,鍾於夔岡。學隘賈董,文逼歐韓。唾手京闈,萬里鵬搏。滎兮去思,榆兮來暮。卓魯何人?曠世斯步。吾學已行,急流勇退。賢哉两疏,千載作配。四傑世美,人龍蜚聲。含笑九淵,孰曰不生?"

[録自《(崇禎)内丘縣志》卷八《碑銘》,臺北故宫博物院藏,美國猶他家譜學會公布圖像。原書作者下有雙行小字云:"大理寺副"]

序跋

萬曆廬州府志序

古者,列國有史,四方有志,凡以識時事而昭勸戒也。暨秦郡縣天下,史歸朝廷,志在郡縣。夫志亦史也,高下散殊、山川品物、古今變幻,辯於其中矣。

吾廬故有志，成於前郡守仁和朱公，修於西充馬公，而武昌徐公再脩於正德壬申矣。議者謂："類例近繁，故實近略。"攸縣龍公、仁和張公、秀水張公嘗欲修之，並以遷秩，未果。玆元城吳公以述職旋廬，即顧謂璁曰："涖官行法者，按志有餘師焉。第惟繁惟略，謹嚴未諳，承訛襲舛，非所以名實錄而寓勸戒也。盍爲我是正，以徵一方文獻矣乎？"固辭弗獲，遂與脩武令孔大夫矢心從事。公又簡郡邑庠士之醇謹該博者爲之纂輯焉。爰取《一統志》、歷代史諸書準舊志，發凡舉例，考訂參錯，汰其所弗經，而摭其所未備。於是，爲之圖，爲之考，爲之表，爲之志，爲之傳，次爲目二十有三，總爲卷十有四，收錄視舊爲增，而體裁近省矣。託始於九月，迨十二月脱藁云。

夫志也者，匪彌文之謂也。圖郡邑，欲其知地域廣輪之數焉；考沿革，欲其明古今分合之宜焉；表疆域，表分野，表封統，欲其析天文人事之賾焉；表官師，表人物，欲其興福星往哲之思焉；志地理，志建置，志食貨，志祀典，志事紀，欲其達常變幽明之故焉；傳名宦，傳鄉賢，傳武勛、貞烈，欲其挹端方渾厚之風焉；傳僑寓，傳文儒，傳方外，傳隱逸，附雜志，欲其會道術正邪之介焉。而究其大指，獨天地粹精之氣，發於山川，鍾爲靈秀，洩於人文，爲剛直，爲忠節、孝友、儒林、隱逸諸流芳者，標炳特備；而奸雄僭竊之接迹者，外傳不遺，俾一展卷，而賢可爲法，逆可爲戒，而世教士風賴之。斯一志之大關鍵也。若徒馳騖於提封井落、走飛草木、術伎幽沉，誇多鬬靡，枝葉勝而本實微，亦陋於文辭爾矣，惡乎志？

雖然，參伍錯綜者，人也；逢機會適者，數也。自壬申迄今，逾六十年。而厥志之成，屬甲乙一終之會，爲始作者之忠臣，而袪未脩者之遺憾。凡四閱月，三易藁，迺彙萃成編。豈亦數焉存乎其間，而有所待耶？亦惟公暨二府白公、孫公，通府樊公、張公，推府韓公時其提調，克成厥終；學諭辜君協志編摩，克慎厥事；郡庠王生濬、談生三才、謝生忠，肥高生潤、黃生道月，六劉生子麟，無楊生大濂，舒夏生昺，霍熊生應隆，英聞生尚臣，廬劉生朝東，巢胡生汝敬，相與繙閲蒐羅，而殫思研纂，則濬、潤兩生其勤累矣；合肥尹胡君尤經理惟密，敘傳删正，皆出其手筆；二尹凌君亦與有董役之勞者也。

昔司馬遷抱三長，多所涉歷；而《史記》之作，良工心苦矣，班固氏猶病其"是非頗謬"焉。斯志也，雖因舊爲新，去繁就簡，而微曖多湮，見聞莫及，庸謂一無挂漏也乎？然稽群籍，參輿論，先入不主，疑似不執，直焉核焉，亦自信盡此心而已。若曰："是非權衡，竊史氏之藩籬。"則璁豈敢？事竣，謹僭書之。

賜進士出身奉政大夫廣西僉事郡人杜璁撰。

[録自《(萬曆)廬州府志》卷末，日本内閣文庫藏明萬曆廬州知府葉逢春增刻本]

秦寵

秦寵(？—1600)[1]，號巽齋，合肥人。嘉靖三十四年(1555)舉人。萬曆初，授湖廣荆州府清軍同知。鄖陽巡撫王世貞屢獎其才能，列首薦。陞荆州府知府[2][3][4]。萬曆九年(1581)二月，陞廣西按察司副使[5]，分巡桂林，帶管屯田道。廣西巡撫郭應聘表彰其"外崇敦確，中藴精明，撫夷而控馭得宜，清屯而稽覈有法"[6]。後致仕，清風兩袖，歸卧田園，以壽終[7]。

注：

①秦寵卒年根據明何慶元《何長人集·蘧來室存稿·祭秦巽翁憲伯文》寫作時間歸在"庚子秋"，則卒於1600年。

②參見《(萬曆)廬州府志》卷七《鄉科》。

③參見《(康熙)合肥縣志》卷九《人物》。

④參見明王世貞《弇州四部稿·奏疏》。

⑤參見《明神宗實録》。

⑥參見明郭應聘《郭襄靖公遺集》卷五《奏報丈量併論薦官員疏》。

⑦參見《(康熙)合肥縣志》卷九《人物》。

序跋

杜詩集吟序

《詩》自删後有傳，厥維韙哉！昔《名都》之詠，魏武短歌先聲；《祖德》之華，康樂長篇載述。蓋莫爲之先，雖美弗彰；莫爲之後，即盛何傳？故欲貽玄珠於來裔，必上有師承；纘芳緒於前修，寧下無克荷者哉？無論其他，如杜陵篇釋，詩宗也，審言肇其端；文遠《述異》，跡奇也，晅之剡其録。鏡古若斯，燭今益驗。

三齊沂川楊公，鍾間氣於徂丘，暢玄風於稷下。胸懷河嶽，字挾風霜。建赤幟於詞壇，奮九道於雲路。虞初競怪，姬雅追蹤。抽緒球琳，巧裁繡帨。懷江湖於廊廟,則有月屋之樵吟;比勁節於瑶柯,則有梅花之輯韻。若夫舌番驚語,胸盪層雲,藉古人之陳言,組爲作者之新調,俾宫商叶律,以出同聲,虚實齊魯,弗罹傷乎! 又陳言集杜之極則也。至晝晷初闌,蘭缸漸啓,游情《西俎》,弄筆《齊諧》,斯《纅譚》之所繇作乎!

然溯源振秀,則别駕開其先;繩武流芬,則侍御紹其後。奕葉傳芳於不墜,後先濟美而重熙。彼曹魏詎能獨擅,而謝廷豈直稱奇已哉? 且昔人云:"劉、柳無稱於事業,姚、宋不數於篇章。"言勛猷、文藻之難兼也。乃别駕以倅理而樹聲,憲使以陳臬而效績。而我雲樓公之佐理吾廬也,世篤忠貞,昭乃祖考。益礪霜臺之節,直聲不減於諫垣;載懸水鏡之明,平允翕孚於當宁。公餘之暇,有志成烈,爰搜遺稿,彙輯成編。俾白雪重輝於寓内、黄鍾振響於寰區者,則公之善繼善述也。眎魏謩之徒存祖笏,挺之竟著《紹訓》,功相萬已!

剞成,命僕序之。僕未窺學海,莫測詞源,自憶寸塵,曷俾喬嶽? 徒辱公剪拂,而成命不可遽辭;久耳勛華,而閥閲稔之最悉,故撮其大者以終義焉。若夫詩譚之奥,則諸序燦若日星,不刊宇宙矣,又奚竢贅云?

中憲大夫粤西按察司副使合肥治生秦寵頓首拜撰。

[録自明楊光溥《杜詩集吟》,明萬曆楊東野刻本,民間收藏。山東沂水楊明兆先生提供書頁照片]

羅曇、王裔

羅曇,字天章[①],合肥人。嘉靖四十三年(1564)舉人[②]。萬曆十九年(1591),授河南南陽府内鄉縣知縣[③]。任内因操行不端,被河南巡按御史周孔教糾劾去任[④]。

王裔,合肥人。隆慶元年(1567)舉人[⑤]。生平不詳。

注:

①參見《(康熙)内鄉縣志》卷六《職官》。

②參見《(萬曆)廬州府志》卷七《鄉科》。

③參見《(康熙)内鄉縣志》卷六《職官》。

④據明周孔教《周中丞疏稿•中州疏稿》卷三《糾劾不職有司將領疏》記載:"内鄉縣知縣羅曇,趨利若赴,多封殖以自營;疾民若雠,每恣睢而賈怨。關防過弛,家人羅友、羅受等得與部民私通。……當照例罷斥爲民者也。"

⑤參見《(萬曆)廬州府志》卷七《鄉科》。

序跋

臺省疏稿後跋

唐《陸忠宣奏議》,蘇東坡進神宗,以爲可爲治道之助。而吾鄉先達孝肅公題疏,至今刊布,凜然可爲事君者法程也。

今元宰張翁奏議若干卷,其忠君體國之心、安内攘外之績,以至薦引、彈射,誠駕軼乎二臣而利賴國家者。太守吳公於公爲門人,既梓以傳世,迺始獲捧帙而一肅讀焉。

於乎!二生幸甚矣!二生幸甚矣!愚生也晚,每從肥寧橋瞻謁台像,裴徊而言曰:"公之德政,兹其一乎?"而恨親炙無繇也!

今《奚囊集》出矣,奏疏復出矣。則公之勳業文章,爛然烈然,譬之江河群飲,人人飫其量。能心公,猶日面公也。奚必躬摳侍而日聆訓誨爲哉?翃翼亮熙運,都俞若唐、虞,唐、宋惡足論也?宏謨鉅訓,嗣當拭目以觀陸、包二公之所未究者。公其大發于明時乎!謹跋。

明萬曆紀元孟冬之吉舊治下廬州府合肥縣舉人晚學生羅曇、王裔頓首百拜謹跋。

[錄自明張瀚《臺省疏稿》,《續修四庫全書·史部》第478册,影印明刊本]

萬振孫

萬振孫(1533—?)[①],字性孺,號廖洲[②],直隸合肥縣民籍,江西南昌人[③]。嘉靖四十一年(1562)進士,授刑部主事。擢員外郎。萬曆元年(1573),陞湖廣襄陽府知府[④]。下屬某知縣爲官兇狠殘暴,萬振孫查明情况後,向上級反映,欲將此官擬戍,此官賄賂監司爲解,萬振孫毅然如弗聞。不久,中蜚語辭官歸里[⑤],家居十餘年。補福建汀州府知府,加意學校,建龍山學舍以課士,捐俸增貢院號舍,汀人德之[⑥]。萬曆二十三年(1595)二月,陞湖廣按察司副使[⑦]。二十六年(1598),分守荆西道[⑧]。二十八年(1600),稅使縱横,激起承天府民變,萬振孫與數同僚同情士民,設法周旋保護。萬曆帝大怒,吏部初擬降調萬振孫爲廣東參議,又擬降調爲廣西參議,帝皆不允,最終下令削籍[⑨]。遂飄然歸里,家居以終。天啓初,特贈太僕寺少卿[⑩]。

萬振孫爲人謙和，色若孺子，而服官剛正，有包孝肅風。性嗜學，楷書及八分書稱妙一時⑪。

注：

①萬振孫生年根據《嘉靖四十一年進士登科錄》所記“年三十，七月十八日生”倒推，知其生於1533年。

②參見《（萬曆）襄陽府志》卷四十八《王兆〈新置學田記〉》篇末。

③參見《嘉靖四十一年進士登科錄》。

④參見《（萬曆）襄陽府志》卷十九《秩官志》。

⑤參見《（康熙）合肥縣志》卷九《人物》。

⑥參見《（乾隆）汀州府志》卷二十《名宦》。

⑦參見《明神宗實錄》。

⑧參見《（萬曆）承天府志》卷八《秩官》。

⑨參見《明神宗實錄》。

⑩⑪參見《（康熙）合肥縣志》卷九《人物》。

傳

紹謙蔡公（諱懋）傳

公遜志慎修，平生之學，得力在一“謙”字，以先人字謙齋，遂自號紹謙。蓋非徒奉爲箴規，殆相承爲家學矣。補諸生，制藝力追王、錢，尤究心濂洛關閩之緒，終日正襟危坐，研求性理宗旨，歲有著述，足不及户外。當事重其品，兩舉賓筵，與季弟肖謙公友愛最篤。肖謙公昌明理學，一代儒宗，其淵源於門内者漸也。

年愚弟萬振孫拜譔。

［錄自《合肥蔡氏宗譜（禋公支）》卷二上，清道光乙巳五修。承蒙合肥蔡善奎、蔡傳海兩先生准予觀覽原本，敬致謝忱］

記

新置學田記

國家建學育材，登庠校之俊者，廩餼之制隆備矣。迨於今，文教熙洽，士之俊者不盡廩餼，迺有司學田議興焉。夫國有四民，農力穡，工利器用，商通貨賄，率能日求什一之利以自給，非貧之患也。迺士也，禮閑義興，德饜道椝，一介必謹，萬鍾不顧，斤斤然繩度之中，自非席祿之家。寧簞瓢水飲，終其身貧之甘焉；烏敢埒于農末，以自點巇爲耶？嗟乎！此士之自立宜然，顧上之人安可概責之也？

上智大賢，自其天植，故能貧富不滑其志；次焉者，執性未固，彼移于貧困而濫焉者，豈鮮少也？是在上之人隆養之耳。世之仕者，習常故，靡實素，所至部學，廟謁講讀外，他不恤問。或執"無恒産，有恒心"之論，以餙拒人。迺學田棄之不講，何惑乎？畏義守道者寡，黷貨媒利者多，豈直士之咎哉？吾有司亦與有責焉矣！

襄郡古稱冠蓋里，士之譽髦代出，然邇來亦稍稀歇矣。不佞承乏兹土，私心念焉。間群七校之士而衡之，穎拔卓犖者固衆，而荒于業者亦居半。求其故，盖多貧不謀生。豈其有移而奪之者歟？不佞嘗極意捐助，顧勢不能人人遍，且非經久計也。襄土多閑曠淤沃，往往奸貪漁獵，迺士曾不得少授以自贍，是何于奸貪厚而于吾士類顧薄耶！長堰在府城東，地可千餘畝，故備蓄洩，今蕪塞久矣，居民芻牧其間；頃清之，得地七百畝，迺分給兩庠有差，餘以給民之貧者。仍募民代耕，歲入可四十二金。又慮費出無紀也，乃遴其貧實不能存、實不能婚塟者公捐之，不餙行者不得與焉。復移檄諸屬邑，諸屬邑亦先從得田，多者至三百畝，少者亦逾百畝，周給出納，一視府規田成。恐繼今者目爲廢田也，或掠以市恩，久將乾没于豪猾，則始意違矣。因鐫石于學宫，以告來者。

或曰："是田盖首事者子也。于古義何居？"余曰："兹舉也，非以沽釣也。養賢以爲民，自古記之矣。是故善政者不法故，泥古者不達權，事有便國家、利士民，變通而首事焉。奚不可也？昔孟子陳井田於小人、君子之間詳矣，然圭田、餘夫田備焉。夫上而卿，下而農，祿産之外，尤計畫周至。迺士獨缺焉，無所益於常給之外，必不然矣。吾以爲，成周養士，不獨庠序常制，而法外之惠，種種可推，第莫從考耳！故曰，周之士貴，以養之者多也。國家比隆周治，制度大抵做周。夫上有德意，而不能推布廣衍，如吾君何？下有仁賢，而不能加惠曲成，如吾士何？彼藉口昔談，而秦越多髦者，吾甚惑之！嗚呼！語不云乎？'田堯者水，田湯者旱。'今之田，士略備矣，顧不能保吾田之必有秋也。士誠心爲田，學爲耕，則可窮可達，可貴可賤，可生可死，旱則爲霖雨，而潦則爲秋陽，庶乎有恒産亦有恒心，將無忝於士，且于余置田之指爲不悖。若曰：‘士先治生，上之人爲此以恤之，迺逐逐不治其心。’則豈吾儒賢智自期待之意？亦豈置田者所望于多士之初哉！”

田阡陌多寡及佃人籍名，兹不具載，刻列碑陰云。

［錄自《（萬曆）襄陽府志》卷四十七《文苑》，中國國家圖書館藏明萬曆刻本］

墓誌銘

明恩進奉直大夫自在州知州冀公妻宜人張氏墓誌銘

賜進士出身刑部浙江司郎中廬人萬振孫撰。

承德郎陝西延安府通判弟張世良狀。

文林郎山東即墨縣知縣門人只好仁書。

宜人姓張氏，家世内丘，藩府典膳遴仲女也。遴娶李氏，正統甲子鄉舉李睿之孫。正德己巳二月五日生宜人。李命弟生員如珠擇配，得今郡守冀公。公諱元，字仁夫，號石潭，嘉定縣判簿諱禹臣首子。少穎異，珠器之，許字。嘉靖乙酉冬，歸冀。奉舅姑二十餘年，勤苦謹恪，始卒如禮。

石潭潛心理學，通練世務。嘉靖辛亥，授廬州府通判，歷任七年，宦業盛多，宜人内相之功。丁巳歲，陞遼東自在州知州。時宰相嚴嵩擅權，不黨弗容，五品以上尤棘，石潭遂乞休。后嵩罷相，部院拔淹滯檄至，比年近耆不出。尋奉恩命，進階奉直大夫。與宜人家居十年餘，敦倫明教，日有餘娱。

生子三，養敬、養謙、養一，咸邑庠弟子員，文秀操檢，遠詣之器。女三，俱適名閥。孫五，慧異。

宜人生平剛慤内朗，寡言笑，無驕盈意。勤敏節儉，家晚饒裕，姻族周饋有常。隆慶三年己巳正月六日卒，享年六十一。冀先塋隘，曾擇一地於西山賽陵之原，山水朝迎可用，宜人不欲，遺命窆舅姑側，且夢諭之弟。弟諱世良，號易菴，延安府通判。如諭，於城東四里先塋東北隅數步開壙，歲十月二十日安厝。

易菴狀屬余誌。余廬人也，舊與諸郎爲合志友，有通家恩，不忍辭，故誌。

銘曰：“宜人天篤，靜一誠莊。恩誼肫懇，紀務明臧。敬相夫君，植理綱常。允忠允孝，望重贒良。顯榮燕愉，偕老北堂。誕生孫子，伏龍雛凰。令名令德，没有餘芳。刻石泉鄉，千載不忘。”

[錄自河北邢臺内丘縣出土墓誌銘原石之拓片，民間收藏]

序跋

臺省疏稿後序

疏稿曷錄乎？錄其告君之辭也，而有相之道存焉，其可忽歟？夫古之告君者多矣，都俞吁咈之旨，典謨命誥之文，載諸《尚書》，則謂之經；謀猷之關於國家，章疏之益于政治，載諸往乘，則謂之史。經，常道也，萬世之軌範也，不可尚已。振孫嘗披諸史而臆議之，告君之辭，貴正也，而陽規陰諷如曼倩者；其辭譎，貴切也，而炫侈導淫如相如者；其辭靡，貴通也，而泥古飾非如荆舒者；其辭固，貴婉也，而危言抗論如東都者。其辭激正而不譎，其《出師》《佛骨》之表乎？切而不靡，其《天人》《治安》之策乎？通而不固，其敬輿、君實之敷陳乎？婉而不激，其伊川、紫陽之奏對乎？振孫自惟淺謭，竊欲一訂膚見於有道者而未能也。

邇者承乏襄陽，便道鄉郡，適大邦伯豫齋吳公輯我大司空元洲張公疏稿八卷，壽諸梓氏。謂振孫舊出治下，亦稔其殘膏賸馥者，於公之集似不可以無言。振孫受命唯謹，復不敢以不敏辭，乃啓函盥讀，究極終始，而再拜誦言曰：“懿哉！公之告君乎！即其疏賀謝、疏陳乞、疏悉愚悃也，夫所謂正而不譎焉者，於公見之；即其處邊防、處運務、處宗藩、海寇也，夫所謂切而不靡焉者，於公見之；即其議財用、議城守、議地方事宜也，夫所謂通而不固焉者，於公見之；即其請謝人言、請明職掌、請豁王親、公舉劾也，夫所謂婉而不激焉者，於公見之。抑豈惟兼諸賢之長哉？而謀國之忠、制事之義、子民之仁、應變之智，炳然著於言表，如日星之麗天也，如江河之行地也，如布帛菽粟之益人也，是故可以翼經，可以裨史，可以立德、立功、立言。而措之天下，裕如也；垂之後世，鏘如也。故曰有相之道存焉，而可忽歟？雖然，文辭見公一斑云爾。昔公之守廬陽也，有忠肅、孝肅之節行；其補大名也，有元城、萊公之風裁。二郡之民碑以頌德，祠以繫思，固矣。而矧夫莅藩臬、理棘寺、撫關陜、漕江淮、總兩廣、都留院、晉工書而踐台鼎，其勳名道德之樹立，顧不爲我明名臣之偉傑也乎！語曰：‘有德者必有言。’殆公之謂乎！”

振孫不佞，僭贊一辭於末簡，而且以質膚見於公，公其無以珉石冠玉致哂乎哉！

萬曆元年歲在癸酉秋九月初吉賜進士出身中順大夫知湖廣襄陽府事前刑部郎中舊治下晚學生萬振孫頓首拜書。

［錄自明張瀚《臺省疏稿》，《續修四庫全書·史部》第478册，影印明刊本］

合肥縣志序

合淝，廬附郭邑也。舊志湮廢，前郡守嘉禾張公鋭然欲修之。會姚江龍滙胡公以名進士來令吾邑，爰贊盛典，迺彙諸文學之所草創者加裁訂焉。期年而志成，公手以示余，且俾敘之。余蕪陋不文，曷能窺作者之志乎？然邑之有志，猶家之有籍也。有家者籍記其所嘗蚤夜經紀者，以貽後之人，俾得據以嗣服而幹蠱焉，惟恐其不詳且盡也。爲民牧者視一邑與一家有異乎哉？今觀斯志，以表形勝，則夷險畢陳；以著品式，則沿革有攷；以述文獻，則勳德潛顯，靡不彬彬然足徵者。即志序所稱，比迹武功不虛矣。余獨有感于父母斯民者用意之勤且遠也。

國家簡迪循良，以培邦本，其政無大于均田賦、實户口者。我皇祖則壤定賦，垂二百餘禩，乃時易勢殊，民用凋瘁。淝介江淮之間，爲最甚。邇者，督撫臨海王公殫心康濟，而吾郡公、邑侯諸君子先後相與承宣。至其竭精擘畫，舉往昔條貫而一新之，則龍滙公之功居多，志所載均輸、募役諸法可覩已。

夫諸君子豈不知循習舊章可以歲月報政，而必爲是紛紛更革哉？蓋變斯通，通斯久，勢有不得不然者。昔子輿氏以井地勸滕之君臣，而卒歸之“潤澤”一語。君子曰：“此孟氏經世大略，所以自任平治天下之具也。”於戲！斯諸君子今日通變宜民之意歟？後之視今，猶今之視昔。而諸君子潤澤一念，即百世有不能易者矣，善乎昔人之言之也！

世有治人，無治法。往余從鄉大夫謁龍滙公，見其咨諏民瘼外，不及一長語。每自矢曰：“讀聖賢書，所學何事？”嗟夫！推斯志也，即種種治法，亦何足以盡公之心？而能紹公之治法者，其惟後之治人乎！夫父母一家者，體前人詒燕之謀，而善繼述之，則家其永昌；父母一邑者，推往哲更化之意，而善會通之，則民其永賴。作者之志，其在斯矣。余不敏，拜及之，以俟後之觀者省焉。若夫採擷之博、龜鏡之徵，已具紀載及兩公所爲敘中，故不著著志之。關于民之大者如此。

萬曆元年秋九月九日賜進士出身中順大夫知湖廣襄陽府事前刑部浙江清吏司郎中治生萬振孫頓首拜撰。

[錄自《(萬曆)合肥縣志》,臺北故宫博物院藏,美國猶他家譜學會公布圖像]

杜詩集吟敘

《杜詩集吟》者,前憲使沂川楊先生所著也。先生青州沂水人,秀鍾海岱,學博古今,平生孝友忠介大節載在郡誌、家乘詳矣。游藝之暇,篤好聲詩,詩近體尤好唐杜工部子美,諷詠涵濡久之。凡其出處感遇,有所操觚,近取諸杜,時而合璧,時而貫珠,略不見其雕模刻畫之迹,而氣從意暢,神與境合,斯已奇矣。昔人謂:"詩人以來,未有如子美者。"自子美迄今又千載,習杜者無慮數百家,豈無得其近似?至於驅走往哲,點受指揮,異代同聲,如出一口,若是集者,未之多見也。

傳有之,"頌其詩,不知其人,可乎?"是以論其世也。即先生生當昭代成、弘盛明之朝,與子美彷徨玄、肅之際迥乎殊絶哉!要其經濟藴藉所欲措之寰宇宗社者,猶然未究其萬一也。則其感遇而投之聲詩,抑亦有得乎?工部不忘君國之心而因以得其言也歟?不然,何其天動神解、頡頏克諧如此?

吾廬司理雲樓楊公遷秩留曹,瀕行,手是集屬振孫曰:"此余先曾大父存稿也。剞劂氏將告成事,子其序之。"振孫固陋,何足與論先生之詩?而先生之世嘗聞其略矣,敬繹先生所爲集杜之意,以質於公,且與後之頌先生之詩者共商榷焉。

賜進士第中憲大夫湖廣襄陽府知府合肥後學萬振孫頓首拜書。

[錄自明楊光溥《杜詩集吟》,明萬曆楊東野刻本,民間收藏。山東沂水楊明兆先生提供書頁照片]

沂川楊公集敘

不佞既敘沂川先生《杜詩五言集吟》已,復受先生所著《月屋樵吟》,七言律、絶凡若干首,歸而卒業焉。夫詩自近體興,而古義漸微。近代譚詩,獨宗盛唐,盛唐尤推杜工部氏。非謂其存古義於近體之中,於性情爲庶幾哉!夫性感而情生,情生而聲歌出。故詩有境焉,有象焉,有氣焉,有致焉。

斯集也,語境則如"雲横楚塞山將斷,楓落吳江水正波""風生北渚迷松色,雨歇西山過鹿群”“午風燕語梨花院,春水鷗浮杜若汀”“好花落盡桃千樹,幾日山人不啓扉”,語象則如“栟花冷覆長春苑,月影寒鋪不夜城”“槐陰轉午初移榻,山色侵簾嬾下樓”“隔岸數聲何處笛,蓼花深處一漁燈”“春雲似與花爭色,淡白輕青亂度墻”,語氣則如“直道自應歸白社,好賢誰復詠緇衣”“歲月暗歸雙短鬢,乾坤惟貯一空囊”“半生阮籍惟耽酒,十載龐公不入城”“客來咲我臨松坐,説是秦封老大夫”,語致則如“開牖每邀雲共宿,尋溪兼與月同行”“黄鳥一聲驚睡醒,午窓人坐看南山”“芳草不知春正好,夕陽依旧怨王孫”。諸如此類,即置之盛唐工部詩中,寧復可辨?

齊魯文學其天性。先生又自兼才,卓冠流輩矣。總之,原本性情,經緯六義,非只探拾點綴之工已也。知言者當自得之,不佞又奚庸贅焉?

後學萬振孫再拜手謹識。

[錄自明楊光溥《沂川楊公集》,明萬曆楊東野刻本,民間收藏。山東沂水楊明兆先生提供書頁照片]

雜著

襄陽水利議

府屬水利之當亟興者有二,其一襄陽縣鳳凰山之官泉,其二南漳縣縣前之官堰也。

鳳凰山泉去襄陽縣十里而近,其流四時不竭,相傳習家池者,即其地也。先年,泉水通渠,南流至白馬鋪二十里,灌溉軍民田地凡百餘頃。嘉靖間,聖駕狩承天,脩平御道,舊渠填塞,泉流委瀉于大江,而疇昔膏腴之土一旦變爲槁瘠之墟矣。今其故道尚在,自指揮王之瑞田起,至民人鄭文舉地止,開渠長六十餘丈,地勢低昂不等,宜于近山取石脩砌,庶免沙土淤塞之患;仍置小板閘一座,以時蓄洩,以均水利,估計石料人工等項約費一百三十兩有奇。自鄭文舉地起,至白馬鋪迤南茶庵止,開渠長四百三十餘丈,地勢、水勢皆順,不用石砌,合於受水人户,計田起夫,分工挑濬。夫不吝百金之費,而足貽萬世之利,此亦事之至便者也。

南漳官堰即縣前縣河之所匯也。縣河發源于縣西南保康縣思公山,徑白馬洞山,東南流入蠻河,以達漢江,其流四時不竭。而縣西北舊溝一道,受灊溪、黄陂等處之水，由流化橋東南與縣河會，其流盈涸不常。溝以東地名清泥灣者，皆係民田。先年，將縣河横築土堤一道，引水爲堰，徑通前溝，合消溪等水灌溉清泥灣田凡三十里，禾黍屢登，民以饒富，誠莫大之利也；後因山水驟漲，堰溪河流一時汎溢，壞東關民居，因而決開横河土堤，以洩水勢，久之不復脩築，前項民田遂成稿壤矣。爲今之計，仍將縣河土堤脩復其舊，引水入堰，以資灌溉；而於堰渠灊溪下流交會之處，安置石閘一座，設堰長二名，率同受水人户，依時啓閉，使水溢不横流有所洩，旱乾則地利有所資，而民居、民田有利而無害矣。

水患之宜亟除者有二，其一光化縣環城之横流，其一穀城縣五條溝之舊渠也。

光化之水患其患在城郭，而民居、禾稼猶不與焉。先是，舊城逼近江岸，議遷今治。父老相傳爲洗馬池，即其地也。今登城顧望，則四外高而中央下，其東北一帶，群山綿亘，數十里不絶，而諸水從之。有發源太山廟者，有發源獨樹岡者，有發源徐家垻者，皆逶迤東下，由新橋至廖家小橋，達西南溫水河以入江者也；有發源老龍廟者，有發源杏兒山者，皆由任旺溝自北而西，達泥河以入江者也。以上雖有河渠爲之分流，但其發源甚衆，而委瀉甚微，且地勢平衍，水道迂迴。每至夏秋霖雨之時，山水驟至，汎溢平原廣野之間，經旬不洩，不惟稼穡之場盡爲沮洳，而衝崩且及城垣矣，蓋剝膚之患也。查得廖家小橋之西，寶林寺之後，舊有水渠一道，直通舊壕大江，年久淤塞，而故迹尚存，且挑挖亦易爲力，所當速議開濬以分殺東北太山廟等處之水勢者也；其城西北諸水，止一衣帶之城壕似不足以容之，當于新城西北角通壕開渠一道，徑達泥灣河，以殺其勢，則可以防横流之患，而新遷城郭可保而固矣。

穀城縣五條溝水患去縣城僅二十里，發源于東山諸澗，至山下會爲一溝，深一丈，闊三丈，西行一里，復折而北，行八里，直抵草堰古溝，又折而西，以達大江，此其故道也。至嘉靖間，水驟沙壅，不復挑濬，故道淤塞約五里餘；而溝旁居民二十餘家，因而侵占，開墾成地。每值夏秋，山水陡發，横溢於平原廣野之間，流成小溝凡十數道，西南十里稼穡之地皆水鄉矣。然其所淤塞者止中間五里，而上下故道自在，特未之開濬耳。今宜脩復其舊，上接溝口，下抵官堰，用工挑濬，闊深如式，即取溝内土石補築兩岸堤埂，共計夫二百名,工一百日而可完。如此則水患既出,三農樂業矣。

以上水利之興、水害之除,誠不能不勞財力。然損上可以益下,即胼胝且不足愛,而况止於數百金之費哉?

[錄自《(萬曆)襄陽府志》卷二十四《水利》,中國國家圖書館藏明萬曆刻本]

承天士民激變緣由

合肥萬振孫輯。

郢城激變于税監,幸仗威庇,安戢矣。不意税監奏逮諸生九人,皆有宿怨于太府供事人役者,疑其中傷由之。又聞備監面語丁留守"錦衣將至"之言,愈增惶懼,必欲索其疏草於司房藺榮之家。藺氏膚愬備監,遂以諸生焚香、哀告二聖之情,坐以鼓譟倡亂,而實非也。又據群小反間匿名請帖,曰"殺縣官",曰"殺欽使",再坐以叛逆,而又非也。今縣官安在乎?欽使安在乎?匿名文書可受而理乎?

先是,備監見諸生焚香昭告,頗亦動心,出諭云"祖宗二百餘年精神命脉培養之艱,不忍一朝挫辱。似此過生疑畏,是無事而反啓事端也。各宜寧家静聽"等語。守道讀之歎服,即以面語諸生。諸生不信,又經節次出示,惕以利害禍福,必欲窮索乃已。此其任情狂逞,罪曷可辭?然本其一念鳴冤慮禍,又曷可深罪也?顧諸生之信備監,不切于畏死求生;而備監之信守道,不深于司房書辦。二十二日,諸生辰集藺榮之家,備監已下調兵之檄。至午,徑自捧出敕印,發令字旗,坐監府,遣承天衛官兵及三奉祠所校丁數百人,分屯營陣于元佑宫、太山廟、岳王廟等處,晝則戈戟森然,夜則鳴金徹曉,逢遇生儒,即行鬭殺,或折毁其房屋,或褫奪其衣巾,或毆傷其肢體。守道聞之,貽備監書曰:"諸生意在畏死求生,情固可原。徐以理諭,久當自定。當時勢擾攘之秋、人情驚怖之日,惟當一以安撫爲主。其他曲直事情,姑待從容分别。事干人衆,不可以威劫也。昨晚聞軍校惡聲,及于明倫之堂。則鼓譟始于税監,今乃起于邦域,若二聖陵廟何?"備監大不然其言,答書云:"諸生聞有錦衣將至,自干法典,宜當静聽。而造兵器,殺官長,又可以解其罪乎?尚可以情原乎?今不以安百姓、勉不佞,故以威劫妬之,危言相恐,似非赤衷流出,可歎可歎"云云。至廿四日晚,府縣儒學各官稟稱:"生員被兵毆傷者甚衆。獨吳朝禧刀割左耳,鎗戳左膊,棍打頂心,氣息奄奄垂絶。”王知府親詣其家驗實，守道不勝惻然。備監知事體決裂，于二十五日早，移手本守道。守道謂其必及兵傷吳朝禧之事，將歸罪周之屏等官也。及開緘，一字不及吳朝禧，而其略曰《爲生員聚衆倡亂，人心洶洶，騷擾地方，震驚陵廟，希速嚴究首惡，以解脅從，以安重地事》内稱：“生員聲言買鐵置造兵器，務將鍾祥知縣及錦衣欽使殺死等語，捏作匿名文榜，擇期舉事。叛逆之狀，殆難盡述。”又云：“其間學霸生員，莫遂叛心，故乃架禍本監衙役。假云税監所參，皆出主使。將陵殿供事員役之家，每于黑夜，持鎗把火，圍屋搜搶，供事人員咸思逃竄。必須指名參題，方可寧息。合用手本，煩爲速賜裁示，以憑施行等因。”夫不憫垂死之諸生，不究横行之兵校，而惓惓念及供事員役，且將指諸生名而參奏之。諸生一以鼓譟參于税監，再誣以亂逆參于備監，而宫墻無噍類矣！悲夫！是日，兩衛官赴道作揖，亦復通同蒙蔽不報。守道呼周之屏、胡效忠、朱朝卿、從世傑、解應宗等出班，問曰：“生員吳朝禧受傷垂死，何以不報？”仍復彼此相推。及扛抬吳朝禧到道，令各官公同驗傷明白。當據吳朝禧口稱：“下手是劉用光、鄭之賢、黄校尉等。傷耳用刀，傷手與肐膊用鎗，頂上一孔用棗棍。指揮朱朝卿、從世傑、千户解應宗、徐應魁等在傍，俱不勸解。”又據周之屏口報：“標兵有鄭汝先、黄伯俊、黄賽哥、鄭生兒、岩哥仔等二十名，在彼立營。”又據朱朝卿、從世傑、解應宗、徐應魁各稱：“本月二十日，奉太府杜老爺差委，不敢有違。吳秀才所供，句句是的。”即令解應宗親筆書其口詞于案，隨移手本于備監，爲地方事。其略曰：“近日，本城士民傳説，税監參奏濫及無辜，大衆叢集，焚香昭告。雖云懼死求生，寔則心勞謀拙。已經出示禁諭外，及見貴監示諭士民之語，知貴監仰體皇朝護愛學校德意，鑿鑿可傳金石也。即本道，可付之忘言矣。忽于廿四日酉時，據府縣儒學各官并生儒赴道泣訴，被指揮胡效忠、周之屏、千户秦上等、旗校宗學孔、鄭之賢、徐楠、陳世雄等統領標兵數百，凡遇生員，盡行毆打。被傷韓國賢等四十餘人，割去吳朝禧左耳幾死；擁入沈希孟、鄧楚龍、孫轔等家卧房，抄洗財物，衣巾、書籍，燒毁無餘，且守門官軍亦禁截生員不許出入等情。本道一聞，不勝駭異。夫貴監三令五申，無非欲安疑畏之衆，以安二聖之靈，即調各官督率兵校防衛，不過譏察寇盗奸宄，以安良善，使士類得安于肄業，商民得安于生理而已。今各官敢違原行，致令禁城白晝戈戟交加；且四截生員往來出入，妨其考試升散。

中間豈無乘機起釁、假公濟私之謀？真所謂本無事而反啓事端也。此豈貴監之意哉？今據生員吳朝禧扛抬到道，公同府縣學、衛衆官，驗其刀杖傷痕，委爲可慘。除行承天府查究外，第恐各官仍復互相容隱，不以實報。合就移會，煩爲查照，嚴行禁戢。其違令生事官軍，仍希據法示懲。庶士民樂業，重地寧輯矣。"手本外，又副啓曰："昨晚，府縣儒學各官及諸生泣陳兵校毆傷吳朝禧等，欲赴愬貴監，無門可入。不佞業爲具公移請裁矣。各生聞訛輕信，狂奔盡氣，疑畏可憐。若據匿名榜文，坐以叛逆，具疏屠之，恐二聖豐芑重地，不忍被此名耳！門下既念及祖宗二百餘年精神命脉培養之艱，何待疏述匿名猥談，仰瀆九重睿覽爲也？至于移文所云'學霸生員架禍貴監衙門，假云税監所參，皆出主使。將陵殿供事員役之家，黑夜持鎗把火，圍屋搜搶'者，未知姓名爲誰？乞明示，以便嚴行各該衙門處分。三尺具在，安得私之？其匿名假帖，奸詭多端，即行嚴禁，以昭法紀"云云。竟爾未復。不知備監以爲然否？

先是，備監調二衛官兵，顯陵衛指揮許從正以拱護陵寢，不得擅離信地，獨不赴；而管操周之屏、掌印胡效忠，平日奔走權門，阿承司房藺榮等，絶無一字申報上司，輒下所屬，擅自發與，分兵扎營之後，即又縱軍擄掠，且至傷人。違國法、震陵廟，孰大乎是！今扛抬吳朝禧到道，衆官眼同驗傷，令指揮朱朝卿、從世傑、千户解應宗等，親筆書其口詞在案，以胥後命；而周之屏等，當考選之秋，自知計窮，乃約同胡效忠、秦得良、秦上等，令軍頭黄大現、王和尚、劉志通，會兵三百餘人，潛赴教場，祭旗揷血爲盟，要行激變鼓譟。内有朱朝卿不肯，白守道説："我不曾動手，已不深罪了。如何做這等事？"衆官因此同至守備監，請納黄辭官、撤伍散去，將激備監以鬪守道也。而三奉祠校丁下手毆傷吳朝禧者，知罪不宥，亦令三奉祠唱言："願納印休官而去。"意在脅守道而逃其罪耳。夫殺人者死，天討也。吳朝禧不死已耳，死可無抵乎？抵亦原謀下手一二人，於衆何與乎？此周之屏、胡效忠謁守道，公然以繳黄、納印、散軍相脅之情，悻悻以稟。守道遂呼集府縣官、儒學官同各巡捕官，當堂聲其事，發其奸謀，而誅其心，乃唯唯退。

夫群衛官而附一備監，不復知有守道，蓋積威約之漸耳。即如近日，校丁齊入學宫大詬，有千户張友顔者，從傍勸止，即被校丁褫其冠服，縶其頸項，逮見備監。復責張友顔二十棍，置校丁不問。則其調兵校戕生儒本意具見,衛官安得不群附之?然而,漸不可長也。夫使吳生不即死,兩臺不會題,而内之備監屈己戢下,外之士民忍氣吞聲,大之武弁悔罪滌愆,小之司房息機斂手,庶亦與化徂矣。倘或問之司寇,其過有浮于前日激變者。備監不以守道爲忠告,而疑之曰妬,外之曰卮,何舛哉!略陳顛末,用備觀風采覽。

[錄自明王禹聲《郢事紀略·附錄》,哈佛燕京圖書館藏明刊本]

蔡悉

蔡悉(1536—1615)[①],字士備,一字士皆、士善,號肖謙,合肥人[②③④]。明代理學家。嘉靖三十八年(1559)進士。嘉靖三十九年(1560),授湖廣常德府推官。嘉靖四十年(1561),充湖廣鄉試同考官。擢南京吏部主事。歷南京禮部祠祭清吏司郎中、直隸汝州同知、福建泉州府通判、南京太僕寺丞、光祿寺丞、南京光祿寺少卿。官至南京尚寶司卿,署南京國子監。蔡悉剛直堅毅,曾請早立儲君,以安國本;不避權貴,極論礦税之害。致仕還鄉後,日以著書講學爲事,海内從遊者甚衆。以壽終,學者私謚文毅先生,祀鄉賢[⑤⑥]。生平著述頗豐,今存世者尚有《大學注》《書疇彝訓》《聖師年譜》等。《明史》卷二百八十三、萬斯同《明史稿》卷三百二十八有傳。

注:

①蔡悉生卒年根據明沈潅《明南京尚寶司卿從祀鄉賢理學擬謚肖謙蔡公墓誌銘》記載:"公生於嘉靖丙申年四月初三日午时,卒於萬曆乙卯年正月念七日巳時,享年八十歲。"

②參見沈潅《明南京尚寶司卿從祀鄉賢理學擬謚肖謙蔡公墓誌銘》,合肥東郊大興集蔡悉墓出土文物。

③參見《嘉靖三十八年進士登科錄》。

④見本書所收蔡悉《合肥縣志序》與《覺菴存稿序》篇末落款。

⑤參見清徐國顯《理學符卿蔡公謚文毅事實序》,收錄於清道光乙巳五修《合肥蔡氏宗譜(裡公支)》卷二上。

⑥參見《(康熙)合肥縣志》卷九《人物》。

解

孝經解

明合肥蔡悉。

身也,道也,皆父母所以與我,而我與父母一者也;皆父母與我,所以肖天地而一者也。不敢毁傷，敬其身體髮膚已爾。“天地之塞，吾其體；天地之帥，吾其性”，所謂道也。身任此道，道立此身，身與親庶幾不朽乎！事親曰始，自孩提愛敬、左右就養而言也；立身曰終，自“父母全而生之，子全而歸之”言也。夫孝，終於立身，立身要矣，學道急焉。

夫孝，天性也。始何所始？終何所終？本乎至情，隨分自盡，無有患不及者也。大舜養以天下，曾子養以酒肉，其道一也。《虞書》顯設于當時，《孝經》《大學》垂憲于萬世，其道亦一也。乾以易知，則天之明，不慮之良知也；坤以簡能，因地之利，不學之良能也。利即“坤，不習無不利”之利。良知、良能，民之行也。愛敬生於孩提，仁義達之天下，沛然而不可禦也。教成而政治矣，以順天下，豈有驅迫勉強於其間哉？

天地之性，人爲貴。父子之道，天性也。率性而愛敬之，謂之孝。是曰性善，其儀所以不忒也。至於配天而性，無毫髮不盡矣。夫子言性，何切近精實也！父母生之，續莫大焉。續者，天性生生不斷者也。敬親愛親，豈容有以尚之？義當最厚者，獨君父之臨耳。必自愛親敬親之心移以事君，而後能忠。悖德、悖禮，是謂凶德。如此之人，豈能有道事君哉！夫莫厚於君臣之義，而本因於父子之親，聖人之德又何以加於孝乎？膝下愛敬，爲仁之本也。聖人因以教敬、教愛。教不肅而成，政不嚴而治矣。可道、可樂、可尊、可法、可觀、可度，此謂可欲之善。佛、老不先親親，是二本也；管、商政刑驅迫，惡知仁義哉！善根斷滅，皆爲凶德。雖虚無道成、霸圖克遂，豈君子所貴乎？親愛，樂之實也；敬順，禮之實也。孝弟立而禮樂興矣。樂可移風易俗，禮可安上治民。敬行而悦生，禮先而樂後也。教孝、教弟、教臣，總曰“君子之教以孝也”。孝之時義大矣哉！

孝莫大乎以道養親，故親不義則諍之，况可以不義悦親乎？人資乾，以始父子之天也，良知胎于此矣；資坤，以生母子之地也，良能胎于此矣。則天之明，事父孝，故事天明；因地之利，事母孝，故事地察。良知、良能，本乎父母，塞乎天地，通於神明，光於四海，無所不通。事天，明良知配天；事地，察良能配地。神明之彰，無在而無不在，順德之馨、宗廟之享，焉往而不感通也？豈可以常情測哉？

上下相親，忠之至也。忠之道，《孝經》備矣。或者著《忠經》，未達乎“生民之本盡矣”之義也。本者何？天性是也。親人所由生也，人親所以長生也。生愛敬,死哀戚,父祖子孫宛然一脉流通、萬代如見,死生之義備,而孝子之事親終矣。非親人,從何生? 非人親,復何存? 非愛敬哀戚,何以盡生人之天性,而繼續于無窮乎? 大哉孝也! 斯其至矣。

[録自明吕維祺《孝經大全》卷二十四,《續修四庫全書·經部》第151册,影印清康熙刻本]

記

太守吕公去思碑記

皇明嘉靖甲子之歲,天子覈吏治,更置冢宰,百官駸駸嚮風。適廬陽缺守,乃不次擬秋官大夫吕公上之,天子曰可。於是,吕公祇承明命,五月至廬。一念憂勤,不遑寢息,未數月以入覲去廬。廬之人私相謂曰:"吾公憂民如是,得無以治行超擢乎?"已而公至,民大悦。時公亦以庶幾久任,得展所學,慨然謂人曰:"即余不爲民害,余之屬有不以某之心爲心者,非余之咎耶?"乃日與諸執事可否於庭,不爲苟合。於是,闔郡上下益信向公,思見德化之成云。

先是,郡之弊政,里甲爲最,驛遞次之。自公兩立官徵之法,其費頓減,役其役者皆大喜踰望,若甦生焉。東南諸圩以堤績不成,連歲渰没,公先期出票督修之。暨夏,淫雨兼旬,公禱曰:"天如殛某則殛某也! 民何辜焉?"是日雨止,越翼日遂霽,乃遣官賑之。是歲岡田大熟,圩雖澇,不甚爲灾。久之,公嘆曰:"廬之淳風稍漓矣! 不有以挽之可乎?"乃敦禮鄉賓,簡授教讀,有以不道造庭者,反復懲諭,必發其良而後已。往時左右諸役始類恭謹,少之漸肆,諸公亦每每曲貸之。公獨廉,寘於法,不少貸。諸役亦竦息,無以媒蘗公。一郡之吏,莫不惕然自緝,且輸情效悃之恐後也。督學耿公以興起斯文爲己任,按臨諸郡,鮮不面承,跡其所爲,寔大相悖。耿公至廬,尤注意於公,公恂恂然未有所言,繼而其學大進。嘗詣余,余曰:"公不言而道日著矣!"公笑,亦自信其然。每臨正學書院,日與諸生講求其所未集。鄉約師諸邑行之。甫届期,而太夫人訃音至矣。僚屬、鄉士大夫莫不欷歔相顧曰:"廬人之命也夫!"行之日,自郊及境,戀戀然不忍别者勿論,環城老幼聚而觀之,充塞街巷;遠郵之民聞其去,咨嗟太息,如失所依。踰年,益思之不能釋,乃相與謀曰:"曷勒之石,以垂諸久?"蓋真若子之於親,周旋膝下，亦殊不覺；一旦違顔色、繫館寓，積累歲月，觸目激衷，無不可墮淚者。此碑之所由以作也。

碑成，吾邑余矦屬余爲之記。余惟天子者，吾大宗之大父母也；守令者，吾小宗之父母也。普天之下，皆吾大父母之子弟；封疆之内，則吾小宗父母之子弟也。夫群人而謂之父母子弟，豈強合而云然哉？人人生生心而已矣。顛連疾苦之在斯人，匪必曰："我司之，我有責爾也。"怵然惕然，皆痌瘝之在乃身。信如是！則聖天子之心，豈不允乎九州四海之心？守令之心，豈不允乎聖天子之心哉？

公蚤志於學，確有定守，和粹之氣溢於面目，見者莫不樂其可親，而寔毅然不可犯。以故僚屬同心，吏胥畏服，恩溥於士庶，弊剔於欺瞞，一懲督而綱常以明，甫肅約而聲教遂訖。善政善教，不可縷述。由前一二觀之，豈不直信此心洞洞屬屬有出於聲音笑貌之外，而無愧於父母之責，以上不負聖天子者邪？公一人此心，廬之千萬人此心；一時此心，萬古此心。雖欲忘公，烏得而忘諸？公諱鳴珂，字聲甫，號蒼南，嘉靖己未進士，錦衣官籍，浙之麗水人。

［錄自《（萬曆）廬州府志》卷十三《藝文志》，臺北故宫博物院藏，美國猶他家譜學會公布圖像］

重建梁縣社學碑記

國治，兩京建太學，天下郡、州、邑建儒學，以儲才也。又以求成人，當養其正於未然，必先資於家塾。後世風頹，家塾久廢。乃拓古制，里建一社，群里之諸蒙，延儒者教之，以俟遴選。自兩京達天下，無不然。

合肥計里六十有四，社亦如之。梁，古之慎縣也，衢市猶存。民之叢而居者家三四百，群蒙獨多於他里，司教乏人。侍御斗南余公令吾肥時，甚念之。試邑諸生，得陳愚衷。衷父瀛，倅東兗，有廉潔聲。衷其遺孤也。爰命教於梁，俾之得食給。第社歷久頹廢。隆慶壬申歲二月，父母龍匯胡公以省俗過梁，見摧桷欹户，徒四壁立，風雨不蔽，而愚衷生徒依依誦習其下。公憫之，大捐俸金，命役董其事，而重建焉。里鎮耆庶感公之意，忻相謂曰："吾侯之舉，淑吾子弟也。"遂競相捐資，易料募工。建廳六楹，露厦兩楹，爲往來使者駐節所；書室六楹，居室四楹，門一間，咸以是月落成。傳習有藉，不惟愚衷、群蒙感庇，而耆庶荷樂育子弟之仁，僉謂公之功不可泯也。乃□□等二百有七民，偕愚衷來徵予言，勒石昭諸永久。

余復之曰："若等居梁，達邑七十里，知公之賢能悉矣，受公之惠止此乎？"衆遜謝願聞。予曰："公之德政不特一社之建也。肥之市衡過重，屠售贋，交易不以錢，積百餘年。屢經禁令，卒莫能革。公下車，開諭迷俗。平衡杜贋，出帑轉錢，散給鄉市。速之通行，不藉趨迫，向風逾年矣。肥之民素質愿，今頗競訟，捃摭連逮，羈費不堪。公頒式，止許控一事及數人。剖決片言，細事叱遣，豪僞吐舌，訟庭清暇矣。燕坐琴臺，左右盡屏，遇事獨斷，情法允愜，公明兩兼矣。舊弊，卒入事鞭笞，出索刑者賄。公事已籠卒，罔或輕重其刑也；勾攝入郫閒，誅求及雞犬。公俾訟者自喚，罔有執擾之之害也；捕者獲盜，延枝無辜，拘釋視賄之有無。公深懲其弊，凡鞫盜，必據顯跡，稍可疑者悉宥之，則迫脅莫施，良民安堵也；均賦平徭，法擬一定。徵役視等之上下，公務覈其實。凡第等不因里胥登之籍者，悉驗之，則欺隱不行，公道可希也。一蔬之微，必先授錢而後易於民；親識之過，不閱投刺而預杜其漸。此非出於修社之外者乎？若公廉靖之操、勤敏之才、卓犖之譽，則有郡大夫之評、諸台端之獎，不待予之贅者。至如政餘集士，講論懃懇；期會考文，討詳周盡；不靳珠璣，捐之鏤刻，使四海之内、萬世之下，舉獲奉讀取則。此視建社之功，其盛又何如也？行將大起，掌握文衡，何止廣厦萬間，大庇寒士，致天下懽？又豈愚衷曁諸蒙、耆庶一社之感而已邪？"衆唯唯曰："野人何幸！而被賢父母之德澤也！請書諸石。"

公諱時化，别號龍匯，舉辛未進士第，浙江餘姚人。

［録自《（嘉慶）合肥縣志》卷三十四《集文》］

重修鎮淮樓記

鎮淮樓者，古廬城樓。宋少保郭振拓城而北，樓在城中，設壺漏鼓角其間，俗因謂之鼓樓。明正德辛巳，郡守龍公誥撤而新之。樓高五十有二尺，西瞻霍蜀，東俯江湖，環廬勝境，物色生態，一望可盡。迄萬曆紀元，餘六十年，漸有傾圮。大名吴公以名御史來守兹土，政修人和，乃以合肥二尹凌君亮監修。工完，屬予記之。

予嘗登斯樓，有遐思焉。淮水自桐栢東入潁壽，合肥水東會于泗沂，東入于海。肥水紫蓬山發派，一西北流過壽春，合淮水；一東南流歷巢湖，東入于江。樓屹然而臨者，金斗河也。去肥凡數十里，去淮幾百里，何以“鎮淮”名哉？昔張遼走孫權，謝玄破符堅，遂使小兒畏夜啼、八公草木效順。二公俱督廬、鎮淮肥。樓之名，其類是夫？未可知也。

自郭公改譙樓，相沿迨今，以司陰陽者候昏曉，義又何居？盖郡之事，皆民事也，而農事尤不可緩。古者，不違農時，非干譽也。一時失耕，一年之計荒矣；一旬失耕，一時之計荒矣，是饑寒之原，而盜賊之由也。雖良有司，其何以牧之？茲樓也，將以布天道、勤民事，其義不亦遠乎？哲人君子登眺其上，當飲食宴樂之際，興閭閻疾苦之思。時而春融淮浦、彩絢朝霞，可樂也。不有耕而不足者歟？誰其補之？南熏徐來、松陰草色，可樂也。不有暑雨而啼者歟？誰其食之？湖天夜月、角韻鍾聲，可樂也。不有斂而不足者歟？誰其助之？蜀山雪霽、玉液紅爐，可樂也。不有祁寒而號者歟？誰其衣之？

茲樓也，天道民事賴焉。一夫失所，伊誰之咎？對時育物之心樂歟？觸目激衷，必有惻然者矣。惻然故能愛，能愛故導利，利溥故民聞鍾鼓之聲、管絃之音，欣欣然有喜色而相告，唯恐上之不登斯樓也，故人和。人和，謂之“淮西保障”，非耶？否則，流連光景，民瘼罔聞，怨聲與樓俱高，惡足以爲淮之鎮哉！

吳公撫綏安靜，三年底績，始及樓工。其始工也，在十有一月，踰月而工用告成。財出于官，役不再時，民樂趨之，誠予所願紀者云。公諱道明，號豫齋，乙丑進士，大名元城人。是役也，貳守孫公化龍、通守張公梧、樊公士秀，咸樂觀厥成；合肥令胡公時化，祗承宣德，民忘其勞，例皆得書。

［録自《（萬曆）盧州府志》卷十三《藝文志》，臺北故宫博物院藏，美國猶他家譜學會公布圖像］

新建譙樓記

明萬曆四年，歲在丙子春正月，合肥新建譙樓成，邑侯胡公伻予記。予甞聞，令於民最親，承流宣化，幾務孔繁。迺天使聆萍鄉更鼓，輒占美政，張忠定公信而薦之，此何説也？朝而聽政，吏胥左右，士庶后先，峩冠博帶之臨，疾首蹙額之至。或矯情鎮物，抑莊以莅之，嚮晦宴息，則聲音笑貌，影與形寂矣。舞玩者鼠興，窺伺者窬入，讜直者竊歎，冤抑者號泣。此一鍾鼓爾，聽之，或達旦以懽，或永夜抱恨，千萬其人，則千萬其聲矣。謂更鼓分明耶？不分明耶？此恒情之所易忽，而仁人之所警心也。

仁人者，身寄棘院之内，心遊閭閻之間，痛痒相關，德威洞服，號令嚴肅，不以晝而張、夜而弛也。故鼠輩若畏捕而潛，窬徒凜無門而入。竊歎者寢心，號泣者坦腹。清天明月，萬籟無聲，四境相忘，群動共息。當斯之時，鼓音角韻，人之聽之，何分明也！美哉政乎！兹非達人之所特契者耶？迺若漏與時移，心由聞覺，惺惺不昧，孳孳以興。由平旦之所存，達之斯民，同好共惡，是天德王道之原，唯清夜而易悟。大哉！譙樓匪以備制而壯觀，警我聾聵多矣！

胡侯政乎有素，吏畏而民懷之。斯樓之成，不踰旬日。豈惟聞鍾鼓之音者？人無異聽，以覺后覺，永醒方來。公諱時化，别號龍滙，隆慶辛未進士，浙之餘姚人。二尹凌君亮，陞四川興文知縣。三尹王君天衢、典史易宗程，咸樂觀厥成，例皆得書。謹記。

［録自《(萬曆)廬州府志》卷十三《藝文志》，臺北故宫博物院藏，美國猶他家譜學會公布圖像］

感舊記

萬曆乙未十月之吉，金谿繼疏吴中翰來訪。得故人書，讀之一過，如見故人當年豪放、當年過慮，復戚戚焉。因述往事即近見請證繼疏，繼疏不逆也。

已讀尊翁《疏山吴先生遺集》，嘆曰："古之道也。后賢趨向，正而不惑，有自來矣。"讀《孝經序》有曰："夫性，生而然者也。孩提之知愛其親，孰使之然也？性也。而行可見矣。行非性之外也，性一而行百，而非有所異也。唯君子爲能盡其性。能盡其性，則能盡其孝，而天下之道一矣，天地可與參矣。"至哉斯言！今之世，發明孔曾之旨，有如此清切有味者乎？性無有不善，人無有不孝。不失孩提之愛，而仁不可勝用矣。以之事君則忠，以之事長則順，安往而非可欲之善也？人人具足，時時現前，更無祕密，何俟等待？故人千言萬語，以大丈夫自負，抑知斯道易簡廣大如是。如是必若戰戰兢兢之曾子而后庶幾乎！

序中數語，終身誦之可也。願與繼疏共勉之。當年過慮，誠過矣！誠過矣！世固有聖人之徒在也，又何慮焉？謹記。

［錄自明吴悌《吴疏山先生遺集》卷十五《附錄》，《明别集叢刊·第二輯》第80册，影印清乾隆三十四年刊本］

廬州府重建醫學三皇殿碑記

儒學廟祀孔子，儒之宗也；醫學廟祀三皇，醫之祖也。三皇以道化民，民以道歸之，超于五帝、三王之上。自歷代相傳以來，醫者皆師三皇。故三皇殿之建，由太醫院達之天下醫學，如國子監、兩京、十三省府州縣儒學之通祀孔子也。

公痛民間疾苦，委醫學掌印醫官沈月盛，督同醫官徐逢吉、沈逢元、董學宣、徐道遠，施藥三年，救濟過患病男、婦三萬七千五百名口，命合肥典史蕭元金督建三皇殿。工成，合肥曹侯爲立石，醫官沈月盛詣予請記，予因是感公梓《孔子年譜》之機之妙，猶建三皇殿也。

夫殿之建，豈徒三皇之靈，陰隲下民，以慰其施藥之善願也乎？三皇氏之道，孔子之道也。孔子之學，不過醫斯人之心，化于三皇之道而已。醫者于人之身，視五臟六腑，洞性命陰陽之原，分君臣佐使之品，以相宣攝合和。譬儒者學孔子致知格物，明誠正修齊治平本末先後之道。至于修身理性，□其天真，若秦越人洞見五臟定静；慮止于至善，若子輿氏正己而物正焉。雖四聖不能面授人人，人人亦不能聞言即悟于一朝一夕之頃。唯廟貌崇焉，春秋祀焉，朔望參焉，瞻之仰之，醫學多士，豈無一人興起者乎？倘有一人紹三皇之脉，民之命立于斯人方寸間矣。傳之人人，垂之世世，三皇氏之道與元會運世相爲終始，其機不越乎建殿一念之間，施濟所及，視三萬七千五百名口何如也？公一念關係如是之大。况天性愷悌，愛儒學諸生，不啻慈母之于赤子，循循以《年譜》善誘，曾謂九學儒生，積日累月，口誦心思，竟無興起如醫士者乎？必不然矣。

予望廬陽一變至魯，信公此機之發，不可禦耳。雖百世之遠，且聞風興起，而况親炙之者乎？此所以不覺重有感而樂記之也。殿始于戊申之七月朔，而落成于仲秋之月終。潘公諱榛，號麓原，兖之鄒縣人，萬曆壬辰進士。

［錄自《（嘉慶）合肥縣志》卷三十四《集文》］

縣學新建三坊碑記

維兹學廟之設，多歷世代。其育德規賢，斂才觀治，咸賴諸此。長民者身任其責，益新其制，俾廟貌森嚴，而觀望超肅。藹乎時雨之滋、春風之襲也，謂不偉歟？

合肥舊爲畿輔地，山川靈秀，人文炳燁。前莅兹邑者，罔不殫心圖治，顧遷擢無常，事多不次，未有若我胡侯久任，其善政可悉數哉？

侯以進士，來宰兹邑。性發天衷，學有源委。負山海之氣，挺忠孝之節，條約民務，祛刷姦宄，如霆靂驅陰，洒然開霽，其親和又可掬也，非豈弟君子乎？政暇，諸生文藝，拳拳以孝弟維先，以故士相親慕，仰之若山斗焉。每朔望，必齋沐謁廟，恭拜堦下，見堂廡有圮壞，亟命工修葺之。向語學博及諸士曰："吾欲立三坊於學之前，俾青衿往來，如遊洙泗之所，且於文廟亦爲雅瞻。"衆謝曰："如公議，實有光於聖德多矣，惟聽之。"於是，捐俸區費，董戒百工，架棟高陵，矗然屹立。扁曰"垂教萬世"。簷牙疊起，榱栱參差，高二丈許；中分三道，可容車馬；左右二坊曰"成德""達材"，亦相向巍然。瓴瓦黝堊，丹黄輝燦，緣麗宫牆，愈增文彩。侯之興學飭規，衣庇寒士，其用意周旋如此。諸士奮跡堯舜之墟，弼成三代之治，不有我侯，則何藉乎？

昔文翁興學，蜀人詠德；昌黎造士，南山作誦。以今揆昔，益隆且茂。是宜述錄偉績，播之昭銘，庶士愉悦而焜耀無窮也。是舉也，創之震亨胡侯；捐俸贊成者，則陞任丞淩亮、典史易宗程；請予記者，今學博馬應祥、訓導劉大烈、韓瑚；相與一時共事者，有見任丞高幼元、主簿王天衢，例皆得書。胡侯，浙餘姚人，中辛未進士。爰即善政，乃作頌焉。

其辭曰："於赫聖明，式古建學。青青子衿，頌聲是作。惟兹淮西，聖涯有滋。爰作泮水，文教覃施。有侯莅官，姚江烝俊。裻裻星躔，丕承隆運。民歌神君，我其造辰。試撫甘棠，共憩叢陰。宫牆有圮，實在我責。既損所需，仍新綽楔。垂教萬世，成德達材。視兹成語，乃協通懷。百工告成，閭閻色動。勒之碑銘，允符輿頌。"

［錄自《(嘉慶)合肥縣志》卷三十四《集文》。個别明顯誤字徑改］

廬州府學奎樓碑記

廬州府學在治之東北，右枕蜀山，左披湖水，據一郡之勝。第脉自西來,山旋水折,蜿蜒東注,而學基左勢稍不振,形家類言宜昂其左,以培風氣。郡大夫張公涖兹土,顧學宫,低徊者久之。因按行隱度,謂:"名宦祠當學巽隅,宜有文筆。"即鳩工庀材,聚石崇尋,跨樓其上,以奎名焉。屬照磨顔欲藻董其役。圬墁瓴甓,必堅且良;楝宊豐碩,櫺楹疏廠。費用不貲,咸取給俸入佐之贖鍰。垂成,而公以外艱行。諸廣文率青衿子囑予記。

夫成周以三物造士,而《豳風·七月》詩亟爲民生計。公甫下車,問民疾苦,東南被水災,發廩賑之,惠老恤幼,日不暇給。是備其養以爲教地也。嘗觀視成而鼓南敬業,師行而受成獻馘,一出於學。公於地方,嚴旌别,里中椎埋輩,咸籍而責訓之,期革心以無傷雅化。是易其惡以廣教成也。仁義忠信,身懸之鵠,而研討性宗,窮極理奥,不憚三復焉。每朔望後課士,必手校而面訂之。其文章務平正冲澹,有成、弘間風。守郡僅踰一周星,而諸生忻忻嚮往,可與適道,可與立,勃然有不容已者矣。

吾廬風素朴茂,如漢文翁、宋孝肅、元忠宣,以暨我明周忠愍若而公者,皆以瓌琦之才,標俊偉之烈。此固乞靈山川,而尤上之人培植者深也。公身爲大冶,又以地靈佐之。夫奎爲東壁,文昌之府,必當啓圖書之秘,分太乙之光。佳氣蘢葱,人文蔚起,科名風節,追軌前修,皆我公之遺矣。濡須濱大江,化魚口爲郡東南水害衝。公身臨塞之,中道聞訃歸。雖苫茨間,猶以此與建樓未竟爲念。噫!今天下有憂民愛士如公者乎?故亟書以示來祼,志去思云。

是舉也,經始于癸丑之季冬,竣事于甲寅之孟夏。郡丞賈公,别駕章公、危公,司理王公,並資贊畫,而合肥尹胡公實克成厥終者也。法得備書。張公澤州人,諱光縉,甲辰進士。

[録自《(康熙)廬州府志》卷四十四《藝文》,日本内閣文庫藏清康熙刻本]

書牘

與李見羅

《大學》,聖人經世完書。"絜矩"二字,迺明明德於天下國家符印。一要也。

修身爲本,則親民爲末。本末齊到,修身乃見。致知致此者也,格物格此者也。修身之義大矣哉！李見羅單提“修身爲本”，王陽明單提“致良知”，皆此意也。此《大學》大眼目所在。一要也。

“毋自欺”三字，分明指出下手功夫。明德親民，不離目前，便脚踏實地，真《大學》“止至善”關津。一要也。

然要雖有三，其致則一。悟欲其一，又當明辨其三。自讀《觀我堂集》，愛之信之，不復有疑。蓋大旨既同，其條目自然不遠一字一句之間，在乎以意逆志焉耳。近見大略如此。

[錄自明李材《見羅李先生正學堂稿》卷十七，《明别集叢刊·第三輯》第59册，影印民國元年刻本]

與萬思默

朋友任道之勇，未有如吾丈者。别來踰二十年，不知丈之精詣近何似也？懸切懸切！弟短髮班白矣，由知耻一念整理身心，得尺爲尺，得寸爲寸，又何難也？大約心事合一，方知兢業是終身受用，更無秘密也。偶便申候請益，惓惓不盡，小刻二册呈覽。

[錄自明萬廷言《學易齋集》卷三，中華書局《萬廷言集》據日本尊經閣文庫藏明刊本整理]

贊

聖師贊

祖羲、文以定乾坤，宗《詩》《書》而經世界。筆則筆，削則削，《春秋》命討之令嚴矣；步亦步，趨亦趨，師弟禮樂之興勃焉。天地之德，帝王之道，一以貫之，蕩蕩其孰能名乎？然《大學》知止之方，若大路然。先致知、格物，以誠意、正心、修身，而齊家、治國、平天下。自天子至于庶人，莫之能違也。願學孔子者，當知本而深造之。合肥蔡悉。

[錄自明蔡悉《聖師年譜》，日本内閣文庫藏明刊本]

自贊圖像

朝衣朝冠，北面而立，猶思獻《大學章句注》乎？豈謂曾進《古本大學解》，聖皇留中而覽乎？思之，思之。天欲平治天下，在吾皇覽《大學》間耳！

三朝終養老臣，不惓惓而望乎！

［錄自明潘焕宿《南京尚實司志》卷二十《宦蹟志·蔡悉》，南京圖書館藏明天啓三年刻本］

墓誌銘

明省相陵峰張公墓誌銘

賜進士第奉議大夫禮部祠祭司郎中郡人肖謙蔡悉撰文。

賜進士第文林郎江西南城縣知縣郡人味玄黄道年書篆。

公諱敘，字汝惇，別號陵峰，宋都官張肅之後，世居合肥。至貴五公房達生（誌石殘斷，下缺若干字）……晉。旭生五子：士文、士禮、士華、士舉、士楚，率志潔行完，均爲鄉評推重。士華（誌石殘斷，下缺若干字）……之間，齒隆德盛，膺命加冠服、賜帛宴於上校，邑令潘君題爲“盛世耆英”，鄉人榮之。娶趙氏，而（誌石殘斷，下缺若干字）……諱秩也。

公性資古樸，與人交，謙和可掬，家勢甲於鄉閭，而退然若寒士。鍾（誌石殘斷，下缺若干字）……□君怡怡色養，□極歡娱。友于弟兄，敦睦交敬若賓，白首相聚，心投莫屰（誌石殘斷，下缺若干字）……禮不啻己私。始以府掾入内京，贊理於太司馬之職方，事竣，銓曹擬注（誌石殘斷，下缺若干字）……居不求祿仕。公世饒於財，人有稱貸者，輒與之；有負之者，公亦不較，里（誌石殘斷，下缺若干字）……憐之，盡焚其券。負與不負，交口頌美德公者衆焉。

娶王氏，生二子，長曰（誌石殘斷，下缺若干字）……配翟。爲郡庠生，學博詞雅，祿養於澤宫，將爲國大用。初，公命範受學於（誌石殘斷，下缺若干字）……英傑，行將顯達，而其終身師之可也。既而，果登嘉靖丙辰進士，授户部（誌石殘斷，下缺若干字）……類如此。女一，適鹿子□化，夫喪，矢志不易。孫五：九韶、九則、九錫、九仞、九一（誌石殘斷，下缺若干字）……令高龍灣之孫文炳。

公生弘治甲子二月初十日寅時，卒隆慶己巳十一（誌石殘斷，下缺若干字）……閏一月初四日辰時，祔葬青陽西一里先人之塋。公從兄享庵君諱輔，士（誌石殘斷，下缺若干字）……如其官。公與之生平友愛最深，同年而殁，同日而窆，又同玆兆域，可謂死（誌石殘斷，下缺若干字）……子庠生邦紀、民紀爲時名彦,與公子範同營塜壙并識云。

銘曰:“泰山喬嶽,飭乎容止。玉質金相,遹承先懿。載篤其祉,克開厥後。”

[本文參考《廬西文物》,安徽人民出版社2011年版。原石出土於今肥西縣花崗鎮青陽村,青石質,下部殘斷,殘長57釐米,寬53釐米,共22行。按,此墓主人張敘乃嘉靖三十五年合肥進士張人紀堂叔父]

序跋

政成遺詠跋

嘉靖辛酉常德推官進士蔡悉譔。

予外祖張載菴翁,成化登費宏榜進士。初試瀏陽,遂晉西臺,守吉安,副藩臬,尹京兆,撫督雲貴,所至有赫赫聲。鄉之人仰公素矣。然稱西臺則賢,稱吉安則賢,稱京兆則賢,稱撫督則賢,未聞有稱及瀏陽者。間亦親黨故老及之,則曰:“其清介不可及也已!”

吾嘗謂:“筮仕之初或然爾。”而不知瀏之人亦思之而詠之也。瀏之人思之,而公可知矣。瀏之人至今思之,吉之諸賢又信公之可以思也,從而播揚之,公益可知矣！瀏之人思之,而鄉人獨不知瀏之人之思之也。鄉人之仰公者,殆有感于瀏人所思之外者矣。公真可思矣哉!

予己未偕泰和王松徑會京師,以公曾守吉安,首以詢之。松徑亟稱公,且道吉之人思之而祠之也。未幾,尹吾邑,遂以公之祀事請諸當道。予歸省,適際其盛。

今蕭君,吉人也,知思公矣。又按公之邑,見邑之人,思公而不已也。曷知永公之思而媲休之乎?思之而又媲休之,是使瀏之人思公不已,而又思乎君也。瀏之民亦可與興矣哉!

張公諱淳,字宗厚,號載菴。有文集。列祀鄉賢,舊守地亦有祠云。

[錄自《(嘉靖)瀏陽縣志·藝文》,臺北故宫博物院藏,美國猶他家譜學會公布圖像]

重修廬江縣志序

廬陵思庭劉公,令廬江之二年,慨然欲新邑志,請白湖宛公爲之總裁。其共事,則邑博龍田康公、庠士魏、王諸君也。將成,劉公擢判淮安,經府顧公署縣事。未幾，建齋龔公繼任，實成厥志。偕白湖公走書南崗，屬予爲序。

予不敏，烏足以辱篇端乎哉？已而讀志，不覺作而言曰："美哉！鬱鬱廬江之靈，彰彰如是乎！"夫二氣交媾，混混茫茫，廬江寓乎其間，彈丸耳。發爲英傑，爲珍奇，爲山川形勝，如諸紀述，焕乎文章，照耀宇内，又何後於通都巨邑也？乃寥寥千古，迄今日而始一光者。譬之家，莫非所有，抑必賢主歷歷如指諸掌，然後一草一木得自表見有生色焉。不然，即珍異，淪於瓦礫多矣。然則君子觀斯志也，俯仰古今，寧不爲之一浩嘆耶？

夫志也者，識也。譬主之經理其家，既竭心思焉，又懼後之人忘其所有也。爲之紀籍以識之，俾後人頃刻一覽，而家所有，宛然在目，肯堂肯搆之志，勃勃如也。審如是，仁人相繼而至，觸目激衷，不將有駕往哲而作？俾一邑之靈，自是日新月盛，而爲簡帙之光者乎！則斯志也，豈曰小補之哉？於是遂書之，爲二公復。

〖嘉靖四十二年仲秋月〗吏部文選司主事郡人肖謙蔡悉。

[錄自《(康熙)廬江縣志》，校以《(雍正)廬江縣志》。文字擇善而從，落款時間據《(光緒)廬江縣志》補]

合肥縣志序

隆慶辛未冬，郡伯秀水張公將修郡志，先檄諸邑，旁稽文獻。適餘姚胡公涖淝之初，遂禮邑博士臨桂魏君典厥事，邑人布衣孫荆子楚、修武令孔西周憲文、太學生張焖、庠生王涣、王濬咸贊筆削焉。志成，張公擢陝西憲副，元成吳公繼守茲土。萬曆癸酉秋，胡公始付諸梓人，俾予序，予曰："然哉！簡而覈，微而顯，直而不訐，可以訓矣。"

先之以邑紀志邑也，精氣浮于地中，上結而爲星辰。肥，中原之餘，吳楚之界，占熒惑而列斗，紀是以有星野之表；倚天柱，俯巢湖，壽春左盤，龍舒右拱，辨方正位，是以有疆域之表；上應列宿，爲一方司命，以籓屏王室，作民父母，莫大乎秩官，是以有秩官之表；大江以北，清淮之南，亦天地之中氣也，豈無剛不淩、柔不佞、秉清忠而敦高尚者乎？是以有人物之表；蜀山肥川，兀峙環遶，靈氣攸鍾，邑之鎮也，山川志之；風行草偃，倣效成俗，移風易俗，長民者之責也，風俗志之；君子不勞民，不傷財，《春秋》所以譏不時也，創設志之；粟米、布帛、力役之征，君子用其一而緩其二，横斂百出，弊孔萬端，民力竭矣。一條鞭法，丁之役，田之糧，明白易曉，畫一可遵，小民之福也，食貨志之；建學立師，儲材待用，賢士之關也，學校志之；四境之内，明則庶物，幽則鬼神，秩祀志之；人事動于下，天變應于上，祥異志之；文章一邑之精華，然文藝末也，于是藝文終焉。

肥雖壤地褊小，戴天履地，民無二心。上好士而愛民，則懽欣交通，鬱爲瑞應，以享百神，尚可符驗，而況于人乎？由此保障畿甸，肥固東南之勝邑哉！抑郡志謂："民勤于稼穡。"夫稼穡，實王道之本也，誠因俗而利導之。除庠序中拔其俊秀，暨庶人在官者限以常數，游民賤商，嚴爲之禁，有田者勸之耕，無田者督之佃，又不能佃，令之服役農家，償其直。業農而富，不及以雜差，一催科，一創設，必注念曰："是粒粒辛苦也。得無違農時邪？"夫民本樂其業，司牧者又從而體恤之，鼓舞之，使得畢力于南畝，如此則饑寒可免，學校可興，反其樸而歸之厚，易易也。

胡公筮仕之始，自任以匹休往哲，垂範后來，志則卓矣。鋭意民瘼，四野晏然，惠則孚矣。志公之志者率而循之，與時宜之，吾邑允肥，謂自公一念中來，非邪？

嗟夫！有此天地，便有此合肥！生于斯，寓于斯，宦遊于斯，以事以使，初無怨德，或憔悴而詈興，或嘻遊而頌作。山川不改，循良嗣臨，覽斯志者，試其一思也乎哉！

時萬曆元年八月之吉邑人蔡悉士善頓首撰。

［錄自《（萬曆）合肥縣志》，臺北故宫博物院藏，美國猶他家譜學會公布圖像］

萬曆廬州府志序

《廬州府志》郡士大夫既編次成書，郡守元城吳公檄下合肥胡侯校正，伻予亦贊一辭其間。予時赴泉郡，未遑也。迨予告歸，胡侯携藁過予商訂，已復筆削之；又旬日，志成。上之吳公，吳公命付梓人，屬予序。

序曰："志豈徒言哉？意義載在志中，不俟述。予竊有忠告于覽志者。廬自皋陶種德，巢伯秉義；孫權纍世竟莫能窺，符堅百萬卒敗以死；楊吳奉天祐正朔，于唐亡無爲；迄德祐陷元，而宋危矣。區區廬州，海内彈丸耳，正統賴之重輕。歷稽往牒，班班可覩。豈江淮之間，天地之中氣，剛勁忠義之性愈久而愈不可磨耶？夫上之所倡，謂之風；下因而效之，謂之俗。斯民也，三代之所以直道而行也。矧其俗若此，又從而風之，謂皇明保障，非耶？不然，宣王之荆舒，文帝之淮南，當周、漢盛時，蠢蠢不靖，此土此民，抑何愚也！由是而觀，或可以捍患難，或不可與共安樂，必自有説。長人者唯是之思，則敬心生。敬心生，善政之所由出也。方策可憑，因革在我，鼓之舞之，與民宜之。人謂'志徒托諸空言'，豈其然乎？今天子睿聖，輔弼之臣，咸懷忠良，方久任守令，以要德化之成。斯志也，良法美意，章章具矣。若見諸行事，在我吳公暨胡侯耳。他日，以治行並徵志，不更有光乎？予何幸！身親見之。"

時萬曆丙子正月之吉賜同進士出身判泉州府事前南京禮部郎中合肥蔡悉撰。

[錄自《（萬曆）廬州府志》卷末，日本内閣文庫藏明萬曆廬州知府葉逢春增刻本]

刻名世文宗後敍

萬曆丙子之春，督學褚宗師按廬，樂多士肅雍，可與嚮往，猶冀其以文名于世也。迺出《文章正宗》，鈔授我肥胡矦。矦祗承德意，博採群籍，上自春秋，下暨有宋，總若干篇，題曰《名世文宗》云。

嗟夫！文易言乎哉？在天星辰，在地山川，在人動作威儀之則，皆文也。忠臣孝子吐其肺肝，義士哲人鳴其衷曲，繪句摛章之中，隱然造化之精英，若風行水上，渙然不可掬，亦焕然有可觀也。粤稽古昔，羲畫禹疇、周情孔思，不可尚已。《出師》《陳情》《論佛骨表》《歸去來辭》《朋黨論》《赤壁賦》《上高宗》《辭崇政殿説書封事》諸作，讀之令人壯懷激烈，逸興超脱，塵緣爲之頓忘，作者宛然在目，謂非典謨雅頌之遺哉？

初，宗師按中原，悉備員下吏，覩百執事承宣，如風行艸偃。比閲下郡縣公移，則陽春潛敷于萬卉，無非仁意之變態也。玆文耶？非耶？謂多士宜知誦法，非耶？

我邑矦以文魁南宫，素于諸名家有契合焉。以故殫心選釋，洞示藴奥，令人展卷如見古人。他日，大江南北有名世文人者出，慎毋忘玆刻之嘉惠哉！

賜進士第判泉州府事前南京禮部郎中合肥蔡悉頓首書。

[錄自明胡時化《新刊名世文宗》，美國國會圖書館藏明萬曆廬州刊本]

梅花集詠序

郡理楊公曾大父沂川先生文集刻成，俾予序。予讀《月屋樵唫》，喜曰："宛然唐人風味也。美斯愛，愛斯傳矣。"讀《杜詩集吟》《梅花集詠》，詫曰："分明沂川先生錦心溢出，無絲毫裁剪之痕。縱置杜詩其間，未能或之先也。譬衣裳絺繡，日、月、星辰、山、龍、華虫、宗彝、藻、火、粉米、黼、黻，五色輝映，天巧可奪焉。"讀《剪燈纚談》，咲曰："異哉！種種神奇，可醒醉目也已！"既而，掩卷嘆曰："此一寓宙也，吾以梅花觀，何幻非真？吾以海市觀，何真非幻？達人高士，見梅不疑，寤寐神交，酣吟懽洽，是何樂也？電閃幻景，倏爾便空，又何羨乎？真樂則神存，幻覺而物化，其妙有不能言語形容者。"

沂川先生清修勁節，獨味乎梅而樂之。香影哦逋，鹽梅夢説，無可無不可。視十二萬九千六百年春花秋月、飛雪飄風，不殊蜃樓水村瞬息也。玅矣！玅矣！

雖然，予亦於梅有契焉。陽亢而反，朶斯凝矣；陽潛而至，花斯舒矣；葉蓁蓁兮，實纍纍兮，陽斯乾矣；葉之落兮，華之吐兮，陽斯復矣。乾道變化未有如斯夫！其渾然不息者也。目擊心通，手舞足蹈，梅花我耶？我梅花耶？我不梅花道耶？不可得而知也。沂川先生先得我心同然，萃詩人之精神，盡梅花之情狀，一唱三嘆，令人不忍釋手。

郡理公自御史左遷，恬澹端雅，世梅之清。隱然憂國憂民之心，惟恐一夫不獲其所。是刻也，豈徒妙悟文字神化云哉？甘心茀舍之節、和羹商鼎之勳，胥此兆矣！予不佞誠日望之。謹序。

賜進士第太僕寺寺丞合肥蔡悉士脩甫頓首拜撰。

［録自明楊光溥《梅花集詠》，中國國家圖書館藏明萬曆楊東野刻本］

覺菴存稿序

悉讀《覺菴存稿》，作而歎曰："兹其先生之覺也！"夫覺難言也，心之所悟、業之所居，不飭容貌，而真誠所動，溢于威儀文辭之外者，真覺也。

方嘉靖己未間，先生大理卿貳。悉自寺中觀政，授推常武，先生舉觴而屬之曰："君異日受用不盡！"悉不解所以。客有咲而訊故者，先生正色謂悉曰："君少年司理，人心所嚮。倘任吳、粵，志易蕩矣。吾曾司理楚中，視他官僅能傳食，此其益豈淺淺哉？"悉時憶先生德愛，謂："藥石少年爾。"詎知迺覺中語乎！何也?

先生偕友讀書山房，併爨而炊，旬不一肉，至悟大人之業在存一念之初。弟見薇令吾肥，訓之曰慎，曰仁，曰介，曰儉。覺何實也！姪鳴治司理寧國，訓之謂:“牽一髮，身爲之動。通一郡之情，可及天下國家。”覺何大也！是覺可爲疏草，則不激不詭，關社稷大計;爲文詞，則不浮不蔓，根天理人情;爲吟詠，則意到情真，庶幾古之風雅，即業即心，炯炯符合。

公子岐峰公祖，質朴仁厚，克肖先生，士大夫目逆而知之。向判廬，冬月督漕工，撫綏懇惻，至捐俸施藥餌，部下竟無逃者。守濡須，積有歲月，未聞道一忍人語、作一戕人事也。真無愧先生所謂“助盛世淳龐之治，培先人長厚之業”之語。由今觀之，又岐峰公獨覺處，即士大夫未必盡知也。

先覺後覺，何莫非自山房澹泊中得之，即向以諄諄示悉者耶?悉誠有味乎往日之言，而印證是稿，益喜譚而樂道之。讀是稿者，或有味于悉之言而真覺焉。則查氏延福于一家者，安知不延福于天下，而引之無窮乎哉?

萬曆甲申夏仲之吉合肥年家晚生蔡悉士善頓首序。

[錄自明查秉彝《覺菴存稿》，《明別集叢刊》第二輯第81册，影印明萬曆海昌查氏刻本]

吴氏族譜序

古之人欲明明德於天下，而先之國;欲國之明明德，而先之家;欲家之明明德，而先之身。齊家要矣，修身急焉。我太祖高皇帝聖諭達之天下，豈非欲人人明德、期致太平耶?

吴氏世家合肥、巢湖、青陽之間。其先人楨公以侯功貴，成公以伯爵顯，應衡公以御史名，代不乏人，郡稱著族。今十世孫有起周者，見族之人日繁，慮日疏，迺作譜建祠，講明聖訓，以督族衆。乞予言爲序。予何言哉?稽靖海、清平之鴻勳偉烈，昭昭者青史，尚已弗可及已。惟應衡公剛正、不曲學阿世，真名御史！足以垂裕後昆。遡其慶源，四老孝友恭順之行，庶幾所謂“積善之家”。今譜成矣，祠建矣，守國法則高皇帝之訓戒炳如日星，遵家教則先侍御之聲聞流風未泯，不可他求也。

第不知所舉若長、若贊、若正、若副，業爲宗人所推，身任教督之責者，果盛世良民、世家肖子、能化不良而爲良、不肖而爲肖乎?萬一不然，或爲不良不肖者之黨，反貽良民肖子之患，則教督之謂何？是可憂懼也已！吾爲長、贊、正、副計，縱不能使一家之人皆有以明其明德，豈可慮爲人之陷害，遂同惡相濟，使一家無一明明德之人，以爲巨室之羞！必誠其意，好善惡惡，自正其心，自修其身，良民肖子，一念兩得之矣。國與天下之人尚亦有賴焉，而况於家乎？夫何憂何懼？夫何憂何懼？

旹萬曆甲午春季之吉賜進士第南京尚寶寺[司]卿同邑蔡悉拜撰。

[錄自肥東六家畈《吳氏宗譜》，清光緒庚辰九修，日本國立國會圖書館藏，美國猶他家譜學會公布圖像]

曹太史文集序

悉少讀先師魁南宮卷，意必飡霞茹芝、青霄中人。己未，獲出門下。入謁，先師目逆而笑："吾知汝也。吾入簾日，夢有贈予伯喈記者。汝勉矣！"迄今四十餘年。

晤公子，讀先師文集，不覺嘆曰："先師所謂'身羈塵鞅，心神每薄青霄中'者，庶幾有賴不朽。"公子屬予綴一言篇端。予覩集，精光烱燦，心神寓焉。人仰之，諒不啻予讀先師南宮卷時也，惡容贅？獨慨先師門下士，職諫諍以忠直顯，登樞要以清正著，文章道義，炳蔚恬雅，如張道卿祥鳶、王汝明鑑、石拱辰星輩，錚錚濟濟，何讓伯喈？先師之文，莫大乎是！此集所未載也。抑予猶有望焉。

予邂逅公子，商量《大學》慎獨、絜矩之旨，忻忻契合。先師往矣，善繼善述而慰之九原者，在后之人。有如慎獨以自嚴，絜矩以容衆，今此下民，誰敢侮予？脱有之，直禽獸耳！又何難焉？顧慎獨、絜矩難耳！孔云："欲之斯至。"孟云："操之則存。"以公子高明偉度，沉潛《中庸》之理，於斯文何有？悉不佞，竊惓惓有望於公子也。悉欲藉此耿耿，報先師之知。公子以爲然乎？否乎？謹序。

時萬曆己亥冬季之吉賜進士第南京尚寶司卿合肥門生蔡悉頓首拜撰。

（鈐印："蔡悉之印""己未進士"）

[錄自明曹大章《曹太史含齋先生文集》，《四庫全書存目叢書·集部》第127册，影印明刊本]

題太醫院銅人明堂之圖

湛泉寅丈既登之梓矣，適予繼署院事，屬予亦爲之引。予惟一披圖觀焉，而穴之位、脉之道明若指掌。由此善用之，庶幾其無誤乎！但毫釐之差，則脉絡頓異，醫者其慎之！

合肥蔡悉書。

［錄自《銅人明堂之圖》清刻本］

聖師年譜後序

明南京尚寶司卿合肥蔡悉撰。

《大學經》，聖師之學之矩也，而非始於聖師也。蓋宇宙本來一物，自生人以來，不知凡幾。人人自爲一物，然洞洞屬屬，渾然同體，視宇宙一物無二也。就一物而格、意、心、身、家、國、天下，必先以修身爲本，而后家、國、天下之末，齊治均平隨之，非矩之爲方與？方由矩出，格物物格，矩所由以不踰也。

吾按"不踰矩"章，《大學經》證《聖師年譜》，若合符節焉。方其年少好禮，群兒化效，相與揖讓，名聞列國，是天縱將聖矣；及母氏終養，自謂"東西南北之人"，非欲明明德于天下乎？三十游宗周、杞、宋而歸，曰："吾舍魯何適？"設科杏壇，顔路、曾皙受學，孟僖子命南宫适、仲孫何忌師事之，遠方弟子日進。誨人以矩，己立立人，明明德、親民之規模也。四十强仕，乃蔬食飲水，曲肱而枕，雖樂在其中，過庭詩禮，是亦爲政。然時陽貨之亡而往拜，浮雲不義富貴，矩之方也。知止有定，夫何惑？五十而知天命，由司寇攝行相事，魯國大治，道之將行也與？命也；齊人餽女樂，不朝而行，畏於匡，微服過宋，道之將廢也與？命也。可久可遠，止其所止，非樂天知命而何？六十厄於陳、蔡，楚狂、沮、溺之流言多逆耳，憮然"斯人之與"之懷，拂矣"歸與歸與"之嘆，思裁狂簡，莫逆也。矩其無可無不可者耶？七十衰矣，周公不復夢矣，删《詩》《書》，贊《周易》，修《春秋》《禮》《樂》，雖不敢作，然周禮在魯，《儀禮》《禮記》《樂記》，文學弟子識之，祖述憲章，考諸前而不謬也。《大學經》表明明德、親民、止至善之道體，列誠意、正心、修身、齊家、治國、平天下之事目，序格致本末始終之先後，所以繼往開來，定萬世太平之矩，然豈空言哉？素位而行，爲之不厭，誨人不倦，不知老之將至，肫肫乎中心安仁，天下一人也。

聖師之心即矩，從其所欲，又豈有踰者？子貢曰："夫子聖者與？"可謂獨觀其深。然夫子之學，非至七十而始不踰矩也。矩不可須臾離，聖師不須臾離矩。十五之志即七十之心，十五之學即七十之矩，至于七十而后，心與矩一，毫髮更無餘憾，此聖師之所獨覺也。從游者三千，稱賢者七十，相觀而善，如時雨化之，藹然明明德相親，日遷善而不知誰之爲之者。諸子從聖心所欲之矩，蕩蕩難名。《大學》格物物格之道之大有如是夫！此聖師之所自任也。舜曰："俾予從欲以治，四方風動。"舜得志大行，風動乎遠。子曰："七十而從心所欲，不踰矩。"聖師隱居傳習，矩從其心，動乎遠。當時被其澤，從其心；后世賴其功。人謂"聖師功化之極，賢於堯舜"，信矣！

雖然，矩豈易不踰者？《大學經》，孔氏完書，由聖師而來，唯程伯子謂："學者必由是而學焉，則庶乎其不差。"由伯子而來，有誰善學如伯子者？逐物求知，支離也；離物求知，恍惚也。差毫釐而謬千里，欲不踰聖師之矩而親見堯舜之事，不可得矣。必也悟宇宙此物，本末一貫。格在致心之知，非外也；知在即物而格，非内也。格致合一，日進無疆，風動四方，如舜非有加焉。矩從一心如聖師，非有損焉。日三復"不踰矩"章，《大學經》能自得師矣。謂此章此經足以盡六經之藴，立天地之心、斯民之命也。譬得門者升堂入室，真欲罷不能；不然，宮墻外望宗廟之美、百官之富，即善言何益？而況言之難中乎！有志斯世斯文者，其早思之！謹序。

[錄自明蔡悉《聖師年譜》，日本内閣文庫藏明刊本]

大學注序

道之不行也，由學之不明也。學明而道可行矣。《大學》一書，我明定鼎，神聖相承，以此造士。二百餘年，人人童而習之，大儒諄諄講之，乃猶不明，何哉？至善之在人心，亘古亘今，活潑潑地，百姓不知而日用也。致知者，不過知百姓日用之物而格之耳。物格而后知至，物未格，知豈至乎？先莫先於開致知之眼，始莫始於動格物之脚。眼脚一齊俱到，譬飲之食之，而知味也。其知有難言者，此謂知至，誠、正、修、齊、治、平因之矣。

悉拈"毋自欺"以來，旋疑旋悟，旋悟旋疑，迨踰七十，始信"自謙"之意。明德之明自此，民之親自此，至善之止亦自此。程子謂："有天德便可以語王道，其要只在謹獨。"不欺我也。終日不厭不倦，冀誠意正修君子勃然興起,家國天下藹然有道而不知其非所及也。天定有意於斯文。是注也,吾知其非空書也,讀者當自得之。

時萬曆己酉春季吉合肥蔡悉序。

[錄自明蔡悉《蔡文毅遺編》,北京大學圖書館藏清光緒十一年三餘書屋刻本]

上明太祖高皇帝大學實錄序

孔子祖述堯舜,《大學》一書,宛然克明峻德,以親族平章,協和規模。然自有《大學》以來,未嘗見諸行事。致知、格物,乃日用第一下手工夫,猶未見有直指而傳習者,安望明明德于天下乎?

我高帝欲以堯舜之心,致堯舜之治,而悟古本《大學》以修身釋格致焉。洪武三十一年,日從事于誠意、正心、修身,以齊家、治國、平天下。然後孔子之學明,而堯舜之政舉矣。(臣)悉類次成書,題曰《高帝大學實錄》,洋洋孔彰百世,以俟聖人而不惑者也。

(臣)竊于帝有感焉。帝見孟子言"五百年必有王者興,其間必有名世者",遂問:"漢唐以下君臣可以當之否?"起居注詹同對曰:"亦可以當之。"帝曰:"三代而上,純乎道德;三代而下,襍乎霸術。其間雖有名世之臣如皋、夔、稷、契、伊尹、太公者,鮮矣!"至哉帝言!其感歎之意不可想見乎?迨帝不豫,群臣問安,帝敕曰:"禮也。堯、舜、禹、湯、文、武之世,皋、夔、稷、契、伊、傅、周、召爲之臣,其有志匡主一也。今朕以此示卿,卿等宜竭力修職,副朕至懷。"是敕也,即初年感歎之意也。帝非任重道遠,必爲堯、舜、禹、湯、文、武之君,而望臣以皋、夔、稷、契、伊、傅、周、召者歟?

夫家國天下之人,此意同,此心同,此身同。自天子至于庶人,誰可自謂不能歟?誰可謂吾君不能歟?不可謂吾君不能,不可自謂不能。反而誠意、正心、修身,以齊家、治國、平天下,誰非皋、夔、稷、契、伊、傅、周、召者?其誰忍不以堯、舜、禹、湯、文、武事吾君歟?

明二百餘年,太平無事,《大學》明徵定保,炳如日星。斯實錄也,百世之下,猶當風聞興起,而況生於斯世者乎?(臣)願吾君、吾(臣)亟加之意,不負高帝始終屬望之殷而已!

(臣)悉謹序。

[錄自《合肥蔡氏宗譜(禋公支)》卷二上,清道光乙巳五修。承蒙合肥蔡善奎、蔡傳海兩先生准予觀覽原本,敬致謝忱]

吴疏山先生遺集原序

昔舜樂取諸人以爲善，方其居深山之中，異於深山之野人者幾希；及其聞一善言，見一善行，若決江河，沛然莫之能禦也，四方風動，萬世永賴。舜之善，不亦大乎！予讀《疏山先生集》有感焉。

初，先生讀書疏山一覽亭，扃户趺坐，與人談，平平無以甚異于人。師里中黄卓峰，蚤聞王陽明"致良知"之説矣。及爲御史，按泰州，訪王心齋，與語連日夜，有契合，乃薦于朝，疏曰："布衣王艮偶感于事親之際，忽覺此心開明，從此一意向學，鋭然以聖賢爲可必至。真機流行，不事矯飾，精誠潛通，使人有所感發。乞查照先朝典故，將艮致之闕下。惟所簡用，其于治道風教必有裨補。"復進《古文孝經》，謂："《孝經》以性爲本，以行爲稽，以順天下爲極。天人之際、皇王之業，盡在是矣。乞敕下儒臣會議，俾與五經四書併行肄習。"疏上，雖不報，然心齋悟從孝入，先生既薦其人，又復請表章《孝經》，豈非有得于感發，而樂取諸人以爲善邪？久之，力求歸田侍親，囂囂自樂，雅不欲出。封公數強之，不得已北上；至德州，心動，復告歸。踰年，封公棄養。臨訣視含，人以心動爲誠孝之感。

先生之疏，非徒言之，實允蹈之矣。嘗曰："吾人講學，却要識得大頭腦只是盡性。性者，天地萬物之同源。吾人要識得此身與天地相似是何物？合下用功在何處，如堯舜授受、孔曾一貫、孟氏願學，與夫宋儒相傳的正脉喫緊處？吾人必何如方與聖賢恰相似？始爲善學。其要總在主敬。敬者，只是這一點憂勤惕勵意思，頃刻不敢自逸者。理無定在，敬則常聚；心本活物，敬則常惺，而性無不盡矣。"先生進而樂取堯舜、孔曾、宋儒以爲善，不彬彬可覩與？其曰："聖人善其身，未有不善天下者也；善天下，未有不善其身者也。"又曰："君子進亦兼善，退亦兼善。何往非此學也？豈惟樂取諸人？深造自得，非真知止于至善者與？"

優游林下二十餘年，舊廬數椽，僅蔽風雨。行道上，澣衣敝舄，人莫識其爲御史也。晚年召用，一歲四遷，晉南京刑部右侍郎。人仰先進貞風，莫不以爲君子。偶感寒疾，藥誤投，彌留之頃，衆爭督過醫。先生忽瞪目曰："我命然耳！醫何罪？"嗚乎！命乎！

悉嘗謂："仲尼語參一貫，授《孝經》《大學》。千有餘年，惟明道程子悟盡性至命必本于孝弟。謂：'學者必由《大學》而學焉，則庶乎其不差。'龜山、豫章、延平，兢兢守此一脉不爽。自鵝湖之辨，尊德性、道問學，岐而爲二。王陽明序《古本大學》，單提'致良知'三字，王心齋惓惓以格物請益。夫物格而后知至，物未格，知未至也。心齋之請非過也。致知在格物，知不致，憑何格物？陽明豈無見乎？但格、致非二事，逐物便支離，離物即禪寂。尊德性乃道問學主宰，道問學正尊德性功夫。四先生各是己之是，而不樂取人之是，遂使洙泗伊洛之傳不克大同，其流不能無弊。向使晦翁樂取象山，豈曰支離？象山樂取晦翁，豈曰禪寂？陽明然心齋之請，以修身爲本，誰敢虚談性命？心齋先陽明之知明明德于天下，誰敢師心自用而無忌憚邪？疏山先生曰：'性一而行百，而非有所異也。'非樂取今古之人以爲善，安能精一至此？庶幾繼絶學、開太平與！若先生者，可謂聞堯舜之風而興起者矣。"

繼疏篤信好學，克肖先人，撫鎮唐虞之都。堯舜之道，孝弟而已矣。立身行道，揚名于后世，以顯父母。《孝經》事業其在兹乎！其在兹乎！

旹萬曆癸丑孟冬之吉通家晚生合肥蔡悉序。

[錄自明吴悌《吴疏山先生遺集》，《明别集叢刊·第二輯》第80册，影印清乾隆三十四年刊本]

雜著

大學講堂贈言

萬曆辛亥冬，有疏奏擢甲科賢能守邊郡者，吏部題准。子正侄適以南京户部郎中六年考滿，推廣西南寧府知府，覔限次年三月到任。過廬，予邀飲草堂，歌《鹿鳴》《皇華》《四牡》，諄諄談《大學》焉。

子正姪曰："叔壽高矣。侄遠行，戀戀也。"予曰："吾志在《大學》，侄所知者。能使南寧之民蒙《大學》之澤，非左右予與？"子正侄曰："南寧瀕海徼，接溪洞，控交阯。名宦唐李翱、宋狄青，宣布恩信，出奇克捷。歸附蕩平嘗聞之矣，《大學》未之聞也。"予曰："彼一時，此一時也。國家全盛，南寧民好好之，民惡惡之，順化威嚴，邇安遠格，屹然西南保障，惟此時此學爲然，諒南寧民所徯望者也。"子正姪曰："然何修而可以獲此？"予曰："在修身爲本，不求諸南寧之民也。"曰："脩身何如？"予曰："先正心，先誠意，先致知。

致知在格物，物格而后知至，斯意誠心正而后身修。”曰：“格物物格何如？”予曰：“非有他也，身與民渾然一物，身本民末也。本末判，則明明德、親民、止至善之分布渾合，非一非二，彬彬可覩矣。人人以修身爲本，身之主，心也，靈而虛者也，感於物而動爲意，有好有惡，則實矣。然未加諸民也，意獨知之耳。獨知致則好惡真，意格曰誠；真則虛，心格曰正；虛則不僻，身格曰修。夫是以與家國天下之好惡符節相合，格之無不格也，于守南寧何有？”子正侄曰：“此救時之急務與！”予曰：“然。鑛税使以利爲利，滇蜀以戰爲功，誰致獨知之好惡、度民之好惡耶？遠人離心離德，得無驚且疑乎？南寧屬州，舊係羈縻，土官可撫不可擾，明甚。太守非將兵之官，有封疆之寄。及今未亂，一旦與民同好同惡，保如赤子，猶解倒懸也。一郡歸心，百粵效順，不動聲色，可置南寧於泰山磐石之安。樂只君子，非真識時務俊傑與？”

言有盡而意無窮，因慨然而爲之賦七言律一章：“格物先澂誠意通，人人好惡本來同。呱呱赤子三年保，藹藹黄堂千里風。刺史海濱恢遠略，將軍月夜報奇功。豈如父母南山祝？萬姓懽歌談笑中。”

賦成，予意猶若有不容已者。予笑曰：“豈予與子正侄尚有隱乎？”復揮毫題册，而書《學經直指》于后。

肖謙蔡子曰：“大學之道，在明心之明德，在親同德之民，在止明明德、親民之至善。止可不先知乎哉？知止然后學，向至善而定，主至善而靜，據至善而安，析至善之精而慮，止至善相因而得矣。然得非恍恍惚惚也。道顯爲物，有本有末，止之爲止，明甚；學見于事，有始有終，止其所止，又明甚。知先知后，道豈不近而可止耶？古人欲明明德于天下，先治國、齊家、脩身、正心、誠意，所以由末之末，遡本之本也。先致意之知，格知在之物，所以使本末符合，止其所止也。物隨事而格，然后知隨格而至，意誠、心正、身脩、家齊、國治、天下平，本治末治，物物不止其所與？人人以修身爲本，知止也；不然，末必亂，薄不可使厚。此‘知本知至’之謂也。直指可底績，愧予言之不逮也。子正侄勉之！”

題額“南寧保障”“大學南矣”。叔悉書。

［錄自《合肥蔡氏宗譜（裡公支）》卷二上，清道光乙巳五修。承蒙合肥蔡善奎、蔡傳海兩先生准予觀覽原本，敬致謝忱］

居身家二十訓

居身十訓：

“毋自欺”三字，須從“不扯謊”三字做起。

畏聖人之言則德進，守朝廷之法則身安。

每事只見得自己不是，便日日有些長進。

官府衙門，原無士子立脚開口處。

士君子立身制行，不可使己有一毫躲閃處，不可使人無一毫躲閃處。

大丈夫浩然之氣，不知被“利”之一字餒了多少！

爲聖爲賢，只了得自己分内事；區區富貴功名，那得掛在嘴臉上驕人！

正氣用事，真聖賢的作用；客氣用事，假豪傑的施爲。

天道福善禍淫，絲毫不爽；癡漢賣乖，總在夢中不醒。

討着一個“謙”字趣味，處處去得。

居家十訓：

一家大小，各安其分，太和元氣便覺藹然可親。

孝子順孫，只在不忘祖宗上一念做起。

有飯可吃，有衣可穿，是福；吃得飯下，穿得衣起，纔是享福。

只在本身上做個好樣子，留下後人自有克肖處。

看得錢財如糞土，骨肉那得參商？

父何必貽金？須貽訓；子何必從令？須從善。

勢利之徒不到門，娼優之足不及户，便知家長有清福。

茅廬中，書聲不絶，香烟不斷，俗客自不來打攪。

奴婢只有奴婢之才，若求全責備他，豈不會做家長？

居家不可在茶飯上減省，致下人有饑渴之害。

[錄自《合肥蔡氏宗譜(裡公支)》卷二上，清道光乙巳五修。承蒙合肥蔡善奎、蔡傳海兩先生准予觀覽原本，敬致謝忱]

彭富

彭富(1530—1593)[①]，字中禮、仲禮，號紹坪[②]，雲南大理衛(明雲南鶴慶府)官籍，直隸廬州府合肥縣人。嘉靖四十一年(1562)進士[③]，授蘇州府崑山縣知縣。當辛酉大水後，民皆流散，繼以大疫，彭富撫恤倍至，民以少蘇；馭胥吏甚嚴，頗有政聲[④]。歷北京户部主事、兵部武選司主事、武庫司郎中[⑤]。隆慶六年(1572)，任浙江紹興府知府[⑥]。以廉操薦異等，入覲，帝慰勞有加，親賜聯云"帝近春長在，官清樂有餘"[⑦]。萬曆五年(1577)正月，陞貴州按察司副使。尋調廣西按察司副使。萬曆八年(1580)正月，陞廣西左參政。萬曆十一年(1583)正月，陞貴州按察使。萬曆十四年(1586)八月，陞四川右布政使。萬曆十七年(1589)正月，陞四川左布政使。萬曆十八年(1590)十月，陞都察院右副都御史巡撫貴州[⑧]，節束鎮靜，夷漢帖然。尋致仕歸，家無厚産，蔬食敝袍，恬然自適，而性剛介，不妄言笑，有古人風[⑨]。

注：

①彭富生卒年據2019年9月30日於今雲南省鶴慶縣雲鶴鎮彭富墓出土之《大明巡撫貴州都察院右副都御史彭公墓誌銘》明確記載："嘉靖庚寅年柒月初貳日生。……萬曆貳拾壹年拾月貳拾日終。葬於西山之麓，年陸拾肆。五男三女。"則知其生於1530年，卒於1593年。而據《嘉靖四十一年進士登科錄》所記"年二十八，七月初三日生"倒推所得之生年爲1535年，當係官年現象。

②見本書所收彭富《會稽邑志敘》篇末鈐印。

③參見《嘉靖四十一年進士登科錄》。

④參見《(道光)崑新兩縣志》卷十八《名宦》。

⑤參見2019年9月30日於今雲南省鶴慶縣雲鶴鎮彭富墓出土之《大明巡撫貴州都察院右副都御史彭公墓誌銘》。

⑥參見《(萬曆)紹興府志》卷二十六《職官志二》。

⑦參見《(康熙)雲南通志》卷二十一《人物》。

⑧參見《明神宗實錄》。

⑨參見《(康熙)雲南通志》卷二十一《人物》。

記

實性寺興復記

《一統志》嵊諸梵宇獨載實性寺，以邑之官師於此習儀，祝聖壽也。寺創自唐年，有賜田饒甚。嘉靖中，邑令吕章以私恚毁寺，徙萬歲龍牌、伽藍神像於下院三峰莊，僧亦寓棲以供額税。然寺之名卒不可没，而寺之隙地爲鄉進士周君震佃而得焉，遂治爲宅，益買傍近地廣之，居三十年矣。周君後爲衡州别駕，歸忽悔恨不樂，謂其子庠生夢秀曰："古人行一不義，雖得天下，不爲也。且晉、唐名賢如王内史、陸宣公皆捨宅爲寺，予乃佃寺爲宅，負不義之名！吾寧填死溝壑，弗忍居於是矣！汝必復之！"而平湖陸司寇胥峰公與周君同年厚善，聞而義之，數移書贊決。會冢子今大理卿五臺先生自南容寄歸奉金以供甘旨，公許捐金以助贖寺之廢田，而歸之僧。

萬曆二年冬，周君寢疾，會其族父兄子弟而屬之曰："吾願及見寺之復也。吾待而瞑矣。"於是，周生立以其宅并益買傍近地，請復爲寺，以狀來上。余忄矍然嘉嘆，判而復之。邑令朱君一栢即召寺僧法彰等還寺如故，有異議者，守巡諸上官皆絀之。周生既捨宅，乃徙居他舍，他舍敝陋，人所不堪，周生惟以克成父善爲樂。已而周、陸二公皆即世。大理公啓其父橐，得向所遺奉金三十餘，盡捐以贖寺田。諸先佃田者聞大理公父子之義，或受價，或不受價，或半價，不浹辰而得田二十畝，地四十五畝，僧於是乎始有香燈饘粥之費。事具分守參政朱公案中。

余惟弘、德以前，士大夫無毁寺爲業者，畏國憲而謹儒行也。近世始有借口異端之闢，以恣其利便之私。周别駕君少年佃寺，晚獨知非，毅然改決於臨殆之頃，有曾子與易簀之義。陸司寇公成人之美，視蘧大夫耻獨爲君子，若合一轍。二公之行事，古之人哉！大理公善承父志，感動群情；周生夢秀不忘父命，自甘困苦，是皆足以敦厲末俗而障頹流者也！乃詳記之，屬新嵊令譚君禮勒之石。

［錄自《（萬曆）紹興府志》卷二十一《祠祀志三》］

序跋

跋明道先生仁説

程子此條論仁，洞然直指本心，明白簡易，上契孔孟之旨，視後儒支離之説異矣！今湖南麻城楚侗耿先生奉命省學南畿，以興起斯文爲己任。兹視學崑山，出所刻墨本，頒諸屬吏。富雖未聞道，三復之餘，似亦有得，不敢自私，遂與教諭計坤亨及訓導蔣銓、劉文正，摹石明倫堂，以示學者，俾朝夕觀省。乃知此心之理不假外求，相與勵翼，以去錮蔽之習，以求進於聖賢，庶不負先生之教云！

嘉靖癸亥仲冬望日知崑山縣事滇南彭富謹題。

［錄自民國潘鳴鳳《崑山見存石刻錄》卷三，《石刻史料新編·第二輯》第9册，影印民國排印本。文題爲編者所擬］

會稽邑志敘

會稽自建邑以來,千有餘年。至楊令君維新圖於太史張公,而始有志;又四月,而刻始成且布也。請序於余。余讀之,見其列書四,首地書,次治書,再次曰户,曰禮,爲養與教之書;而括其意,謂養關於地之物産,教關於地之風俗。夫地當其始也,芒芒一物耳,雖未嘗截然自爲九州,又犂然自爲郡與邑,而風氣物産之呈,固隱然有九州、郡、邑之界存乎其間。而養與教之具,亦無煩於舍此而别有所取。然而,地之技止於是矣。於是,州與郡、邑之域興,長吏之治作,而養與教之道舉。盖天地之權有所不行,於風氣物産之後,而始假吏以濟之。是道也,高冠而談者類知之;及書于册,則往往若有若無,雜見而錯於紀,豈謂書志者與論治者固不相謀耶?其殆未知天地之與長吏交相濟以爲治之理矣。而今四書中所列,正其義也。是義也,非太史不能闡,非令君不能信之深而行之敏若是。噫!吾於是而有以卜會稽之治矣!

時萬曆三年三月吉旦賜進士中憲大夫知紹興府事前兵部武庫清吏司郎中滇南彭富撰。

(鈐印:"隴西紹坪""壬戌進士")

[錄自《(萬曆)會稽縣志》,美國猶他家譜學會公布圖像]

撫蜀奏議序

富嘗攷諸葛武侯經略蜀事,拜所爲《出師》二表,慷慨激烈,睥睨千古,惜乎侯之遇也!空言何施?雖切無補。然則功烈竟,文章古,亦難矣哉!

今司馬徐公經略蜀,事成即拂衣去。富請解其裝,得奏議一百三十六章梨之。顧富弗文,何能序?然以事受成,側公轅下者最久,又何能無序?惟公起家名進士,自爲郎至京兆尹,日慨然以天下爲己任。暨被命撫兹巴子國,時採木、均田令集,民苦瘖痍,夷萌嘯玁。公曰:"力盡之民,仁者不用。奈何忍士民拮据、群邑累棋?倘羽書告棘,誰爲約車搴旗?必不支矣!"于是,疏分採運,疏減田租,疏寬覆丈,頃之而霖膏遍窮陬矣。亡何,氐羌醜虜,逆我師頓,虔劉我松州,剪害我牙校。公將將有疏,補偏裨有疏。敕下,公深入其地,俘明王、國師等以獻。上晉公右司馬,任公子焉。公拜手,益畏簡書。值建越踵氐羌,公于時有舉兵臣、調偏將疏,誓以夷匕首代降羌。越明年，兵不血刃，果如握筭，捷再獻。乃先是，遣材官遏于賦者，渝夙戒，兵少蹶，公于時有引咎請討疏。上曰：“萬里長城，隨所緩急。”公迺身鳥道，口狼烟，與將卒同甘苦。又明年，殄賦酋，反侵地，而闢疆樹邑，增戎馬、版圖、户口之半。至是，捷凡三獻，上意益懌，公晉秩寵賚特隆。蜀人士胥喁喁然延頸舉踵云：“蜀自擒孟破曹後，功不再也！”王愾甫平，善後畢筴，公遂疏乞身，四入，上始俞之。而後先石畫、敷陳大略如左。

富既序公言也，敢慨公履，而僭爲之評曰：“公功業文章、遭逢出處，盖古伊、呂、周、召之儔與！夫人臣立功，豈不期于成全？身與名俱全者，上也；名可法而身絀者，次也；名在辱而身全者，下也。公撫蜀也，極身盡公，以報殊遇；公去蜀也，完節養重，以培國脉。《詩》云：‘鮮克有終。’語云：‘行百里者半九十。’若公其善居功哉！視彼鞠躬盡瘁而志未竟者，將無愈耶？”

富固讀公言，而益慶公遇也。異日者，曳履星辰，上中書二十四考，自有勒彝鼎者在。富俚言何足重公？直以托公不朽云。

四川等處承宣布政使司左布政使滇南彭富頓首謹序。

［録自明徐元太《撫蜀奏議》卷首，南京圖書館藏明萬曆十七年彭富刊本之膠片］

王來賢

王來賢（1539—？）①，字元德，號用吾，雲南臨安衛（今雲南建水縣）旗籍，直隸合肥人②。髫齡警敏，爲郡守章士元所識。隆慶五年（1571）進士③。授南京户部廣西司主事④，於萬曆元年（1573）司榷蕪湖⑤。轉南京工部都水司主事，於萬曆三年（1575）管河高郵⑥，以清勤稱⑦。萬曆四年（1576）二月，陞四川按察司僉事。萬曆七年（1579）二月，陞廣東右參議，駐雷州府⑧。萬曆九年（1581）二月，陞貴州按察司副使。萬曆十二年（1584）六月，補山東按察司副使，整飭天津等處兵備⑨。萬曆十五年（1587）八月，陞河南左參政。萬曆十七年（1589）五月，陞河南按察使。萬曆十九年（1591）十一月，陞四川右布政使。萬曆二十一年（1593）十月，陞貴州左布政使。萬曆二十三年（1595）六月，調陝西右布政使，駐商州⑩。在在治績流聞，而治河策播爲尤著。生平恂恂篤行，戚里僉推⑪。

注：

①王來賢生年根據《隆慶五年進士登科録》所記“年三十三，九月初五日生”倒推，

知其生於1539年。

②參見《隆慶五年進士登科錄》。

③參見《(康熙)建水州志》卷十四《鄉賢》。

④參見《明神宗實錄》。

⑤參見《(民國)蕪湖縣志》卷四十三《職官志·關監督》。

⑥參見《(萬曆)揚州府志》卷八《秩官志上·管河工部分司(設署高郵州)》。

⑦參見《(康熙)建水州志》卷十四《鄉賢》。

⑧參見《(萬曆)雷州府志》卷七《分鎮志·海南北守道》。

⑨參見《(雍正)畿輔通志》卷十九《職官·天津兵備道》。

⑩參見《明神宗實錄》。

⑪參見《(康熙)建水州志》卷十四《鄉賢》。

記

新修貢院號舍記

國朝舉士,于鄉刱貢院,闔省士三試之,所以示遴選之公,嚴内外之防也。院有號舍,故諸生操筆處,列若翼分,密若櫛比,苟非飭材堅厚,則無以蔽風雨而垂永久。

貴州自嘉靖丁酉始專科,貢院建在城南,其水小河穿橋,西出富江,環城東注;其山筆峰峭直,天馬排空,皆蒼翠可掬,誠焕然嵬然矣!第丁酉所取士僅二十五人,丙午增至三十人,諸跂足以待進者猶多也。今年甲午,復當舉黔士。黔士應運而興,抱道德、工文詞者稱濟濟焉。維時督撫晉江林公喬相、侍御保山薛公繼茂相與嘆曰:"郁郁乎文哉!命鄉論秀,曷可以常數拘也?"乃檄諸司商確,遂以加額疏請覆,蒙俞允增者五人。黔士抑何幸哉!

不佞綜理試事,遵例悉從節約。故于貢院堂宇、門扁,不事粉餙,惟東西號舍昔皆木製,每年一修,費夥而工鉅;試畢收藏,復虞火患,收藏所不盡者,悉爲假館者薪之,尚可因循如故耶?乃籌畫稍定,聞于兩臺,督責文武官,易以磚石。顧以磚爲舍,他省皆然,惟基以石,覆亦以石,他省則不可得。今伐石于山,去省止三五里,而貢院中掘石二區,可足修砌之半,其費甚省多矣!且是役始于三月初,告成于七月望,計工不過四月餘日,計費不過四百餘金,計所得號舍則一千五十餘間。夫匠樂從,工程就緒。此一勞永逸,視他省殊壯麗矣!蔽風雨而垂永久,庶幾有賴哉。

夫諸士跧伏艸野，與蓬户蓽門等耳。籍令鞭弭世路，期際風雲之會，而國家掄材之地，恒在于斯！即卓犖倜儻者流，詎不由斯以往哉？自是士類感奮愈衆，則額數加增愈多，額增既多，則號舍補葺，殆不可以千百限已！工成，與大夫登樓周覽，豈第山川之勝已？時執役簾外，援筆以記其事，諸與有勞者併書之。

［録自《（萬曆）貴州通志》卷二十一］

王恩民

王恩民（1540—1625）[1]，字仁溥，號成宇，雲南臨安衛（今雲南建水縣）官籍，直隸合肥人。明初合肥縣子王德裔孫。隆慶二年（1568）進士[2][3][4]。授四川重慶府永川縣知縣，有循聲[5]。隆慶六年（1572）十月，召試御史。尋授貴州道監察御史。萬曆二年（1574）正月，陞貴州按察司僉事。萬曆五年（1577）三月，陞湖廣右參議[6]。時崔家坪有巨寇嘯聚，往來南郡，劫奪無虚日，荆門一帶苦之，當事縮手。王恩民至，探查群寇蹤跡，一舉芟除，殲無遺孽，鄉人有再造之感。值内閣首輔張居正以父喪歸，一時監司俱趨意踰禮，恩民獨投刺，迎謁弔賻如常儀。張居正不悦，相見容色殊厲。恩民不顧而出，鼓吹登舟去。張居正遂諷御史論之[7]。萬曆十二年（1584）十月，調貴州右參議。萬曆十四年（1586）九月，陞貴州按察司副使，兵備思石。一日有彝寇突至城下，意奪獄酋，人情洶懼。恩民分布官兵開城出擊，有條不紊，群寇潰竄。御史毛在、舒應龍合疏薦其“才器可用之九邊”。以丁憂歸[8]。萬曆十九年（1591）閏三月，補河南按察司副使，專管修河。萬曆二十一年（1593）二月，陞貴州左參政。萬曆二十五年（1597）八月，陞四川按察使[9]。後歷官江西右布政使、福建左布政使[10][11]。萬曆三十一年（1603）十一月，遷都察院右副都御史，巡撫福建[12]，未任回籍[13]。優游林壑，别不治生，蕭然澹泊，無大臣氣。以壽終[14]。

注：

①王恩民生年根據《隆慶二年進士登科録》所記“年二十九，十月初八日生”倒推，知其生於1540年。卒年根據《國榷》卷九十一所記“（崇禎四年六月）壬戌，前巡撫雲南右副都御史王恩民卒。……年八十六”，則卒於1625年。

②參見《隆慶二年進士登科録》。

③參見《（康熙）建水州志》卷七《祠祀·忠臣祠》。

④⑤參見《(康熙)建水州志》卷十四《鄉賢》。
⑥參見《明神宗實錄》。
⑦⑧參見《(康熙)建水州志》卷十四《鄉賢》。
⑨參見《明神宗實錄》。
⑩參見《(雍正)江西通志》卷四十七《秩官》。
⑪參見《(乾隆)福建通志》卷二十一《職官》。
⑫參見《明神宗實錄》。
⑬參見《(乾隆)福建通志》卷二十一《職官》。
⑭參見《明神宗實錄》。

記

海潮寺記

吾臨西爲石屏,屏治東,有異龍湖,湖中五島,一名大水城,水勢瀠迴,非操舠莫渡,絶無飛沙揚塵,有目者皆知其勝也。昔烏麼蠻據此爲窟穴,荒墟遺礎,尚存山麓。居民二百餘户,以漁爲業。歲苦疫氛夭札,堪輿家謂:"島峙湖中,若印浮水面,宜建竪浮圖,稱州治勝概云。"郡少參台峰楊公諱廷相,晚致政,崇佛喜施予。時萬曆丁丑,即欣然捐貲,創海潮寺。前山門,中天王殿,兩廡羅漢殿,高阜處起大悲閣,最後起三官殿,棟梁合抱,規制參天入雲,加以丹楹刻桷,俱極一時之選。又築百垣,以界居民,盡收山川風氣。由是居民安堵,州之躋膴仕、掇巍科者冠纓蟬聯,信乎地以人而靈也!惟後殿未竣,而台峰捐館,寖爲風雨飄剝,簷柱易者三矣。一日,郡守蕭侯造寺,見其宏大森嚴,翬飛雲矗,登高閣視之,八牕玲瓏,萊玉、硯峰、五爪諸山,環翠點黛,水勢波濤,變幻百出,不覺心神飛越,慨爾嘆曰:"山如龜負九疇,湖若天懸玉鏡,儼然南海普陀!梵雲傑閣,足壯百代奇觀!"又進數武,仰視後閣,棟宇于霄,功簣不繼,輒咤曰:"二梵之福,衆檀越舉之,而不能責以一家成之,宜其數年不就也。"一日,鄉先生始醵金,請蕭侯共襄其事。改前山門西向,以陽善坡爲鉢山,寶秀諸峰排闥;後山門東向,以小水城爲鉢山,煥山卓筆插天。數百里外,賓主相應,造物有自然神奇,則初鼎建時未暇一一細督爾。復議後殿爲樓,增新去腐,規制改觀,宛然畫圖,令人應接不暇。蓋蕭侯身遊彭蠡、匡廬,諸名山大川皆雄甲天下,今守是邦,不埊視水島、杯觀異湖,乃過爲推轂脩葺,詎非以事關一方之勝,而念前人創造之不易哉！予詣屏陽爲相攸，曾登此閣，遠望之，蜃樓結聚；近睹之，龍女獻珠；登高若星辰可摘，又旭日東吐，湖波浮金，曰：“吾滇山水之奇，昆溟而外，惟屏最勝！飄飄有物外逍遥之想！”顧敝蹝未遺，徒取嘲於山靈，又適承乏蕭侯名藩，屬余爲記，何能爲役？獨念異龍湖水臨之，南陌東阡，需此灌溉，且關於州治人文不小，義無容辭，乃復爲之歌曰：“灝氣鍾邊城，靈岩壘太湖。天宫懸寶鏡，龍女獻明珠。丹鳳翀高漢，潛蛟起洞隅。曇花新極樂，弱水舊蓬壺。樓閣中霄出，雲霞素練鋪。西開瞻佛國，東向儼仙都。冰蘖離塵網，琉璃宛畫圖。諸天生敬仰，大士結跏趺。峭壁連方丈，山門應鉢盂。緇黄非異學，心性本吾儒。空相非增減，浮漚定有無。莫嫌居濁世，難與天爲徒。瓶水分膏澤，福田滿華腴。迷津資慈筏，佛地斷三愚。”

［録自《（乾隆）石屏州志》卷五《藝文志一》，校以《（民國）石屏縣志》卷三十三。訛誤據改，脱漏據補］

重修儒學鼎建文峰記

歲在辛丑一之日，今大夫來莅昆陽，詰朝詣學，周視宫牆，歉然於規制未備而未之發也。二守鄒君文炳進曰：“是嘗改建城内。侍御李公以湫隘弗稱，檄前守紀君汝中卜築於今。復諗堪輿家言，山川峻遐，風氣靡聚，謂直枕閣而襟文峰，以飲地脉。貽謀至炳，草創後閣。若文峰等，制尚有待而然。徼惠大夫，其重圖之。”遭時多艱，劻勷靡及。閲歲甲辰，始與博士弟子員計工費積儲，益以俸稟，鳩工聚財，周飾樓疏，上貯六籍百家，命曰“尊經”；聯師儒講藝其中，命曰“聚魁”；稍前而堂齋，而廊廡，悉爲修葺；左方改建敬一亭，以重對揚；右祠文昌君，以設神教；環宫重垣，前樹以屏，宫牆外望，焕然改觀已。又前二百餘武，貿地一區，竪文峰塔一座，頂趾爲仞者七，徑圍半之；峰下鑿泮池半畝，以象圭璧；池之上建以亭，命曰“慈恩”，取唐以來制科題名義，而諸士則歸恩於創造者意也。明年三月既望，匠石告成，諸士則謂：“魯僖修泮宫，誦美於《詩》；文翁興蜀學，載績於《史》。今宜勒石頌功，以垂不朽。”相率而屬言於余。

蓋聞申吕降嶽，江山助文；蘇學郅隆，范希分地。人材關於地氣不虚矣。粤稽卜築，及今修舉，規制亦宏且備。夫非牧攬山川之勝，而培植人材之盛耶？抑又聞大夫延見諸儒，講論經理，亹亹不倦，以試以課，手授藝文，而示之趨，乃其悃愊而無華也，恬淡而寡營也，廩廩德讓而不愆於民譽也，躬可範也。至志郡邑，以存掌故也；濬渠修堰，以興水利也；慎刑薄賦，寬役平徭，以甦民困也；剔蠹鋤姦，以妥良善也。政可式矣。諸士試繹大夫之所興學者、樹標者、經義而制事者，崇稽古之宏義，闡長世之徽猷，乘時龍變，奮翼雲漢，增四門之穆穆，昭近署之煌煌。今影駭響振，擊節而稱之曰："是某山川之所孕靈，某庠序之所騰茂，某監司、某長貳之所飾治而維新也。"不亦並有榮施哉！濟濟多士，邦家之光。余竊欣願也！

是役也，清戎蘇君夔、文學郭君鉉、司巡劉君秉忠先後至，咸豫其事。大夫則經營省試而聿觀厥成者也。大夫姓熊氏，名應祥，壬午鄉舉，江西金谿人。

［錄自《（道光）昆陽州志》卷十四《藝文志》］

廣西府遷學記

廣西，古牂牁地，僻在滇之東南陲，自本朝設流以來，學與俱開，始創於秀山之麓，復徙於府治東五里。而近二百年間，僅楊洲一人一登賢書，餘寥寥無聞焉。諸士子每謂："十室之邑，必有忠信。吾郡固荒服，實跨有三州。吾曹縱不能好學，然占畢之學，亦豈盡出他郡縣下乎？無乃學宮地脉庳下散漫，山川之靈秀弗爲聚，先聖之歆享弗爲及，致此寥寥耳？非一更新之，恐終不振！"會郡侯蕭公莅任甫數月，政治修明，因謀及因革，諸士子首以遷學對。公曰："豪傑之士，何有於地靈？其靈在我！"乃群諸士子於講院，月載課習，耳提面命，以超曠之識，抉千聖之真傳。諸士子翕然向風，文體爲之一變。無何，秋雨暴漲，浸淫學宮，幾没柱礎，不能瞻拜者累月。公慨然嘆息曰："學之遷，其弗可已矣！"乃悉心條議，方請於兩臺監司，咸報可。始延禮堪輿家，命之周視相擇。得地於城之震方，去城不滿里，枕鶴山而面瀘水，峰翠鬱盤，波文灝漾，據高收廣，蔚爲善地。公捐俸若干緡以倡，諸士民爭起繼之。其鏹，自家帑以至於公，相屬也；其土石甓木，自郊關以至於城壕，相屬也。或撤或因，規畫井井。木之蠹者易而爲偉長，石之泐者易而爲貞潤，甓之毁者易而爲堅緻。於是，左右各樹棹楔，而下爲通衢，臨衢爲櫺星門，進而爲列戟門，鄉賢、名宦二祠輔之。又進爲大成殿，東、西兩廡翼之。殿後爲明倫堂，東、西兩齋翼之。堂後爲敬一箴亭，啓聖祠、博士舍輔之，然博士舍退居尋丈，不敢與祠並。經始於癸丑之秋九月，落成於甲寅之春二月。其宏壯雄麗無論,倍蓰疇昔,即公家鄺侯之營未央,未必大過之,信可甲於郡國! 以是博士師弟子尹君彩輩相率而詣余,請一言以侈大公德意而申相儆,俾示永永。余不敏,忝竊鄰部,沐浴餘潤,且素慕公之賢,何敢以不文辭?

竊謂古之所以造士於學者,莫盛於三代,庠、序、校之爲名,人倫之爲實,典謨、雅頌、卦爻之爲誦,縞收、端哻、韠紳、琮璜、琚璃之爲佩服,而逶迤周旋、詠歌擊拊之爲容聲,未聞有所謂堪輿之説也。雖然,自古立國必依形勝,今之堪輿,是即形勝之遺意。且成周之遷於岐,曰:"相厥陰陽,寢廟始興。"詞人之美文士亦曰:"江漢炳靈,世載其英。"故振羽冲霄,九苞散采,鳴千梧桐,簫韶協應,人知鳳之靈也,不知非丹穴不生;躡霧蹴雲,權奇滅没,過都歷塊,一日千里,人知馬之神也,不知非渥洼不産。苟求九莖之穗於瘠薄之丘,覓五采之芝於糞穢之壤,此必不可得之數也。是役也,人謀協矣,地利宜矣,公爲諸士子計亦周且備矣,諸士子得不自爲之計乎? 以爲抱忠負信,左仁右義,超然龍驤,忽爾虎變,此人中之形勝也;伸紙吮毫,烟雲弄色,沛若川流,突焉岳峙,此文中之形勝也。果能此二者,將見俎豆增光,偕山川而不朽;否則,皮相膚立,人在下中,枵腹浮談,文多萎薾,未免貽羞於宫牆,山靈且誚讓而謝卻之矣,安能靈承之哉? 又聞之《詩》云:"在泮獻囚""在泮獻馘"。學告成之冬,逆酋普者輅大肆猖厥,梗我王化,白晝劫殺,民不堪命。公毅然畫策,號召六師,不費公家芻餉,而酋父子悉就縛。繇此觀之,不特文事修,而且武功成矣,豈不爲一時之希遘哉? 公諱以裕,江右清江人。贊厥成者,别駕浙江吳稼竳也。

[錄自《滇志》卷二十一《藝文志》]

朱道南

朱道南(1546—1580)[①],字統文,號正宇,雲南臨安衛(今雲南建水縣)官籍,直隸合肥人。萬曆元年(1573)雲南鄉試解元。萬曆二年(1574)進士[②③]。萬曆四年(1576),授河南開封府祥符縣知縣。老練若夙習,晨星坐堂,召諸吏次第受事,某當急,某當緩,無敢上下其手;其杖人不過十,然見者輒股慄,若負霜雪;尤嚴於審編,絶不使民匿田而田匿賦。五緎之操,委蛇自如。卒於任。去世之日,囊僅數金,賴一二上官賻贈,始能發喪[④]。其清勤如此。

注：

①朱道南生年根據《萬曆二年進士登科錄》所記“年二十九，十一月十九日生”倒推，知其生於1546年。卒年根據《(順治)祥符縣志》所記其任期爲萬曆四年至萬曆八年，且卒於官，故當爲1580年。

②參見《皇明三元考》卷十三《萬曆元年癸酉科解元》。

③參見《萬曆二年進士登科錄》。

④參見《(順治)祥符縣志》卷三《官師》。

論策

萬曆元年雲南鄉試策

問：洪範九疇，天之所以錫禹者制治大法也。今考其敘五行、五事、八政、五紀、三德、稽疑、庶徵、福極，總貫于皇極之中，而必曰“敬用五事”者，豈尤爲要與？自周王訪於箕子，建極錫民，臻八百餘年之治。嗣周而王，若漢、唐、宋，亦稱長治。然果有得於建極之旨者與？我太祖高皇帝觀《洪範》之書，每自惕然，遂注其旨，發明皇極，無餘藴矣。世宗肅皇帝聖惟天縱，學乃日新，嘗取宋儒五箴爲注，復益以“敬一”之箴，與聖祖之旨有相發者。可得而揄揚之與？皇上嗣建皇極，欽祖宗之訓，日敬五事，無少怠遑。多士會歸于極，近天子之光矣。尚有可廣五事之疇者，謹著于篇，將轉聞于上。

同考試官教諭方批：敘疇建極，必敬五事。我祖宗獨契隆古，心傳皇上，嗣建有極，遡求益敬。此作善揄揚之復，廣五事之疇，忠意懇到，必會有極者。

考試官學正勞批：闡發建極錫民之意詳悉，且忠懇溢於言表，足以獻矣。

考試官教授陳批：能明敬用五事之旨，可與論王道者，取之。

繹建極之疇者，敷言以明其道；錫保極之福者，正言而傳其心。此先聖後聖繼天出治，作述大法，曠世而同神者乎！《書》言“天騭下民，相協厥居”“乃錫禹洪範”者，大法之謂也。當唐虞盛際，神龜載書而出於洛，大禹則之，敘爲九疇。其曰“建用皇極”者，次五居中，斯有深意焉。箕子衍繹九疇，以告武王，反復詳備，至謂皇建有極，斂福錫民，則於民之有猷有爲有守者，曰“皇則念之”；於不協于極、不罹于咎者，曰“皇則受之”，所以與庶民相保之意，寬裕惻怛。故當時之民，會其有極，歸其有極，而無偏黨反側也。

武王致周之治，綿延八百餘年，寔得諸此。由周而後，撫運握圖，唯漢、唐、宋號爲長祚。若稽致治，鮮能與於建極者矣。且專名儒術者，若劉向之傳五行，惑世滋甚；而孔安國又不深求皇極之意，謬自爲説，其弊將使人君不知嚴密以脩身立道，而流於優游姑息焉！朱子辭而闢之，有以也。

我太祖高皇帝奮起淮甸，光膺帝命，猶神禹受錫於天者。嘗書《洪範》，揭於座隅，朝夕觀覽，念所以敷言于民、相協其居者，惟君所任。駁傳注之謬，復著爲注，而諭劉三吾曰："《洪範》一篇，帝王爲治之要道也。本於天道，而驗於人事。箕子爲武王陳之，武王猶自謙以爲未能。朕每惕然！"遂疏其旨。大哉聖謨！所以發明皇極者，廣大悉備，陋諸儒疏注於下風；而所以斂時五福、敷錫庶民者，繼武王而得其傳也。列聖相承，祇若成訓。迨世宗肅皇帝，會通帝王脩身立道之要，作"敬一"之箴；復讀宋儒"視""聽""言""動""心"箴，紬繹睿思，悉爲之注，詔天下勒石庠校，嘉惠士民。雖其言不爲《洪範》而發，其意乃與皇極相經緯，又於高皇帝之注有發明者。斯惟世宗存養敬一，而謹於視、聽、言、動、心，思全具建極之本，非特疏注文字之間而然也。且《洪範》所謂五事者，有貌、言、視、聽、思之序，有恭、從、明、聰、睿之德，有肅、乂、哲、謀、聖之用，而本原於水、火、木、金、土之行。天人參合，胡可忽者？是以皇建有極，必備乎此。然曰敬用者，蓋一或不敬，則一事不備，而四事亦將相因以失其則也。故敬者，所以終始乎五事，而篤敬之要，又在於純純者一也。不一則不純，豈得謂之敬哉？世宗之箴，曰敬曰一，兼舉而言，誠擴前聖之所未及矣！其注《心箴》則言："人與天地參者，非以形體，唯在其心。"又嘆真德秀之發揚此旨，以獻其君，爲致意之深，用功之至焉。斯言也，誠見此心之不可放逸，而泰然常存也。其注《四箴》則言："人之居中，而應萬事者，心也。心之所接，由視、聽得之。視、聽不聰不明，則言、動皆違天理。然視又居其首焉。"斯言也，尤見乎視、聽之不可以非禮。故孔門之訓，以此爲先也。一哉聖心！將使天下之民是訓是行，以應極之敷言，初不求合於五事之序，而意愈深切矣！夫自大禹以至於今，聖王代作，乃建極之道，唯箕子明之，武王行之。微我高祖疏注之正，世宗箴注之詳，則《洪範》精蘊，幾於淪晦！愚故又謂："天騭下民，啓祖宗之睿思；溢在簡篇，敷庶民之多福。殆非偶然也！"

方今聖明嗣統，思建皇極，欽若祖宗之訓，敬于五事，無少怠遑，既契乎其深矣！若究所以廣五事之疇者，亦唯即九疇而竟言之，可乎？是故農用八政，所以裕民也；協用五紀，所以順天也；乂用三德，所以重權也；明用稽疑，所以通志也；念用庶徵，所以考祥也；嚮用五福，威用六極，所以同風也。率此而上對天心，則五事之德，益精益弘；下馭臣民，則五事之用，益大益審。且夫燕私幽獨，易佚也；暬御媟習，易比也；美麗玩好之陳，易溺也；諷詠迪棐之人，易間也。以易間之人，而防所易比之衆，則勢阻而誨不納；以易溺之欲，而處乎易佚之地，則積久而化不知。此五事之德所以相違，而用亦相戾也。其何以裕民、順天、重權、通志、考祥而同風俗哉？嗚呼!《洪範》之書，約其要領，則敬乎五事，而無不該；極其規模，則合乎九疇，而無不利。古今制治之大法，莫尚乎此！惟聖明設誠於内，而師其意，則祖宗之烈於今益宣，庶民之福於今益集矣！何幸身見之哉！

[録自《萬曆元年雲南鄉試録》，美國猶他家譜學會公布圖像]

表

擬宋增置制舉六科群臣謝表(景德二年)

同考試官教諭余批：典麗有體，而精采蔚然。宜録以傳。

考試官學正勞批：典雅駢麗，四六之佳者。

考試官教授陳批：體正詞工，可以爲式。

景德二年某月某日，具官臣某等，伏蒙皇上增置制舉六科，謹奉表稱謝者。

伏以帝典肇稱，萬國際文明之景運；賢科弘啓，群材溢彙進之亨衢。頒丹詔以諭寰區，綸音雷動；臨彤墀以賜清問，縫掖雲從。文苑流光，士林生色。臣等誠懽誠忭，稽首頓首上言。

竊惟天地之生才不類，恒區别而朋分；帝王之立賢無方，當羅致而器使。四門廣闢，集八元八愷以亮工；六行咸賓，聯三宅三俊以事帝。漢舉賢良方正，猶譏其舍驥而服駑；唐試博學宏辭，或嗟其進竽而退瑟。才堪集事，何擇箢庫之卑？智可圖王，不棄鼓刀之賤。逸卿材以資晉，結網已疏；求國士以退秦，儲才不豫。豈如昭代？肇闢弘規。

兹蓋伏遇○○○○，聰明睿知，文武聖神。華渚毓祥，吉應慈幃之夢；青宫養正，喜回聖祖之顔。值建隆庚申，日光兆帝圖之禎瑞；迨乾德丁卯，奎躔昭文運之英華。纘祖考之鴻基，泰山磐石；啓人文之嘉會，風虎雲龍。幸璧水以講《尚書》，遠軼圜橋故事；開瓊林以宴進士，遥分上苑春暉。猶謂設科不足延攬英雄，復增制舉于以敷求豪傑。青霄賢路，旁招巖穴之隱淪；絳闕公車，誕登膠庠之髦俊。開天閑以選騎，神奇空大宛之蒲梢；創雲構以徵材，輪囷傾鄧林之杞梓。道德文學，集衆美而同升諸公；才識吏能，萃群英而咸適於用。錄帷幄之才以折衝千里，收熊羆之士以撻伐四夷。列選六科，必求經文緯武之器；儲才兩府，行當出將入相之倫。仰勤側席之懷，躬賜臨軒之策。經生學士，紛慶幸以彈冠；劍客材官，蔚連翩而入彀。允矣盛王之曠典，信哉多士之奇逢！麟藪鳳巢，仁趾瑞苞之並貢；珠淵玉圃，夜光明月之咸登。

臣等幸同縱壑之歡，敢負積薪之愧。敬效王褒而獻頌，雅賡召伯以陳詩。伏願秉離照以辨真才，協泰亨以熙洪祚。中心篤好，遠邁緇衣之風；一德交孚，旁作迓衡之治。師師濟濟，内脩庶位而外壯干城；穆穆皇皇，德綏兆民而業增式廓。臣等無任瞻天仰聖忭躍感戴之至！謹奉表稱謝以聞。

［錄自《萬曆元年雲南鄉試錄》，美國猶他家譜學會公布圖像］

制義

子曰："三年學，不至於穀，不易得也"

同考試官學正陳批：冲淡雅飭，一洗塵俗，是純心於學而有得者。宜錄以式。

考試官學正勞批：典雅可式。

考試官教授陳批：詞意精到。

聖人稱正學之難，示人知所立心也。蓋聖學無所爲而爲也，以此立心，則其學正矣。寧可多見于天下哉？夫子以正學望人也，蓋謂學始諸立心，而幾決於辨志。吾嘗以是望天下矣。

今天下之人其始非不知學也，但以其學之公，濟其心之私，固人情之久而易趨者。誠於三年之間，學專于爲己，而己私之欲曾無所動于中；功切于成身，而身外之物復無所冀於後。道所當明，從而明之，皇皇然恒慮乎明之未至，雖久而不敢斁者，其志則然也。由是而可得祿焉，亦忘之而已矣；德所當脩,從而脩之,汲汲然恒恐乎脩之未盡,雖久而不敢廢者,其志固然也。如是而不得禄焉,亦安之而已矣。斯人也,明乎取舍之分,見爲天下之至真;密乎存養之功,守爲天下之至正。以今之世,雖未必盡無其人,然謀利之習滋多,而能自脱於習者,或不常有也。安得斯人與之存千古之聖學哉!以今之學,雖未必皆無其志,然苟得之私恒勝,而能自克其私者,蓋不多見也。安得斯人與之正天下之士習哉!

是則人固以務學爲急,而學尤以正心爲要。心正則學正,而斯道尚亦有賴矣。夫子固深望之與!抑此義利之辨也。世之所趨,日入於弊,學則舜跖並行,而無定志;治則王霸雜施,而無定術,皆由義利之不明耳!義利之辨誠析,則志可定,術可正。聖學王道,其純矣乎!雖然,求利於利者,其弊猶可言也;求利於義者,其害不可言也。是故辨之不可以不慎。

[録自《萬曆元年雲南鄉試録》,美國猶他家譜學會公布圖像]

如月之恒,如日之升,如南山之壽

同考試官教諭佘批:體格莊重,詞氣冲融,得詩人祝頌之意。録之。

考試官學正勞批:理明詞暢,文采燁然。

考試官教授陳批:清瑩整飭,可式多士。

臣子於君福而擬,其進盛悠久之象焉。夫盛而且久,福斯至矣。擬以日月,擬以南山,臣子無窮之意乎!想其歌此以答君,蓋謂人君以一身奉神明之統,亦以一身受神明之貺,其在於今,固無不至矣。然驟進者或至于易遏,而履盛者每患于難終。吾兹擬諸其象而神之,福吾君者,其殆有加而無已乎!

夫常明于夜者,月也。月之既盈,明斯極矣。然而,盈者,虧之漸也。吾君適寖昌之會,而福之進進未已者,則如月之恒焉,生魄方新,而繼照之輝將自此而聚之也。何虞其易虧也乎?常明于晝者,日也。日之方中,明斯極矣。然而,中者,昃之漸也。吾君膺當陽之運,而福之駸駸未艾者,則如日之升焉,寅賓始啓,而光天之烈將自此而耀之也。何虞其易昃也乎?峙之而爲山皆是也,而南山則以壽稱焉,以其爲山之宗也。奠位于坤維,而成形于艮止,壽莫加于此者。而吾君之福如之,高朗之吉,引于有常;貞固之休,迓于有永。如此而日新,如此而月盛。巍巍乎!與南山相爲悠久者,不若或使之也哉？

夫福如日月，則高明可以配天也；福如南山，則博厚可以配地也。神之福君，于是爲至；而餘光所被，厚澤所培，吾人寧不有賴矣乎？抑于是而知周人之善祝也。蓋人君撫五辰，鎮四岳，天地之氣，與吾身常相貫通，而感召之機，有不可誣者。得其道，則三光順軌，嶽瀆效靈，諸福之物、可致之祥莫不畢至，而王道成矣。不然，則戾氣應之，而福可倖致也哉？此臣子祝君意也，論者其毋以諛疑之！

[錄自《萬曆元年雲南鄉試錄》，美國猶他家譜學會公布圖像]

蔚傅

蔚傅，合肥人。蔚材子。隆慶初廬州府學恩貢[1]。

注：

①參見《（萬曆）廬州府志》卷七《歲薦》。

墓誌銘

西泉蔡公（諱廷簠）暨朱孺人合葬墓誌銘（節）

君少孤，以勤儉自策，肯乃堂搆。兄廷玉，知君寬厚慈敏，有腹畫，合爨三十年。迨析居，率推讓不較，而産日益厚。樂施予，每周急，無吝色。間有貸者，即背券，弗計也。修造廟宇、橋梁不下十數處，計捐貲不下千金，咸首事而落成之。隆慶辛未，歲適大祲，君出粟賑饑，郡丞羅公、節推陸公賢其事，登堂爲賀，贈“敦義”匾；至庚辰、己丑，復賑如前，又贈“淮西義士”匾。朱孺人慎默執婦道，與妯娌合爨年久，無有間言；析居後，料理整肅，調度有方，雖母之能乎，倘亦有儀刑之者耶？是足銘矣。

銘曰：“惟君開拓，怙恃有光。惟君衍慶，後嗣寔昌。孰畀之祉？壽考且康。鬱鬱佳城，雙璧永藏。”

前恩選同知山東三州事後學蔚傅譔。

[錄自《合肥蔡氏宗譜（禋公支）》卷二上，清道光乙巳五修。承蒙合肥蔡善奎、蔡傳海兩先生准予觀覽原本，敬致謝忱]

黄道年

黄道年(1545—?)[①],字延卿,號味玄[②],直隸合肥縣軍籍。隆慶五年(1571)進士[③]。隆慶六年(1572),授江西建昌府南城縣知縣[④]。丁憂歸[⑤]。萬曆二年(1574),補浙江台州府天台縣知縣[⑥]。勤政愛民,鋤強培弱,德威並著。百姓立祠祀之[⑦]。臨海狀元秦鳴雷爲作《黄侯生祠碑記》[⑧]。萬曆四年(1576),調浙江金華府永康縣知縣。以嚴明爲政,甫三月,諸務釐舉,尋以憂歸[⑨]。萬曆八年(1580),補浙江嚴州府遂安縣知縣[⑩]。聽斷敏決,摘發如神,革除弊政,民頌之[⑪]。邑人陸應龍爲作《縣令黄侯去思記》。萬曆九年(1581),陞四川成都府漢州知州[⑫]。任内奉例清丈田畝,經畫有方,興學校。去之日,百姓搆生祠肖像,以誌不忘[⑬]。道年賦性耿介,解組後,情怡山水,蕭然高寄,不問家人生産,所得金隨手散去,貧交賴以舉火者甚衆。著有《中庸正解》《二十一史駁》《浮槎山房詩稿》。

注:

①黄道年生年根據《隆慶五年進士登科錄》所記"年二十七,三月十九日生"倒推,知其生於1545年。

②參見《(萬曆)遂安縣志》卷四《藝文志》。

③參見《隆慶五年進士登科錄》。

④參見《(康熙)南城縣志》卷九《秩官》。

⑤⑥參見《(康熙)合肥縣志》卷九《人物》。

⑦參見《(康熙)天台縣志》卷三《秩官志》。

⑧參見《(康熙)天台縣志》卷十四《藝文志》。

⑨參見《(康熙)永康縣志》卷六《秩官篇》。

⑩⑪參見《(萬曆)遂安縣志》卷二《官師志》。

⑫參見《(萬曆)遂安縣志》卷四《藝文志》。

⑬參見《(嘉慶)漢州志》卷二十四《政績志》。

書牘

寄張鳳梧

都下不得與足下傾倒,落第後,各促裝歸矣。足下視時事何如也?天上碧桃、江上芙蓉,何敢論喜怨焉?弟已決策千古矣。賓客日進,家計日貧,即客亦諒其貧,以千古雅誼,不能舍黄生;黄生且以座上常滿,愉快也。

男兒不能垂功名竹素，即以片言垂之，校其短長，所得孰與仲多耳？足下神清養泓，自有需足下者。鈷潭玉臺之野，不久淹矣。吳門周山人與弟通家，往返二世，此君與王廉父使君亦世好也。今之黄州，問楚才於弟，弟以張郎對。足下何以待周山人？

［錄自明黄河清《風教雲笈·後集·信集四卷》，美國國會圖書館藏明萬曆刻本］

與蔡郡侯

頃遊江皋，遥望水天一色，波瀾不驚，因泛葦中流，把酒高歌，飄飄然忘其爲水之鄉也。已而狂風怒號，波濤萬狀，洶湧驚人，假令舟楫不良，幾爲所險矣！

［錄自明許以忠《車書樓新刻當代名公尺牘類函》卷二，南京圖書館藏明萬曆刻本］

寄兆聖宗兄

每仲弟語次，輒首稱足下者，軒軒霞舉也。不佞寢處山澤中，喜接意氣忼慨之士。所嚮往于足下者，蓋與江流俱東也。雖未被霑接，而兩地神交，同之舊暱。讀芳諭，倍增氣色，未知肝膽向誰？是不佞尤所急于足下焉。不佞亦有心人也，誓效之尺寸。

［錄自明孫鑛《古今翰苑瓊琚》卷九，中國國家圖書館藏明刊本］

序跋

臺省疏稿後序

廬陽，江北首郡也；距南都未遠，稱重地焉。守郡者率多循良稱，仁和張公尤稱最。方公守郡時，年稚無識；長遊士大夫間，見諸父老齒及公政，輒煦煦然有餘思，以故生祀公。久之頹，又爭捐貲煥偉之。故每聞公擢，則大喜；已憲職淮漕，益喜。無何，朝議推公威望，畀公撫陝及廣。陝、廣諸覬跳者罔不摇首吐舌，凜凜款服也。頃聖天子咨百官，疇若予工，僉舉公。惟聖天子俞之，命作司空。公遂掌司空事，居南都。乃廬民則奔騰傳説，無異在淮狀。年叩之，則云“公愛廬民深”云。年聞，輒勃勃快瞻仰。而郡守元城吳公又爲道公德，更縷縷詳焉。乃出公疏稿付梓人，兼示年讀之。年一讀即嘆，讀畢又嘆。嘆者，非疆之也，誠難之矣。

故年讀公疏稿，具五美焉。爵崇階即縱，祿倍百即侈，故秩高當路者雲集，而懷赤感遇，間亦覲之。若公之賀謝疏，則君陳揚后德也。關中扼塞，當虜衝，苦兵疲餉詘；廣尤多瘴癘，盜竊發，更蔓延，公上兵食疏，而條畫咸中機宜，則充國上方略也。北夷剽掠桀驁，窺伺虛實；海倭飈來電去，焚劫過慘，而公屢有斬捷疏，則山甫襄玁狁也。邇來，莅官者虛摭禁約，善事上官，巧獵名譽，而智懵幽明者顛倒名實，善或以一眚議，惡或以小節褒。若公之舉劾疏，則孔明公賞罰也。脩清蹈高，史册所韙。至身係安危，雖辭職如釋，讓能如捨，朝綱孰賴？故公屢上乞休疏，而溫綸頻留，則李泌思衡山也。五美備。爰是歷宦三十載，駿竪鴻謨，赫赫耀寰寓。乃吳公復爲道所以受知於公者，稱奇觀。故吳公一政一令，廬氓便之，若公守廬時。則明徹冰壺、甘棠之詠遠矣。

年寡聞，媿不文，何足以揚公？至言公，則津津靡倦。繇仰企内臆，根秉彝素好，罔論見與不。然見公疏稿，如見公也。且公撫淮時，年領丁卯薦，公下禮幣特殷。而父老每口往勳，則丰采聞望又於人心去思處覿之矣。年亦公所知哉！公泓蓄淵養，不既奏議中，而使閱疏稿者知式，則吳公用心遠矣。

噫！天壽平格，《君奭》，隆姬朝休籙也。張公平格，係累朝重望，無讓奭者。即不梓，議猶爾，矧梓爾爾哉！

時萬曆改元秋九月之吉舊治下晚學生黃道年頓首拜譔。

［録自明張瀚《臺省疏稿》,《續修四庫全書·史部》第478册,影印明刊本］

合肥誌序

余合肥舊無志，合肥侯胡公創焉，余合肥姻里諸父老子弟爲公多之。余以誌脩於公，公有可脩之實政也。

昔春秋時，子賤治單父，其民附，不齊所事者五人而稟度焉，孔子大之，故鳴琴不下堂，單父大治。巫馬期治單父，以星出，以星入，日夜以身親之，單父亦治。夫不齊、巫馬期非聖門政事哉？乃任人任力，奏績均焉。議者以任人佚，任力勞。嗚呼！知人古難之矣。季世令邑者外摭拓虛章以釣餌愚蒙，不則善事上官，而視民若秦越，甚又重其罰而刈殄之，民嗷嗷然矣。縱史遷誌焉，吾竊傷之，傷實政不脩也。故世季善談政者，子賤至矣，亦必師巫馬期哉？兼子賤、巫馬期者見罕矣。

我邑侯胡公,閩人也,出宰合肥。夫合肥醇厚直朴,古談隆之,邇水旱頻仍,賦役繁劇,即誌益增,觀風者悲焉。公於下車始,即自盟曰:"政不便民,簡命之謂何?"爰是惻惻而憫,營營而籌,均田糧,薄傜役,疲庶賴甦焉。乃法皆公心計之,日繼夜,夜繼日,有不遑暇食風。公亦巫馬期勤也,勤而不有其法。訪土俗,採輿論,斷以經綸,即一晝一算,或責成於下,必秖法勤事者畀之;下少負公,則公憲章凜凜罔縱,不齊任人又在是焉。政未期年,民頌之。政既孚,公作誌,故公之誌,誌實政也。公持身廉,用法平,政有便民者,即當道牽緩議,公鋭行之,其自標曰"青天白日,迅雷烈風",諒矣諒矣!故以桑麻則披野,可誌户口;以士風則振勵,可誌人才;以粒食則狼戾,可誌豐瑞。諸凡誌山川,誌年表,誌國税,公有實政焉,公奚愧誌哉?余嘗嘆《漢書》傳良吏,漢天子下璽書褒之,當今聖明御始,貞飭彝憲,狹漢度而上之者。群吏殿最,必最公,無敢溷也。大計時,孰於公兩之哉?

往者亡論已,合肥近以善治稱者,斗南余公、心菴萬公,民稱之津津,膾炙口焉。公何忝矣?公匪直以文爲業文者宗,且以政爲司政者宗,又不齊、巫馬期缺之也。余非知政者,然忝年末,且以子弟頌父母之誼,又非肆爲臆説,實所聞於姻里諸父老子弟者。故公誌合肥,合肥他日又誌公矣。誌乎誌乎!其於治道深乎!其於治道深乎!

萬曆改元歲癸酉菊月賜進士第觀工部政治下年侍教生黄道年頓首拜撰。

[録自《(萬曆)合肥縣志》,臺北故宫博物院藏,美國猶他家譜學會公布圖像]

跋詹儀之告身

閲是卷,此理學之宗、奕葉之光也。顧亢宗象賢,在乎後之人。諸所撰述者,纚纚具也。乃余有深慨焉。盖半畝方塘,振古絶響,今僅存什一于千百者,秖此卷與《瀛山祠》爾。而斯文寥廓,上下五百年間,其興廢升降者,惡可僂指陳也?芳蘭之馨長,喬木之蔭遠,是固在詹之孫子。而奬進先賢後裔,以興起斯文者,又守土觀風者責也。若徒以翰墨挹誇詡,則亦玩物爾!奚所關於世教?

萬曆庚辰歲杪合肥黄道年書。

(鈐印:"道年私印""淑艾道人""辛未進士")

[録自故宫博物院藏南宋《詹儀之告身》(浙江遂安詹氏家族舊藏)之黄道年題跋]

萬曆巢縣志序

巢故有志，其山川、風俗、户口、田賦、物産、職官、建置、選舉、祀典、古蹟、文學、武功、忠孝、隱逸，諸凡類靡不備載志中，蓋按籍而班班可攷也。乃今則殘缺亡補，蕪蔓尠實，遠之不足以彰往，近之不足以詔來。豈閲歲滋久，文獻之無徵耶？抑遁相疑信，名實之罔核耶？噫！其故難言之矣。

檇李馬侯來眎縣事。甫下車，即延問父老以民間疾苦，諸所注厝，犂然堅白若縣寓。三年報政，部使者列之薦剡，裒然循良異等也。政暇，有慨于舊志，輒嘆曰："文武之政，布在方册。兹縣志也，載美惡，昭勸戒，所繫豈淺鮮者乎？"于是，開局分曹，集博士弟子，取舊志脩之。補其殘缺，芟其蕪蔓，訂其舛錯，凡有關于吏治民隱者，悉搜羅之。參以輿論，酌以獨斷。舉凡定例，悉侯手所裁定。志凡若干卷，事事實錄，言言直筆也。

若侯者，儻所稱今之循吏、古之良史者，非耶？侯報政久，行將膺殊擢。巢之人士，謀所以尸祝俎豆侯者，若畏壘之民。其善政甚夥，載在口碑。異日者，有大書，有特書，與兹志共傳不朽。嗚呼！後之視今，猶今之視昔，兹侯脩志指哉！余（不佞）僭勒一言，以託不朽，抑亦丘里之鳴也。博士弟子暨余弟實相與以有成者。

壬辰孟冬吉旦郡人黄道年譔。

［錄自《（康熙）巢縣志》。原文題爲《巢縣舊馬公志序 又》］

吴氏宗譜題詞

肥唯吴氏爲著族，自御史公後，不聞有顯者。顧其子孫多在田間，未始不緣御史公以重。御史公，名御史也，是以爲今厚藉而溯世德者，率歸之。

今天下所在水旱，至廛旰食。迺吴氏子孫方聚族衆而謀譜法，藉令御史公復出，借箸而弭變未然，恐不復迂此爲上策。蓋民之輕去其鄉，往往易聚爲盜者，迫於饑寒已及而收恤不至也。王道本乎人情，聯其親，而已疏者再親之，人人重本原，天下太平已。

予世系頗遐遠，食指可數，顧未及譜也。吴氏子持此眎予，是亟獎之成，因慨及時務。御史公不亡，不獨以其子孫矣；若是，當官爲厲，今即繁子孫，予不欲觀之矣！又何書？

峕萬曆甲午春深穀旦賜進士廣漢牧同邑黄道年拜撰。

［錄自肥東六家畈《吴氏宗譜》，清光緒庚辰九修，日本國立國會圖書館藏，美國猶他家譜學會公布圖像］

黄道月

黄道月（1552—1590）[①]，字德卿，號旨玄，以行次居仲，人多稱之"黄仲子"，合肥人[②③]。黄道年同母弟[④]。萬曆十四年（1586）進士，授中書舍人。不三載，丁父憂歸。服喪期間，以哀瘁得疾去世，年僅三十九[⑤]。道月爲人美姿態，身長六尺，工文詞，喜讀相如書與百家之言，五言、七言長句絶似李青蓮[⑥]。少負氣，豪於飲酒，擊劍、蹴鞠、六博、騎射諸技，無不精絶。性豪放，喜結交天下名士。著有詩集若干卷，散佚不傳；另有《史駁》《十三經注删》，咸未脱稿，今皆不存[⑦⑧]。

注：

①黄道月生卒年根據明陸可教《亡友黄德卿墓誌銘》記載："生嘉靖壬子，卒於萬曆庚寅。得年僅三十九。"

②參見明陸可教《陸學士先生遺稿》卷十二《亡友黄德卿墓誌銘》。

③參見明王兆雲《皇明詞林人物考》卷十二《黄德卿》。

④參見明陸可教《陸學士先生遺稿》卷十二《合宜黄公墓誌銘》。

⑤參見明陸可教《陸學士先生遺稿》卷十二《亡友黄德卿墓誌銘》。

⑥參見明王兆雲《皇明詞林人物考》卷十二《黄德卿》。

⑦參見《（嘉慶）廬州府志》卷五十三《文籍志》。

⑧參見明陸可教《陸學士先生遺稿》卷十二《亡友黄德卿墓誌銘》。

傳

榮封少川蔡公（諱廷瑶）傳

公少讀書，即思爲有用之學。補博士弟子，而學益進。器量深厚，弱冠已負老成之望。乃不允其算，遂不得竟其用。士林咸惜之。後廿餘年，而雲衢公捷禮闈，歟歷藩臬，高大其門，乃信天之昌其後以報之者厚也！

社愚侄黄道月頓首拜譔。

［錄自《合肥蔡氏宗譜（裡公支）》卷二上，清道光乙巳五修。承蒙合肥蔡善奎、蔡傳海兩先生准予觀覽原本，敬致謝忱］

記

鏡心精舍記

鏡心精舍者,六士民爲署州事陶公而建也。公名允宜,字茂中,會稽人。曾大父莊敏公,正色立朝,爲世名臣。父文僖公,清真絶俗,以經術理學爲今上東宮講幄輔導之首。公,文僖冢嗣,讀書鏡心堂中。甫弱冠,即魁兩浙。甲戌,魁南宫,慨然以天下自任。今仕宦十五年,猶逡巡吾郡别駕。則其直節自祖父來也。

初,公以星變論時事,詆柄臣。柄臣銜之,以比部郎謫通州。量移毘陵别駕,毘陵人德之。起南秋曹,執法侃侃,擬巨璫辟,與司寇指忤。已而,晉南大司馬員外郎,上績京師,駸駸乎嚮用矣。復已察,别駕廬州。會六守缺,當道屬公署其事。故事署者,漫然居守;而左遷多舉趾高,以風流自放。六俗好訟而多爭,有司卞繩之,無以堪;不則秦越視焉,下亦秦越視上也。往者楚人劉公垓於星變時,亦見忌柄臣,謫六安同知,六安人有去後思。公與劉公同事南秋曹,劉公已稱督學使者;及察,則公與劉公俱不免,而劉公亦補廬州别駕。劉公尚滯楚,公于于走江淮間,頗自適也。蓋亦善見其所長焉。

公署六甫兩月。初至,淫雨不解,祈晴,雨止。亡何,復憂旱,米價騰涌,公平之。齋戒禱於城隍廟,宿壇三日,雨大沛,民呼陶公雨。是時,以禱雨求一齋宿之所,無有也。公不言,已默爲有司計矣。及視事黜僕,區顓噢咻。案積山峙,未終日剖也。公愍水旱沴厲,緩徵息訟。道累累貧匄,輒施濟之。歲疫,野多暴骨,棺而葬焉。六自戊午後,無一人隨計吏上公車。公以三場試士,士勃然作新。士貧者衣食之,無室者助之婚;又選四隅吏廨之師,而買恒産以資其束脩,乃共興起於學。州民、衛雜處,軍悍而黨,以鼓弄其官長。公執法繩之,名分以瘳。他若節孝必旌,豪強必揃,清冤獄,擒大盜,貶食省用,勸分待積,善政種種,傳遠邇。公英敏健捷,事無凝滯。救荒,請當道捐贖陸百餘兩,當道不能從。公自以其心計周給之。前後活萬人,水旱不爲災。六民方食公澤,會新州守命下,恐遂别離去,陰相與謀祠公,公不知也。

先是,州民金遍、朱鈿、黄闕、黄養德等,各以田訟,公定其屈直,毋敢譁。且曰："吾儕小人，以二頃怒仁人，豈良民也？願各獻爲義田。"會公勸農，親至田所踏之，地連楓香澗，據形勝。呼諸獻田者至，曰："此福地，可爲清修道場。慧光、潔空，兩戒行僧也。舍兩僧，吾與若價。"民懽然聽命，而士民遂以楓香爲甘棠。鄉約黄模、王紳、唐寰等，里老楊保、高位、奚貴等，僉以祠請，公厲詞止之。已而，衛指揮、千百户程繼勛、聶有禄等，具呈請祠不已，且介其鄉大夫張大中公諧、徐中憲公必進，日造庭，以其情通。公延諸將校於庭，而數之曰："若輩功德我，而尸祝我，我其杓之人邪？若不知夫明旨嚴禁乎？舍兩僧，吾志也。"諸生邱思贊、張藎臣、徐守謙等，介州博士湯君沐、吴君模等，更以書院請貌公。公復諭諸士曰："書院禁亦久矣。且專屬士，則民隔；屬之僧，士與民俱得而遊息也。"群喻意，於是不復言祠，而畢力營精舍矣。公既釋州回郡，衆攀轅不能留。於是就佛殿後爲堂，龕公像，固藉精舍以祠公也。思深哉！

初，公捐俸給獻田者價，爲將來有司營齋宿之所，而兩僧戒行卓立，於齋宿宜。爰有精舍之建，匪佞佛也。精舍既成，士民名之曰"鏡心"，蓋公家鏡湖之心，前所謂讀書於鏡心堂中者也。今會公誕辰，士民相率祝公壽，復相率造余，請記之。以余習公也，義未可辭，因爲作《鏡心精舍記》。

［錄自《(同治)六安州志》卷五十二《藝文》］

浮橋記

廬之屬邑曰巢者，其地水陸之衝也。巢湖雄據合肥、舒、廬之勝，而巢邑大都據湖之半，故邑獨以巢名。巢之城，湖水環之，不數十里即楊子江，江湖合流，商賈輻輳。南津當孔道，而居民遊客及出途之旅，詣津歎望洋。勢不可以橋，若日以利涉，權予長年，厲民咎主者將安辭？

先，瓊臺林侯宗哲，始創浮橋，聚舟而索之，迄今百餘年不改。以時啓閉，兼譏察，隱然壯長塹之險哉！歷歲久，脩徙靡一，形家顯謂："邑治坐佐武正南朱雀位，橋穿水心，法當爲主者避。康主者所以康百姓，仍舊貫非策已。且南，離也，象司文明，巢文運未揚，徙之便。"馬侯諗厥狀，進鄉薦紳大夫衆父老子弟于廷，語以狀，僉曰："小南門吉，又衆夙志。"侯即蓍日移之。鳩工市材，朽者易，廢者補，損者葺，圮者築。捐俸經理，罔以一緡勞民焉。橋成，舟行得所棲，陸行不病涉，冠蓋使旌，繹絡不停節。而問榜人往來，交口頌侯功，浪沸濤驚，與江湖爭洶湧也。僉議立石紀巔末示後。守不憚過郡，乞余言以記。

余惟侯之移橋，有順時之政，有拯荒之仁，而形家之説不與焉。時惟十月，水落石出，冰未堅合，民不重勞，先王之令，天根見而梁成，侯以之，是謂有順時之政；巢稼不秋，民不食力，移工動衆，仰食者多，范希文營繕以濟浙饑，侯以之，是謂有拯荒之仁。蓋新其地，不改其制；舉乎盈，不困乎詘。若侯者，濟世津梁也。侯名如麟，字昭父，號禹山，嘉興秀水人。久以文章名。甫仕，即施爲烜赫如此。余不佞，賡採巢人之頌而潤色之，記侯功，亦記巢人頌。

頌曰："河水湯湯，褰裳濡首。民之疚矣，不可以久。錫以津梁，是我父母。我父我母，來自饑年。倉廩幾何，乃捐俸錢。且發且補，宿于郊廛。睠兹浮橋，移諸南浦。庶民子來，侯呼侯咻。飲之食之，莫不鼓舞。侯曰勿亟，不日而成。亘亘長虹，壯觀嚴城。以捍奔流，作輔帝畿。匪帝之力，河伯孔棘。周餘黎民，害焉起色。僉曰毋然，賴侯之仁。仁格于天，利及通津。垂憲萬葉，鐫伐貞珉。"

［録自《（康熙）巢縣志》卷十七《藝文志上》。原書標題下有雙行小字云："萬曆十九年"，作者下有雙行小字云："郡人。中書舍人"］

書牘

復孫大原

前一力去，題短簡，候台福矣。山川迢遞，鱗鴻無常，則某更悵悵焉。老師牧綏晉陽，政譽騰沸。敝地毡賈多晉人，每向某父子兄弟頌之。早歲兼疫，天時定數，無論賑藥，即夙夜兢兢一語，非老師不能存此念，不肯發此語也。荒魃已遁，癘鬼已誅，猶爾爾疊拂，則仁者憂民之過耳。當今號太平時，無大水旱之災，無大兵戎之警，然所在之民朝不謀夕，嗷嗷待哺，妖僧煽禍於丹陽，軍變突起於武林，此之可憂岌岌乎殆哉！老師雖守在晉陽乎，西北之邊，太原與雲中並稱要地。唵酋初死，幼虜何知？萬一渝盟，而平時邀功愛封之夫想不能繫匈奴于闕下也。春秋夾谷之會所稱文事武備者何如人？老師籌之熟矣。月一介書生，思及於此，輒思攘臂，上補衮闕，下拯時艱，裹馬革於疆場，甘戍囚於窮徼；萬一道迍運蹇，則洗巢父之耳，掛梅福之冠，顛狂於佛老之間，爲一逍遥無事人矣。更望老師終誨之也。記老師瀕行時叩某數語，亦憶之不？廬民困於小官，不啻水火。此輩取債也。即有自立者，輒思大用之無繇，而變其素。老師於善則亟獎之，有不次之賞；於惡則重譴之，有不測之罰。有不次之賞，則樂於見知；有不測之罰，則惕於奉職。晉陽數千里間，無墨吏矣。無墨吏則民安，民安則盜息，盜息則召和氣而荒疫不能祟，此保邊上筴也。晉陽戴之爲慈父，朝廷倚之爲長城哉！狂語不知忘避，然老師以門生爲知愛，則不敢隱嘿以孤下問。夫不知而言，其罪小；知而不言，其罪大，月故不勝嘵嘵焉。餘語祇述私悰，故弗及。

[錄自明黃河清《風教雲箋·後集·弟集二卷》，美國國會圖書館藏明萬曆刻本]

復劉達可

月榭雲軒，梧烟柳風，黄生吟時，安得不念達可？山色水聲，溪雲村店，劉生行時，安得不念德卿？脉脉此情，迢迢此别，耿耿此道。

[錄自明許以忠《車書樓新刻當代名公尺牘類函》卷三，南京圖書館藏明萬曆刻本]

寄宗兄兆聖(一)

瑶華復翩翩下山中，故意勤懇不淺。《夷堅》不下《齊諧》，索隱人嘗空目，此足飽之。雲箋首俠太史，太史得死所哉！足下于友誼，自范、張後罕覯也。海内有心人乃在豫章抱甕外史，數語英英，後死者不得與于斯文。藉此徵信逸事，不足存也。秋夜露坐，銀河瀉泠，壁蛩作唫，神馳不禁，私計咄咄。狂奴别白下三年也，乘興作一歌行。秋鴻不南，煩思宛篤。以一莊奴負書候足下，知哂爲溧水一僕來也。所將殊不足，甕頭一夜，知片心炯炯左右。

[錄自明孫鑛《古今翰苑瓊琚》卷九，中國國家圖書館藏明刊本]

寄宗兄兆聖(二)

幼年不解事，出所爲時藝以奸時名，海内從而名之。年漸長，羞作吾家子雲也。足下復欲爲弟出之，不朽大業，此足下雅望弟者，此何足災梨？然謂玄草覆瓿，知言者不甘以一班爲弟解嘲，則道義之愛，《没骨論》四篇或者有當乎？兩弟鏖戰，更宜大教策之搏秋。拙稿數十首，隨莊奴來。腐儒鑽筆磨墨，殊不展尺寸，不覺悵然。恃足下愛我，當有報效。

[錄自明黃河清《風教雲箋·後集·忠集三卷》，美國國會圖書館藏明萬曆刻本]

序跋

余忠宣公集後序

忠宣公以元進士死于元，節甚烈，敕祀于鄉。公家合肥，潛修青陽山若干年，世稱余青陽云。而公守安慶，死安慶，安慶去廬數百里，猶然鄉土哉！而公效死弗去。

公故以詩文名，詩文降元，且難乎宋矣！超乘而上，豈不類逐日父？而公不溺元習，元工樂府，工以宣淫賦豔，而公獨喜爲古選，取裁建安，近體不落天寶後也；文則體直議正，湔滌色澤，上者駸駸乎西京，次亦不失東京故步。

爾時，狄不倚華人，公家居者久。迨盜起兵連，沿江失守，而公有安慶命。且守且戰，安慶巋然獨存。以亡援陷，陷日，公死于朝，妻死于夫，子女死于父，將校死於主帥者，尸枕藉也。始易，公文士耳；及戎師充斥，厲兵馳馬，雄氣可吞長江。一休息，輒輕裘緩帶，操槊賦詩，鼓諭將士，有餘適焉。文事武備兼之，謂公全才，非邪？

夫立言者少節，近于浮也；立節者少文，近于椎也。公大節屹立，而若詩若文，力追古作者軌。公雖没，而文章節義在天壤間，行江河而縣日月也。蓋文以節重，節以文益重已。

公集刻于安慶，復刻于吾廬，而歲久就敝，余重愍之。因分行細校，請之郡守張公、邑令來公，重付梓焉。兩公作新文教，振揚士節，當擊節而談青陽，亦以集托黄兆聖氏。嗟夫！公不幸生元時，又不幸受元爵，幸遇兩公表揚之，光照異代，觴豆萬年，非偶而已。

里人後學黄道月序。

（鈐印："黄道月印""德卿父""夢損居士"）

［錄自元余闕《余忠宣公集》，中國國家圖書館藏明萬曆十六年張道明刊本］

陣紀後序

何將軍良臣者，浙之餘姚人。人曰："將軍善詞賦，以其餘談將略，壯詩人氣。"又曰："將軍善將略，以其餘工詞賦，銷武夫氣。"二者局論也。

將軍知兵，自結髮從戎海上，不能取偏裨任；近南烽寢，北市通，將軍堇堇供莫府牙門將，安得左秉越，右秉麾，一鼓一金，萬隊進止，靡弗象指者乎？將軍愴愴乎悲焉。以故感概亡聊，仰天而呼不應，輒寄之歌詠，以暢發其所欲吐、所受禁而能爲不得爲之情也。

將軍才，所著有《軍權》《陣紀》《利器圖考》《制勝便宜》凡四種。徐侍御善長獨當《陣紀》爲括兵將急事，先助諸梓。將軍詞賦集，舊不以《乾坤游》名乎？自嚴選更《説劍齋稿》。説劍齋在燕市中，將軍曾以貧賣劍，王司馬元美止之，將軍忍貧以存劍。今顧説之其齋中，又詞賦所嗟，嗟將軍詞賦，迺傷夫知陣無所事陣，而托聲于詩人吻也。第獨怪其兵術諸書，又溺于武，將軍曰："吾求人以武夫目我而不得也。"然余與徐侍御，不局論將軍。

萬曆己丑仲春賜進士中書科中書舍人合肥友弟黄道月敘。

（鈐印："黄道月印""德卿"）

[錄自明何良臣《陣紀》，中國國家圖書館藏明刊本之膠片]

黄道日

黄道日，字荆卿，合肥人。黄道年、黄道月同母弟。以諸生入國子監讀書，作一時名流領袖，爲湯顯祖所器重。尤工於書，草法出入二王，行書得黄山谷遺意，人爭購之①。性孤介，與世寡合②，行事酷似其仲兄③。所著有詩集若干卷④，另有《益笑篇》⑤，今皆不傳。

注：

①參見《（康熙）合肥縣志》卷九《人物》。

②參見民國張樹侯《淮南耆舊小傳初編·書家》。

③參見明王兆雲《皇明詞林人物考》卷十二《黄德卿》。

④參見《（嘉慶）廬州府志》卷五十三《文籍志》。

⑤參見明何慶元《何長人集·邃來室存稿·序黄荆卿益笑篇》。

傳

贈都督僉事王君靖蜀傳

萬曆二十有八年，播州叛酋楊應龍將伏誅。之前數十日，王將軍以乘勝逐賊死於陣。直指使以聞，上悼其忠勇，贈將軍都督僉事。官其子，世襲千户。塑像廟祀於婁山關，天下一時無不樂道王將軍事者。以賊之平由將軍，功先諸將，憫其死，更壯其死也。余忻爲之傳。

將軍王姓，諱芬，字子英，霍山人。家故饒。自其先世皆有英名，好交結。他方盜至，往往相戒，不敢過其門。隆慶間，有流賊數十突至霍，將軍父國祥持丈八矛奮往，盡殲焉，身亦被創，還至樹下，箕踞死。事聞，立廟，春秋以祀。將軍時甫數歲，勃勃欲踵父。詣賊所觀鬭，父死，而撫其矛以泣曰："嗟乎！吾父脱當推轂，不爲天子死封疆耶！"人以是覘其不凡。及長，而修髯偉幹，激昂尤過其父。所與遊必四方英邁跅弛士。始以貲入成均，率就賢豪談天下阨塞及兵家制勝之具。遇博士家有以世平尚文調之者，輒揶揄曰："惟以若文爲文，吾固知其必用武。世且需馬伏波，政恐不屬公等耳！"亡何，倭警急，將軍謁選，當得兵馬指揮，以條陳《備倭方略》爲職方楊公應聘所知，力言於銓部，遏其選。適萬中丞開府天津，得便宜置將，楊公獨薦將軍。中丞一見，大奇之，屬以招兵。將軍獨身歸，盡捐貲募客及素所善四方死友若干人以往，實不損公帑一毫也。萬中丞、汪中丞共疏薦之，將軍遂落文階，以坐營署都指揮僉事體統行事。垂發兵，而東倭凱奏至。

時播賊方横，將軍即自陳願附行陣。汪中丞復薦之，直指與本兵大協，遂晉都司，俾攜所募入川。庚子二月，總制李公命統騎步六千，由江津一路進，專主一面，威名遽出諸將右。是以江津一路，將軍得獨當之，爲諸將先驅。賊境簡台洞、黑洞等處，去江津四百里而遥，賊宿重兵數萬嚴爲備。二月己丑，將軍先攻簡台，設奇破之，擒馘及墮崖谷死者甚衆，獲其中米穀牛馬亡算。賊聞之，呼將軍爲老虎，望風思遁，而破竹之形成矣。自是乘勝破黑洞，擒斬百餘，而兵威益振。始賊世安享其土且八百餘年，其自恃險遠，決於叛也。度諸軍糧運不繼，無敢深入，又孰敢先入者？將軍奮勇先登，連破其門户必爭之地。而我師糧道無梗，諸軍遂得長驅直達婁山關、桑木崖諸處。賊謀以此益急，惟慮無足以當王將軍者，乃盡合其醜類，父子親族分督之，誓決戰。四月甲戌，諸兵分布，據白石口。將軍奉總兵令，最先往。是時，諸將多久在行間者，知賊旦夕且破，惟恐成功之速，示人以易，皆不急進。而將軍每彈指出血，頗以此爲恨。又將軍新進年少，志獨鋭，聲獨猛，賊獨畏，上下推服獨重，而同事多不堪云。乙亥，奉令出，不無以言激之者。會日暮，將軍食未半，遽棄，曰："壯士臨陣，不死帶傷。古稱馬革裹屍，彼何人哉！"於是，率所部迅發，皆慷慨行泥淖中，無一人冀請援於幕府者。丙子，賊大至。兵交，賊皆知爲王將軍也，以故賊益衆，戰益力，而將軍勇益奮。自辰至午，賊數戰數卻。衆覩將軍面色如丹，髯盡張，横槊大呼，目眥爲裂，所部無不一以當百者。賊大敗，遁還青龍關，爲固守計，關尤其重兵處也。將軍勢不可止，顧謂家丁王默曰："吾至此不進，賊之新兵日益。以吾滅賊有期，何爲曠日持久？且大營在後，吾不忍其謂吾俟援也。況以少擊衆，吾嘗屢勝。是機不可失。"衆曰："諾！"遂競進。而賊據關守險，弩發如蝟毛。將軍馬先中流矢，次及身，默勇欲掖之。旋將軍墮馬，笑曰："吾不生還矣！"持弓射殺數人。矢盡，復揮刀，與默俱躍而前，砍殺數十人。尚麾兵奮鬬，而弩毒甚，死矣。默以身蔽將軍，亦中弩死。而陳守備、楊招討，與軍官許光祼、周應捷，及壯士周應吉、劉寍、張化、韓逢時等百餘人，痛將軍亡，皆力戰殺賊，傷重死焉。是役也，大營去將軍戰所不十里，而聲援不接，亦若非偶然者。然將軍亡而賊之驍黨亦盡，勢因不復振。大軍迤邐，由青龍入。而獻俘有日，將軍不得獨專其功賞矣。

時謂將軍氣不憤則戰不力，戰不力則賊不破，賊不破則師且老。故曰"名者相軋"也。有以相軋，則惟恐將軍之或前速，之前而功成；又惟恐將軍之不死，戰勝而驕。大抵皆然。偏師獨發，豈其之死而致生之？嗚呼！崔直指之白簡昭然矣！可盡付之天亡耶？余嘗見將軍同事，若端心、邊守仁、黄科、程文藻、蔣曰敬、鄧子鷹、董良策輩，每語及將軍，未始不爲泣下沾襟，且云將軍之勇略如此，又不忍仁人也。

故事軍中，尚首功，所獲即良民，無不姑飲食，俟戰畢而斬以報級者。惟將軍恥爲此，所活甚夥，同儕莫不笑之，不屑也。又蜀道糧運最艱，每一鍾費十數鍾。始至，而當事不即入，運夫率餒以死。獨將軍營納無停刻，運者皆不至殍，莫不籲天爲王將軍祝者。然而將軍竟不禄，且年止三十有七也。嗚呼烈矣！

將軍馭下，賞罰必；而性廉，頗惡諸營朘削。死之日，全軍皆哭，即始忌之者，亦莫不愀然。而許亨之、鄧子相經紀其喪，圖還，行八日夜，始出賊境，然後知將軍深入也。子相，西江人，好談兵，極貧。而以將軍之柩，兩往返於蜀，崎嶇千萬里間若固然。人謂子相固奇士，而何王將軍之得人心又如此？

將軍有子進賢，酷似將軍，足當廕大將軍後。固知王氏祖孫父子稱世濟，且受上恩未艾也。

［錄自《（同治）六安州志》卷五十四《藝文》］

啓

代作上司成

昨蒙寬試,未遂題名。自分疏庸,敢圖顯達?顧青年抱璧,已刖足於當時;皓首窮經,覬拔茅於今日。豈期命薄,復遘文荒。千人之内獨遺,終身之業安在?雖云近死,尚欲復陽。伏乞廣暉日月之照,普施覆載之公。垂憐老邁,過此無期;俯睬孤窮,邇兹何濟?少寬筆硯之謬,大同桃李之滋。舒手雲霄,提人巖穴。或暫續之貂後,或再試之几前。倘同曳白,敢願垂青?不然,低眉北上,豈不欲於微官?昂首南來,竟終艱於一第。敝裘在道,生平之大志堪悲;彈鋏歸家,暮年之壯心何已!狂言冒昧,仰塵聽覽。收之籠中,聊當馬涬。

[録自明徐宗夔《鐫國朝名公翰藻超奇》卷十三,中國國家圖書館藏明萬曆刻本]

上黄大司成請書啓

日以駑鈍,叨入成均。愧學失於垂髫,尚心殷於立雪。縣縣千古,誰與驅馳?勃勃一家,自慚孤陋。屢垂涎于充棟,竟墮志於空囊。僅給饔餐,豈遑載籍?既焚膏之無地,縱暴日以何由?仰覬明珠,俯投暗室。伏乞佳孺子之可教,足備參芝;念大道之無私,不遺瓦礫。壯其志,不究其妄,深責以立言;激之前,罔抑之後,全期以不朽。或擲案上殘編,或錫藏中餘蠹。果其枵腹,可以窺豹一斑;啓其蓬心,易于刮目三日。庶公門桃李,自此成林;清廟瑚璉,從今增價。得就兩都之賦,敢忘一車之恩?

[録自明黄河清《風教雲笈·後集·信集四卷》,美國國會圖書館藏明萬曆刻本]

書牘

與徐蓬實

才士之交,豈必以面?得足下片紙,賢于十日之握。誄言嘆仲是海内賢豪所屈,以此占足下鴻抱,不佞弟殊覺形穢耳!近時士夫豔古,然不以今制行之,則行藏從此以分。左馬之諛,藉足下之砭深已,敢不以謝?

[録自明許以忠《車書樓新刻當代名公尺牘類函》卷二,南京圖書館藏明萬曆刻本]

謝劉達可琹絃

冰絃助我絲桐，何不賜以陽春之調？俾比而鼓之，乃以無絃見夸也。謂中郎有殺心乎？

原書注：中郎殺心（蔡中郎方鼓琹，忽聲有殺机，命童視之。見螳螂正欲捕蟬，故琹聲遂變焉）。

［錄自明張一中《尺牘爭奇》卷三，《四庫未收書輯刊》拾辑第30册，影印明刊本］

答許君信

長夏困人，衣冠都廢。得足下爲我解倦，不必接杯酒，聽清談，頓覺魔軍退舍矣。

［錄自明馮汝宗《新鐫注釋歷代尺牘綺縠》亨集，中國國家圖書館藏明萬曆刻本］

寄許君信

弟如非丈夫也者，當于山林中求之。只今嵩目憂時，方圖爲不負足下雅望計，又何忍自棄也？足下教我，無非欲弟俯首隨時。然弟亦知過高之病，生于求知千載之後，不甘與眼前齷齪輩爲伍耳。頃自七月以來，三千丈王氣，每每捉筆按之；視孔丘、孟軻語，若復嬝嬝依人，因循之久，覺與之親。一切古圖書漸已上塵。雖云自出萬不得已之計，乃家人里閈無不以此覘三郎行藏。人情世態，其樂趨廊廟，有如赴矣。時與家仲譚，不免一粲。人之相知，貴相知心。捧誦足下雲翰，可謂先得其同矣。春風不遐，面譚可必，餘情總俟之。

［錄自明孫鑛《古今翰苑瓊琚》卷九，中國國家圖書館藏明刊本］

寄黃兆聖

仲兄日更千古也。僕誠不自知其損益，每憶足下河梁之規，大讀不勞，差足解頤耳。家園人物，猷然曩時，面孔俗浮，向之增惡。足下翩翩壯游，豈無佳遘？弟東南彈丸，山環水曲，稟氣者類之，大都習套。足下以肝膽相示，得無淮南人想邪？時清法密，豪傑無名，萬一得之，足下必能爲道款款，便中相示，慰其索居。至問足下動定，則舌在不憂也。何如？

［錄自明黃河清《風教雲箋·後集·忠集三卷》，美國國會圖書館藏明萬曆刻本］

刻唐十二家詩序

唐而後，詩且蝕者季數百。國朝突起，北地重之，歷下、弇州諸公，斯道朗並紅，明曜卒世習此者。脱詩匪唐，唐矣匪式，繇名家富盈笥乎？弗齒已。

近唐詩有輯、有選，牟駕夕喆。歷下選庚爲精約，覩者辟履周行，亡其羊腸。然苟非稍窺其堂，則茹英咀華，難語新知。唐諸名家之全可無善本俾遊目極騁，得反衍馴喻精約乎？顧今非亡全刻，而久歷曜靈，蠹訛遞仍，家刻而家異，徒棨梨哉？顓蒙彌悠闇猶故矣。

楊君屬性于詩，爲墳刻十二家，核訛謹落，裒然全盛。歷下約，此博，即詳校督嚴搜有斷，不得齊峨眉積雪。而學者得循此，漸研精約，則是刻抑亦先驅也乎！故唐詩不盡于此，而楊君之意則溥已。

合肥黃道日書于青陽山房。

（鈐印："黃道日""荆卿氏""青陽山人"）

［錄自明楊一統《唐十二名家詩》，中國國家圖書館藏明萬曆十二年刊本之膠片］

重刻藝苑巵言敍

合肥黃道日撰。

詩文至宋、元爲一厄，匪獨世代江河，則宋人迂腐，才既綿弱，識更區瞀，道學門多藉之藏拙，即有數人，疑信漢魏，可爲扼捥。國朝采其制以羅士，意在熙文，而天下鄉風，恬不忍置。弘、正間，稍復吐氣，論者至謂："祖宗休養之久，清淑再聚，日月重朗。"明盖直接漢魏，中間殆如虚谷。顧宋人敢於排漢魏，而近世經生尚爾褎褎，欲以階梯青紫。雖經表白之後，一經之外，不辨菽麥者夥已。

王氏元美起續北地，憫世情深，輯此《巵言》，即揚榷前代，不免搜羅，而諸所不遺，覽者便焉。至於時人之評，尚在月旦；盖棺之後，或有另議。初學鴻寶，亡逾此者。往吴刻甚精，草自元美，復爾忌直，近似微靳。然後學不聞，惠恐不徧。兹復爲廣布，蕲一洗浸淫於宋、元之陋者，共成不刊之美。儻所未罄，其事可以類推，能者意會之，自知便矣。

時強圉大淵獻則壯書于青陽山房。敘畢。

[錄自明王世貞《增補弇州山人藝苑卮言》,臺北圖書館藏明萬曆辛卯累仁堂刊本]

余忠宣公集跋

今時,諸書競出,人知以意氣相高,亦可爲節義一助。惟議論尚受病於宋人之迂,至仕元者,不問功罪,率加貶詞。致後人多不白其事,黜其書。第不知以高皇帝之威,豈不辦闔孽胡盡殲之?然亦謂:"彼主中國久,先世曾受其惠。"因不絶其醜類。是以於死元之臣,余忠宣首被其褒,而廟祀有加焉。然則忠宣之集所留傳於故里者,非恃高皇帝之卓見,而後緣以不滅哉?今更刻而新之,匪直肥之人藉以有光,即置之時所競出諸書中,當令讀之者譚節義,排迂論,益復不虛耳!

黄道日書。

[錄自元余闕《余忠宣公集》,中國國家圖書館藏明萬曆十六年張道明刊本]

雜著

山水城池議

萬曆辛卯春,余讀書城西大蜀山寺。山去城二十里而近,其脉從㢮西來,平原廣衍,自高漸下,一山突起,無深壑聳峰之勝,週遭半日可遍。余少倦,時一憩於巔寺,有老僧能道往昔,第不聞有名人題詠其上,惟唐貞觀中爲惠滿禪師道場。睹其遺礎,方圍可七八尺,即碑殘世遠,猶可想見當年之盛,固不若今此之岑寂也。余嘗恚其一覽輒盡,竹木之蔭,杳不可得,相對惟見石大者如踞虎,小者如握拳,類皆頑重,不中甃砌鐫刻之用。扣之聲鏘鏘若鍜,素名銕石,則氣之所鍾,大抵可卜。此中人樸而不華,豈非其産邪?蓋廬爲南北之衝,世平易聚,世亂易離,户口以此不甚蕃,而郡城空闊,則爲江北之冠。然田薄而易多,族小而易寡。故衣冠而家溫者,城中什居八九,往稱富足,爲薦紳先生所豔。二十餘年以來,今且瘵乏殆盡矣。

余每登山,見城中王氣索然,試以訊僧。僧謂:"方此山竹木蓊鬱時,城中見五色氣,亘天如幕,横張於前。近山且童矣,城中安得不爾?"余聽之愀然,遊目極騁,循山脉而東下,則紆迴曲折,支分派衍。及其至止則郡城,其大結聚處，固知城中之府也、縣也、衛也、學也，與夫民居之稠接也。其間官府之往來替代，升遷去留，民家之業士業農，業工業商，土著者、附籍者、黄冠而緇衣者，其吉凶禍福、消長生息，與夫一草一木，皆以此山爲發源之所。是由山巔以至城下，誠城之頭項也、肩背也、脊膂也。往年山屬於官，即刈草以代各衙之薪，斧斤尚以時也。自後析而佃之於民，則牛羊之牧，樵採之勤，不待日夜之息；甚至掘及草根，深土近尺，零雨既降，豈復日增而高者乎？逮問其歲入之租價，不過四十二兩九錢六分已耳！租不加益，而民猶乞減不已。夫山爲頭項，則草木其鬚髮也，人未有鬚髮日爲人所拔，而顧百脉和暢、其身寧處自若者。其諸岡壟道路，則肩背矣、脊膂矣，民居圖便，任情興作，夷高爲平，截連爲斷，或田，或屋，或坑，或塹，遇有石之處，更竭力取用，鑿入數丈，而城中之肩背、脊膂，其受害之深與頭項何異？憑高延眺，是山自爲山，城自爲城也。仕此者，傳舍其位而不暇問；生此者，安於故常，間阨於取便而不敢言。來脉受傷，間斷靡續。城市蕭條，宜同原野受氣浸蕩，滋培不繼。登朝者，旋植旋仆；營産者，倏豐倏凋。世家無三代之傳，崛起鮮没身之奉。兼之差役不時，資斧罄竭，窮極狡生，民頑盜横。仰思全盛邈乎莫追者，豈獨在民間邪？舊仕於此者，咸稱卧治，多膺殊擢。今且去，或以被劾，或以聞訃，或未久而沈痾，或將遷而就木，種種怪異，前所絶無。時有覺者，抑衹新其衙舍，聊事避趨，終於大根大本咸未置力焉。

嗚呼！地理之説，非窅茫也。持籌而責後效，或訝爲愚；考古而策今日，奚必待智？故余先子嘗曰："風水之不可盡信。"恐其惑於誣也。至於事勢顯然，明白易見，自有至當不易者在；即力不能强有所增，詎忍斲而傷之？予兹之説，則從其顯者乎！倘謂蜀山爲城中頭項，不可加以斧斤牛羊之酷，盡其歲入者而捐之不復征，俾草木得以長養，而居民之芻牧者，有罰並禁；其於肩背、脊膂之間，不得爲屋、爲田、爲坑、爲塹；夷者培之，斷者補之，採石者責令實其窟而絶其將來；則是有司者減四十二兩之税於不取，若九牛亡一毛。令上而仕於此土者，陰享其福；下而數百萬生靈生於此土者，益賴其庇。矧蜀爲郡主山，僧言："萬曆丙戌夏，山腰忽裂，其山微陷。"此非小憂也，而知之者不驚。去今五六年，水旱之災，連緜酷烈，爲父老所未聞，則所係顧不重與？然山之與木又非可異視也。

城中有河，則雞鳴諸山之水所由入湖之道。余七八歲時，尚見漁舟釣艇蕩漾綠波之中，識時務者已有開關通商舟之議而未遑發。是時，民未病貧也。蓋水爲五行之一，萬物待此而生。故水聚則財聚，其理良然。今豈復昔日之河與？濱河之家，築岸以爲居；淘沙之民，積穢而遺垢。闊者日益窄，深者日益淺。山水暴漲，滿城爲壑；而雨止流枯，即同陸地。水西關以裏，尤爲作圃者填占，財源若此先涸，欲民之富可常保也得乎？向有圖濬之者，而甲可乙否，美議不終，惜哉！誠撫窮民，而必加疏滌。清兩岸之舊址，深加挑挖。重開東西二關，令舟船得以往來於城中，非藉霹靂手任勞任怨，豈能有所鎮定幹濟？顧其費亦不貲。微惑於二三之見，難免道旁之築，然亦不但城中爲然也。

城池之固，比於金湯，謂其高深足恃耳。比來城漸頹墮，不時補砌爲勞；池已淺淤，未聞開浚有日。繡衣行部，非不時閱，然亦應故事行城上耳。前年，微有草寇之警，民心洶洶，無險可恃。當事者非不因時修理，然未窺其病源。蓋磚牆而下非隙地也，城之基也，所以載夫牆者也。偶因莅此者見小，謂可佃之於民，取其租息，相沿至今不改。民得轉相典賃，宜麥則麥，可圃則圃。既不防澇，又不虞荒。钁之鋤之，四時無間。遇雨露霜雪之潤，土疏塊散，日浸月漬，泥流不止。因致城基淺薄，濠並填塞。故濠昔可種魚，舟行罔測；兹竟種蒲稻，可童子揭矣。迺概論城以内外地租等項，共銀一百九十七兩七錢，而城與濠所納地租、養魚之課，不過十分之一，則其所得幾何？而年年修城之費，反不可以數計。何其寧任城之頹、湟之塞，而不肯禁民之耕？寧薄取於在民之利，而重費於在官之蓄？若再歷年之久，又不知當作何狀？平時而講有備，則速行禁止，豈旦夕之漸已哉！此係一方保障，談之若細，繹之可畏。何者？壞之以歲月之不覺，而新之於一旦難爲功也。

夫余之登眺，本以祛倦，而觸目興懷，籌及郡事，杞憂無緒。偶書於册，徐觀天人之會。

［録自《（嘉慶）合肥縣志》卷三十五《集文》，校以《（雍正）合肥縣志》。文字擇善而從］

范增斷

黄荆卿曰："人但知張良始終爲韓，於成功後從赤松子可見。余亦謂范增始終爲楚，於不歸漢而死可見。夫增，楚人也。生平好奇，始終欲亡秦，不下於良，唯不徒浪爲誤中。故七十從項以起，時項獨強，沛公未露頭角，增亦幾成伯佐。入關後，一見沛公，非復曩山東故習，即勸羽急擊勿失；至已成五采龍文，猷勸不置。此豈憒憒天命者？則漢興楚不利，非其本心也。或謂其'若屬皆爲所併'一言不謬，譏其生平所好非奇。此大謬耳！沛公之敵羽，不止一人，羽固一增止矣。百計離間，漢君臣豈爲一人歉也？蘇長公云：'增不去，羽不亡。'似爲得之，然未白其衷，增猶然啣冤九原。蓋爲漢滅羽者，韓信、陳平、九江、大梁，孰非曩事羽者也？一不得志，便皆仗劍以去，自竪於漢。增豈獨闇於是？乃竟至漢不可遏，楚不可興，棲遲勉強，不得已，碎玉斗以去，果懷二心者埒歟？或又謂：'行至彭城，發背死。以奇不得售。'嗚呼！是何没增忠至此也？諸人皆亡，吾獨存，鬱極而死。憤漢之興，傷楚之亡，負己之素，一死以明爲楚。韓、彭諸人有慚德矣。故羽圍江上，面呂馬童曰：'若非吾故人乎？'此時增何在？固若默佐羽發斯喟也。成則爲良之辟穀，敗則爲增之發背，一成一敗，生死存焉。何獨優良而劣增也？況歸漢者俎醢，固不如終於楚者，免鋒刃。則又卓然蚤見已！"

［録自《（康熙）巢縣志》卷十八《藝文志中》］

賑濟條議

救荒之法，有賑粥、散米二事。然利害各居其半。訪之故老所聞，參之寒家先祖父所行故事，爲諸君詳陳之。

設粥之利，爲惠溥而所及遠。苟非甚饑，即顧惜體面，是無濫冒之弊矣。而其爲害則甚多。以賑粥無限界，無彼此，任東西南北聚千百人，而且旦哺之，或生不測，是害在地方也；饑者曠一日之工，伺數碗之粥，使其生業廢，是害在饑户也；以一粥場計：置鍋須二金内外；以煮石米，柴草約用二錢；燒鍋挑水須用五人，工食須一錢五分；監粥場者二三人，又費一錢。是一日一場之雜費須四錢餘也，一月則十二兩零，三月則三十六兩零，通計將四十金矣。若置四粥場，則一百六十金矣。施米幾何？能當此等雜費乎？況浸漁升合，弊且百出乎！是害在費用也。

散米之害，止于冒名多報而已，而其利則甚多。賑有限界，界以外不得而與，況遠方乎？散米則一場定以一日，或施者一家各認數人于私宅給散，是人不聚矣，則地方之利也。或計口散之，或一月一散之，彼老弱歸家安坐而食之，壯者得以另爲生計，是饑户得實濟也。散米則雜費俱無，弊端俱無，計其所獲，又可以散數百人，是化無用爲有用也。

爲今之計，莫若兩利而俱存之。始用賑粥之名，而繼用散米之實。計捐米之多寡爲所賑之遠近，設立粥簿數本，擇鄉里之公直者一二人主其事。逐户報名，其稍可自給者，必不屑有食粥之名，其與是者必是饑户；後按簿而給以粥，數日後乃散米，又何有妄報之慮乎？就使妄報，一千之内，不過百數，此百數者必皆中貧之人。與其雜費百六十金於無益之地，曷若給之冒領之人粒粒皆有益乎？是散米之有全利而無一害也。若其不費監賑者之調度，捐助者之可以稻代米也，是又其利之餘者。利害相去，真不啻天淵矣！另具規例如左。

[錄自《(康熙)合肥縣志》卷十七《藝文》]

蔡淑逵

蔡淑逵(1555—1618)[①]，字子正，號雲衢，合肥人[②]。少與堂叔父蔡悉究極性命之旨。萬曆十一年(1583)會試中式，未及廷試，以葬事歸。萬曆十四年(1586)補殿，成進士，授浙江紹興府上虞縣知縣。任内與鄉紳金柱不和，互相訐參，朝廷將其降二級調用[③]。久之，補湖廣襄陽府經歷，兼攝府篆。萬曆二十七年(1599)，遷陝西西安府商南縣知縣，竭心撫字，招集流移，多方開墾，興文釐弊，有循良名。時權璫梁趙以派礦爲秦中害，淑逵請命於上，派税特輕六年。轉南京户部郎中，督浦口糧，宿弊一清；督龍江關税，冰清自矢，綜理精密。調廣西南寧府知府，時黎寇竊發，徵遣兵所過如掃，乃豊其委積遣之，仍嚴部署，使不得横，有兵奪商人舟，淑逵置之法[④⑤⑥]。萬曆四十三年(1615)六月，陞雲南按察司副使，兼布政司右參議。以清儉先寮寀，奉上敕督理糧儲、管鹽法，以課資灶户，均其徭役，令有司不得擾，而額課用饒。尋歸，以積勞成疾卒[⑦⑧]。著有《易卦飛伏斷》，重刊《玄帝化書》，另有尺牘、雜説、醫方等書未刻[⑨]。

注：

①蔡淑逵生年根據《萬曆丙戌科進士同年總錄》所記"乙卯年八月二十八日生"，知其生於1555年。另見諸清道光乙巳五修《合肥蔡氏宗譜(禋公支)》卷五。

②參見《萬曆丙戌科進士同年總錄》。

③參見《明神宗實錄》。

④參見《(嘉慶)廬州府志》卷二十七《名臣》。

⑤參見《(光緒)重修安徽通志》卷一百九十五《人物志·宦績》。

⑥參見清道光乙巳五修《合肥蔡氏宗譜(禋公支)》卷一《文武科甲貢監生員職官品級鄉飲大賓紳衿總紀》。

⑦參見《明神宗實錄》。

⑧參見《(嘉慶)廬州府志》卷二十七《名臣》。

⑨見本書所收趙元吉《中議大夫歷官雲南按察司副使兼布政司右參議蔡公(諱淑逵)行狀》。

書牘

與項明父

從隨長千里,中光陰忽忽,而離合浮沉,感慨係之。駑拙如弟,與時相違,固所宜然。迺老丈才望夙孚,亦竟爲含沙所射,不能不令人擘腕長吁也。第公論自明,彼緝翩者徒絶於天耳!願安志需之,毋以尺霧隔我胸中,則吾輩之達觀也。弟備嘗此味,方敢以此言進。一水盈盈,魚書疏闊。向張君至,承翰貺遥臨,可勝悚戢!兹於其歸也,謹布其區區如此。伏祈台鑒,曷任主臣!

[録自明項桂芳《名公貽牘》卷三《蔡憲副(諱淑逵。時南民部)》,中國國家圖書館藏明刊本]

竇子偁

竇子偁(1561—?)[①],字可揚,一字燕雲,號淮南,合肥人[②③④]。萬曆二十年(1592)進士,授大理寺評事。性鯁直,敦厲名節。時儲位未定,中外危疑,抗疏力請早建,不報[⑤]。萬曆二十二年(1594)四月,充貴州鄉試主考官[⑥⑦]。萬曆二十三年(1595),陞大理寺副。同年,陞刑部員外郎。萬曆二十四年(1596),調户部郎中[⑧],督餉宣府。精心任事,不私一錢。期滿,輸羨餘六萬於官,被旨優奬[⑨]。萬曆二十六年(1598),陞福建泉州府知府。任内釐奸剔弊,修學課士,政績卓著,清廉高潔。士民感激,爲建生祠祀之[⑩]。萬曆二十九年(1601)五月,陞湖廣督學副使。萬曆三十二年(1604)閏九月,在楚宗劫杠案中被宗室暴徒毆至重傷[⑪],尤心軫念楚宗冤獄,冀爲辨雪,楚人甚德之[⑫]。同年大計以廉明注第一,陞福建右參政[⑬⑭⑮]。萬曆三十七年

(1609)七月，補江西右參政。萬曆三十八年(1610)三月，陞浙江按察使[16]。先聲所至，墨吏望風解綬[17]。旋陞浙江右布政使，清廉如水，苞苴不受[18]。萬曆四十年(1612)五月，稱病致仕，歸裝不能辦[19]。同年十月，起補福建右布政使[20]。萬曆四十三年(1615)正月，稅監高寀因橫徵暴斂，激起民變，高寀劫持巡撫袁一驥等，賓子偁以不及時赴援被議，事後遂堅意乞去，士民思之。歸以所得俸資修祠，置祭租；贊守令修學，助置學田，大有益於梓里。萬曆末去世，祀鄉賢。子偁清介絶俗，所至有聲，爲江北人士之冠。其平居持論，與東林諸人合，故不爲異己者所容[21][22][23]。著有《春秋解》《敬由編》。

注：

①賓子偁生年據《萬曆二十年壬辰科進士履歷便覽》所記“辛酉八月十二日生”，知其生於1561年。

②參見《欽定古今圖書集成·明倫彙編·官常典》卷五百九十七《藩司部》引《明外史本傳》。

③參見《(康熙)合肥縣志》卷九《人物》。

④參見《萬曆二十年壬辰科進士履歷便覽》。

⑤參見《欽定古今圖書集成·明倫彙編·官常典》卷五百九十七《藩司部》引《明外史本傳》。

⑥參見《明神宗實録》。

⑦⑧參見明過庭訓《本朝分省人物考》卷三十四《賓子偁》。

⑨參見《欽定古今圖書集成·明倫彙編·官常典》卷五百九十七《藩司部》引《明外史本傳》。

⑩參見《(乾隆)泉州府志》卷三十《名宦》。

⑪參見《明神宗實録》。

⑫⑬參見《(康熙)合肥縣志》卷九《人物》。

⑭參見明何喬遠《閩書》卷四十七《文莅志》。

⑮⑯參見《明神宗實録》。

⑰參見《(康熙)合肥縣志》卷九《人物》。

⑱⑲參見《欽定古今圖書集成·明倫彙編·官常典》卷五百九十七《藩司部》引《明外史本傳》。

⑳參見《明神宗實録》。

㉑參見《(康熙)合肥縣志》卷九《人物》。

㉒參見《欽定古今圖書集成·明倫彙編·官常典》卷五百九十七《藩司部》引《明外史本傳》。

㉓參見明過庭訓《本朝分省人物考》卷三十四《賓子偁》。

記

吳公生祠記

古封建之制，君疆井，卿大夫食采。長上與民世世勿攜。德澤盛者，没齒不忘。羔羊之詠、蔽芾之歌是也。易而郡縣，而上下之勢愈親。夫士也，持經術，經世務，豈不志在民瘼？然非仁心無以見仁政，而非久任又無以收成功。若使咨嗟愛慕，去如其存，如今霍民之思吳君者，豈易得哉？

霍僻邑耳，於事簡，於民淳，向固狉狉然也。迨僻轉爲澆，弊端日滋。惟邑界三藩而藪有揭竿，通六路而家有窩囤。倍田賦於廿里，則逃亡夥而公課虧；賠茶榷於額外，則妄派多而民力困。諸凡解頭攬納之類，皆借給公者給公；藥物皮毛之屬，皆以養民者厲民。百孔千瘡，更僕莫數矣！

侯甫下車，詢問疾苦。父老枚舉以對，而首論盜賊窩囤爲急。侯頷之，曰："是何難哉？在爲政者心力何如耳！"迺置賞格，募材官，遂捕獲魁渠數人，立誅之。緝窩囤者，扁其姓名，諭之曰："恕若已往，只今民間失一子一女，必若是徵，不得則死！"不逾月，二害帖然，霍之民如解湯火也。迺徐徐逐款解結，而後先布之。如解頭以輪當，徵收以格眼，兑糧革去灑倉較斗之類，貢茶革去絹袋損箱之屬。糧畝躬自攤算，而飛詭一清；圖賴不追葬埋，而溺縊遂鮮。他如馬户有報，牛屠有額，庫吏有獻，網户有籍，俱一一報罷。而霍之民又如沃清涼也。於是，勸學以歆之，讀法以飭之，招流移而安集之，旌節孝而激勵之。溝澮有督，塘堰有長，授時有圖，育物有編，士有程，蒙有訓，女有箴。五年之中，學者奮於帷，耕者力於田，老者鼓腹，壯者愷悌，幼者含哺。而霍之民遂如在光天化日，飲甘露而登春臺矣。侯凡遇水旱，輒禱，禱輒應。是其精誠已上徹於天，而況人乎？

侯之行也，霍人如失怙恃，扳轅垂泣，纍纍不絶。悵望靡及，則又謀尸祝之。以記屬余，余以爲侯善讀書，每能身體而力行之。以彼德政，儻所謂力無倦而心以忠者耶？是之謂"行其所學"。執此以往，光輔太平，直運掌耳！是爲之記。

［錄自《（同治）六安州志》卷五十四《藝文》］

廬州府重修廟學記

廬國於斗間，枕蜀帶淝，湖山精氣，蔚爲人文。故不乏，何今寥寥？帝鄉三百里而近，詩書棫樸之教，漸摩豐鎬，謂從龍名世者五百年爲盛，而待興則爾哉？郡人士嘅然有起心，以告司牧，累數十年於兹矣。

屬郡伯馮公來守，天之所以開斯文也。至則朝夫子廟，一顧頹然興歎，捐祿脩之，及東西廡、啓聖公祠。飭俎豆，理金玉，舞佾生之弗閑於節者，簡而習之，以爲不肅不備，烏所稱是禮與祭於如在乎？已乃明倫之堂、尊經之閣、五博士齋、諸生講業之所，分工鳩役，旦夕省試，不期月而已成。學後，培土累台，山建凌霄亭，此其故可思也。偏左掘數十餘丈下，形家忌之。宫牆一缺陷事，及今始平。敬一箴亭新，而題其坊曰"籲俊尊帝""訓行近光"，意蓋切云。射圃之地，樹木踰千，爲槐，爲桃李，爲松栢，風吹雨化，入寒不彫，比杏壇焉。環橋來觀，甲於江淮。諸生請爲記，以示永永。

余樵甚，何足承？雖然，望此舉數十年，而幸得之。夫幸得之者，其不可必得者也。青雲之士，以學發身，報本則尊聖，爲國則育才。釋菜之宫，忍在艸莽？青烏家言，斡旋地運，取精奎璧，爲譽髦規。是皆有關於世教，而或不善任使，用非其數，繪飾塗塈，終不可以久。公承祭自盟，有洋洋者矣。九校多振作，得以人事君之義。子夏有言："百工居肆，以成其事。"學則士肆；義，路也；禮，門也。群而居之者，上爲明經行修，則士事由是路出入是門也。成而用之者，士各自爲政。

我太祖高皇帝游心上古，獨尊孔氏，春秋崇報，特祀於學宫，令誦法者見夫子以見朝廷修道之心。卧碑通訓並四書五經而三之。鐸醒群迷，廣延茂俊。夫豈墻域之，餽飽之，而縻之以一利祿之途？莫重於科第，豈豔於狀元？鄉祀馬忠肅公尚矣。包虞部令儀未聞彪炳，而其子待制曰"龍圖"，曰"閻羅包老"，聲施華夷。即今而問孔門七十子，恒人不知也。公何以得此於千萬年？夫士亦自樹耳，莫之爲者天，而莫之致者命。故患所以立，立難於位。斯未能信，信不必仕而爲仕重。不則身負儒名，談説仁義，浮沉無補，而倖富貴以驕人。此乃孝肅公所羞也。古之君子過門必式，過廟必趨，一舉足而心存焉。今將爲桃李之華乎？則歲寒松栢乎？栽培若此，勿拜而可矣。

是役也，堅而固，計可長久。公蓋擇倅尉之里居者，參之賢士若而人。

姓名勞勤與學基舊界,附碑陰。公名聖世,合江人。同知賈,名熙載,雞澤人。捕廳鄒,名起譽,茂名人。糧廳柴,名芳,博野人。推官林,名日烺,詔安人。合肥令胡,名震亨,海鹽人。並有贊修功。

[錄自《(康熙)廬州府志》卷四十五《藝文》,日本内閣文庫藏清康熙刻本]

胡侯疏河建閘碑記

今上歲執徐,檇李胡侯尹兹四載,恢嬾藏隳,興榮剔秕,殊猷焕焉。惠風穆如,肥之衆殆於懽聚而呻息,歌揚而頌作已。迺侯則隱然以爲民雖稍蘇,未沃其根,余何敢德?於時博謀諸紳縫,耆謀諸三老,野謀諸原田嘖室之議,爲吾民規長利者若干事。首覼大則曰:"濬渠濠,建隄閘,以培我邦之勝。"侯自謂雖不善形家言,然以意揣地宜。昔人所云:"土者諸生之根菀,水則其血氣,如筋脉之通流者也。"

凡地之形,皆以西北爲源,而東南爲委。源太壅則病鬱,如膏之弗震,厥爲滿眚;委太瀉則不足以固其勢,有如腠理之疏,體必受其痿枯。以兹相肥,實交病焉。本實先撥,俗曰:"就於偷窳而不知。"長吏之不恤,誰當恤者?兹欲瀹其壅而通之,有故道在;欲節宣其瀉而不爲尾墟也,匪隄閘則莫能支。慮惟是計鍰,則必盈千,事期固非周星莫浚也。畚插之繇,萬而始幾,余將借財于公,而借力于民,賴諸紳縫、父老毗之畫,而民之足知而敏、公勤而慎者,左右之庶有鳩乎!

斯議也,侯實以福民無已之心,爲培形導勝之舉。故一時聞者,靡不欲竭諝幹,并手足,翹首以冀其成。而侯遂鋭然以是請於郡守、監司,而上請大吏,請大吏韙其議,議定矣。衆惟需是急,侯故先已檢郡藏,得撫中丞所積鈞金之贖委塵置之者,至是具牒請爲一方德。中丞公廉仁長者也,慨不爲難,益多侯之才且惠。牒下之明日,侯即罷一切事,會郡之紳縫、父老暨掾舍之能而辨者,謝騶帷而行周城濠,按其狀所爲,若何壅宜疏,若何瀉宜扁,泛城西北,以遶郡之中遭回,而尤盡於城東之隅下,則金斗河與肥流合者也。計所浚幾百千丈,拓其蹟凡幾尋尺,則西北之故關�蹟宛然在。正德中,避寇劇,郡首闉而高其壘,一時權宜,百年底滯,用鑿復之,以滌肥流之脉。東則去郡隍三里許,當入川之下流,爲石閘□□啓閉焉。曩之瀉也,侯渴則澤若焦,今無不潢然矣。邑固以肥得名,湫塞以來,幾昧此形勝。至

是則襟帶邑郭，蜿蜒如□□載之人，不苦於膠，得以艤閭而市，闤闠便之，比於江淮澤國之風，故中郡之流，識曰“肥水新津”，表其疏豁之形，自侯造耳。

夫山川之脉絡，非昔弇而今侈也。然昔也閼，今也紆；昔也潰，今也畜；昔也沮隘而廢居，今也阜通而肆集。微夫人之力不及此。彼所云：“凝祥導旺，取徵尚杳而宜，此豐物便民之利。”侯所貽，固已宏遠矣。適興役，值歲祲，民徒庸者以受傭錢，日得二鬴。侯實以利百年者兼活吾萬口，又其恩施於不見者也。是役也，貲費則前所請，不以半緡需之下；而計工命程舉不越於小度，抶扑罔施，而遹觀厥成，偉且捷。侯之功與盛美之弗紀，令後世享其澤，而不知其庸，何以崇德？爰鐫之珉，以志不刊。若侯他惠政所爲，罷踐更躅，算籍調荒，辨清蠹税，宮牆聿輝，譙樓再飭，雖重負載，莫能悉也。姑附著其最大者。侯諱震亨，檇之海鹽人。

［錄自《（嘉慶）合肥縣志》卷三十四《集文》］

榮封謙菴蔡公建坊記

蔡公諱廷用，號謙菴，字昆秀。歷國朝嘉靖、隆慶、萬曆，累誥封奉議大夫、尚寶司正卿，絲綸疊賁，永荷天庥。郡太守公建坊於公之里以榮之，曰“三朝榮命”，囑予爲誌。公修身齊家，肅雝示範，禔躬接物，儉讓垂型，而教子必以義方，少不衣帛，足不踰户，孝親敬長，各守一經，恂恂如也。長君紹謙先生，敦崇古道，兩與賓筵；叔君懷謙先生，學究儒先，文追雅頌；季君肖謙先生，累官符卿，忠藎立朝，孝友作則，學程朱之學，志孔孟之志，四方儒者宗之。唯公端蒙養于前，以故所成者大，而所及者遠也。豈不榮于奕禩哉？以此揚厲聖恩，範模後世，公其不朽矣夫！

年家社愚姪竇子偁謹誌。

［錄自《合肥蔡氏宗譜（禋公支）》卷二上，清道光乙巳五修。承蒙合肥蔡善奎、蔡傳海兩先生准予觀覽原本，敬致謝忱］

啓

迎王兵憲

伏以眷命楓宸，細札焕絲綸之曉；視師閩海，金章照奎壁之春。飄玉佩以飛來，駕朱輪而至止。懽騰庶寀，望引蒸黎。恭惟某官，身出河山，名將日月。屠龍霹靂，括四海之波濤；吐鳳風流，横九州之眉宇。藉金閨綉錦，天上神仙；研粉署馨香，虞廷伯夷。才猷經濟，望已重於中臺；程式奇勛，名復高於紫禁。是以揆留皇鑒，忠簡帝心。憲秉西川，已布德威於列郡；憂紓南顧，復仗節鉞於全閩。乃宗社攸關，實輿情共戴。丹旌影動，紫氣光浮。凡屬簪紳，殊切雲天之庇；矧玆蒼赤，尤切衣被之思。某職叨泉邦，材爲樗櫟。慙無寸補，祿虛縻乎二千；戀有三春，心徒懷乎寸草。白雲在望，北斗是懸。竭駑悃莫遂凫趨，聞鶯聲許多燕喜。

［録自明李國祥輯《古今濡削選章》卷三十二《按察司》，《四庫全書存目叢書補編》第30册，影印明萬曆刻本］

書牘

柬許君信

月夜渡江，風帆如飛。回顧南岍，則故人有衣帶之隔矣。别後何狀？更於何日握手，以慰所思？歸來乎迫冗爲苦。得荆卿論千古、道意氣，差足自解。然未嘗不思足下。海内安得有此人？亦安得常共一地？壯丈夫氣色，時座酒間。家兄之伻有報入白門者。草草寄心，不盡欲吐。

［録自明孫鑛《古今翰苑瓊琚》卷九，中國國家圖書館藏明刊本］

與鎧公

徑山别是一界，不必滄海日升，浙江潮對之爲奇觀也。唯上人能住此，非住脚而住佛，藉化城而登寶所也。樓頭夜話，氣色至今飛揚。詩畫之惠，便露神通。繪弄大千，其一點矣。

［録自明宋奎光《徑山志》卷八《書啓》，《四庫全書存目叢書·史部》第244册，影印明刊本］

序跋

沂川楊公集後跋

沂川翁蓋數傳而有雲樓公振其宗焉。雲樓公出理吾廬，以名御史來。公不薄淮陽，用碩望坐鎮。其論於部，江以北數千里寔藉庇焉。暇則圖書自娱，不以不佞爲不肖也者，而進之揚扢今古。因以習沂川翁集，若《樵吟》《集杜吟》《梅花集吟》，序者數家，大較可睹已！不佞讀之，竊有枕於中。

寓内精靈，代不一洩；世德之家，往往而聚，所爲鍾氣厚也。齊魯故多文士，沂川翁偉然著作之庭，於文學爲天性，然非崛起已自有承；而雲樓公復仍業歷年，蔚蔚乎於斯爲盛！天之所以章沂川翁也。先是，公手竹菊卷，示不佞。两物稱勁卉中，愛而繪，爲引諸家言，若不能置。乃令讀《梅花詠》，而知公之意念甚深，夫有所受之乎？梅歲寒呈華，芳蘤之標，實開群卉鄉絵圖所開者也。且沂川翁在孝廟時，大節廩廩。公不欲變世篤之貞，以識不忘，有所受之果然。

顧諸集曾經兵火，得不湮滅，豈文章神物，自有呵護？而沂川翁精英如在，以此俟後之人也。公猶恨不得其全書。不佞謂："此三種者，擅七言之長，奪工部之巧，萃百家之芳以暢。此得其大者，不朽已！"嗟嗟！美固必傳，得雲樓公而益顯，所稱"世業不替"也。

合肥竇子偁頓首撰。

［錄自明楊光溥《沂川楊公集》，明萬曆楊東野刻本，民間收藏。山東沂水楊明兆先生提供書頁照片］

鄂渚編序

合肥友弟竇子偁撰。

汝高入楚，而有《鄂渚篇》。鄂之勝最著，《黄鶴樓》"漢樹、鸚洲"，獨題千載，則何以具是不朽哉？一望蒼江，多景而寡和，豈難作者？言固有至不至耳，至則片言，千萬言不敵也。説者謂："《鳳凰臺》詩，謫仙陰妬崔，而易地以爭名，移調以競烈，品隲者卒亦未許駕之，則信乎其至也。"人代已非，桑田遞改。今其言在，不藉地勝，而地藉以益勝。故夫能文之士，往往挾所長，雄鳴於天下；而騷人墨客搒奇剖勝，致令天地大矣，焕無餘藏。編中爲是樓律者二，即不知向前人若何，臨江獨唱，並及諸篇，抑亦蒼然俯楚，戛擊金石者乎！崔之後鮮有聞，得汝高而兩之矣。

汝高饒詩才，兼有今古之志。嘉書異集，一韻一字之奇，靡不收焉，深入而湧出。即二年於此，攝行内外日者，什且八九。雖從繽紛，愈開雅致。每以言濯余，余固慚無能以稱汝高也。

楚屈、宋之遺聲，施自古，入國朝而漸。高皇帝菁莪之化百餘年，以起世祖，首善在郢，風行江漢，其間人文翩翩乎有餘於致也。以方煙波日暮、長安雲蔽之愁，何如今時哉？是編也，勒成於陽春白雪之區，足照盛事；至其文章飾治，經濟敷猷，汝高所際，唐二公未有，則豈盡人力哉？是又賡歌之風於斯爲盛者矣！

［錄自明鄧原岳《西樓全集》，《四庫全書存目叢書·集部》第173册，影印明刊本］

增釋春秋列傳序

廬書無它藏，《春秋列傳》者，編自大庾劉介夫，貯此數十年；而鄒嶧潘公來守，愛其書，修之，選博士弟子之洽聞有經術者，若方學御輩，訂焉以行，而問序於余。余讀之，事與辭緝《左》《國》，而體裁倣乎子長。《左氏》，史也，國紀也；傳，史之變體也，人紀也。國由人重，人即事見，當年勸戒之跡昭如。而子長作傳創始，半以寄其鬱結。顧味其意於在斯，豈不以整齊故事廣示來兹？非苟而已。展禽之聖、蘧玉之賢、銅鞮伯華之烈，至皆不載，此何以説焉？且秦之所讐於是古非今者，政唯此文獻内夏而不與之故除也。賴有可存，遺之奈何？抑幽於縲絏，容有未遑之筆耶？

蓋列傳出，而二百四十二年之中卿大夫犁焉在目，亦甚快於志矣。第一人而事分諸國，同事而國各殊人，彼此互存，不無繁複。《左》之所已出者，仍鴻言於不刊；其未及者，摹新裁以難繼。旨多未暢，類亦罕分。創蓋難矣，才誠遜古。

公書無不讀，敏作其性。然所嗜在此，毋亦以文留獻，杞、宋可鑒也。志在《春秋》，有味其言，而爲之潤色，不朽以此乎！嗟夫！春秋前，國有史而無傳；天漢以後，人有傳而無史。史在，則是非稟於朝野之公，而評品真傳；行則有力者各操其家乘以聲施，而史與人兩失之矣。蔡邕之爲碑銘，自謂“慚德”，乃其言蓋有足行者焉。閭巷之士因執而附雲者，類皆不可校。漢已如此，輓近益可知。史亡闕文，孔子傷之，何論義於筆削乎哉？公曰：“若是乎子言之遠也！則慮未之有及。雖然，《左》視《公》《穀》，最妙而艷。顧其書明晦於千載之下，幾更名家而始益尊。《史記》雖鉅麗，《集解》《索隱》之屬亦自功臣今日者，闤闠兩家夫有所翼之耳。”是傳也，非公則不章，毋論探微麟經大一統之若何。以纘僅存於盲史，而足未備於腐編，蔚爲全書，名山共長久。鄒魯之學，其所繇來者上矣。

萬曆戊申夏合肥竇子偁撰。

（鈐印："竇子偁印""燕雲私印""壬辰進士"）

［錄自《增釋春秋列傳》，臺北圖書館藏明萬曆三十六年潘氏廬州刊本］

敬由編序

不佞子偁起家棘寺，繼在大司寇官屬，是皆冷局，人頗厭之。不佞拙者，可幸無罪。暇則檢故籍，兩地亡藏也。竊見博聞好古之士，往往集奇書，致諸京師，幾充署。獨爲理而少，豈以刑名儒者不道？有心世務，何經術之不可？顧求賢於文無害。聽訟吾猶人也，則以使無訟者乎！嗟嗟！上失其道，民散久矣。

法，國之寶也；而獄，百姓之所懸命也。而議者賤之，輕其事，再輕其官。官與事兩相輕也，則法安得不傾？而民安得不病？唐虞之際，道在皋陶，伯夷降典，折民惟刑。漢以來，大獄輒下公卿雜議。國家之例，歲熱，舉大臣之經明德厚、有道術者一人於朝，同法司審克，具嚴天威。夫獨不念罔攸兼于庶獄，惟正是乂。法不可假，與衆爲平，式敬由獄，以長王國。德意盖深遠哉！則又何以謂五極九章不列於學官？猥云免耻，貽譏閟術。

故夫户説以禮樂，雖勤，不能化所不如律。不敢爲之，而以律律之，我不犯焉者，家可無僇民，而國無頽風也。是盡性之書也。豈其乘之，而舞文以亂俗？豈其玩之，而狥情以長奸？平則樹德，頗則樹怨。故曰："執之而已矣。"執可執於不可執，而卒執之爲執也。執此乎執，執彼乎執，而卒無易執之爲執也。

漢有兩廷尉，唐徐、杜爛然矣。夫定國何敢望釋之哉？亦甚不肖其父也。孝婦雖死，得于公而明治行。孰如趙、韓賢君相，所持隱忍從之！烏在其北面，鈞禮習大義，司直褒漢廷也？釋之遇其主，然以論當薄昭盜環事，難於驚蹕矣。有功九死不移，直以身寄法，以法寄唐，千載未見其比。宋忠厚立國，其於刑尤慎，吏多用決疑晉秩。三百年間，著哀矜之効，皆所由其重之也。

嘗論漢法嚴，而奉行者必故強；宋法詳而不必行，故弱。世儒闇於大較，則委轡而求千里，雖有王良，無益乎御矣。今所傳惟《清明鑒懲》《折獄龜鑑》等書，餘未之概見。其大指要在安全照覆，以爲不傷吾見牛之心。作戒於猛刑，至稱陰德，因緣於鬼神，語稍不雅馴；又事不該，兩造之佃、一隅之泣，無關大體。亦惟是少司寇呂以爲言，屬不佞彙次之，存部中。未成，有宣之役，於今三年矣。慙寡陋，剽竊百一，僅拓數種之所未備云。編有上下，紀言與事，茲爲下編。少司寇則中州呂新吾公也。

萬曆己亥夏日合肥竇子偁序。萬曆辛亥重刻於淛江按察司之種德堂。

[錄自明竇子偁《敬由編》，《續修四庫全書·子部》第974册，影印明刊本]

題玉泉寺書本藏經

三吳大知識捐貲刻經徑山，有送余者。嘆非家物，流照衆生。藏山于山，藏佛於佛。玉泉古寺，百千年幾廢興，而名不改，佛力哉！將山河大地，非待盡者有乎？月高欲殿，蓬杳擬宮。飛來飛去，意將何窮？玉人呈相，自西徂東。生返樂土，佛緣是空。

萬曆辛亥秋合肥竇子偁識。

[錄自明吳之鯨《武林梵志》卷五，中國國家圖書館藏明刊本。文題爲編者所擬]

雜著

題玉泉寺"神龍撫掌處"匾

初游玉泉寺，雨氣在天。登楼觀魚，疑若出聽。余以爲樂，方伯則曰："此四族中苦海乎！"已臨小池，細沸生花。顧問僧，不知所對。歸而求之，乃神龍撫掌處也。是日驚蟄，心愈勃勃然動。悲夫！山來雲外，臺豈世中？一點浮漚，窮盡瀛涬。方伯爲誰？桐城吳體中，同年友也。

竇子偁題。

[錄自明吳之鯨《武林梵志》卷五，中國國家圖書館藏明刊本。文題爲編者所擬]

吳起周

吳起周，字振寰，合肥東鄉六家畈人。宣德進士吳鎰裔孫。萬曆二十二年(1594)，首倡建祠修譜、立宗法。性嗜書，雖暮年而吟誦不絶，書法尤妙絶一時。卒年五十有九[1]。

注：

①參見肥東縣六家畈《吳氏宗譜》。

肇修祠譜序

吳自泰伯受姓，相傳遠矣。遡其源，遐不及備。兹攷始祖七三公自宋寶慶間，由宣城渡江而來，居廬陽合肥治東巖山北麓。七三生再三，再三生子六人，復北去巖山三里，左青陽，右巢湖，溪水環帶，爲形勝之地，遂定居焉。以六子，因名其地曰"六家畈"。傳至四世祖楨，從太祖起義兵，追北虜，保興隆，後每從征，與兄良多戰功。洪武三年，楨封靖海矦，良封江陰矦。清平伯成亦四世祖也，洪熙北征，累功進矦，封渠國公。五世祖鎰，中宣德丁未科進士，任四川道監察御史。衍至萬曆甲午，歲歷數百年，而成丁者千人，世代名分，今皆可紀，(起周)則十世孫也。

嘗思國有史，家有譜，子孫而不錄其先人悖亂之行所自邪也。譬之植木，枝葉即繁而本根不厚，雖合抱凌霄，終無貴爲良材也。吾感慨係之，乃修譜牒、著宗法，會宗之長者暨賢者，出其所修所著而與之言曰："吾廬風俗甚厚，吾吳姓聚居此里，支派森然，亦僅僅見矣。從此不創祠修譜、立宗法以垂訓後人，將一再傳而不知祖先之名者，或五服内之兄弟如秦、越之不相識者。矧吾吳氏自甲科之後，再無有紹繼先人者，尚幸祖宗積德之厚，及御史公之靈庇我後昆，子孫雖多，不至貧窶不肖之甚，尚能了然前代之事。脱或後世子孫更繁，家教日湮，而豈能念祖宗以敦睦族屬乎？此念此心，吾欝之久矣；而譜與法，吾修之非一日矣。願吾宗賢人長者成吾素志，協力創祠，以爲觀望，每元旦及春秋旦，會集長幼，相率詣祠，同修祀典，講明太祖高皇帝聖諭，暨蚤完國税、保惜身家，立學校，明理義，以耕以讀，無忝厥祖，則家有親睦之風，而吳氏之族稱久遠矣。日後更有以儒業起家，得以仰追御史公之烈者，再以吾輩之意推而廣之，上而祖宗有所依歸，下而子孫無所紊亂，近而爲遵義遵道之民，遠而爲善繼善述之裔，即千萬世，如一日也。吾之志願不大愜矣乎！"遂同族衆董之成，以爲家傳云。

旹萬曆甲午年春月之吉十世孫振寰起周敬識。

［錄自肥東六家畈《吳氏宗譜》，清光緒庚辰九修，日本國立國會圖書館藏，美國猶他家譜學會公布圖像］

巫采

巫采，合肥人。明初名將巫凱弟顗裔孫。歷官至衛輝府經歷。萬曆三十四年(1606)，創修《合肥巫氏宗譜》①。

注：

①參見合肥《衍慶堂巫氏宗譜》，清光緒乙酉四修。

序跋

巫氏宗譜原序(原注：字跡歷年久遠，殘缺處不敢妄填)

嘗聞古之君子，論譔其先世之美，以明著之後世者也。以□□□□□□家如此。(采)不敏，每歎先世云遥，宗支日紊，又何能譔先祖之□□□□□昔兄懋採宗派序而爲譜，奈未得其詳悉。兹(不肖)竊祿閩藩，莅衛輝府經歷，每以司帑之暇，輒執譜牒□尋其宗派與夫墓狀。幸家君記憶頗詳，敢不述而識之，以傳久遠？

謹按，吾宗先遠源流無從稽考，當近以勝四公爲始祖。公家句容，公之墓亦在句容，以孫凱貴，贈驃騎將軍、左軍都督府僉事；妣氏萬，贈夫人，合葬焉。公生一子名懿者，自句容徙潁州，以武勇初爲安豐元帥，後歸附我太祖高皇帝，渡江立奇功，授世襲百户，封昭信校尉，守禦廬州，而廬州舊爲守禦千户所，即今之廬州衛是也。懿公卒於官，塟廬陽城南望城崗梁二公里，以子凱貴，贈驃騎將軍、左軍都督府都督僉事；妣氏周，贈夫人，合塟焉。緣六世孫祥並其子岱岳附塟其墓，而岱岳絶嗣，以致祭掃俱廢，傷哉！□□□□□□□□□□□□□吾宗有志之士當倡族衆奉行之，上慰先靈，下訓後世，追遠報本，功莫大焉。懿公生子二，長凱，次顗。凱公天生豪俊，雅負奇能，尋襲父廕，而翊助皇朝，東征西伐，南討北敵，身親血戰，而茂著勳猷，由百夫長而歷陞都督僉事，掛總兵將軍印，鎮守遼東，卒於官，塟遼陽之廣寧城，崇祀名宦，後裔亦附籍遼陽。而吾廬之祖則凱公之弟顗公矣，顗公生子三，長倫，次儀，季儼，即今之三大分也。顗公之墓塟巫家灣，即懿公之欽賞地也，墓内附塟者皆長房之後。其二、三房後裔俱極森森，使竟忘其本源，豈孝子順孫之行也哉！□□塋内葬埋失序，大義有關□□□□□□□。

第念吾宗往以官□寄操廬州，久而混爲行伍。弘治年間，幸五世伯祖名琮者，以巫家灣爲欽賜墾地，在《合肥縣志》，遂理於郡公，拔爲編民，以族姓繁衍□□□□□□□□南鄉里圖不一□□永爲版籍，而世賴樂業安居，祖之功大矣。由是分門别户，各自爲家，以故後世子孫迷失宗派，尊卑失序，長幼無倫，乃混同先人之名以名臧獲輩亦有犯焉。豈非無譜之過歟？吾不忍也！敬採宗支，彙爲譜，略繪而爲圖，俾後世子孫開卷咸知九宗五服與夫祖宗名諱，昭然在目，尚安敢□□□□者乎？偶得《范氏宗規》，有裨世教，並附譜末，願吾宗贇智傚而行之是望。

萬曆丙午孟秋八世裔孫采頓首謹識。

[録自《合肥衍慶堂巫氏宗譜》，清光緒乙酉四修。合肥蕭寒先生提供書頁照片]

龔承先

龔承先(1563—1642)[①]，字玄鑑，一字先甲，號寧揆，别號夢嚴吏隱，合肥人[②]。萬曆三十一年(1603)舉人[③]。萬曆四十四年(1616)，授浙江嚴州府分水縣知縣[④]，兼攝桐廬縣事[⑤]。莅任六載，愛民禮士，敬老恤孤，修學造橋築堰，百廢俱興；革禁一切陋規，不狥情面，素以包孝肅爲儀型，綽有遺風[⑥]。天啓元年(1621)，誥授奉直大夫，擢雲南武定府禄勸州知州，乞歸不赴[⑦⑧]。返鄉後，卜築城西，課諸子姪二十年以終[⑨⑩]。

注：

①龔承先生卒年根據《合肥龔氏宗譜》記載：“生於嘉靖四十二年癸亥七月二十一日亥時。……卒於崇禎十四年辛巳十二月初七日。”

②參見《合肥龔氏宗譜》卷一。

③參見《(康熙)合肥縣志》卷七《選舉》。

④參見《(康熙)分水縣志》卷三《名宦鄉賢志》。

⑤參見明末清初龔鼎孳《定山堂詩集》卷二十五《先大父奉直公以分水令攝篆桐廬，秩滿，擢州守，即日謝病歸。余時甫五齡，侍行，今三十餘年往矣》詩，民國甲子合肥龔氏瞻麓齋重校本。

⑥參見《(康熙)分水縣志》卷三《名宦鄉賢志》。

⑦參見《合肥龔氏宗譜》卷一。

⑧⑨參見明末清初龔鼎孳《定山堂詩集》卷二十五《先大父奉直公以分水令攝篆桐廬，秩滿，擢州守，即日謝病歸。余時甫五齡，侍行，今三十餘年往矣》詩，民國甲子合肥龔氏瞻麓齋重校本。

⑩參見《(康熙)合肥縣志》卷九《人物》。

序跋

石龍庵詩原序

嘗考世廟時言事者，則嘖嘖以言徐先生云。先生行略，具在鏡山居士所爲傳中。厥后寔多賢者，孝廉君其孫也。君來諭分弟子，時手一編示人曰：“此不肖王父狀。國史、家乘，班然可睹已。”又蒐遺笥，得先生詩如干首，謀諸副墨，以志不朽，而屬分水令龔承先爲之序。

夫古來悲憤之士，每托歌什，以鳴其不平，如楚屈子則最著者。當時，上官大夫搆蘭、袖等爲奸，蠱君於耳目之側，而靈均不得行其説，走吟江皋，繼之以死。斯可謂奇於不遇者已。至今讀《離騷》《九章》諸辭，蓋猶有濤飛雲白、山凋木落之象焉。而説詩者類取其忠，而傷其怨。夫《騷》上無知己，下無同調，四顧煢然，即欲不怨而不可得也。

乃今觀先生詩，渢渢大篇，殆忠而不怨者歟！夫絲綸之地，父鬼子蜮，不減於上官氏；托窟妖狐，授機嗾犬，播弄二百年來搢紳未有之難，不減於子蘭、鄭袖輩。而獨忼慨出一疏以磨虎牙，痛哭流涕，長太息而言之，幾與楊、沈同禍。此夫衷所鬱結，亦不減於江皋憔悴、叫帝呼荃也。而先生何以不怨？蓋當疏上之日，天子已心識先生忠，故爲拔去眼前丁，以快其志。而繼是言者愈出愈奇，爲朝陽鳳，不爲仗下馬，若浩氣丹心之詠，即斫頭陷胸，無所憾。此固屈子所不能得之懷王與景、昭諸人者，而先生獨能邀知己於不可測之聖明，結同調於不畏禍之群喆，則又何以怨也？故其爲詩，情深而不刻，氣宕而不佻，温厚和平，而不使人味之易盡。晚年更鎔圭隅，發道妙于音律，而春風所噓，當者心醉，豈若是意氣自矜、鑠文囿以爲奇者哉！愚于是悲屈子之踔厲于才，而猶未躋夫道岸也。

夫不遇而怨，即賢者不免。先生而不遇也，怨乎？曰：“不怨。”何以知之？曰：“先生嘗道之矣。‘自喜一節者，不足以進全德之地；未免鄉人者，不可語于賢聖之徒。’大哉斯言！人品、心術，舉由此造。固其學力所詣，亦天性然歟？”然則此嘯吟之餘，亦止性情鼓吹，未足以盡先生，又何必強寘《楚騷》之旁，而定其怨不怨否也？

愚愧不文，無以闡揚先生萬分一。辱與孝廉君同官五雲之間，且附有年誼，世講莫逆，故不可辭。因爲誦其詩，論其世其人，而僭贅一言云爾。

年家晚學古淝龔承先頓首拜撰并書。

［錄自明徐學詩《石龍菴詩草》，《四庫全書存目叢書·集部》第110册，影印清刻本］

趙元吉

趙元吉（1566—?）[①]，字修之[②]，號慎所[③]，直隸合肥縣軍籍。萬曆二十三年（1595）進士[④]。萬曆二十五年（1597），授河南懷慶府推官。陞工部主事。萬曆二十六年（1598），補順天府學教授。萬曆三十五年（1607），陞國子監博士。萬曆三十六年（1608），陞户部主事。擢户部郎中[⑤]。萬曆四十年（1612）九月，陞江西建昌府知府[⑥]。任内重修《建昌府志》，以嚴峻忤俗致仕[⑦]。萬曆四十六年（1618）十二月，起復補貴州都匀府知府，不久去世[⑧][⑨]。

注：

①趙元吉生年根據《萬曆二十三年進士履歷便覽》所記"丙寅九月二十一日生"，則生於1566年。然而《進士履歷便覽》官年現象極爲嚴重，其真實生年大概率會早於此。

②見本書所收趙元吉《重修建昌府誌序》篇末落款。

③參見《萬曆二十三年進士履歷便覽》。

④參見《明清進士題名碑錄索引》。

⑤參見《萬曆二十三年進士履歷便覽》。

⑥參見《明神宗實錄》。

⑦參見《（康熙）合肥縣志》卷九《人物》。

⑧參見《明神宗實錄》。

⑨參見《萬曆二十三年進士履歷便覽》。

行狀

中議大夫歷官雲南按察司副使兼布政司右參議蔡公（諱淑逵）行狀

公祖籍于明初自句容遷合肥。公父贈公諱恕，母方恭人以純孝著聞。談太母病，適方恭人有娠，日夜侍奉，衣不解帶者累月。太母泣曰："若善事我，願天賜佳兒，以爲若報！"言已而逝。未幾，恭人就褥，空中有金玉聲，而公遂生焉。生而岐嶷，贈公心異之。稍長，日授千餘言，輒成誦。十歲，丁外艱，哭奠如成人禮。叔父符卿公雅器之，曰："此吾家千里駒也！"公大父後贈公歿，而家日落，恭人以死自誓，志益堅而節益苦，遣就外傅，躬紡績以資之。公益感奮，肆志于學。十七，得配郡士張公女，而受室焉。張襄姑助內，俾公益勵所業。十九，爲邑諸生，試每前茅，而聲馳鄉國矣。二十一，方恭人終養，公與張侍方恭人病，猶方之于談太母云，含殮擗踊，公水漿不入口者三日，哀慕之思，三年如一日。居恒泣奮曰："先君齎志以没，先母苦節未揚，非爲子者責乎？"益刻苦下帷，時與符卿公究極性命之旨。二十八，領壬午鄉薦。癸未，上春官，中李廷機榜進士，念父母尚淺土，疏歸，卜吉得地城西菁華寺旁，乃遷贈公暨方恭人合葬焉。公執杖負紖，徒跣七十里，以畢葬事。丙戌，補殿試，榜下，授上虞令。上虞俗刁糧欠，豪滑強有力者往往掣有司肘。公一以法裁之，而羔羊素絲，身爲之的。請托者不得肆，咸側目欲中傷公。公拂袖歸隱先塋之側，絶迹市闠，即郡邑守令不得一見顏色。尋當途白公事，調襄陽令，益嶄嶄自竪，攝府符，貪墨吏即望風解綬去，太宰鄭公深相器重。己亥，移公尹商南。商南乃秦中新邑，民鮮土著，賦倍鄰封，公竭心撫字，招集流移，多方開墾，興文釐蠹，有中牟、河内風。縣屢有劇賊爲民害，公兩以計擒渠魁，衆皆解散。庚子，分校秦闈，得雋七人，皆名流，而石公聲諧治即墨，爲循吏。癸巳，晉留臺，邑人遮道泣别。至臺，益有聲，中丞耿公、丁公爲忘分交，而大諫段公、晏公、侍御孫公、秋官錢公尤稱莫逆焉。孫冢宰立廷公每言公于陝多惠政、當代良牧。在臺六年，轉民部，督浦口糧，宿弊一清，三軍果腹；兼税務，商人頌德。加正郎，督龍江關税，管九庫，而冰壺自矢，綜理精密，即狡璫不得乾没焉。職滿，會有疏遠方重鎮須老成人彈壓，帝可其奏，當事乃出公領粵之雝郡。郡爲交夷入貢門户，外則夷使驛騷，而内則中使苛税餘焰尚在。公以惠懷遠人，而以平準法安邇人。時黎寇竊發，逆我顏行，調狼兵所過若掃，公豐其委積遣之，而仍嚴部處，使不得横。有兵奪商人舟，監司不敢問，公逕置之法，一軍皆驚，無敢譁者。壤接猺獞，往一不得當，即嘯聚焚掠，公恩威兼著，任四年，無爲難者。奏最，得封誥，覃恩推所自。晉滇南臬副，正己率下，文武將吏下及夷、漢人咸洗心焉。權大方伯事，以清儉先寮寀，理鹽政，以課資灶户。灶户以差解輕重，往往逃匿，課無以措，乃均其徭役，禁有司不得擾，而額課用饒。戊午，公以入賀行，士庶頂香送祝，願公速旋，活此一方民。賀事竣，歸竟積勞成瘁，殆弗能興，至仲冬三十日，終正寢焉。易簀時，以所餘俸金付兩孤，立義田，爲族人倡，絶不及他事，而目瞑矣。惜哉！

公天性真率，居官多寔政，不事標餙，自奉不異寒素，淡如也。昔在商南，有權璫梁趙以派礦爲秦中害，稍逆其意即得禍，若富平尹王公、長安尹滿公，皆被逮，雖督撫大僚，斂手避之。公毅然請命于上，乃派税額輕它邑，而免提捉大户之苦，邑之人爲碑祠以誌棠思。公幼爲諸生時，晨興赴社，先有同社生約鄰家女，女誤就公，公曰："若必投親而迷其徑者。"身出社外絶之。噫！人世最易暱者情，最難抗者勢，公力足以息大璫之横，正心足以貞處女之奔也。"毋自欺"三字，身履符卿公之旨矣。所著有《易卦飛伏斷》，重刊《玄帝化書》《龍舒淨土文》，未刻有尺牘、雜説、醫方等書。公生庚云云。

余愧不能文，以與公從來契厚，而次弱息侍令三郎箕箒，相知爲深。是以忘其淺拙，取公家乘，次第之爲狀，以備採擇。至發揚盛美，垂示來兹，則有大君子如椽之筆在。謹狀。

賜同進士出身江西建昌府知府年家姻弟趙元吉修之甫譔。

賜同進士出身誥封奉政大夫通政司參議年家硯愚姪王詔築敬書。

［録自《合肥蔡氏宗譜（禋公支）》卷二上，清道光乙巳五修。承蒙合肥蔡善奎、蔡傳海兩先生准予觀覽原本，敬致謝忱］

序跋

重修建昌府誌序

今天下文治斌斌，左相班馬，接踵分曹。握管而纂千秋之業，毋論晉乘楚檮，彪炳宇内；即遐陬僻壤稗官小史，莫不標其風土之美、人物之奇，以雄宇内。矧建武，西江名郡，是藩垣之魯、衛也，是文獻之淵藪也，是名公鉅儒之所臨馭而經理也。美盛當傳，幽微當闡。乃郡志一修於正德丙子，再續於嘉靖辛亥，距今六十餘禩，世變風移，人湮帙散，寧復不爲之慮乎？

先是杪秋，守盱命下。吏民修故事，持舊志，謁予於淝水。予目而訝之，慨然有續貂意焉。比季春入境，而前守今憲湖西鄔公暨今内徵司理陸公已先契予心，蒐輯成完書矣。受而卒業，則始於沿革，竟於襍志，卷分十四，提要鈎玄，洪纖畢備，洋洋乎大觀也哉！而建倉、均徭、鹽策、馬政、學校、官舍、糧解、屯操諸議計，凡便於地方，靡所不興；少有習弊，無不釐剔。訏謨石畫，百世賴之。二公之用心，良亦勤矣！繼守者遵此畫一，即瞪眄而卧理也何難？

乃予更有所幸者。夫齊、魯强弱，較然於春秋。吾夫子臨變道，則難齊而易魯。何也？蓋周禮在魯故也。予甫視事，適宗庠睚眦並質於庭。予謂諸同寅曰："了此不難，會須以理定之。禮者，天理之節文也。禮雖弱物，而化强慴暴，批爭解紛，舍是莫能爲國，以禮固非獨爲仲氏發矣。"忽益賢王殿下傳檄郡中，諄懇諭以禮讓，兩造因而冰釋。恐古東平、河間不是過，依稀我魯至道之風哉！家法相承，世有賢哲，盱之土民安覆盆、登春臺，將無窮極矣！遂援筆而弁諸首。

萬曆癸丑孟夏吉旦賜進士第中順大夫建昌府知府前户部雲南清吏司郎中分司東官廳總理京糧事務奉敕山東河南監兑合肥趙元吉修之甫序。

（鈐印："趙元吉印""乙未進士"）

［録自《（萬曆）建昌府志》，日本國立國會圖書館藏，美國猶他家譜學會公布圖像］

龔萃肅

龔萃肅（1581—1632）[①]，號雍壎、敬宣，合肥人[②③]。龔承先長子。萬曆四十四年（1616）進士[④]。萬曆四十六年（1618），授江西吉安府推官[⑤]，部注清官第一[⑥]。天啓元年（1621），充江西鄉試同考官，敕授文林郎。天啓二年（1622），行取。天啓三年（1623），考授御史，丁繼母憂歸。天啓六年（1626），授浙江道監察御史，巡視中城，長蘆巡鹽[⑦]。期間依附閹黨，爲魏忠賢建生祠[⑧]；不久，魏忠賢失勢，又抨擊閹黨罪惡。天啓七年（1627），加太僕寺少卿，巡按真定[⑨]。崇禎元年（1628）三月，陞山西按察使[⑩]。崇禎二年（1629），京察被論閑住，遂歸[⑪⑫]。

注：

①龔萃肅生卒年根據《合肥龔氏宗譜》記載："生於萬曆九年辛巳三月十三日亥時。……卒於崇禎五年壬申二月十二日寅時。"

②參見《萬曆丙辰科進士同年序齒録》。

③參見《合肥龔氏宗譜》卷一。

④參見《（康熙）合肥縣志》卷九《人物》。

⑤參見《合肥龔氏宗譜》卷一。

⑥參見《(康熙)合肥縣志》卷九《人物》。
⑦參見《合肥龔氏宗譜》卷一。
⑧參見清文秉《先撥志始》卷下。
⑨參見《合肥龔氏宗譜》卷一。
⑩參見《崇禎長編》。
⑪參見《合肥龔氏宗譜》卷一。
⑫參見《(康熙)合肥縣志》卷九《人物》。

奏議

聖政方新時艱可慮疏

(天啓六年五月)二十二日,浙江道御史龔萃肅疏爲"聖政方新時艱可慮"内稱:

今天下東西交訌,邊腹互疲,物力不支,人情易撼。謹就軍儲、吏治、民生,累條陳布之。

則關内本折之當議也。本色原飽軍士之腹,壯其氣力,以成金湯;折色每從債帥之囊,恐其朘削,以招庚癸。但軍旅輕齎,折不可廢。然試問赤錢白鏹其能咽而食乎?士飽馬騰,所需不貲;乃或又爲盜糧,抑且重憂。暴露待命之丹,沙泥視之也。故折徵來,銖銖膏血;而本色處,粒粒髓折。近畿群邑,糴買料荳,僱募夫車,苦而又苦。諸凡廣積之,慎藏之,憐恤之,何不議停調也?

則官守貪廉之廣當察也。今以國計空虚,請捐俸議,請公費議,搜括種種。經有司之手,有司何所措給?不肖者能不朘民脂血以應之?則徵收火耗,不知何如染指;詞訟贖鍰,不知何如厭壑,是貪之階也!嗟哉小民!天行、水旱不時,炊骨易子,不克聊生。撫按而鎮定之,非廉吏之責而誰責耶?察吏可不更嚴也?

則又無如講考成矣。今司農仰屋,議以諸項錢糧責成撫按,以令重弹壓,可提掇一省之精神也。第郡省邑固有闒茸吏,催科無善政,積役扶同侵肥。稽解諸至藩司,爲轉解關鍵。若一項作一項之解,便項項清苦,項項迅速。乃每解到司,散收在庫,支解不清,東那西補,前借後移;間有簡僻下邑,畏功令,刻期完解,而藩司欺其寡少,改湊别項支解,竟貽逋鍰之罰。似此,則京邊急需,何以立應?目今郡邑赴撫按掛號,撫按每月一彙數報部,部得知郡邑能否,而藩司不敢游移,撫按亦庶責有成效矣。

則又無如練鄉兵矣。各郡邑非不循保甲故事,而富者虚名,貧者應役,罔裨寔政。即地方各有健民堪充蒐彌[獮],三令五申,未有成效。則以愚民見征調旁午,不願荷戈;官亦惧練精兵,或他調去,不終爲地方用耳。今下檄郡邑,于排甲挑選之,設法鼓舞之,逐季册報,院道查核而殿最之,且以簡束游民,化驕悍而爲義勇。但以明諭之曰:“練汝原爲汝鄉,定不汝他調。”斯固在在金湯矣。

抑職更有慨焉。以今聖明之朝,衆正登庸,群邪屏逐,似謂無不行之法。而乃有太常少卿韓思維[繼思]者,邪黨巨慝,尚然漏網乎!繼思爲張問達至戚,倚仗窃權,受相棍弁杜應魁保賄,保舉爲副總兵;應魁亦仗冰山之势,而所領招兵買馬之錢盡充私囊,封疆之事,未得其一臂力之。而以窮民脂膏,付之逝波,不問耶?又如貪饕、通夷賣國之張我續,家富金,穴歌童舞女之歡,盡敲骨吸髓之積,何以勘之一字?遷延滋玩,不當速併追賍以助大工之費乎?若夫東省,勦〖虜〗之後,累累京觀,幾是鯨鯢之骨。今無辜者含冤下地,而冒功者石碑宛然耶?京觀可不平也?石碑顧可留乎?

奉聖旨:該部知道。

[録自明李長春等《明熹宗七年都察院實録》]

賊臣罪狀未悉諸賢召用當殷疏

(天啓七年十一月初七日),太僕少卿管浙江道龔萃肅爲“賊臣罪狀未悉諸賢召用當殷堇請睿斷以光聖治”事。

崔呈秀初以部堂兼總憲,尚非其意所欲爲;而政府一片席,正其所垂涎者。當時,適冢宰缺人,謀推冢宰,以爲枚卜地。舊憲臣劉廷元、道臣王業浩聞呈秀之妄圖非據,耻預會推,廷元則注籍,業浩臨期引避。而統均之念既阻,巖立之念未諧,啣恨矣。

原任南吏部侍郎錢龍錫,以清貞之端品,不依門户,不阿權貴,應簡輔臣,而呈秀陰撓之。嗣是,台省有京堂之推,而王業浩與舊科臣彭汝楠具鐫秩矣。

又原任通政倪思輝,有聲掖省,曾疏斥客氏。原任兵部尚書霍維華,挺論邊功,毅然以已廕讓與袁崇焕,反爲忠賢所怒,而拂衣歸田。劉有源乃召用之台秩,中途告病何意?徐揚先非附邪黨之人,推升削籍何罔!熊奮渭以典試直言,致犯時忌,而抗救之劉廷佐不免沉淪,可乎?

他如葉有聲題差落職。陸康伏等題差投閑。原任御史盧謙者,清正有執,尚依丘壑。所應一併起用者。

奉聖旨:覽奏,劉廷元見在簡用。王業浩、錢龍錫以下諸臣,俱着遵旨,一併從公分別酌用。

[錄自《聖朝新政要略》]

刑賞之案久淆更祈睿鑑以定大法疏

(天啓七年十一月二十四日),太僕寺少卿龔萃肅一本"刑賞之案久淆幸逢聖明澄清更祈睿鑑以定大法"事。

如楊漣二十四罪之疏,萬爆因慷慨,既觸凶鋒,遂致慘死,而漣亦繼之。先楊漣而疏斥忠賢者,方大任也,遂以額派公費等坐之。

方震孺無封疆之責,刑垣救之者霍維華也,臺臣救之者王業浩也。法司逢迎其意,與惠世揚、李承恩一併會問何恠!汪心淵之勘案逢迎,而徐日曦之褫職耶?

許顯純、崔應元、楊寰、孫雲鶴、張體乾,此五凶可從末減乎?袁崇煥苦心邊塞,功賞甚輕,而魏、崔兩奸逐之以去,可乎?趙率教既錄其功,何爲不盡其用乎?又有父子貪淫、爲世檮杌之范得志,尚儼然郡守!其籍手奧援多矣!

奉聖旨:這本説起廢籍、雪冤獄,已有旨了,着部院科道從公會議。袁崇煥、趙率教即與起用。封疆事大,冬防正急,在事諸臣宜一力担當,悉心料理,以保萬全。

[錄自《聖朝新政要略》]

記

重建八蜡祠記

郡城社稷壇,建城南之西,而八蜡別有專祠,建城東,與余忠宣公廟並峙,相隔一衣帶水。風雨時若,民用以饒。後典祀者於神宗間,徙廟德勝門外。嗣是，歲不豐。青烏家言："祠以祈穀，宜在生方。而德勝門介西南，爲金火之位，實克伐之象焉。"因與父老子弟議，更徙城東官道旁，以力不逮，且無具倡之者，逡巡未能也。歲彌大祲，蝗蝻踵接，爲由來所僅見者，幾如《雲漢》之詠焉。

癸亥夏，三月不雨，蝗乃彌甚。維是令吾肥者，浙湖陳公也。公率父老子弟步禱郊壇，十日不應，因流涕謂其民曰："穀我士女，實維稼穡。何辜今之人？昊天其不惠乎！"父老則跪而前曰："君無涕，八蜡有神能活我。"因備指其前事，謂可以變置得稔也。公於時憂民甚，即頓首於神曰："請於神約，神能爲時雨，滅蝗蝻，而甦其困窮，當爲神式廓舊觀。"不數日，霖雨滿郡界，蝗蝻悉殄而歲則大稔。公肅神之敏也，乃躬詣舊趾，四顧踟躇，低回而不去，喟然歎曰："兹土風氣完聚，且長流環拱其間，洵地靈也！而議者第以近民居而徙之，豈知事神也哉！"將庀材鳩工，又念民方甦，而艱於錯置，就里書内量爲酌派，共得錢二十九萬四千五百有奇，爲土木需。立正殿三楹，前殿門樓，別立道房，俾人守之。巖巖翼翼，赫然改觀焉。所有錢糧，俱紀於左。自天啓三年十二月經始，而次年之七月落其成。

是役也，不煩國儲，不勞民力，爲一時而美報，爲百世而迎禧。大夫之政，何良且都也！其戒而視之成，則省祭徐彦、閻方策之力居多。公諱瑄，浙之歸安人，壬戌進士。

[錄自《(嘉慶)合肥縣志》卷三十四《集文》]

許如蘭

許如蘭(1583—1634)[①]，字湘畹，號芳谷，又號湘畹主人[②]、香雪道人，合肥人。萬曆四十四年(1616)進士。授河南汝寧府光州知州，敦大得體，其折獄之法，於民先辨其醇黠，於士先辨其端邪，然後致詳於事，故片言咸得其情；尤重視教育，每月立二會，手爲評閲，拔其佳者，集之曰《浮光會業》[③]。天啓二年(1622)，陞工部員外郎[④]。天啓三年(1623)，署屯田司郎中，陞營繕司郎中[⑤]。天啓四年(1624)，出任浙江紹興府知府[⑥]。天啓七年(1627)，陞浙江清軍驛傳道[⑦]，舉卓異。同年四月，因敘慶陵勞，陞浙江按察使[⑧]。崇禎元年(1628)正月，改河南按察使。同年十一月，以邊材調密雲兵備道[⑨]。崇禎三年(1630)二月，擢右僉都御史巡撫順天。同年六月，調巡撫廣西[10],折悍藩,平普、莫二賊,進副都御史[11]。崇禎六年(1633),以山陵事詣闕。明年(1634)正月,卒於京師[12]。同年五月,仍因德陵雨壞事遭追責,褫職、追告身[13]。著有《奏議》十卷、《香雪庵詩文集》十二卷、《天然硯譜》一卷、《衢遊紀略》等,今多散佚。祀鄉賢。

注:

①許如蘭生卒年根據肥東縣長臨河鎮許家榨村《許氏宗譜》記載:"生於萬曆壬午年十二月二十五日午時。……卒於崇禎甲戌年正月初六日酉時。"

②參見許如蘭舊藏趙伯驌《湖山春曉圖》親筆題識。

③參見《(順治)光州志》卷七《宦業》。

④⑤⑥⑦參見肥東縣長臨河鎮許家榨村《許氏宗譜》。

⑧參見《明熹宗實錄》。

⑨⑩參見《崇禎長編》。

⑪參見《(嘉慶)廬州府志》卷二十七《名臣》。

⑫參見肥東縣長臨河鎮許家榨村《許氏宗譜》。

⑬參見明末清初談遷《國榷·甲戌崇禎七年五月丁酉》。

奏議

欃槍已靖廟算宜周疏

廣西巡撫許題:爲"欃槍已靖廟算宜周謹攄目前要策以仰佐中興大業"事。

臣奉命撫粤,行至中途,于崇禎三年八月十四日,接准兵部咨,該本部覆,刑科給事中王家彦題前事,内開,一曰馳捷音以綏遠邇,一曰簡援兵以搜將材,一曰練鄉兵以資捍禦各等因。於崇禎三年六月初九日具題。十二日,奉聖旨:這條覆各款,布告捷音擬諭行;援兵中果有技勇出群、可堪裨將的,着統兵官歷試精選、咨部儲用;簡練鄉兵,前已有旨,但須團練有法,鼓舞合宜,俾緩急有濟,毋徒飾應功,令擾民妨業。該部還行各撫按酌妥奏來。欽此欽遵。備咨到臣,就經通行廣西布、按、都三司、守巡各道參備等官,轉行所屬府、州、縣、衛所等衙門,各一體遵照去後。

該臣查照本部議覆三款内,除馳捷音以綏遠邇,臣等遵奉聖諭頒行,宣揚露布,諭以夷氛盡掃,咸使西粤軍民人等通知外,又簡援兵以搜將材,爲照粤西邊鄙之地,援兵千名,近守宣府發回,臣目擊其中雖不乏桓桓赳赳之士,登壇之選,實難其人;至練鄉兵以資捍禦,該臣會同巡按廣西監察御史畢佐周看得，廣西古百粵重地，五嶺三江，提封甚廣。日者，鎮安、泗城、南丹諸酋長自相攻伐，邊無寧圉。府江綿亘八百里，多爲苗夷所阻；藤峽跨黔、鬱二江之間，諸蠻巢穴在焉；他如八寨號盜區，六峒素稱賊藪。設立保甲，團練鄉兵，倣古人寓兵于農之意，誠當務之急。雖然，兵之一字所當亟講，而練之一法又未可與中原諸大國相提論也。臣等見兩河、二東、三輔以暨秦晉之交，率皆平原曠野、大澤隩區，林莽伏戎，一嘯起，動以百計千計，甚以萬計，如近日流寇事也。而村疃比櫛，聚落相聯，團練者亦必群鄉之子弟壯有力、豪而摯者，百計千計萬計，始足扼賊之吭，而保無事。粵西不然，土曠人稀，僻居窵遠，兼之荒村野店，額有哨堡官兵。今日之舉，一曰練人心。語云："衆心成城，獨拍無聲。"人心渙散，誰肯出死力以相保救？今則查照人數，或數百人、數十人編成牌隊，無事相守，有事相救，鳴鑼一聲，齊心殺賊。彼雖凶人，亦豈不愛性命？一曰練器械。小民無知，器械不備，一遇盜賊，非先竄山谷，則袖手旁觀，任其焚刦，莫敢誰何。今則或刀，或槍，或鋭，或藤牌，或狼筅，或鳥銃，隨其便宜，錯雜而用之，一如粵中隊兵之制。蓋徒手欲搏，有技安施？而寸鐵在握，則見者辟易。一曰練頭目。語云："群馬不前，千夫牧羊，不如一人驅而走也。"今則于一村中，擇殷實壯健者，立爲頭目，每一人率領或三十人、五十人，同心協力，大家聯絡。蓋方領袖，既爲群望之所歸；而臂指相隨，庶幾耳目之不亂。事有綱紀則不棼，有責成則易舉也。一曰議鼓舞。人情怠則日弛，振則立奮。片言奬藉，壯士即爲色飛；小惠敷施，三軍每爲挾纊。況粵之民性慳鄙而易見德，斗粟尺布便奮臂而前，歡呼踴躍之不置也。此在賢有司或捐紙贖之些須，或出義倉之升斗，鼓之舞之，政所以練之也。至于編立保甲之時，申飭諸司，傳諭里老，預爲諄屬，令其編定姓名，製就器械，本官出其不意，單騎親查，庶行而民不擾。儻多帶役從，肆行驛騷，或廣差牌票，衙役藉此多事，以致鷄犬不寧，則鄉未練而百姓之受累也多。此又三令五申，決不以奉行之不善，致鴻鴈哀鳴，而驚疑靡定者。總之，仰體皇上"團練有法，鼓舞合宜，毋徒飾應功，令擾民妨業"之旨，兢兢焉爲地方計敉寧者如此。蓋萬山之中，土司環處，義原取于羈縻；猺獞雜居，難盡繩之漢法。果有大不逞，則駕馭而好鎮撫之，撫窮則用剿。其餘負山阻水，出没不常，惟就村居之大小、人民之多寡，聯合而捍禦之已耳。然議兵則當議餉，但鄉與募兵不同，彼既食土之毛，我亦暫借其力,此固無煩措餉,亦無所事餉也。數月來,萑苻息警,小民安堵,行之亦頗稱效矣。

臣與按臣一副精神、一片肝膽,舍地方民生外,别無安頓。不敢以遐方萬里,廑皇上西顧之憂;亦不敢以紙上空文,遺邊鄙養癰之患。

崇禎四年五月十四日,奉聖旨:該部知道。欽此。

[錄自《明清史料乙編》第七本。原書標題作《兵科抄出廣西巡撫許題稿(黄六十八號堂稿。寫訖,職方司書胡其俊承)》]

奉旨檄諭安南謹述黎莫二酋恭順情形疏

廣西巡撫許如蘭奏:爲"奉旨檄諭安南謹述黎莫二酋恭順情形據實上聞仰慰聖懷"事。

前因逆酋普明聲侵犯滇界,交崗武公懿助逆煽禍。臣於崇禎五年四月初八日,遵奉明旨,馳檄安南國,令彼鈐束武公懿,退回助逆兵象。隨據安南都統使黎維祺申文,請以誅討高平莫敬寬爲詞,臣隨具有"直剖黎莫情形密切奏聞仰祈聖鑒以安地方"一疏。奉旨:部科會議具覆。該兵部於崇禎五年八月二十九日具題。九月初二日,奉聖旨:奏内情形知道了。其移文獎諭曉誡,依議行。還著該撫按詳籌駕馭機宜,詰戎飭備,務令遠人懷德畏威,不得疏泄。欽此欽遵。到部。於本年十一月初八日移咨到臣。該臣隨與按臣戴相詳籌飭備。緣係微臣密奏事關臣衙門職掌,故即於本月十二日,牌行分巡左江道差官馳檄。一諭安南國都統使李維祺並頭目鄭梉,仰體朝廷德意,獎其忠順,不得遽起兵端。如莫敬寬,此後再敢不遵禁飭,該國興師未晚;一諭高平府莫敬寬,宣布皇恩,暫寬誅討,令其悔禍自新,擄[攄]忠效順去後。今崇禎六年五月十二等日,節據安南黎維祺、鄭梉各申報情繇,仰遵天朝宣諭,不敢遽興師旅,各守疆界,仍禁戢交崗武公懿,不得助兵以爲滇患。區區恭順之情,不能盡述。來文足有可據也。又據莫敬寬申稱,深荷天朝安插,以存宗祀,業知悔悟自新等情到臣。

該臣看得安南越在炎海,爲中國一大屏翰也。先年叛服不嘗,祖宗朝曾費幾許征討。今請剿莫酋,雖爲報復世讎,亦欲效力中國。捧檄唯唯,忠順可嘉。至莫敬寬,夙與黎氏爲難,及後黎氏日強,敬寬勢蹙,播遷海上,無枝可棲。于萬曆二十五年,蒙皇祖安插高平,微寓牽制,亦中國一小藩籬也。但敬寬素懷狡詐,跛扈跳梁,鄰近土司屢遭荼毒。即歸順一州,受其吞噬;致岑氏二孤,流泊賓州。土地人民,不能自有。今奉旨宣諭,開陳先朝安插之恩,曉示安南請討之舉,並諭以皇仁浩蕩,不即加誅戮。彼乃畏威懷德,喘息靡寧。故臣得遣官安置岑氏孤兒,以結歸順州之局。從此,各土司弱者免侵掠之苦,強者亦魂銷膽折,不敢借口勾夷,互相欺謾。天威震疊殊方,炎徼悉荷無疆之庥,亦可少寬聖懷南顧于萬一也。除歸順情形容臣會疏具題外,謹將安南黎維祺並頭目鄭柮及高平莫敬寬來文三紙,固封進呈。但蠻夷荒陋,紙張醜惡,字畫潦草,兼文理粗謬,不堪睿覽。緣事屬邊情,又不敢另行抄寫。伏乞聖明洞鑒,原宥施行。

崇禎六年八月十三日,奉聖旨:該部看議具覆。欽此欽遵。

[錄自《明清内閣大庫史料(第一輯)》上册卷二。原書標題作《兵部尚書張爲奉旨檄諭安南等事(第五十二號)》]

傳

贈祿衢州知州雲嶽葛公傳

公諱曉,字公旦,號雲嶽,别號市隱樵夫。邑人陳希周撰有《樵史序》。自幼失怙,育於王母潘安人。祖、父皆起家進士,恩廕宜屬公,公讓叔祖臯。出入煙霞水石間,不以富貴易其志,里人高之。且胸藏錦繡,腹隱珠璣,長於詩文,工書法,士大夫多與之交。萬曆三十四年,邑令徐待聘屬修縣志。子百宜,天啓丁卯舉人。

知紹興府事許如蘭撰。

[錄自《古虞諸葛氏宗譜》卷二,《思綏草堂藏稀見名人家譜彙刊·第二輯》第19册,影印清光緒十年木活字本]

記

歷代修廟碑記

廟制之設,創于赤烏,構于龍高,從來遠矣。其中泰山聖母,聖像森列。樓臺殿閣,聳出雲霄;真宇玄壇,清臨湖上。祈禱靈應,廣開肥蜀之香烟;夜月朝霞，獨占江淮之名勝。歷代崇奉，主持貴有人矣。如武宗年間，有黄冠呂明肇造其端；世宗年間，有紫衣樂芳繼成其美；萬曆初年，有道官鄭惟爵之師張思懃募吳太尊以輪奂；至六年，爵叔吳思念請曾太尊以重修；遞及二十六年，劉縣令捐俸三百金祈嗣。合廟一新，制度倍盛，以及善夫信士疊疊修理，皆爵之力也。因表劉公績于石，並其源流一派，而屬予文以序。

天啓元年秋八月吉旦賜進士第奉直大夫知河南汝寧府光州事後〖擢〗僉都御史郡人許如蘭撰。

廬州衛經歷司經歷邱志道督工修。

［錄自民國李信孔續修《巢湖中廟廟志》，巢湖市圖書館藏1984年重抄本］

奇石記

余于長陵澗中得一石，高不滿二寸，徑約四寸餘。石根微露青水平痕一道，上成淡青色，中間白波層疊，悉起伏澎湃狀。波之紋，細于髮，波上隱隱若水氣籠罩。又上，純白色一道，若遠天空碧，雲水相連。平頂中，青白小圓花如豆者無慮數十枚，置水中，色理更瑩。真奇石也！

天啓二年夏五月湘畹自記。

［錄自明許如蘭《香雪庵二種·怪石供（下）》，日本内閣文庫藏明刊本］

雜著

記潘麓源蔡肖謙二先生軼事

潘公諱榛，號麓源，進士出身，山東人。試諸童子，鄉紳薦章俱上，惟公無片刺焉。潘公閲卷畢，詣廬請曰："試案將揭，乞將子侄輩暨諸親戚與試者俱開示之。"公曰："遴選公典，何煩私薦？望祖臺誠心特識，余廬士無留良足矣。但滄海不無遺珠，乞將落卷再一搜閲，每邑多增數名。某也受賜不更多乎！"潘公如其言，八邑多增百餘名，一時士林咸推頌之。

乙巳歲大饑，潘公餽穀百石，留十之二以供日用，分十之八以賑族人。復致書潘公云："承賜嘉穀，旋分給族之貧者，老夫一家可以無饑矣。伏念九庠寒士、八邑饑民，寧無有更甚于老夫者乎？望祖臺亦以愛老夫之愛愛之，則老夫之受賜更無窮矣。"潘公隨行各屬庠，寒士每給一石，貧民五斗。

門人劉世學曰:"由二事觀之,固潘公之從善如流,更以見仁人之言,其利溥哉!"

先生少年成進士,嚴氣正性,不役役于時。通籍七十年,而家堵蕭然,比于寒士,又所至難合強半。里居著書講學,發明"毋自欺"大旨,關閩濂洛之傳所不至湮失寢没者,有先生爲之後也。尤注意獎進來學,鄉有孝行之彦,固揖之宫牆,迪之禮樂;即至田夫、小子、技士、軍民,亦不鄙夷之。以故親炙者、聞風者咸賴以成就焉。先生年七十歸林講學,淮海之士莫不景從。開大學講堂,堂既成,(蘭)敬爲先生題曰:"品在聖門當一狷,道高吾輩可爲師。"

受業門人許如蘭百拜謹識。

[錄自《合肥蔡氏宗譜(裡公支)》卷二上,清道光乙巳五修。原文題爲《郡守潘公棒紀》。承蒙合肥蔡善奎、蔡傳海兩先生准予觀覽原本,敬致謝忱]

邑侯劉公鼎新中廟盛績文

竊思神鎮巢湖,威靈有赫;人供香火,感應不虚。自赤烏之剏建,遡傳幾百年;仰龍高之增修,迄今數千載。其間郡縣遞理,罔不輪奐一新;士夫糾修,靡不整飭如故。奈以風雨摧折日久,樓閣傾圮居多。恭惟大柱國劉老中尊臺下,名重山斗,德沛江淮。玉潔懸魚,清光瑩于夜月;文治飛鳧,潤色映乎朝霞。士民沾乎樂利,鬼神載其謐寧。且對越之忱如在,慈悲之念彌慇。是以氣候際華胥,遂致聖像以璀璨;閭闔開景運,頓覺廟貌以輝煌。誰云勝地不常,祇焕一時之香火;須知仙境無雙,可留千古之砥柱。敬念感而百祥增,至誠格而諸福集。元君法雨常施,滄海曾經三兩變;僊母靈觴偏酌,蟠桃待熟幾千秋。神貺是昭,歷數綿綿而不替;戩穀攸錫,簪纓世世以傳芳。鴻名並臺閣彌遠,陰功與湖水俱長。時維桂月,序屬中秋,有道官鄭惟爵索文于予,予曰:"唯唯。"遂爲文以表其績焉。

天啓辛酉年郡人許如蘭撰。

[錄自民國李信孔續修《巢湖中廟廟志》,巢湖市圖書館藏1984年重抄本]

袁鳴泰

袁鳴泰(1588—?)①,字六階,號鳳南,廣西平樂縣民籍,直隸合肥人②③。萬曆三十八年(1610)進士。授浙江處州府青田縣知縣,工詩文,瀟灑敏達,建各祠廟及元勳坊,改儒學門向。萬曆四十年(1612),丁父艱歸,士民感恩，爲立生祠於縣西百餘步[4][5]。萬曆四十三年(1615)，補福建建寧府浦城縣知縣，直道與鄉紳忤，辭官歸[6][7]。生平酷愛藏書，著述甚富，今存者尚有《廣韻雋》五卷、《卧雪齋選》四卷(大連圖書館藏)。

注：

①袁鳴泰生年根據《萬曆三十八年庚戌科序齒錄》所記"戊子正月二十九日生"，則生於1588年。

②參見《萬曆三十八年庚戌科序齒錄》。

③參見《明清進士題名碑錄索引》。

④參見《萬曆三十八年庚戌科序齒錄》。

⑤參見《(光緒)青田縣志》卷八《名宦》。

⑥參見《萬曆三十八年庚戌科序齒錄》。

⑦參見《(康熙)平樂縣志》卷五《人物》。

傳

西泉蔡公(諱廷簠)傳

西泉太公，吾師肖謙夫子叔父也。(泰)受業師門，師嘗述公素行，與所以待吾師者。(泰)心儀之不能忘。蓋公家世孝謹，承父兄教，力行不怠；於諸猶子中，尤愛吾師。自吾師入家塾後，所以獎勸誘掖之者詳且摯。師赴省試及試禮部，贈公時教授於鄉，不得行，公必親攜往，料理周密。師初任常德，公猶親往觀政。居歲餘，見吾師爲政廉明平恕，口碑載道，公始歸里。居鄉，睦族恤鄰，族黨慕其義，群相效法。辛未、庚辰歲大飢，公出粟以賑。郡守顏其堂曰"淮西義士"。公於朔望，必召諸孫性大、昌大輩，集堂下，勉以力學，而戒以勿荒，曰："其以此堂爲吾家讀書公所，使子孫世世讀書其中，吾之志也。"今者公往矣，吾師亦往矣。而公之曾孫輩繼起，若世縉、世仁、世和、世緒諸後進，蘊藉束修，藹然儒素；而此堂書聲不絶，香烟不斷。迴憶吾師述公素行時，言猶在耳也。而及(泰)之身，目覩公家孝謹，盖已四世矣。

賜進士出身文林郎知浦城縣事門下晚學生袁鳴泰頓首拜譔。

[錄自《合肥蔡氏宗譜(裡公支)》卷二上，清道光乙巳五修。承蒙合肥蔡善奎、蔡傳海兩先生准予觀覽原本，敬致謝忱]

雜著

認宗序

萬曆三十六年戊申十二月二十七日，鳴泰(字)鳳南，是廣西平樂府平樂縣春元。因事從北京過店埠，因遍詢袁氏。良因先祖袁聚者，是歷宋、元祖居合肥縣店埠鎮十字街袁興十一户之後，爲我太祖皇帝過江散離至廣西，迄今二百四十載於兹矣！其我先祖若宗，代存水木之思，惜有志而未逮也。今(鳴泰)過故園、對九族，敢忘所自哉？爰是遂請本族廪生、府庠、縣庠有袁先祚、袁斯邃、袁斯養、袁斯長、袁有初五人者，序本支，徵族譜，立撮城宣家莊清祖塋爲一世，泰序九世。越明年己酉，親具呈，入合肥縣北鄉五啚九甲，長子袁起良在丁，今府縣案可據。此(鳴泰)認宗之由來，謹書用識。

明萬曆三十六年冬九世孫鳴泰。

[錄自肥東撮鎮袁官橋《合淝卧雪堂袁氏宗譜》，合肥袁文海先生提供書頁照片]

孔時可

孔時可，合肥人。萬曆末歲貢生，授亳州儒學訓導[1][2]。天啓六年(1626)，陞徐州碭山縣儒學教諭[3][4]。天啓七年(1627)，協同知縣李春鯨、訓導賀日章共新碭山縣文廟[5]。後陞鳳陽府儒學教授[6]。

注：

①參見《(康熙)合肥縣志》卷七《選舉》。

②參見《(乾隆)亳州志》卷五《秩官志上》。

③參見《(崇禎)碭山縣志》前卷。

④參見《(崇禎)碭山縣志》後卷。

⑤參見《(乾隆)碭山縣志》卷四《学校志》。

⑥參見《(崇禎)碭山縣志》前卷。

記

李侯去思碑記

余讀晉史，至羊叔子峴山墮淚碑，未嘗不成發興起也。士人稍知自愛，一出而握符圖治，其疇不欲爲士民思慕不忘。然自甘棠風邈，彦不睽違，節求其羔羊興頌、維子之好者且不可得，又安望其去而思，思而且爲之識久遠耶！

碭侯翀翁其治碭也，士有詠，民有歌，循良有集，寔錄有紀，亦既爲士民所思慕矣。至其遜碩膚而沙也，而鄉縉，而士民，而商賈，咸租道東門外，脱靴留記，追泣數十里弗絶。不旋日，而相率奔淮，向當道嗚咽鳴冤，使控革者見而色沮，持簡者聞而心悔，此孰非思之所感通哉？然猶未也。迨其歸，而衆復立石以永不朽，更徵余言以記所思之意。李侯者，真可謂繫人思矣！雖然，亦侯有所以感之也。

余聞侯之爲政，以教化爲先，以刑名爲後，以恬静爲本，以炫耀爲戒。是故拜老乞言，非故事矣；色咲訓士，非虚文矣。而且桑田有課，市廛無征，新聖宫所維道脈，築徐治以固咽喉，出俸資以完逋負，蠲罰以恤貧窮。此其德之流注何如，而能不令去而思，思而且欲爲之識久遠耶？抑余更自有説，人情有所懷而不能忘者，固有所願而不克遂者，其思尤不可解。夫以侯之德，人皆願其晉陟而臺修焉，而爲含沙者所中，此士民所以彌思而彌不可解也。先儒有言："士君子握符圖治，與其爲當路所悦，無寧爲闤闠所思。"正以思出于心，有可以觀德也。則李侯之爲人思，其誠李侯之德有足以繫人思耶？吾恐峴山之淚行且爲李侯墮矣。

[録自《(崇禎)碭山縣志》後卷，中國國家圖書館藏明刊本]

邑侯李公去思碑記

先儒有言："士君子綰符出宰，與其爲當路所悦，無寧爲闤闠所思。"而爲闤闠所思者，每不爲當路所悦。然當路雖不悦，而終不能禁闤闠之思也。

李侯來莅碭邑，士有詠，民有歌，循良有傳，實錄有紀，亦既爲邑人思慕矣。至其被議而去也，自薦紳以下，咸租道東門外，追泣數十里弗絶，相率奔淮，向當道號呼鳴冤，控闌陷害者色沮，持簡文致者亦聞而心悔焉。迨其既去，衆復立石以志不朽，欲余言以記所思之意。

嗟呼！李侯之因功得過，余非不知，而有難爲言者。然李侯終足係人思也。余見侯之爲政，先教化而後刑名，樂恬静而戒炫耀。拜老乞言，非故事也；色笑教士，非虚文也。而且桑田有課，市廛無征，新黌宫以肅聖域，築雉堞以固咽喉，出俸資以完逋負，蠲罰鍰以恤貧窮，此其德政流注何如？而顧爲不識者所忌，致公掛冠而去，攀轅無計。而能禁邑人之去而思，思而不爲之識久遠耶？然則，雖拂于一時，而能傳之百世。人心公道，何當昧哉？侯名春鯨，開州舉人。

［錄自《（乾隆）碭山縣志》卷十三《藝文》，中國國家圖書館藏清刻本］

雜著

碭山縣儒學改建文廟識

歲丁卯冬仲，聖殿工竣。不肖可擢以汴之不能不拊膺嘆也。□可丙寅夏閏六，由亳訓來諭碭庠，展謁先師，見其廟制湫隘，宛覺百體局于阻迫之中，仰瞻周覽，莫非支吾補葺者。即堦墀數丈地，似曾無人錯趾，而鞠爲茂草也。爲之氣慨心縈。則先以酒脯具夫役，剪治荒穢；又遍施丹雘，以掩飾陋痕。思學田三頃，往葉老師代庖時所置以賑婚喪者，嗣後婚喪莫賑，充橐何爲？乃顧王僚（訓導王衝，陝西白水人）肅議變值，以拓廟規。可齋沐秉虔，率衆弟子員請于前碭尊惠安張公。公喜不自禁，爲度壤籌工，俸捐二十。已用牲告事矣，俄南中城之命至。可則以暇就本庠，稽理緜緡爲可以助費者。

嗟呼！可之此舉，實出于萬不容已之一念，要亦億人久鬱之心，千載宜興之役，適見于此時，偶發之不肖。且其運大費，方待後之神君協濟餘資，應有旁之義助。即可所捐之三石……（原書係孤本，後一葉散失）改創爲己任，捐俸五十外，多方設處，辦逾千金。即紳衿父老之心力，俱從仰體中勃勃湊成。五閱月而告成事焉。倘不遇李公，不肖可徒嗟築舍。張公惓惓望成之雅意，何以報稱乎哉？李公之功，真所謂萬代瞻仰！不肖可偕賀君、庠士，磨拭堅珉，待偉人爲公紀寔，而片石自勒，則感慨寄之耳。故一切宜記之詳，俱不敢僭記。

［錄自《（崇禎）碭山縣志》後卷，中國國家圖書館藏明刊本］

胡志藩

胡志藩，字屏王，直隸合肥縣民籍，江西南昌人。天啓五年（1625）進士，授中書舍人[1][2]。崇禎三年十二月（1631），考選授監察御史[3]。巡按直隸、宣大，驕將悍卒，靡不懾服。卒於官[4]。

注：

①參見《(康熙)合肥縣志》卷九《人物》。

②參見《明清進士題名碑錄索引》。

③參見《崇禎長編》。

④參見《(康熙)合肥縣志》卷九《人物》。

奏議

請甦驛困事

題：爲“聖主蘇民有心内外奉行當一謹述見聞仰祈聖斷”事。

慨自法令久弛，郵符濫及，過往之騎從如雲，小民之皮骨俱盡。聖明惻然軫念，用前後諸臣之條陳，勒爲畫一之應付，閭閻庶乎有起色矣。

乃臣五載中舍，時以使事，奔走衝途。竊聞各州縣供億所苦，原不在往來之過客，而在本地之上司。以過客于役有限，且勘合載數甚明，有司稍負強項者，舉得按數以爭，功令昭然，誰敢以身試法？此過客之所以不甚苦也。惟本地司道，名分相臨，近雖奉有明禁，未敢擅自干冒，或先意承奉，未啓行而已車馬之填門；或借名雇覓，雖發價而隨繳還之不暇。循環不開，應付猶故，驛之蘇也，何日之有哉？

今在内諸臣，一切之借差俱已立革；在外之司道，無名之奔謁詎不可裁？即或公務之往來，亦自有應得之分數。乞行巡方御史廉其冒濫者，不時糾參正法。蓋郵符既頒，節省當一，乃嚴於内而猶寬於外，非法之平也。臣因是不能不重傷夫臣邑也。

臣廬州屬邑有八。臣縣合肥，則其附郭。府設金斗驛，額馬百匹，皆府屬各州縣僉點馬户承役。臣縣應走之馬止二十九匹，祖制也。止緣先年應付稀少，一二奸頑馬户私爲包攬代走，各屬因止解馬價而不僉馬户。今供應日煩，賠累無算，百匹之額皆僉足於一縣，遂致百年富庶之區，寔有旦夕莫支之慮。加以頻年旱魃，生齒蕭條。臣邑雖彈丸乎，然北護祖陵，南障留都，原爲根本重地，恐一旦以偏累之苦，釀禍地方，臣真有不忍言者矣！乞敕該撫按查照往制，行令各屬仍舊僉役承走。庶一縣不代各屬之累，而積困可蘇也。臣憂國憂家，寸心如焚，懇惟聖明鑒飭施行。

[錄自《(康熙)廬州府志》卷四十一《藝文》，日本内閣文庫藏清康熙刻本。原書作者

下有雙行小字云:“中書舍人”“奏下兵部不准行。奉旨,還着該撫按詳議確察具奏。卒從所請”]

塘報夷情疏

巡按直隸監察御史臣胡志藩謹題:爲“塘報夷情”事。

(上缺若干字)……卷查崇禎四年閏十一月初二日,該前蒙斥按臣胡良機據分巡口北(下缺若干字)……政司右參議劉象瑶呈,問得犯人一名陳仲思,年五十五歲,係宣府(下缺若干字)……堡軍應充管邊小守。狀招,有先來自縊身死開平衛左所正千户張(下缺若干字)……禎四年三月内,選委本堡防守,到任管事。比有本堡在官軍馮七(下缺若干字)……鎮安堡交界,鎮堡墩軍各在邊哨瞭夷情。本堡與鎮安堡緊(下缺若干字)……堡於本年九月初十日,被賊夷侵入境内。失事已登塘報訖。張奇功(下缺約五字)……嚴行哨探,以堡無虞,爲是比伊故違,守備不設,被賊侵入境内,擄掠人民(下缺約三字)……軍事例。於九月二十五日,帶領馬步軍丁巡山間,忽聽得鎮堡墩與崇林兒墩砲響傳烽,隨帶軍丁督同貼防,屬夷把總田應霖亦領軍,于國孝□鎮箄營都司張尚公下兵丁,協同本堡軍馬,齊赴應援。比仲思不□不(下缺約三字)……,哨夜馮七、韓柱各不合失於哨探,伏口軍王坤、李貴各不合一時偷(下缺約五字)……軍王一忠、王久明各不合怠玩守瞭,以致賊夷從崇林兒墩、鎮堡墩(下缺約五字)……口張奇功等官兵行至崇林兒墩,瞭見步夷約有□□□□□一處(下缺約四字)……忽有騎馬達賊二百餘名撲來,張奇功見得賊衆兵少,且戰且□□辰時分(下缺約三字)……將郭起柱聞得砲響,隨時帶領兵馬到彼。鎮安堡守備陳其蘊聞砲,亦領□馬應援,繼至分爲左右兩翼,與賊對敵,射死賊夷五六名,賊衆拖拉去訖,賊見我兵齊至,奮勇截殺,賊衆遂各退走,從前崇林鎮堡二墩塌墻處所出口去訖。各官恐有埋伏,不便前追,收兵回堡。比張奇功希圖掩罪,止報稱對陣射死軍丁(下缺約三字)……王二名,射死張大付等官馬五匹,箭傷軍丁張巨珠、陳大道二名(下缺約五字)……重傷一箭,把總田應霖左肐膊灣被傷一箭,輕傷軍丁王海,輕(下缺約五字)……軍張元坤、武友成二名,遂又隱匿陣亡軍李友斌、陣失官馬二匹、南(下缺約七字)……大砲一位、三眼槍一杆、擄去住餘文受耕牛二隻,殺死耕地民(下缺約九字)……張元坤册名楊國富、武友成係陣傷身故,俱不行□□□再查張元(下缺約四字)

……鎮筸南兵調赴青泉防範,重傷身死,委無殺死三名。獨石火器營止輕傷王海一名是的,亦無殺死二名。俱被署路事知州胡士棟查出在卷。

當日臨陣對射,副將郭起柱奪獲達馬二匹、鞍轡二副、夷弓二張。郭起柱隨將失事情繇移會本道參議劉象瑶,具繇通報三院。續蒙宣府巡撫沈棨憲牌,仰道即查,邇來正嚴哨探,如何青泉竟無長哨?全不預備,以致賊夷擁衆,射傷人畜;又不報明部落,□間有無隱匿别情?細加查訪,嚴行提究。將失事該防員役俱依軍法捆打□招,解院重處。仍通行申飭,務要哨瞭嚴明,不使賊夷輕犯。再有故違,定將該管將備操防立正典刑,決難姑縱!又蒙巡按胡良機詳批,賊夷闖進,墩哨既不預傳截堵,一無所得。官軍馬匹死傷種種,如邊事何!恐有别項隱情。該道嚴查確報。該道再查,數月來,傷亡官軍如牧馬、青泉、鎮安各處,每名動本院上北路庫貯,賞功、贖銀各給一兩,以助收葬;其重傷未死者,各給五錢,以充藥資。取各家屬領狀先繳,其無家屬者,不得冒領。又蒙總督張宗衡詳批,仰該道嚴查速報,該本道案行署路事知州胡士棟查勘及動賞功贖銀賑恤傷亡間。本年十月十三日,又蒙巡按胡良機批,據上北路副將郭起柱稟前事,蒙批,賊逼堡門,較昨年更甚。聞南兵死三名,獨石火器營死二名,青泉、鎮安兵又可知。□巡口道嚴查,確實情形,不得聽其支飾。仍取署廳查明,甘結先報行間。該宣府總兵董繼舒將前事情塘報兵部題,奉聖旨:據報,鎮堡墩賊夷入犯,官兵拒堵,互有殺傷,是否實情?有無隱飾?併夷賊係何部落?邊墻何故空塌?全無守禦。通著巡按御史查明具奏。欽此欽遵。移咨備劄巡按胡良機案行本道,轉行署路事知州胡士棟逐一從根查確,勿致扶隱,有罪員役,問擬如律招參。限三日内解道,覆審轉解回奏。并將承勘官員職名一一敘明等因。該本官將張奇功等一干失事員役行提到官,再三細加查審前情明白。看得鎮安、青泉,地屬緊鄰。張奇功懲於鎮安之失,此當何如戒慎?仍不預行哨探,復使虜入内地也。虜騎二百有餘,勢成大舉。幸當日烽火早傳,副將郭起柱與守備陳其藴星馳而至,我兵雲集,互有殺傷,賊始挫鋭而遁。倘應援稍遲,封疆之禍當有不忍言者!參看得張奇功職司城守,防禦全疏。夷虜長驅直入,哨探既已無人;殺軍掠畜,堵截又復無策。法應引例,遣戍奚枉?陳仲思等各宜決杖,以儆具招。於本年十一月十三日押解,因本道時在宣府審錄。比張奇功行至途中趙川堡地方,自縊身死,解役稟報。本道參議劉象瑶隨批，據詳，賊夷部落並未查明，并邊墻毁塌等情，尚多未悉。解□□□□奇功至趙川，自縊身死，是否真僞？仰該廳速查確。事係回奏，毋得刻遲。該署路事延慶州知州潘嗣衮查，據趙川堡操守何應選呈，據本堡開店人楊尔善稟，本月十五日，有原任青泉堡防守張奇功（下缺約三字）……住役店内，因箭瘡難忍縊死。職即親詣屍所，查看明白，並無别項情弊。併具甘結在卷。又據開平衛武生張奇勳呈稱，生兄張奇功先因右腿跨上（下缺約三字）……瘇疼不能行動，於本年十一月十五日抬至趙川堡，箭傷愈發疼（下缺約五字）……行縊死。並無别情。又准副將郭起柱回稱，據青泉堡接任防守王登□□得張奇功任内九月二十五日，夷人原從鎮安堡鎮堡墩塌墻進入搶掠，虜賊散乱，亦不知何夷部落。緣繇到路，該署事知州潘嗣衮覆查，看得口外夷種甚多，一時搶攘之際，官軍奮勇，實係倉忙，未暇細察賊夷原係何氏之部落。乃張奇功身被重傷難痊，又懼罪遣，難免中途縊死。甘結具在。至於邊長歲久，自有不堅不完之處，不亟修補，致有疏虞，奇功之平日怠緩何辭？今彼身死，或應免議。陳仲思等仍照原擬，決杖發落。於本年十一月二十八日，招呈到道，覆詳無異。看得青泉此番賊夷之入犯也，馬步至二百有餘，非止零竊。□墩軍砲嚮傳烽，防守張奇功督同貼防各軍赴援，而皆以勢寡力怯，不能禦敵，故奇功先被射中右腿，奮勇安在？幸副將郭起柱、守備陳其藴星馳並集，與賊對敵，互有殺傷，而後賊始挫鋒以遁也。若非平日疏防玩寇，墻塌而不知修，墩空而不能補，何至令狡虜長驅，殺軍掠畜如此？且備查陣亡軍李友斌與殺死鄉民閆美民，並失去砲一位、槍一杆、官民馬牛共四匹隻，俱匿未報。又鎮箄兵二名，止報重傷，未報身死。奇功之罪，夫復何詞？但念當日在陣被射，今復自惧縊死，情有可宥者。至於賊夷部落，屢行廳路細查，俱稱邊外零種頗多，一時搶攘無據，不敢妄爲揣度。小守陳仲思等仍照原擬，將仲思等取問罪犯。議得陳仲思、馮七、韓柱、王坤、李貴、王一忠、王久明俱合依“不應得爲而爲之事理重者”律，各杖八十，俱有《大誥》減等，各杖七十，俱軍審俱無力依律的，決完日各發著伍。照出陳仲思、馮七、韓柱、王坤、李貴、王一忠、王久明各該民紙銀一錢，案發署上北路同知（下缺約六字）……照數追解。萬全都司官庫收候買粮備賑，取實收繳報。其傷亡官□□照按院批示，動支庫貯賞功銀，分給鎮安、青泉、牧馬三堡傷亡官軍□□付等，死者一兩，重傷者五錢，取有各家領狀呈報。副將郭起柱所獲夷□二匹、鞍轡二副,給陣失官馬軍收養;夷弓二張給被傷軍(下缺約五字)……塌壞邊墻督令修完。餘無照。招呈到院,案照本年十月二十日(下缺約四字)……巡按口北三千五百二十八號勘合劄,本年十月初十日,准兵部咨前事,依奉□行該道查究去後。今據呈招,覆詳無異。除批各犯依擬、候題請明文至日發落外,彙藁具題間。

緣宣鎮撫賞一案,荷蒙聖恩斥逐,該臣接管。看得沿邊將領,典守封疆,每懷裹革死綏之□,□分所宜然。必先事偵防,臨時力堵,即有疏虞,當據實速報。而張奇□□工欺蔽,忘意彌縫,報不以實,希圖掩飾,按律遣戍,夫復何辭? 既已□□,無庸再議。軍丁陳仲思等,或失於哨探,或疏於貼防,怠惰偷安,均應□杖。至於賊夷竊掠,勢若狂飈,堵拒倉皇,未能察辯。道、廳、路屢經詰查,諸將備竟未敢以臆指也。既經該道勘明,具招前來,相應具題。(下缺約四字)……敕下兵部再加查覆,行臣遵照發落施行。緣(下缺若干字)……旨。

崇禎五年正月二十二日,奉聖旨:該部知道。

[錄自《中國明朝檔案總匯》第12册。原書標題作《直隸巡按監察御史胡志藩爲塘報鎮安堡夷情等事題本(崇禎五年正月二十二日)》]

遵旨回奏疏(一)

巡按直隸監察御史臣胡志藩謹奏:爲"遵旨回奏"事。

臣接管卷查,崇禎四年十月二十九日,該前蒙斥按臣胡良機奉都察院巡按口北三千五百四十三號勘劄,十月二十三日,准户部咨,邊餉司案呈,奉本部送,户科抄出巡按直隸監察御史胡良機題爲"寇在門庭弁官飾報"等事。本年十月初七日,奉聖旨:陳其蘊已有旨了。邊鎮隱占墩軍,撤備縱虜,情弊可恨。併小賞一節,俱著胡良機力行清查,據實具奏。本内守口夷情敖賞枝節是何説? 還明白奏來。該部知道。欽此。移咨備劄前來。奉此,案行該道,火速移文各道,遵照明旨事理,即將分屬各邊墩軍撤備,并舊有小賞一節,清查明確。限三日内造册登答,具詳呈院,立等回奏,及嚴催去後。

該臣接管,查得本内欽奉"守口夷人敖賞枝節是何説? 還明白奏來"之旨,已該蒙斥按臣胡良機於本年十一月二十二日具疏回奏訖。崇禎五年正月初十日,據分巡口北道右參議劉象瑶呈稱,崇禎四年十一月十二日,蒙前按臣胡良機案驗，奉都察院勘劄前事，備行本道，火速移文各道，遵照明旨事理，即將分屬各邊墩軍撤備，并舊有小賞一節，清查明確。限三日内造册登答，具詳呈院等因。蒙此，隨即移會守、懷兩道，將所屬各邊墩軍撤備，并舊有小賞，清查明確造册，徑行呈報；並嚴行通判王憲周，速調上、下、北中三路城堡經管、邊墩撫賞經識，細加清查間。本年閏十一月初九日，又蒙本院憲牌，亟催前事。蒙此，該本道遵照原行，催取廳册，親提經識，嚴審細究，逐件分剖明確。除攬頭借粗米以分肥、守操借打柴以供用業於春初本院巡閲時嚴革外，其餘凡占役原委、數目多寡，俱應一切掃革歸還。如長夫、斗級等有見軍者，發回原墩；如赤城打造鐵匠、龍門城金家莊松樹堡家丁頂補，盡行召完驗頂，如汰革逃故等項，嚴行陸續召驗。就目前，約共歸墩者將近四百名。再如中路撫賞莊頭二十四名、上路八名，原係耕種荒田收子粒以供守口夷人撫賞。今查子粒所入甚少，而各軍食糧甚多；況各邊小賞已去其半，俱應盡數裁革，發墩守瞭，而以荒田付民餘耕種可也。又下路滴水、牧馬共屬夷莊頭四十二名，原係史車、海青諸部落初歸時撥與耕種。今各夷在長安、鵰鶚，久習□□，在彼世業，無永占莊頭之理，似并應酌議裁革、發墩守瞭可也。惟修工有不容不從長酌議者，北路無班工□緊急，邊牆邊墩，勢必用邊軍補築。往因貪弁借名□曠，故處處多派。今如有不得已之役，俱應委廳官踏估，計事定工，計日責成，□貪弁無容侵漁，而邊工不致曠廢。且修邊即以守邊，又原並行不背者耳。再照小賞一項，除不領者已經一概掃除外，其應見給數目，俱一一細查明確。即有不得已而派之軍者，□□照多寡分數，剖析詳明。如上北路爲數少，每軍一年止應總扣一次，以杜零星侵冒之端；□□□數多，似難總扣，又應每月扣存較便。但須照數刊榜，曉諭衆知，無令貪弁得藉端肆(下缺)……。

[錄自《明清史料辛編》第一本。原書標題作《户科外抄直隸巡按胡志藩奏本(崇禎五年正月三十日到。咨會户部。兵部呈，於兵科抄出。户科外抄)》]

遵旨回奏疏(二)

巡按直隸監察御史臣胡志藩謹奏：爲“遵旨回奏”事。

臣接管卷查，崇禎四年九月二十七日，該前蒙斥按臣胡良機行，據懷隆兵備道副使鄒嘉生呈，本年八月十五日，蒙巡按衙門案驗。八月二十二日，奉都察院巡按口北三千四百三十九號勘劄。八月初五日,准兵部咨,職方司案呈,奉本部送。該直隸巡按胡良機題爲"懦將屢告屢出舉動乖張懇乞聖明速賜處分以固重地"等因。七月十五日,奉聖旨:鄭一亨著兵部議處具奏。永寧重地,亟宜擇人。饒勳已有屢旨,併速議奏奪。劉繼烈狥情溺職,吏部看議來説。欽此。七月二十四日,該本部尚書熊明遇等具題。二十七日,奉聖旨:鄭一亨著革任回衛。其缺糧逃卒、守操隱冒事情,還著胡良機查明奏奪。孫顯祖貼防軍丁有無脱逃?著自行回奏。饒勳著該督撫速行勘議,不許狥隱。所掠婦女即勒令查給原主。併尤世禄、曹文詔通與傳飭,不得怙違取究。欽此。移咨備劄前來。案行本道遵照,本部覆奉明旨内事理,即將鄭一亨革任回衛,仍將永寧守操等官隱冒缺糧逃卒事情火速查明,限五日内,具詳呈院,立等回奏,毋得遲延。蒙此,又蒙本院牌催前事等因,蒙此節行永寧縣確訪詳開去後。今據知縣原秉謙申稱,查得四海治堡逃軍劉丙初、尹叁、殷秤兒、胡大沂、朱隆、楊孝、徐玘、甯成、段啓,以上九名,係楊文付、王許、王榮、郭貴、孔天福、孔進翟、劉三元、馬淮、高大晟,俱崇禎三年七月起節月小頂。把總羅應武將各軍七月糧銀盡行隱冒。永安堡逃軍李天伏於崇禎三年九月内王名頂;白宇、劉朝、劉仲美、張先、陳貴、劉安,俱於本年十月内,溫名、郭叁、段世傑、王應魁、韓希吉、任思貴頂;王宇於本年十一月内沈貳頂。以上八名,俱本堡防守。徐可久、白安國私召,今已去任。黑漢嶺堡病故軍曹天伏於崇禎四年七月内李登科小頂,二月、三月糧銀即小頂軍冒領訖。逃軍郭英、溫彦奉、楊全、郝壹真、劉月、閻萬銀,以上六名,係郭毫、崔天林、吳貳、渠耀光、郝光啓、徐功,俱於本年八月内小頂,其三月糧銀各小頂軍冒領訖。劉庫、王虎、董尚恩、申仲金,以上四名,係王貳、吳愷、張元、白大,俱於本年七月内小頂,其二月、三月糧銀各小頂軍冒領訖。張廷表於本年五月内李貳小頂,其三年十二月、四年正月、二月、三月糧銀俱李貳冒領訖。以上各城堡私召小頂隱冒情弊,俱已從實查出,伏乞轉報等情到道。除隱冒各軍先行拏究汰革,該本道復查延慶州革任操守李琦共報過逃軍喬成、李冒、張真等十二名,已補二名,未補十名;靖胡堡參革守備馬逢樂共報過逃軍史仲淮等十三名,已補二名,未補十一名;四海治堡署守備事李應龍三月内報過逃軍劉計伍等十名,全未補;劉斌堡告病防守姜進忠報過逃軍一名曹居禮,未補;永安堡革任防守徐可久報過逃軍大王貳等九名，全未補。缺糧已經庫扣。又靖胡堡隱占大邊軍四名，本道訪拏未結者，劉已、張見、張羽、高仲金係黜生王祚昌、武生王一品等所占，已經本道審實捆打，發廳究招。劉斌堡新任防守王世官查首私頂三名，李正、臧二哥、馬仲信。又永寧經歷司占役二名，永寧縣學教官占役三名，又訪得該堡占役軍一名何氣，俱行查革。又據周四溝守備高崇讓自首，隨堡辦差號令一名王彥時，掌房一名張甫，管軍馬字識一名張朝才，管糧一名李實，本路參將下鄉導夜役一名竇山，走邊旗牌一名李伏，宣府總鎮下鄉導夜役二名周雲鵬、韓丑、沈子與，黑峪口屬夷認碎供食一名王成。本道批行永寧縣查革，責令補募壯勇充伍；其餘各堡，隱冒慮有未盡，仍嚴責搜查，肅清戎行，實歸本營訓練外等因，呈詳到院，該前巡按御史胡良機駁批另詳去後。

該臣接管，崇禎五年正月二十日，據分巡口北帶管懷隆道右參議劉象瑤呈稱，崇禎四年十月初一日，蒙前巡按御史胡良機批，據懷隆兵備道副使鄒嘉生呈前事，蒙批，軍丁隱占，不特守操，而將領亦多。務須徹底清造一册，不能窮追既往，亦便垂戒將來。凡是墩軍，尤宜清楚。南山、懷來，何非要害？盡舉從前隱病而洗發之可也。但係州縣查過，即取州縣官查明甘結，總取糧廳甘結，事發庶無推諉。要之，無軍不得虛冒，有軍不致饑餒，文武官之真實職任也。另詳。蒙此，隨行宣府東路，速行永寧縣，將援兵、遊兵、南山各營分屬城堡逃故、隱占、採辦等項，查明造册，具結回廳，總具不扶甘結呈報去後。催據通判童學賢呈稱，行據永寧縣查過，援兵、南山、遊兵營各城堡軍糧分析原額，操備、守瞭、奉例、跟伴、逃故、私召、小頂、汰革等項造册，具結到職，覆查明白；及添本職甘結，呈報到道。據此爲照，隱冒軍糧，邊城大蠹，非日親查剔，則積弊難免。今奉憲批取結，以防事發推諉，真良法也。東路援兵營各城堡軍糧，節據署通判事胡士棟、見任童學賢，行據永寧縣查確，逃故糧數盡報螺紋册内，扣留萬億庫。見在操墩哨夜，實各有人，皆在信守。至於跟伴名數，俱奉有明文；私召小頂，皆前詳摘發。防守彭繼先已經革任，把總羅應武見在監究，其餘並無占冒情弊，造册具結呈詳到臣。除批"册結附卷備照，候回奏"外，該臣看得，營路之兵，原有定額。惟隨召隨補，斯兵足而勢自強。年來法久弊滋，人心玩愒，軍士利於偷惰，將領希圖潤囊，非私召冒頂，則差撥買閑。以故餉日以虧，兵日以詘，軍威不振，實基於此。今奉明旨清查，該道矢心竭力，逃故者速補，隱占者究追，怠惰者簡搜剔厘，自首者另召壯勇著伍，俱經陸續補完。其見在軍丁，復行查訪，並無隱諱情弊，取有文武各官不致扶同甘結。倘有欺隱，不惟將領據法究參，而路糧州縣各官先自甘其罪戾。從此尺籍充實，營伍肅清，積蠹盡除，而戰守可恃矣。既經該道覆核明確，呈詳前來，相應據實回奏。伏乞敕下兵部，再加酌議，行臣遵奉施行。緣係云云，謹具奏聞。

崇禎五年二月二十三日，奉聖旨：該部知道。

［錄自《明清史料辛編》第一本。原書標題作《兵科抄出直隸巡按胡志藩題本（崇禎五年二月二十四日到。兵部呈，於兵科抄出）》］

備陳宣雲目前危形仰祈聖明軫念以安重地疏

巡按直隸監察御史臣胡志藩謹題：爲"備陳宣雲目前危形仰祈聖明軫念以安重地"事。

臣入宣彌月，緣撫賞清查。共内臣王坤、撫臣沈棨朝夕一署，期蚤得竣事報命。於正月三十日，有大同兵譁之報。臣恐饑卒洶洶，爲變莫測，星馳彼中拊定。及至鎮，已經内臣劉文忠、撫臣張廷拱即時解散，業具疏上聞矣。惟是起譁有因，開釁有自。臣正期廉訪得實，庶便入告。而該鎮撫賞之磨核、馬贏之"中"印驗，亦無虚日。

於本月二十一夜，接宣鎮塘報，則稱插酋公然入犯矣。撫臣沈棨手書促臣就道，臣即於二十二日束裝回宣。至二十三日中途，内臣王坤、撫臣沈棨各揭帖到臣，爲"熟籌援登之便以急軍機"事。臣反覆思維，愈不能已於言矣。

夫以逆賊盤踞名城，倡亂内地，皇上赫然致討，凡爲臣子，俱應投袂而起，何敢檄調不前？惟是宣、雲危形未有明言以告之皇上者。夫奴賊西窺，已累見於偵報；插酋要挾，則屢肆其憑陵。虜患日深，我謀孔急，即合力支撑，尚虞旦夕之疏防，致煩聖明之西顧。乃兩鎮當征調頻仍之餘，缺額未補；兼饑饉洊值之後，災害迭乘。軍士惟有瘡痍，月餉之愆期如故；馬贏止存皮骨，料草之半歲安支？臣奔走東西，兩鎮諸臣咸相對蹙額。獨念時事方殷，聖明宵旰，苟可竭力支吾，豈敢頻爲呼籲？不謂尚有餘力足供他方之調援也。今宣鎮監、撫二臣業已爲宣請命，諒聖明自應鑒悉。臣離雲時，雲鎮諸臣時亦惶惶。所以躊躇未即發者，緣事關國家，尚煩籌度。其一段憂危之苦情未始異於宣也。且自有兵事以來，征調四出，卒未收半臂之力。

蓋千里饋糧，士有饑色，筋力已疲於長途，敵愾何從而拳勇？兼以沿途之餱糧或缺，則囂陵堪憂；人情之故土難忘，則潰逸可虞。青齊十二，非無投石超距之士也，在彼中諸臣集而用之耳！

臣目擊兩地危形，是以冒死入告。統惟聖明省覽施行，臣曷勝激切待命之至！緣係云云，謹題請旨。

崇禎五年三月初三日，奉聖旨：已有旨了，該部知道。

[錄自《明清史料甲編》第八本。原書標題作《直隸巡按胡志藩題本(速行。初三日戌時到，初四日行訖。兵部呈，於兵科抄出)》。原文存在一處缺字，今據同書《兵部行"直隸巡按胡志藩題"稿》一文補足]

塘報盤獲降夷疏

巡按直隸監察御史臣胡志藩謹題：爲"塘報盤獲降夷"事。

崇禎五年四月初二日，奉都察院巡按口北三千八百六號勘劄，准兵部咨，該宣鎮監視太監王坤題前事。本年三月二十日，奉聖旨："插謀甚狡，這降夷投供恐有别情，著撫鎮詳譯嚴備。夷人越墻進入，全無警瞭，官軍所司何事？許錦著巡按御史提究。其插酋近日情形，即著確查來奏，該部知道。欽此欽遵。"移咨備劄前來。奉此，案行該道，會同提究確查情形去後。

本年五月十二日，據山西布政司守巡口北兵備道右參政范鑛、右參議劉象瑶呈，問得一名許錦，年三十三歲，係陝西榆林衛實授總旗下應襲，向在赤城道門下聽用。崇禎四年三月内，蒙撫按秋防題荐，委管青邊口堡操守事務。狀招：青邊口堡係宣府北中路極衝，北至邊墻七里，南距宣府鎮城四十里，比錦操守本堡，責令兼邊西哨小守在官李真淮，與在官長哨姚國才，及紅墻兒東鎮胡臺墩軍在官王登舉、西高山臺在官墩軍柴國平等，晝夜在彼分防哨瞭。有在官投降夷人鵝毛兔譯供：本姓董，係遼陽人，年方八歲時，即被哈喇漢家達子將伊父母一家五口搶去。母到草地，又生在官夷弟召力兔，今已四十餘年。天啓六年間，被插漢兒將鵝毛兔與召力兔兄弟二人搶分與頭目打兒漢宰生部下，在地名恰東太駐牧五年。召力兔娶在官夷婦搵圪住爲妻。至崇禎四年，插漢兒王子率衆夷，前往與好兒趁家達子厮殺，本年十月方回。今聞好兒趁下不知名夷人來投插漢兒，報説：好兒趁、古兒半啞不哈家要往東與奴酋合兵，勦殺插酋。今插酋恐各家會合勢衆，於崇禎五年二月内,將銀米等物賞完各部夷人,插酋帶領前往好兒趁等,經繇適中路口堵截去訖,鵝毛兔與召力兔并弟婦搵圪住三名口得空投奔南朝。邊外走過十二日,至崇禎五年三月十三日黑夜時分到邊。比錦不合疏虞邊防,李真淮、姚國才、王登舉、柴國平各不合失於哨瞭,致鵝毛兔等三名口從本堡邊所管地名紅墻兒,越墻進入内地。錦與李真淮、姚國才、王登舉、柴國平比因昏夜,各又不合失於盤詰,復被鵝毛兔等三名口日藏夜走,於本月十四日夜,至宣府鎮城北門外龍王廟後溝潛藏。至次十五日早,鵝毛兔等欲要進城,被守把北門官軍李守信等盤獲,捉稟本鎮總兵董繼舒譯審,鵝毛兔等供報投降前情。隨將錦提至宣府,先行捆責外,仍會詳塘報。該監視内臣王坤題奉欽依,移咨備劄,案行本道。該本道會同分守道將許錦等一干人犯通提到官,再三研審前情明白。(中缺)……六錢五分,照數追解,萬億庫收貯,抵充軍餉。其降夷鵝毛兔、召力兔、搵圪住男婦三名口,行總兵董繼舒羈管安插,無致疏虞。取實收收管繳報,餘無照。等因呈招到臣。覆詳無異,除批依擬,候題請明文至日發落。

該臣看得邊以峻防,非兵不守,豈惟外禦衝突?亦即内固提封耳。矧警報時聞,夷情孔棘,防詰奸細,預杜釁萌,誠一刻不可懈弛者!許錦以聾瞽之人,當極衝之任,降夷入口,充耳罔聞,即盡法究懲,夫復何説?已經責革,仍應杖贖。守哨墩軍李真淮等,因循怠惰,悮事偷安,捆責未盡厥辜,決杖以警積玩。再照插酋詭秘多端,駐牧莫定,近探挑兵東去,又差夷使寄囊。頃臣巡閲獨石,單騎臨塞,詢彼零夷,皆言:“從三月挑衆北行,至今絶無音耗。”大約插部雖廣,而三面皆敵,不無彼此之顧,此疆埸之禍所以未烈;虐用其衆,而牲畜多亡,已叢夷目之怨,此虎狼之吻所以暫斂。心實避奴,而聲言堵奴,則插之狡謀也!惟插與我遠,奴益與我近,則我之大憂也!惟我飭圉固防,無地不然;庶乎備奴備插,無之不可。除嚴行鎮道將領擐甲枕戈、礪兵秣馬比常萬分加謹、務保無虞外,謹遵旨上聞,伏乞聖鑒。併將許錦等敕下兵部,覆議上請,行臣遵照發落施行。緣係云云,謹題請旨。

崇□□□□□二十七日,奉聖旨:兵部(下缺)……

[錄自《明清史料丁編》第四本。原書標題作《兵科抄出直隸巡按胡志藩題本(崇禎五年五月二十七日抄送。奉旨,五日爲期,應本月二十九日議覆,不應抄傳。胡軒寫。兵部呈,於兵科抄出)》]

虜衆唉餌暫遁將領無狀當懲疏

巡按直隸監察御史胡志藩謹題:爲"虜衆唉餌暫遁將領無狀當懲"事。

自有奴警以來,臣駐劄雲鎮,料理戰守機宜者幾二十日,賊忽引去之宣。臣已發牌抵宣,正擬啓行間,旋聞其東遁而止。然狡虜之去來莫測,善後之綢繆宜周。亡羊補牢,千金一刻。臣日同雲中諸臣,蚤夜拮据。獨是人心之縮朒,振之不前;我武之未揚,作以何道?臣鰓鰓過計,寢不帖枕。乃於本月初九日申刻,接督臣張宗衡疏藁稱,張家口將備公然回易說誓等語□□之未竟,而髮爲指矣。夫逆奴之罪,計日必受天誅;介冑之夫,言戰是其本職。□□□備不能一矢加遺,顧乃解顔相向,是何說乎?在撫臣原有苦心,計此時何敢分過?惟束身以聽皇上之鑒裁。將備方爲得計,聞就此且欲營私,亦豈盡繇撫臣之指授?乃督臣前駐右衛,其事或有或無,據疏語,尚待嚴查。臣越在數百里之外,行查定需旬日,是以先疏上聞。伏乞敕下兵部,將在事將領行臣嚴查議處具奏。臣不勝悚息待命之至!緣係云云,謹題請旨。

崇禎五年五月十八日,奉聖旨:御史巡方,飭玩發姦,原係職掌。罪撫通虜辱國,胡志藩竟不覺察糾舉,乃以未抵宣爲辭,顯屬飾卸!姑着戴罪管事。其各弁交通事情,著會同監視查明,據實速奏。兵部知道。

[録自《明清史料辛編》第一本。原書標題作《兵科抄出直隸巡按胡志藩題本(崇禎五年七月廿日到。崇禎五年七月十九日抄送。奉旨,五日爲期,應本月二十日咨行。桑進。兵部呈,於兵科抄出)》]

清查贖鍰解助軍需疏

巡按宣大等處監察御史、今降三級、戴罪管事臣胡志藩謹題:爲"清查贖鍰解助軍需"事。

竊惟宣、大二鎮,土磽人貧,年來徵調頻仍,庫藏如洗。臣叨承簡命,一載於兹,目擊艱危,訟簡用約。凡一切薪水、紙劄、吏書、食用等項,並不敢循往例以重累地方,皆於臣衙門贖銀内措給。除節次捐助軍餉銀一百五十兩、補修宣府城樓墩鋪銀二十七兩五錢八分、濟賑貧宗銀三十兩、解助年例軍餉銀一千二百兩、解助撫賞銀三百五十兩,以上共銀一千七百五十七兩五錢八分外,復行兩鎮司府,查得前御史胡良機措題兩鎮鑄本,雲鎮六百兩，今得餘利銀二百六十八兩八錢九分二厘，節次閱操，共節省操賞銀一百五十三兩四錢八分三厘。臣復搜括贖銀一百兩，共銀一千一百二十二兩三錢七分五厘。宣鎮鑄本六百兩，向來並未鼓鑄，止存原數。臣復搜括平糶餘利銀一百五十三兩四錢五分，節次閱操，共節省操賞銀五百五十六兩四錢，共銀一千三百九兩八錢五分。以上通共銀二千四百三十二兩二錢二分五厘，此皆臣衙門紙贖等銀陸續撙約之數也。

當此餉缺軍飢、捉襟露肘，即涓滴可供軍興之用，恐留貯反爲那移之資。謹遵前奉明旨，解貯大同府庫銀一千一百二十二兩三錢七分五厘、萬全都司庫銀一千三百九兩八錢五分，留備地方繕備犒兵支用。謹具數上聞。伏乞敕下該部，咨行宣大督撫監視查照施行。緣係云云，謹題請旨。

崇禎六年三月十四日，奉聖旨：該部知道。

［錄自《中國明朝檔案總匯》第13册。原書標題作《宣大巡按監察御史胡志藩爲清查贖鍰解助軍需等事題本（崇禎六年三月十四日）》］

程楷

程楷（？—1642），字公式[①]，號畸人[②]，直隸合肥縣民籍，休寧人[③]。品貌豐偉，舉動端凝。於大蜀山建雪霽山房讀書其中，諸子百家無不淹貫，尤酷嗜《莊子》，爲文奇肆亦如之[④]。天啓五年（1625）進士。授浙江嘉興府平湖縣知縣，折獄平允，催科不迫，搆三式館，與教諭楊儁卿講學論道，重修邑志[⑤]。以治行高等，擢南京禮部郎中。尋出守東昌，有以金餽者，峻拒之。崇禎三年（1630），陞雲南布政司右參政[⑥]。初入雲南境内，見界碑大書“萬里雲南”四字，念母老，凄然泣下曰：“吾不得爲王尊矣。”欲投劾歸。會滇寇陸昌文等叛，喟然曰：“王事多難，吾不得爲王陽矣！”星馳抵任。性惠愛，禦寇增城垣，復修學宫。僅數月，即解組歸養。去後人思之[⑦][⑧]。崇禎十五年（1642），張獻忠圍攻廬州府，知府鄭履祥請程楷協同經歷鄭元壽守衛南薰門。五月，城陷，程楷與敵搏鬭城頭，被創而死。漕撫史可法爲文祭之，具狀以聞。追贈光禄卿，崇祀鄉賢[⑨]。

注：

①參見《（乾隆）平湖縣志》卷八《名宦》。

②參見《（康熙）平湖縣志》卷五《職官志》。

③參見《明清進士題名碑錄索引》。

④參見《(康熙)合肥縣志》卷十《忠節》。
⑤參見《(乾隆)平湖縣志》卷八《名宦》。
⑥⑦參見《(道光)雲南通志稿》卷一百二十九。
⑧參見清汪有典《前明忠義别傳》卷十六《廬州忠義諸公合傳》。
⑨參見《(康熙)合肥縣志》卷十《忠節》。

序跋

平湖縣志序

夫志者,經之裔而史之翼也。嘆文獻之不足,稱周禮之在魯。識其大以恢黄圖,識其小以廣青廂。譬之粤鎛燕函,鶴長鳧短,各因其宜耳。顧志有六難:明不足周物,識不足通微,則難;才不足適用,文不足彰情,則難;公不足定品,斷不足決疑,則難。矧創始與葺故,難易倍萬哉!

余試令當湖,學慚鼠獄,智乏雞碑,門僱户拊,夙夜兢兢,其遑志事?旋念潁川、渤海,米鹽靡密,不憚煩碎。矧邑志綦鉅,目見足踐,不一手辦邪?《禹貢》紀田賦高下、墳壚黎赤,以至篠簜龜魚;《周禮》則及於山藪川浸、男女畜擾;而班孟堅又詳於政治風俗、俎豆筦弦;厥後,桂文襄輩復孜孜於形勢阸塞、封疆壺檬,總以奠民生、裨治道。

於是,集衆思於期月,萃群勝於寸眸。宣廟朝析邑以還,差如指掌。然而天地磅礴之所鍾,靈異之所蓄。若人物之磊砢英多,雖《禹貢》《職方》未及,而程世者尤矜重之。大都尋煙染芬,薰息猶芳;徵音錄響,操終尚嫋。迺世遠跡微,幾同溝斷,而華衮闕如。登高順呼,則犧尊之餙,青黄而文之。仲尼之衡誰執乎?幸成翁過師,國是持平於烏府,鄉評推重於龍門,筆下風霜,案前金石。殆季子觀樂,自鄶以下無譏;昭明選文,非蓋棺者不錄。春華海棗其免夫!邑博楊拙修諸公迨二三衿彦,銷燭研露,理不謬摇其枝,字不妄舒其藻,自非邈似繪天、茫如盰洋者已。余更從名宦稔聞前令劉襄陽膽幹殊快,楊金鄉簡要自持,李瀘州端凝率下,敢哆都長,良深願學;以至林、洪之秉鐸方嚴,梅、魏之佐治公亮,前事後師。寧獨趙、沈、孫、陸諸先達玉冰金矢,餘輝照鄉人士乎哉?

旹天啓丁卯仲夏户部觀政進士知平湖縣事古肥程楷謹撰。

（鈐印："程楷之印""乙丑進士"）

［錄自《（天啓）平湖縣志》，《中國地方志集成·善本方志輯·第一編》第69册，影印明刊本］

崇禎盧州府志序

古者，方輿志載或疏風俗，或紀歲時。耆舊先賢，典刑斯在；《陽秋》《檮杌》，懲癉尤彰。要以各標所重，旒綴緒餘，炳然成一家之言。若桑、酈著《水經》，以水植幹，而奇聞異蹟亦靡不條附焉。斯可概覩矣。

余郡向有志，遠弗可攷，始修於武昌徐公，繼輯於元城吳公。迄今又六十年所矣。其間政治之沿革、氣運之遞遷、人文之浸盛，無容具論。即余髫燥以來，幅幀疆界，修葺繕治，視故有加，遠寄之父老之傳聞，近托於牒檄之載籍。失今不圖，不將缺略，而淪佚以廢乎？適吳興嚴公來守我邦，越三年，而陽春遍地，四境享有生之樂，嬉嬉於化日，又際方隅無外釁，民和政暇。雅意典故，惟是郡志爲孳孳。彼《易》追庖犧，《尚書》紀三代，《詩》《禮》臚列國，《春秋》記魯隱，以經而支史者，皆是物耳。乃偕郡博諸君子，集衆思於期月，萃群勝於寸眸。不誇鉅侈麗，浮藻豔觀，期爲信史。輿地、建置，務犁成跡；人物臧否，力持直道；闡幽搜遺，質佚典而當輿心。於是，姚丘、舜井、孟宅、曹江，爛若列眉，將舉舊策而光大之。

不佞奉命出守東土，過里門而獲敘嘉典，居然幸矣！余惟運有隆替，地有翕闢，人事有詘伸，各以其時云爾。故貞元環轉，率六十而更始。是志也，始於武宗辛未，則徐武昌前茅；續於穆廟壬申，則吳元城後勁；今歲，運復周，儼然而再新，亦志之適逢時也。後之考政學禮者，繇建置而知損益，觀風俗而識教化，覽宦績而得師鑑，採人物而知景行，所裨益於治理又不淺矣。

今國家多事之秋，使廬陽僻壤文事武備之盈虛、户口扼塞之要害，按圖披籍，軫念撫循，易於指掌。聖天子取郡史以資採擇，行將修神爵、五鳳故事，出璽書，召先生，如黄次公、龔少卿。則先生借箸宰天下，實是編操其左券，豈曰小補之哉？兹因備考之成，姑述其言如此。若致美文詞，以爲信且傳，傳且久，則吾豈敢？

郡人程楷撰。

［錄自《（康熙）盧州府志》卷首《舊序》，日本内閣文庫藏清康熙刻本］

史砭敘

(原書係孤本,第一葉散失)……上下千古,摘要選精,而輯爲《史砭》。於百世中,間取一二人,而人真足砭世也,是見垣之宗也;於百人中,間取一二事,而事真足砭人也,是見血之針也;於百事中,間取一二言,而言真足砭事也,是泚然霍然之發也。

挹而探之,雖似桂林半枝、崑岡片玉。然而,劍首可無吷矣,嚆矢已先鳴矣;河伯之洋不必駭而返矣,愚公之山不必苦而遁矣;赤城之霞,已蒸爲異色,滿前靈對,無煩更命五都之駕矣。若布帛再浣,著體皆鮮;菽粟重飈,入齒自爽。疢奚容匿?癖奚容生焉?

今而後,史有深心,乃可砭也;讀史有深心,乃可以史砭也;輯《史砭》者更有深心,乃還可以砭史也。史之盟主,經之功臣,其在于止也!其在于止也!

畸人程楷撰。

(鈐印:"程楷之印""畸人")

[錄自明程至善《史砭》,《四庫全書存目叢書補編》第94册,影印明刊本]

黃得功

黃得功(?—1645),號虎山,人稱黃闖子,開原衛籍,其先合肥人。行伍出身,驍勇善戰,早年在遼東抗擊後金。累功至總兵。崇禎十四年(1641),奉命率部護衛皇陵,駐定遠,並與劉良佐部合剿張獻忠。後於桐城、潛山等地擊敗流寇,移鎮廬州。崇禎十七年(1644)初,封靖南伯。後以戰功封靖國公,加左柱國。弘光元年(1645),清兵渡江攻南京,弘光帝逃入其營。五月,得功率部同清兵激戰於蕪湖,中箭後自盡。《明史》卷二百六十八有傳[①]。

注:

①參見《明史》卷二百六十八《黃得功傳》。

記

重修廬州府城隍廟碑記

嘗思陰陽之理、幽明之義,誠世運興衰、國祚隆替實式憑之。故立社與立廟並重，鬼神與法度並嚴，爲神道設教之初意乎！是以公私、邪正、是非、得失，關國家大治大亂之源。

《傳》曰："鬼神之爲德，其盛矣乎！"又曰："民爲貴，社稷次之。"又聞季梁之言曰："民，神之主也。"聖王必先誠民，而後致力於神。故奉牲以告之曰，謂民力之普存也；奉盛以告曰，謂其三時不害，而民和年豐也；奉酒醴以告曰，謂其上下皆有嘉德，而無違心也。故務其三時，修其五教，親其九族，以致其禋祀，於是乎民和而神降之福。故明之不足而幽足以惕之，陽之不足而陰足以讋之。是以有公無私、有是無非、有正無邪，而人心世道亦有得而無失、有治而無亂。

余奉命來鎮廬郡，遍觀郊原，雖繫寇氛之慘，亦人事之失宜有以致之。則見城垣頽謝，宇舍丘墟，人民逃散，官司失守。是以士者廢業，而農者失畊；商者罷市，而工者輟技。荒烟腐艸之下，煨燼瓦礫之場，幾不知有人民，安知有社稷？幾不知有法度，又安知有鬼神？所以人心若狂，世道不古，趨邪趨亂，而滅是滅公。天乎？人耶？焉能起鬼神而問之？

予因是觸於目，傷於神，慘於心，而亟謀所以振起一世之人心，聳惕一時之聾瞶，而並以景仰萬世之觀瞻者，非入廟思敬無繇也。是捐己貲，爰鳩工匠，爰新廟貌，爰悚人心，而數百載不靈之香火，一旦告成焉。

欽差正勇營防勦鳳泗等處總兵官太子太師後軍都督府左都督加三級黄得功立。

標下副總兵官范紹祖、左慈、李應宗、于守祖、馬成龍、張傑、黄賢、田雄、王邦俊。

旗鼓叅遊王成義、何玉官、楊彪、李可勝、張國禎、常進功、劉有功、李成龍、李榮。

中軍叅遊李應魁、王定國、傅安邦、周成福、艾成祥、許尚龍、王賜祚、張茂卿、劉應志、楊進忠、項成德、把成功、李學詩、賈大第、汪禄、劉進。

管工旗牌劉承忠。

甲申季春。

［録自《(康熙)廬州府志》卷四十五《藝文》，日本内閣文庫藏清康熙刻本］

王寖大

王寖大(1598—1669)[①],號幼章,合肥南鄉豐樂人。早年入復社,與張溥、張采爲友[②]。崇禎十年(1637)進士。崇禎十一年(1638),授廣東廣州府順德縣知縣[③],兼攝新會、香山縣事。崇禎十二年(1639),充廣東鄉試同考官[④]。調山東萊州府即墨縣知縣。弘光立,授河南道監察御史,左遷禮部主客司主事,調吏部稽勛司主事,誥授奉直大夫[⑤⑥]。入清,遯跡不出,大節炳炳。隱居鄉野三十年,預知逝期,無疾而卒。學者私謚孝穆先生。著述頗豐,有《春秋説》《史綱抄》《性理評斷》《擲盃閣時藝》等[⑦⑧],惜多散佚。今存世者尚有《新刻經史類編》,藏於上海圖書館。

注:

①參見《肥西縣志》卷三十五《人物》。

②參見《(康熙)合肥縣志》卷九《人物》。

③參見《崇禎十年進士履歷便覽》。

④⑤參見《清代科舉人物家傳資料彙編37•王勗》。

⑥參見明徐石麒《可經堂集》卷三《題爲考選事》。

⑦參見《清代科舉人物家傳資料彙編37•王勗》。

⑧參見清蔡方炳《增訂廣輿記》卷二《江南》,清康熙丁酉聚錦堂刻本。

雜著

勸賑文

蓋聞好生者天地之心,凶荒者天地之運。則當歉歲,而圖救修備,儉己利人,是能維挽天地之運而仰合天地之心者也。

今年旱魃爲虐,高原滌滌,如洗如焚,泉田墒田,龜折苗稿,此真十數年來未有之奇厄已!方秋已藜藿不充,艱于一飽,百室懸磬,村爨烟稀,由冬以徂來夏,何以堪之!興言及此,不覺凜然。于人己之共處阽危,而身家之無以寧止也。吾輩或薄有所收,或稍有所積,除一身一家衣食而外,俱爲長物,當省節煩費,共圖救荒。況濟人猶屬迂談,而利己實爲切務。從來富貴、功名、子息、壽數,孰有不聽命于天者乎?孰有不輕財好施而受天之祐者乎?今使蕩財賫緣,以博名高;捐貲佞神,以祈壽嗣,此盡人之所欲,亦盡人之所共信也。抑知僥倖于難得之數,覬覦于冥漠不可知之中,彼不得者毋論已，即幸得之，而清夜拊心，恐有自問難安者。昔張益公帥蜀，夢遊紫府，黄承事一朴素布衣耳，以平糴見重于聖帝，固知制行以濟人爲要，而濟人以救荒爲首也。

嗟乎！世界好事無窮，人行好事又豈復有限？與其慳惜守財，較錙銖之末，終蕩于敗類子孫之手，以致水火、盜賊、疾病、官非之災，何若各量已分，力行其德？即分文升合之少，亦足濟一人一刻之飢。推此以往，吾心無盡，吾所救濟，正未有盡也。人之所感而頌者，固天之所申而佑者已。兹具同善一簿，以竢同里諸君共體天心，而挽厄運焉。

[録自《(康熙)廬州府志》卷四十六《藝文》，日本内閣文庫藏清康熙刻本]

朱國昌

朱國昌(1602—?)[①]，號慎旃[②]，雲南臨安衛(今雲南建水縣)籍，直隸合肥人。崇禎七年(1634)進士，授太常寺博士。崇禎十二年(1639)，充順天鄉試同考官[③]。後遷南京四川道監察御史。弘光立，以定策功，陞太僕寺少卿[④]。出督學蘇、松、常、鎮，駐江陰。期間廣營賄途，乏善可陳[⑤]。弘光元年(1645)五月，清兵陷南京，江陰危急，遂與同僚紛紛棄城而走[⑥]。隆武立，起故官。清兵陷福京，朱國昌逃歸雲南故里，隱居以終[⑦]。錢海岳《南明史》卷四十四有傳。

注：

①朱國昌生年根據《崇禎七年進士履歷便覽》所記“壬寅年六月初四日生”，知其生於1602年。

②參見錢海岳《南明史》卷四十四。

③參見《崇禎七年進士履歷便覽》。

④參見明末清初李清《南渡録》卷三。

⑤參見明葉紹袁《天寥道人自撰年譜·乙酉四月事》，收録於《北京圖書館藏珍本年譜叢刊》第60册。

⑥參見清韓菼《江陰城守記》。

⑦參見錢海岳《南明史》卷四十四。

制義

十有二月，及鄭師伐宋。丁未，戰于宋(桓公十有二年)

同考試官知州樊一芝批：詞嚴義正，斧鉞凛然，直令三國無所逃罪。

經罪治人之兵，重自治也。此宋、魯、鄭之負罪一也。致討于宋，豈義所得爲乎？蓋聞己與人相待而成，未有己不正可正人者。是故賢不肖之辨、治亂之分，自有衡焉，非可冒昧以相稽也。

魯之及鄭以伐宋也，豈不謂執數其臣，廢置其君，而谿壑是厭，不復知有常彜；臣與于盟，君與于會，而變詐可虞，無以昭其忠信？安在乎宋不可討、魯不可挾鄭以討宋耶？獨謂宋誠有罪，魯、鄭非無罪之國；宋誠可討，魯、鄭非討罪之人。督之相也，無亦魯賂之，以稱戈向宋，宋必且曰："部鼎故無恙乎？"脱魯不愛鼎，宋亦不愛情矣；突之歸也，無亦宋援之，恃比干臨宋，宋亦將曰："忽儲今安在耶？"脱突不竊國，宋亦不竊藏矣。出因其資，入用其寵，吾見兩相籍以成此交也。鄭何以異于宋？信不繇衷，義無所立，吾見兩相因以成此罪也。宋何有負于魯？孰賢孰不肖，宋與魯、鄭未有分也。欲以相治，不已難乎？爲亂爲未亂，魯、鄭與宋無差等也。欲以相易，誰其肯之？

向使魯、鄭未有負也，而宋罪之聲則堂堂大義，宋將引慝倒戈之不暇，暇索賊以相從耶？唯宋非無釁，而魯、鄭已自瑕；伐非無因，而戰實有闕。故既書伐宋，以明宋罪；又書戰宋，以專魯、鄭之罪，而《春秋》之立義精矣！抑宋、魯、鄭三大憝也，恬然不忌，致寇寇人，若忘乎其爲憝者，春秋人心可知也。臧孫達君違不忘諫之以德，説者謂與蔿氏無異，蓋法有不得不嚴者爾。

[錄自《天啓四年雲南鄉試錄》，中國國家圖書館藏明刊本]

奏議

乞速賑難民疏

南京四川道御史朱國昌題：爲"虜騎飽颺漸出難民擄去脱回苦情極慘急著宜籌懇乞皇上速賜賑全獲歸鄉井以甦水火以杜萑苻"事。

臣惟生靈之毒痛，未有甚于斯時者。方虜之蹂躪而深入，及夫飽颺而逸出，其間調度之疏虞，與行間之逗怯，功罪具在。聖裁自有獨斷，臣不敢贅。獨哀民生不辰，逢此百罹。屠戮者既暴骨以如莽，被擄者忍淪夷以終世！俱付之無奈矣！而其最慘最急者，無如不死不活、擄去脱回之難民。或爲奔走疲頓之委棄，或爲饑饉疾厲之稽留，或爲官兵邀截之奪回，或爲宵夜潛形之逸出。苦楚顛連，盡彷徨于逆旅；萍梗飄泊，總踟躇于窮途。枵腹粒米無充，赤身寸絲不掛。蝴蝶縈空宵之夢，杜鵑啼夜月之魂。形影相弔，俯仰無依。沿途乞丐，雖云墮井之呼，不暇擇人；然而到處流亡，孰謂當厄之與，能炊無米？不即填擠于溝壑，又難呼籲于君門。在向者勢窮力詘，苟且甘毛帳以追隨；迄于今蠆尾跋胡，保無投綠林而嘯聚？况十年以來，奴已四犯，前此蹂躪之後，山東一帶，土賊蠭攢；今日慘禍，倍蓰于昔，則繼此而逞者，安能轉盻之全齊不爲見前之中土也乎！

夫饔飧無計，控籲無門，而欲其守理循義，甘餓首陽，雖慈父不能保之子。獨惜其增一種土寇，又增一番征勦矣；增一番征勦，又增幾多供億矣！夫玩日愒月，兵將之驕怠既如彼；三空四盡，帑藏之匱竭又如此。臣非不知仰屋持籌者之捉襟露肘也。然與其議削平消弭之方于揭竿號澤之日，而凶燹之後，復動干戈；孰若議賑濟安插之計于弱喪忘歸之時，而殘孑之遺，不委沙礫？是必有所以接濟之者，而後羈旅可安于即次；又必有所以周恤之者，而後驚魂可返于故鄉；尤必有所以勞來噢咻之者，而後心志不摇于他岐。此今日之急著，似不容頃刻緩也。

嗟此流離之衆，誰非赤子？古聖人一夫不獲，時予之辜。我皇上視民如傷，連年蠲賑，存活不啻億萬。近有汴民一賑，歡呼動地，痛今遺黎，深惻皇上之軫念。伏乞速沛皇仁，亟賜賑濟，少給資斧，沿途接濟，復歸井里。若有膂力方剛當行伍者，不妨募爲土兵，尤兩利之道也。呼吸存亡，爭在旦夕。若下部議覆，往返動經數日，汲西江之水而救涸轍之鮒，嗟何及矣！仰惟聖斷，立刻施行。至于殘邑，需牧守之還定安集，又在銓部之慎擇選除也。救焚拯溺，悲楚萬千，内溝之恥，不堪流涕！臣無任激切待命之至！

崇禎十六年四月初六日，奉聖旨：這本説脱回難民流離可念，委宜賑濟安插。著即與確議飭行，該部知道。欽此欽遵。

[錄自《明清史料乙編》第六本。原書標題作《兵科抄出南京四川道御史朱國昌題本(行訖左府科書辦承)》]

記

重修玉皇閣碑記

玉皇閣先昉於鄉之少宰包公，綜理周密，壯而有體，麗不傷華，頗稱制焉。迄丁亥歲，運會際鼎，舊物改觀，閣亦因而變本。前副使公祖熊諱啓宇謀爲之新，不果；今副使公祖王諱家鼎來繼，涖任初，有古鑄放光之祥，識者慶之，以爲福地，若將待人後興者然。居無何，公果以暇巡覽雉堞，見一片瓦礫，遺像委諸蓬蒿，喟然嘆曰："張相埽更，余職分内事也。帝之所棲，忍聽其廢而不修，與修而不終乎？"當孔棘是務，諏之府公祖、州父台，欣然捐俸；不足，籌於鄉之文武信善。爰是擇師度木，訂方較圓，規模雖草創，而物力維艱，恒多泄視。適總戎公祖楊諱祿以撫夷過此，嘉是舉之甚善，嗟所費之不資，以五拾金贈之，且謂："凋瘵之地，能出幾何？擕僧募化，各有所助。"既以王事，不遑久處。去之日，祝曰："吾鎮此閣之成，誓以力擔！"居無何，公未啣命之初，扈衛將軍白文選馳簡書，於兹綏養，覩斯功業未竟，勃勃然奮樂善之思，而肩未竟之績。正圖畫間，倏爾公遂啣命而來，將軍曰："實神之所格矣。"公亦躍然曰："吾將畢吾願矣。"復解橐布金，足其所費；鳩工庀材，嚴其繕作。日省月試，懋先益勞，與王公祖倡和一心，伯仲一力，凡可以光華帝宇者，無不殫智竭慮而爲之。用是格於神，神亦默相；孚於民，民亦樂從。居無何，而工告竣。經始於上章攝提格之皋月，落成於閼逢敦牂之正陽月。於都哉！浮屠矗然，以逼漢表，鎮前山也；正殿莪然，以事昊天，端薇垣也；後殿森然，以事玄武，崇化身也；廊廡肅然，以事列宿，拱衆星也；天門廊然，以事四聖，嚴守衛也。若雷神殿，若靈官殿，若雲房，若靜室，井井有條。於都哉！雄壯比於夙昔，華彩映乎千秋，兩公祖之用心若是，上以鞏皇圖，下以禔民福，釋愁苦而樂利，回板蕩以昇平，又奚但祝仁者之有後哉？是役也，襄其事得覩其成者，將軍白公文選、總戎張公國用、王公安、徐公天祿、方公逢聖，書志美也。襄厥事未覩厥成者，郡伯方公興佐、張公逢嘉，備書志不忘也。若夫納流挈壤，共成高深，例得並書，另有貞石，在昌山阿。暮齒弘睹新謨，感興廢之幽情，快緝熙之令德，義不敢以譾拙，而遂闇黼藻之章，但媿不能揄揚兩公祖於萬一以及其餘云耳。謹此勒石。

［錄自《(民國)續修建水縣志稿》卷十一《藝文一》］

余瑞紫

余瑞紫，字聖友（或作“友聖”）[①]，合肥人。明末諸生[②]。崇禎十五年（1642），張獻忠攻陷廬州府，余瑞紫被擄，在起義軍中任事數月，不久伺機逃脱。後舉其耳目所及，撰成《流賊張獻忠陷廬州紀》一文，多可補史乘之闕。

注：

①關於余瑞紫之字，民國合肥徐氏歸晚軒排印本《流賊張獻忠陷廬州紀》卷前署“合肥余瑞紫聖友甫撰”，天一閣藏清鈔本《野史無文》卷十五《流賊陷廬州府紀》撰者作“余瑞紫（字友聖）”。

②參見《（嘉慶）合肥縣志》卷二《大事記》。

雜著

流賊張獻忠陷廬州紀

合肥余瑞紫聖友甫撰。

大明崇禎八年，歲次乙亥。廬州府知府吳大樸（河南汝寧府固始縣進士）於正月初旬循例謁淮（見總漕都御史），去後遂聞流賊反信。如上元佳節，歷年街市各色燈俱全，龍燈、獅子燈尤多。人家放花、放爆竹、放烟火，笙簫鼓樂，諠填街巷，鬧熱之極。看燈者自晚達旦，遊行不絶。至是概不提起，大街寂寞無聞，相遇者直講流賊。於是，七門各集多人，持刀槍，執棍棒，俱遶行城外，名曰“揚兵”，謂：“賊聞之城中有備，決不敢來。”至十九日太守回，即令城上蓋窩舖，搬運磚石積城頭，以候用。至二十一日晚，遥望城東火光燭天，諠傳鄉邨失火，竟不知賊到店埠鎮，殺人放火，焚房屋，燒竹木。二十二日侵晨，賊到城下，全城大驚。賊之人馬，多不可言；城外焚殺，慘不可言。人人憤怒，共議出城殺賊。各門之精壯勇健者俱奮勇爭先，從德勝門自城上縋下，取得勝之讖也。走到小東門城外，只見數賊，衆人即一齊跪下。賊叫丢器械，人人棄其刀槍，任數賊砍殺。可憐數百性命，無一生還者。城上人見之，恨入骨髓。幸人人奮守城池，富家大户多送酒飯，犒勞守垛人夫。二十三日，賊衆頂大門板來攻城，挖水關；又頂板掘城牆，穿地道，矢如飛蝗，射城上。守城人以磚石擊射，傷賊多人。晝夜攻之，又挖關。有庠生李玉卿，甚富，出多錢募人填關。人爭趨之，半日而關填塞堅實。二十四日，攻北門。已破月城，登小樓，尋緣牆上大城。幸大城垛口高，賊不得上。有壯士魯能所(名弘道)，一人挺槍抵垛口禦之。群賊畏之，不敢上。又一人放砲而砲不響。指揮使田起潛情急，更挾一百子砲，齩指，血滴砲上，叩首哭祝，一發而小樓打傾半邊，打殺數十賊。内一衣藍袍者，號"二大王"(張進嘉)，被打死。賊衆盡退，而城始全。太守贊曰："北門鎖鑰，非將軍不可！"是夜，賊急攻南門。小東門城上燈火照之，如同白晝。賊人百計攻之，太守百計禦之。張獻忠曰："好箇廬州府！日間是箇人城(見守城人多也)，夜裏是箇燈城(見城頭燈火多)！"遂有"鐵廬州"之號。適養濟院一團頭，名方四，以胡盧瓢罩頭上，浮於水面，遠遠漂至賊蹲之河岸者，突搭下水殺之。太守於城上見之，賞銀四兩。自是，賊之飲馬取水者，皆群行以目。連攻數日，賊攻者疲，而守者亦困矣。

二十八日晨，賊流往巢縣去，破巢縣，殺知縣顔珏(浙江人)。又陷無爲州，陷含山縣，陷和州，陷全椒縣，擄掠焚殺之慘，古今未有之惡也！城社丘墟，蒿萊没人；十室無烟，燐火晝見。路斷行人，狐兔之跡滿道。先是，陷鳳陽，殺官吏，放罪囚，焚皇陵。皇上聞之震怒，命將出師以勦賊爲事。自此無不談兵説賊矣。流賊去後，吴太守遂於東關外修築石壩以蓄水護城；恐賊決壩，乃造砲樓於河傍以衛之。其關下去前所填土，則鑄鐵柱，使通水道，而賊不能動。又於城門口砌陷馬坑，深丈餘，城下錠梅花樁，挖品字坑，使飛梯、衝車不能進。每一垛用五人守之，更番疊易，夜間每垛用照城燈一盞，每五垛用照城火一盆，賊至，即見之。其爲城守計亦周矣。

光陰迅速，不覺十二月十七日，流賊又到廬州府。攻城特甚，全不似春初。幸守城者亦不似春初。故雖力攻，而守亦堅固。因思以冬月之賊攻春初之城，城必不保；以冬月之人殺春初之賊，賊必大傷。無如命數已定，故春爲城之幸，而冬亦賊之幸也。二十二日，賊流往滁州去。

九年丙子正月初一日晚，援勦經略盧象昇率大軍到府。總兵祖寬，係守邊名將，聞賊在滁州，初二日即起馬追勦，兼程而進，直入賊營。賊竟不知是兵，猶以爲本營人馬。怎當此慣戰將士，視流賊似嬰兒，殺伐之聲，聞數里。賊大敗，又流而去。嗣是，賊無不到之處，而盧公又勤王去矣。繼則熊文燦用勦兼撫。而張獻忠就撫，於穀城縣城中創一大宅以居之。所居有牡丹花開於冬月，有一老婢賀曰："老爺必有天日之分！從未見此花開於此時。”八賊私喜，賊性不改，與官民俱不合。兵備道密以文投治院，爲勦計。下文役，爲巡風賊所執，搜出密扎。八賊大怒，即刻焚殺，叛之而去。

去則流毒無窮。上命輔臣楊嗣昌（湖廣常德府武陵人）督師。上親送之，賜宴，賜詩：“鹽梅今暫作干城，上將威嚴細柳營。一埽寇氛從此靖，還期教養遂民生。”此十二年九月中旬事。一時軍容之盛、地方迎送之恭，古未有也。其隨征將官則有猛如虎、虎大威者（此將係虎生，故以母爲姓），驍勇無比，日夜追賊。賊之奔竄，無寧晷，日不暇食。疲困之極，兵賊交卧於路，彼此不知。於是，賊流入四川山中。奈山險路狹，不便排兵佈陣，只用圍困之法。時值大雪，八賊衣貂裘猶寒，其人馬所存者僅千餘人。是時凍餒交迫，八賊幾欲自刎。一賊曰：“勝敗兵家常事。且緩，俟兵到再議。”八賊猶豫。忽拏一土人至，問：“何處有糧?”土人曰“離此不遠有砦，砦上有糧。”群賊疾行到砦，攻之即破，果得糧若干，賊賴以生。破後視砦下，險峻陡絶，亦不自知其何由而上也。糧盡春回，賊竟從山背後無路徑處，生開一路遯出。官兵猶以賊困久，非凍死即餓死。豈知賊衆復至湖廣，擄人甚衆。竟到襄陽，圍城數日，忽又退去三百里。城中偵賊去遠，遂怠其守。賊忽一晝夜復回，假充營兵，吹打進城，並無一人疑爲賊者。蓋賊去而兵即來，每每如是，故不疑爾。是十三年五月二十八日，陷襄陽府，焚殺擄掠，且遍搜覓襄王。少頃，執王。王年七旬外，鬚髮盡白，體貌修偉，跪叩八賊曰：“求千歲爺爺饒命!”八賊説：“你是千歲，倒叫我千歲！我不要你别的，只借你頭用用!”王曰：“宫中金銀、寶玩，任千歲爺搬用。”八賊曰：“你有何法禁我不搬哩? 只一件事，你不給我頭，那楊嗣昌不得死!”於是殺王。遂以告示張挂，沿路上説楊嗣昌得金銀、珠玉、綢緞各色若干；至於總兵、副將、參遊、都守、千百把總之類，悉加官爵。人見之，有信者、疑者。而楊公知罪難逭，遂自縊於徐宅花園中。從此，兵欲勦，賊愈甚。八賊乃回避於英、霍山中。

值崇禎十三、四兩年蝗旱，人民餓死者無算；加以天災流行，屍横遍野。鎮守舒城縣將官孔廷訓有兵飢甚，以刈麥與民相爭，鳴之公庭。奈知縣與紳衿俱左兵而右民。兵中有張虎山恨之，遂糾數兵私奔，接賊於霍山。賊大喜而未深信，防其詐也。令兵上前攻城，看其真僞。及到城，兵果用力攻之，賊遂合圍。八賊遶城一看，曰：“城中黑氣罩定，必破無疑!”其時孔將尚到城下大哭，頓足向守城人曰：“快弔我們上來守城！我還有許多兵不曾投賊!"人皆不信,放砲亂打。衆兵曰:"進退兩難,不如齊攻破城,大家受用!"孔將亦没奈何,只得聽之。攻兩日半而城陷,時十五年四月初三日辰刻也。城中胡翰林,名守恒(初任浙江湖州府推官,行取考授翰林。宦囊巨富),奔出,殺於城南三里蓮花塘中。太僕寺卿濮中玉被擄。其焚殺殆盡,無噍類。改舒城縣爲得勝州(此與《明紀》同)。老營扎於七里河與許大王岡等處。致令桃城一鎮人望風投順,而孔將亦置於老營内,後七口親人咸被殺。當時破舒城之日,正府考合肥縣童生之日。申時,打察院門報舒城縣破了!知府鄭履祥(江右人)雖進士出身,全不知世務,而惟見小利。一聞報,竟似木偶,並未出聲,惟寒顫而已。而城中人亦置若罔聞。惟富貴家婦女男粧,賂門軍,乘轎而去南都暫寓。蓋是年該科舉人皆以考爲事,竟忘其賊之據舒也;兼以廖將官(蜀人),名應登,領兵三千,駐扎城外,意料賊不敢來。詎知流賊不畏此等之兵也;不但不畏,且尋訪而殺之。故八賊身在舒城,心未嘗一刻忘廬州也。

至五月五日,八賊以端午節待衆頭目酒。桃城有郭尚義者(小名郭和尚),市井小人也。賊以投順,官爲僞副將,時亦在坐,遂飲酒中進計曰:"廬州可以破。"八賊詭言曰:"攻城乃下策!殺人一萬,自損三千。未可動兵。"尚義曰:"近日廬州不似先年,自前舊兩年蝗旱,人皆思亂。望老爺去,求之不得。況人馬在此養久,如今只去暗襲。若破之,是大幸;即不破,亦不傷一人,不折一矢,策馬而回,再作商量。有何不可?"八賊云:"待我熟思。"少頃,席散,各歸無話。次日初六,學院下馬,晡時入城。人愈不防賊,賊亦不知學院臨府。於是,傳各營挑選精兵到桃城聽令。一刻齊集,耑候軍令。八賊上馬,竟奔桃城。一到,令造飯。約飯畢,傳令人銜枚、馬疾走,從小路上府,有洩漏者斬。走小蜀山者,一路到城下。二更方盡,初轉三更,竟從將軍廟(在西城門頭上)攀援上城,無一知者。賊見守城人熟睡窩舖内,賊敲梆子,大叫曰:"賊破城了!"其人驚出望外,賊即砍了推下城去,就以垛口燈點艸燒窩舖。賊登城者十三人,遂開大西門,放群賊入城,滿街殺人放火,叫喊之聲令人心膽俱裂。

斯時予卧書房中。夜半忽聞家家打門,聲甚急,亂叫:"快開門!城破了!"喊聲、哭聲聒耳。予忙跑來家,見父親只携二弟逃難,餘不問,只帶銀數兩,餘銀亦不包而去。及到大門首,而街上已有賊矣。不知何人倡爲"營兵鼓噪”之説，且云：“天明即安撫，看人家婦女此時亂跑，明日有何顔回家？”致令人聞此言，遂多有不携家眷出城者。及賊打門，時天將明，吾母曰：“爾速去！莫顧我！”妻亦吗：“快走！莫連累你！我不過一死！”予方與二弟同奔跑，至鼓樓南街，街上人已擠滿。往南走，南頭有賊；復回北跑，北又有賊。兩頭亂竄，如魚遊釜中，吾二弟竟不知何往矣。只見一家門微掩，予即擠入閃避黑房床下。隨有一人被賊趕至此房之二路屋簷下。其賊戴大帽，紅鉀，手持明刀如鏡。那人可以嚇死。幸賊向那人説：“你莫怕，咱不殺你。我老爺來安撫你們。”予聞之，思此賊可以與言，若只藏在此，倘或放火，奈何？遂出，見賊。適值賊問那人：“有頭口麽？”那人未及對，予從背後應曰：“有。”賊似驚然喜其有，遂忘其驚也。問：“在那裏？”予漫應曰：“在内哩！”此不但不知頭口有無，且不知此誰氏之宅也。又進一層，果有大驢二頭在槽上。賊遂令予與那人牽之，到十字街搬東西。一家有一老人守門，賊問：“有頭口麽？”回曰：“没有。”賊即一刀砍死，進内房收拾衣物。凡遇金銀首飾悉擲之，只以綢衣放驢背上馱去，走出大西門外放下。賊又領予二人進城擡酒，予即引至我家中。先滿屋酒，此時只剩四大罎。予從火巷一望，只見祖母猶扶後門而立，不敢交一言。尚不知吾母已盡節塘中。妻亦下塘，幸浮而不沉，頭面俱爲萍掩。弟媳周氏見賊，亦同入塘，惜少遲一步，只半身在塘，半身猶在岸。賊一手搀起，要帶去。不從，賊以刀砍頸而去。幸喉未斷，次年六月死於南京。賊初令予擡酒。予曰：“不能。”賊曰：“你不擡，吗我擡不成？”於是緩緩扛出大門，而力已竭。正凝思間，忽來一人曰：“等我擡！他書獃子擡甚麽？”予竟不識其人。此時不但予喜，而賊亦喜，遂吗他兩人送酒到營。領予從回龍橋巷，到趙家塘石級邊。只見滿塘婦女，有溺死者，有未死者。埂上只一婦與老婢同立，見賊至，方下塘。賊一手搀起，要帶去。婦大哭。老婢曰：“千歲要你去，你跟他去罷！”婦愈哭。予從旁曰：“偌大一箇城中，豈只此一婦？要這水淋淋的作甚麽？”賊不言，亦不帶去，遂一箭射頭上。予曰：“既不帶他，又射之，何益？”賊即拔箭去。至西門外先到處，令予坐此勿動。

有一小賊，年可十四五歲，見予即問：“你是箇相公麽？”予曰：“不敢。”因思此子甚小，何以知人？小賊又説：“我家人帶你來，明日自然送你到老爺前去。我這裏頭有箇老爺，他問你可要去家？你若説去，他就吗人送你。

却不是送你去家，却是去殺你。你到明日切不可説去家！”予思此言似真，他之聞見自確。不然，小子何得説謊如是？且又云：“今夜城破，你未吃飯。我挐些粥你吃。”予食畢，又挐一白骨金扇，繫一香墜，向予曰：“是你文人使的，我不用他。”予受而謝之。少頃，一衣紅氅者至，年可二十餘，面如鐵，眼似鈴，聲極啞。予見之心懼，立起奉揖，彼若未見；屢餂以言，彼若未聞。惟手提綢衣，左右分置。忽曰：“這些東西到我手裏都不值錢。”予答曰：“不是爺用錢製的。”彼亦不言。突有衣紅鉀者至予側，恭貌怡聲，云：“相公，我長爺有請。”予忙立起問：“你長爺是誰？素不相識，爲何請我？莫非錯了？”啞聲者曰：“你去。”予曰：“你叫我去，就去了。”隨來人行有一箭之地，見一人蹲踞矮牆之上，無耳，有鬚，小帽，短衣。紅鉀者前稟曰：“相公到。”予見之奉揖。其人拉住云：“不消。我且問你，你是箇官兒？”予云：“不是。”其人曰：“我在此望見你坐在那邊，體格不凡，故著人請你來敘敘。”予曰：“讀書是實。”其人曰：“是一位相公。”予答曰：“不敢。”其人因言及：“天下大亂，我老爺應運而興。相公可同我等共成大事。但不知你可會做些什麽？”予曰：“小人只有文事微通，武備不知，如書寫是本行，營中書扎願效微勞。”其人曰：“善畫否？”予曰：“不知。”其人曰：“我要個畫的人。”予曰：“有人，但此時難尋。”其人曰：“是。你若遇見，可同他來。”因而自道其姓王，是老爺的高照。營中問王高照，無不知者。予猶未悟，王又云：“凡營伍行動，第一是將官；第二是實纛旂；次則大七星旂，即高照也。此三人勝敗不離，死生不散。”以知王高照是極大頭目。予見其人狀貌不惡，言語不俗，即以相書上的話奉承他幾句。他說：“我也没甚好處。我的眼生慈了，最不喜殺人。”予聞此言甚喜，因舉宋時曹彬不殺人，後來子孫昌盛；曹翰好殺人，子孫如何衰耗。言頗相投。隨叫人上前收拾酒殽，跳下矮牆，携手同行。

不數武至一處，即二里街。王令設座，一賊即以緑豆兩稍放兩邊作椅，以緑豆半稍置於中爲棹。用大銀爵滿斟臘酒奉予，予曰：“不飲。”王曰：“豈有相公不飲者乎？”予曰：“今日蒙王爺知遇之恩，又蒙賜酒，怎敢不飲？果是天性不用。”王曰：“這樣説來，相公也有不飲的。既不用酒，喜吃果品否？”即令取果子來，一人捧果一盤，皆枝圓栗棗。王手剝奉予，予接而食之。王叫牽馬，一人牽大肥白馬一匹，黄金鞍轡。王將騎，予即左右拉環墜鐙，伺候上馬。而王過謙曰：“相公折殺我！本當與相公同走，怎敢僭妄？

奈賤腿爲没要緊事被老爺責罰十五棍，疼痛難走，相公莫怪。”因策馬快行，恐予覹（音尾）其後也。予思此人相待若是，倘離此人，又爲他人擄去不妙。跟定馬後，馬跑亦跑。王回視予，不言而加鞭，以予在後，心甚不安故爾。正走間，有一戴匾巾人，年可四旬外，肘搭紫花布衫，撞於馬前。王叫取下巾來。其人忙取巾，雙手奉上。王以刀接回，謂予曰：“相公戴之。”予如命。又走數武，一賊引一美婦徒行。王見之，要給我。那賊曰：“我擄的，怎給你？”王曰：“你不給？殺了，大家不得。”予上前按住刀，曰：“像這婦人城中頗多！何必如是？”王收刀躍馬去。至一林中，但見大紅綢被鋪草堆上。王下馬，即卧被上，曰：“相公，咱腿疼，告過躺躺兒。”予曰：“王爺請便。”王云：“你莫叫我爺。我輩响馬營生，都是弟兄相稱。”予曰：“此後叫你王哥罷！”王曰：“可。”隨問：“會下棋否？”曰：“會。就是彈琴、抹牌、雙六之類，俱粗知一二。”王曰：“我有棋，蔡道衙中拏來的。”隨取至，乃象牙棋子，果然精緻。王曰：“請教一盤。”却無盤。王曰：“相公畫個盤兒。”予曰：“此處紙墨筆硯俱無，何以爲盤？”王云：“怎處？”予見其要下心切，因思一法，問可有綢？遂撦白綾尺餘，以瓦片磨柴炭畫成。王大喜，對著。先王勝二，予勝一。王云：“相公棋高我多哩！方纔兩盤是讓我的，我豈不知？”於是收棋，吃飯飲酒至晚。見城中火焰滔天，心如刀刺。王大醉，辭予往帳房去。隨叫：“請相公來。”予至，見有婦人在旁，即抽身去。王留不放。王與予並坐，叫婦人唱，不唱；又叫一婦人唱，亦不唱。王拔刀在手，説：“再不唱就都殺了！”予按刀多方勸解，曰：“敝府婦女老實，從不會唱。殺也無用。”王收刀。予曰：“請安罷，我去了。”王曰：“恕不送。”予回望城，暗泣而已。

次日初八，王起，梳洗畢，向予曰：“叫人收拾早飯吃，我上衙門走走。若無事，回來下棋。”少刻回，謂予：“昨日帶你來的那人要你回去。”予甚恐。王曰：“莫怕，他長家没來。他長家之上還有老管隊，纔和我班輩。我不放你去也可，只他小厮們搬是非，對他長家説我擄得一個相公，被某人要了去，再有好寶貝他都要。去罷！你回去在他處和在咱處一樣，日後纔見得。我叫裁縫送你去。”以裁縫爲營中所重者也。

予去。一到那裏，裁縫説：“相公送來。”予即説：“你們昨日搬到這裏，把我丢在王爺那邊，不叫我來家。”啞聲者不語，只叫昨日擄我之人名大虎：“送他到老爺跟前去。”大虎叫走，予即隨行走至花園中，即八大王張獻忠駐處。但見八賊頭戴水色小抓氈帽,眉心有箭疤,左頰有刀痕。身穿醬色潞綢箭衣,脚下穿金黄色緞靴,坐虎皮椅上。大虎到旁,叫跪,予即跪;叫磕頭,予即叩首。張問:"你要去家麽? 我就叫人送你去家。"答曰:"小的没家,情願服伺老爺。"又問:"你是那樣人?"答曰:"讀書人。"問:"可會作文章麽?"答曰:"會。"八賊云:"我考你考。"叫取紙筆放他面前,隨有人持全柬、毫筆、端硯、金墨,俱放在方棹上。予稟出題。張云"王好戰"一句。予先寫破承呈看。初以賊必通文,豈知字亦不識。見送上手本,假作看,介說:"好! 誰帶你來,在誰家養活你!"大虎叫走,予即走。走出大門,内又叫大虎。虎説:"站此候我。"予立俟。只見張亦出門外,黄傘、公案,左右劍戟如林。叫帶過蔡道來。蔡頭扎包頭,身衣藍綢褶,綾襪朱履,不跪,直兩頭走,以手摩腹,曰:"可問百姓?"八大王責曰:"我不管你。只是你做箇兵備道,全不用心守城。城被我破了,你就該穿着大紅朝衣,端坐堂上。怎麽引箇妓妾避在井中?"蔡道無言可答。其妾王月手牽蔡道衣襟不放。張叫:"砍了罷!"數賊執蔡道,於田中殺之。王月大罵張獻忠,遂於溝邊一槍刺死。屍立不仆,移時方倒(按,蔡道名汝蘅,字香君,四川舉人。善詩詞,最儒雅風流。以千金贖南京舊院名妓王月爲妾,官於廬,遂於衙後作花園居焉。城陷時,兩人同避井中。賊以繩引上。八賊見月貌美,初七日夜,欲污之。王月大罵,遂被刺死)。城破時,學院徐之垣係合肥縣典史蘇汝遐引之,馳回句容縣去。廬州府知府鄭履祥逃去(志書以死,紀者妄也)。合肥縣知縣潘登貴遯去。廬州府通判趙興基守水西門,朝衣朝冠,罵賊不屈,爲賊所殺。鄉紳程楷(字畸人)遇害。指揮使趙之璞(字連城)遇害。城中紳衿婦女死節者難以悉記,而多淹没無聞。紳衿富户略記一二。又見衆賊爭上城功,屈指十三名。彼云:"先上者我也!"此云:"我先上也!"八賊曰:"不必爭,俱是有功。"説此一句,皆無言而退。

大虎引予回,初不知八賊何以分付大虎,亦不知大虎何以傳令啞聾者。只見啞聾者到予前慇懃慰問,曲意周旋。予思此必八賊有好言語,他方如此相待。不然,昨何倨而今何恭邪? 是日,有賊至思惠樓,樓上集許多火藥,隨報。八賊即動氣,大讓曰:"這蠻子養不家。我厚待你,這火藥就該説。並無一人提起!"遂令搬火藥來營中,放火燒樓。又傳令進城補放火、殺人、捉人,一人不許放走。其焚殺更勝於前。蓋八賊初不料破城如此之易也，聞信喜極。到府時將午，所以初七日殺人尤覺其少。且七門各給銀兩招安，多被秀才與光棍領去。又給令箭吖人找尋婦女。

初八日巳後忽雨，幸即晴。予尋至王高照處。王見予，甚喜，即携手散步。至一窩篷，見一賊，年可四旬，詞氣溫雅，向予講許多故典詩聯，係河南人，現爲八賊之官裁縫者也。時顏魯淵夫妻幸爲此賊所擄。魯淵五旬外始得一子，甫週歲，裁縫甚愛之，抱其子於懷，撫摩極至，如骨肉親戚之相痛者。然魯淵以小兒不潔，恐腥穢觸之，又恐遺溺污其衣，在旁小心不敢令賊抱之態，言不能盡。而賊愛抱之不放，曰："不妨。"予因求放他回去："他五旬外始得此子，帶他夫妻去亦無用。這是爺的大恩，就是他的造化！"賊曰："我到起營時自然安頓他，不爲别人擄去方好。"予亟致謝。魯淵因拉予到一邊曰："你切不可跟他去！"曰："我豈不知？但我難似你，我只得暫隨之去。懇求先生送一信於我家，云我在營甚好，終久回家，但不知何日也。"後賊果放顏歸，惜顏竟未送信。次日初九辰時，放砲起營。見啞聾者滿身披挂，騎大青羸往來馳騁，謂大虎曰："怎不吖相公走？"予曰："我不會走。若要去，須與我頭口騎，不然即不去。"大虎曰："你且暫走。"予曰："去不成。"誰知啞聾者走至八賊前稟問："那相公可帶去？"八賊大罵曰："砍頭的奴才！那相公豈有不帶去之理？養他爲何？"啞聾者回謂予曰："相公到老營，有極大牲口隨相公騎。今日且騎驢子。"遂吖大虎："檢好驢與相公騎！"大虎遂於群驢中擇其尤者牽與我。

予只得策蹇隨行。但見路上擡酒者、扛食物者多富家郎及秀才等，賊在後邊催促，稍緩者以刀背打，脊梁紅埂隨之而起，再不走者殺之。予心慘甚，身雖被擄，猶幸未遭此難。日午至上派河，八大王下令搜銀。凡有帶金銀者，俱投於橋下河水中，如違者斬。予晚至上派河鎮，卧麥稭屋内，周圍皆婦人環卧於旁。予總不問，只望家而泣。初十午刻，至桃城鎮。方過河，遇本族僕人名忙子，説："大相公也來了！"予只應一聲，不便多言(賊去後，家聞謠傳予殺在派河。予父要來尋屍，幸遇忙子，乃止)。少時，大虎到，引予上街。街中人皆昔日八賊招安者，今從府回有千餘。賊民接於街口。時予腰繫大銀爵一隻，是一賊送我飲水的，又一賊見曰："相公莫帶他！老爺看見不喜。"適街上有孩子手捧笸盤，内貯燒餅、熟鴨蛋賣與行人，予即以銀杯易熟鴨蛋四枚食之。予隨至王高照處，謂王曰："王哥，你帶來的婦女，我要進去問聲，看可有我的親戚在内。”王曰：“請進。”予即入室内，見有十餘美婦，俱穿大紅衣。予一一扳問明白出來。王留酒鋪門數扇於長凳上，四方捲大紅綢被四牀，以爲坐。予執杯飲。王曰：“叫那些婦人來同飲。”衆婦至坐下，王叫唱曲。予曰：“恐未必會。”王曰：“若有一人不唱，即一齊殺了！”内有一婦大聲曰：“我等生長深閨，幼學女工、鍼黹、中饋之事。不似你西北樂户娼妓，多婦女學唱。我等今遭大難，不幸受辱於此，求死不得。恨不能食爾之肉，寸磔爾骨！何懼死乎？”王將此婦殺之。諸婦大懼慟哭。予詢此婦之姓氏，不能得。少時别去。次十一日，到七里河老營。大虎先到，將破城事及所擄人物多少等項一一對長家説明。及予到，皆稱相公。予亦聽之。

適一婦騎驢隨我，予下驢，婦亦下驢。不知群賊何以俱呼爲“相公娘子”。一劉長家至，迺山西人，身小，瘦而黑，痲相頗善，綽號“知非子”。指旁一大綢帳房曰：“此是咱的，今讓相公。”予遜謝。一家大小男女俱來看我，後一一承事甚恭。又一大草篷設一桌一椅，爲食坐之處。飯必四器，添飯十餘盌，皆列於前。予獨席，並無陪者，即長家從未共坐細談。每日或夜，偶至家一看即去，以無暇對。或見予，必催上衙門到老爺跟前去走。至八賊前，因初到，一揖而立。見張衣帽無改，亦不問。予在側，聽他説閒話。酒飯亦共棹而食，張上坐，予輩横坐。及晚歸，有一婦在帳房内。予問：“何人？”婦曰：“人説我是相公娘子，叫我來此。”予甚奇之，因詢其丈夫及母家，婦俱訴明。予雖同卧，而不敢犯。十二日，八賊爲關將軍祝壽，唱戲一日。先用男人六名清唱，次則女人四名清唱，後用步戲大唱。十三日，將軍正誕，亦復如是，作盡日歡。十四日早，予循例上衙門，全不知家復有搜銀之説。賊知破城時人人決帶有銀，至是又一搜，凡有銀者俱暗送相公娘子收貯。妙在先不搜相公娘子，後來纔搜，是以銀多，有口莫辯，即刻殺之。予在衙門，見有人在門外大聲曰：“他是相公娘子，怎敢搜他？”予出視，迺服事我之新小厮。八賊重打新小厮四十棍，他打一棍，叫一聲：“相公娘子怎敢搜？望老爺詳情。”予在旁幾乎嚇死。儻八賊説這婦人藏許多銀子，爾豈不知？若要殺一千箇也殺了。幸八賊全不問，將新小厮打畢退去。予念與婦共宿三夜，並無沾染，故獲全性命。可見不淫是第一件好事。予自八大王公署回來，只見合篷大小皆驚駭遠望。及予到，俱來問候，安慰曰：“此是天數,相公不必惱。”答曰:“惱從何來?”衆曰:“相公娘子已被大王爺殺了!”予回篷時問其故,衆以搜銀之事説明。予曰:“他不是我妻子。吾妻死久了。此是前日跟來的,爾等何以都叫相公娘子?就是他數該死,與我何干?”衆齊笑曰:“我看相公全不惱。”衆賊俱來安慰曰:“相公莫惱。再攻破城池,選上好的婆姨送上。”予漫謝之。由是朝去暮來,日與八賊多人共飲食,終日閒談。至於用兵之事,全不言及。凡一切撒探擺駁並踏看扎營地方,總在夜間發行,人不得而知,即衆賊亦不知也。

營中稱“相公”者,先有桐城汪公子,自鄉莊入城,遇賊擄來,留兄放弟回,叫買綢緞去贖。再有福建黄舉人,不第而回,遇賊擄於途。又有六安邵官吾,全家擄於蓮花砦内。破舒城時擄醫士胡玄浦,此人存心忠厚,廣行方便,八賊甚重之,封爲丞相。有粗知數學名江山者,夫妻子女俱在一處。破府時擄有林子長,素善書畫、棋球、鐫刻之事,八賊呼爲“林山人”。球師李成洪,係巢縣人,在府行教亦被擄來。此皆與予朝暮會者。至二十九日夜,復發人到府,前擄之人一概不許隨來,恐其亡去。此時予家避運漕鎮。

六月初旬,賊又進舒城掠人。予隨行,見房屋燒盡,骸骨遍地,傷心慘目,潸然泪下,想吾鄉亦如是也。午後回營,次日將前後所擄男女,各營唤出若干。八賊在大門外親點。先點男,分上、中、下三等,各處站立,各插一旂。女亦如之。隨即配合,上等男配上等女,中、下亦然。問有願去家者,另立一邊,少刻,一齊殺之。時予避屋内,不忍出視。而江山之女亦在候點,山恐其女所配非偶,託胡玄浦作媒與予,予力辭,胡曰:“既不欲,不敢強。我同出去,看點人何如?”予即隨行,見八賊黄傘、公案。予等從旁觀之。初不見有江氏女,孰知江女母子俱避缺牆内。胡拉余至其處,指曰:“此江氏子。”果然佳麗。胡意予見其貌,必動於衷。胡又言:“在客邸要人服事,做鞋襪補衣裳之類,勸吾兄受之爲妙。”予堅執不從。胡復同予到八賊旁,胡突跪稟曰:“江山有女,願與廬州余生。求老爺分付。”營中有例,凡欲得婦者必自跪八賊前,稟曰:“求老爺賞!”張如所請。是時予不跪稟,且低頭不望。八賊見予光景,云:“且緩!眼時不得大牲口給他。這女還令隨他父母領去。”予幸甚,而江全家亦幸甚。未幾,六月半,汪公子親家姓倪者,馱幾箱綢緞至營。汪公子見之,喜極,可望回家。八賊亦喜,款待甚豐。次日看貨,即又不喜,曰:“我要的是織金緞子。這是綉金的,不大好。既買來，罷了。只是煩你再買一轉。”倪人半晌不言，後緩緩説：“不敢欺瞞老爺，我爲這宗貨多用許多銀子不必講，還耽許多心，吃許多驚嚇。南京機房都説我替流賊製貨。城門上盤詰，總是錢要使通。受千辛萬苦，方得到此。”八賊曰：“這是有的。我不管你。銀子多給些，隨你用，只要貨好。”次日，兑千餘兩原驢馱去。汪公子没奈何，垂泪送之。八賊將緞子分散各營頭目去，隨即做出，齊穿來謝恩。

光陰迅速，不覺六月將盡。偶於營門外見二人坐田埂上，戴瓜瓣盔帽，手持長槍，全不似本營人裝束。予問賊曰：“此何人邪？來此何事？”曰：“是桐城孫將官差來問候老爺的，昨夕有書到。”予惜未見來書，並回書亦未見。只見那兵將去，八賊拏出蜜蠟金念珠一串來，叫把回書上令林山人添一筆，云：“外念珠一串寄上，如弟常在心頭也。”復封付而去。及七月初六日，八賊又到廬，仍不帶府中一人來，焚殺擄人，更勝忿極，遂平其城而去。時予家已移寓南京。初九日回，予等迎接桃城。大河搭浮橋，人馬往來如履平地。予立橋頭伺候，恐來有熟人，問一家信；且恐有親友，以便救援。竟未一遇。次日，只見青陽鎮張、李二樓人盡被擄來，遂焚其樓。張樓有武舉張述之與父母並在内、武生張孚九。李樓有文生李露一、武生羅廣初等。二樓之衆一二百不等。到營之日，分張、李爲兩窩鋪。述之、孚九、露一、廣初俱爲頭領，賞牛豬等物。越數日，令述之往鳳陽探兵信。豈知述之一來即不回。家中人留曰：“你不必去。人怎能出來？”曰：“我父母在内，奈何？”留者曰：“你去亦遲了，儻老爹、奶奶殺過，你去送死麽？”遂猶豫不去。月餘後，予偶過其門，見張老夫婦同立帳房柱下，向予泣曰：“小兒不來，我老夫妻必死。”予慰曰：“不妨。他就來的。”後竟不至，果將老夫妻齊殺之。當時述之若回，賊必喜而信任之；俟有機會則逃，不亦善乎？當日惑於人言，以至陷害父母，於心安乎？未幾而孚九亦逃，張樓之人以是殺盡；又未幾而廣初亦逃，李樓之人亦因此殺絶。八賊軍令從來如此。先五月初到七里河時，見劉季清，係劉伯顧之五弟也，亦在衙門内，不知頭目何時到營。謂予曰：“我就回去了。”予因求之説：“你到家，是必送一信與我家，説我在此好，一時難回。”我却無以爲敬，有一物奉贈，乃美玉扇墜一枚，雕刻雙魚，其精工無比。八賊又賞銀十兩餘，曰：“你回去，但有兵就送信來。我還多給你銀兩。”季清喜笑而去。後有人説他是破城的奸細，實非也。蓋城破之日，八賊招安百姓,給人令箭,找尋家眷。七門各有頭領給銀若干。季清還生妄想,故此七月不避,意在得銀。至是又捉到營中。至初十外,八賊叫:“帶過廬州那姓劉的來!”予見是劉五哥。八賊問:“他城中有兵,爲何不報?”劉支梧説:“小的要送信來,衆人不肯。”賊問:“是那夥人?”劉云:“是些秀才們。”賊問:“是那些秀才哩?”劉曰:“是秦咸等。”予在側聽之,殊覺可笑,嚇的胡説,當亦未殺。後遇諸途,予見其持大綠雨傘一柄,向予垂泪説:“吾必死也。”後過河,偶溺水死。

日月易逝,不覺七月二十五日。五更,忽領人馬奔六安州,亦如襲廬州故智。不意六安人日間下鄉看家,晚到城牆脚下歇宿。及賊到城邊,鄉下人一齊叫喊,城上砲聲不絶。賊隨斂迹而回,歸至營中,怒氣不息,誓必破六安以雪耻。於是,令各營打造鐵鏨钁(編者按,原書此字爲“左金右郭”,歷代字書未載,係方言雜字,其本字當爲“钁”。下同)多少把,數旬日造完,俱送呈看。八賊接钁於手,向板磚牆上一築,钁陷磚内;一撅,連磚帶起。群賊齊聲喝采曰:“六安破了!”八賊亦喜,遂日日磨槍刀,擦盔鉀。至八月初十日早,到六安,將人馬隊伍排列,遶城而行,展放鮮明旂幟,幌耀明利刀戟,使人望而畏之。而城上銃砲交加,惜未一中。蓋砲高,俱從頭上過去。斯時予正隨行,只得撇衆單溜。及到城下,乃一齊攻城,城守果堅。八賊又搭一將臺,與城相向,親執弓率衆射之,不畏銃砲。又命秦將官立城下,曉諭城上説:“你們早早開城投降,秋毫不動。若是攻開,雞犬不留!”豈知秦之口雖如此説,而手在心頭,却向城上搖。蓋賊以秦曾鎮六安,六安人皆認的他,故有是命。要曉的秦將官何以忽在賊營中?當日廬州破後,上司特委秦將官、吳都司兩人,帶數百兵丁來鎮廬州,同寓天王寺(在大西門内城脚下)。彼亦有探馬,豈料遇賊即走,從城外竟去,各人顧命,不暇進城報信。故賊到寺,二將猶未知也。執之而來,以不殺爲幸。予等日聆吳都司之笑話,與八賊大笑而已。十二日,城上忽射一無鏃箭來,裹簡紙一幅。賊拾來稟看,予等在側,見紙上硃書云:“西營張氣概雄豪,如君者亦世絶少。立誓不斬來人,即令門役來見。此復。”秦之詞亦緩兵之計也。而張信以爲實,曰:“大反!不殺通使。既有人來,還要賞他!”呼人去老營,取銀來用,隨差數人馳馬疾去。至晚,不見城中有人來。十三日巳後,賊之探馬報有兵到。立刻,攻城者棄城亂奔,城上望之,大罵:“狗賊!大兵來,砍你的狗頭!"賊恨極,率群賊大吹大擂,遶城數里外。一傳遇數土人,取頭挂馬上,提示城上曰:"有幾個毛兵被我殺敗走了。這不是頭麽?你看看!"隨在城下打報信人八十棍,大聲吆喚,使城上聞之。仍舊攻城。十四日,將城鑿成一大洞,置火藥數石於内;又用綢搽開,縫成信子,外用大毛竹劈開,合信於中,共數十丈遠,以土覆之。到十五日天明時,點上火,一震,只見灰塵瞇天,人皆莫措,衆賊隨之而入城中。亦放木植桌椅板凳於街,爲巷戰,然皆無用矣。

一刻城中人物無不擄出。予遠坐望之,只見大虎等擄十餘婦女來,送予側坐下。又一賊送許多扇來説:"城雖打破,竟無好物送相公。這幾柄扇子送用。"予受之。是日極熱,而衆婦中有一美婦獨汗流浹背,予以一扇授之,蓋憐其熱,非有私也。予隨同一賊從火破處入城,見一人倒埋土中,只兩脚向上。予至一家,見一人嚇死於門背後,直立不仆。又至一家,屋宇華麗,天井中花缸内蓄大金魚,朱欄迴廊。予正徘徊,突一幼賊將花缸打破,金魚亂跳天井中。予急責,而幼賊笑走。予隨進,遇其主人。幼賊又狠打一刀背,予又讓住。主人德予,以一蜜蠟金扇墜相贈。午後,將六安人盡剁其手。先伸左手者砍去不算,復剁其右手。而此人在内,予以不能救之爲恨。此八賊當面所行者。至於各營,皆有擄去者,如左、右營之頭目。又吩咐在左營者去左手,在右營者去右手。及月上,有賊請予過中秋,置香燭果餅祭月。予跪而默祝:願早歸。祭畢,飲酒。予不飲。賊以果餅奉予,食之。辭回,到帳房,有一婦在内。問何人?即先所與扇者。蓋授扇時賊疑我有心,故送於此。此亦足見賊之相敬,實此婦之幸也。那婦人見予,就説是那位爺叫我伺候千歲。予曰:"毋得亂道。我也是前日破府被擄的,與爾等一樣。"婦曰:"相公原來就是府中人。我説這裏面怎有這樣好人!"予問:"爾丈夫讀書否?"曰:"不是。"予曰:"爾今遇我,是爾大幸。我現有妻子在南京,我不敢污爾,壞了良心。爾明日去家,丈夫若在,爾有顔面;即不在,異日九泉也好相會。"言及此,婦人泪下如雨。予亦心痠泣下,問:"爾可餓?"婦曰:"不餓,只渴極。"予即令取茶送他吃。予出帳房外,竟走。半夜四更,家家造飯,賊俱起。五更,予至八賊前,賊曰:"有兵來,爾可上前去!"予尚不知兵之前站已入州城。予回,賊送許多肉並飯,擺列候我。予呼衆婦齊用,因説:"我就去了,都不携你們去。"

食畢，予馳馬去，至霍山。八賊在後，與兵厮殺。可惜兵以遠來疲乏，又兼天熱，恨不能多殺賊。猶幸賊以攻城困倦，又以淫慾過度，不能大勝兵。然八賊畢竟受傷，身中三矢：一中肩，一中膝，一中尾閭。三日，到霍山縣地方，予等迎接，八賊猶帶怒色。但不知賊既敗矣，黄、劉二將軍只追數十里而回，何也？山中有金子砦，頗險峻，且有人守。賊一到，即令人於砦下圍之，令山上人投降。越兩日不降，八賊親去率攻，予亦相從。見大石滚下，一激多遠。予避山旁大石下以觀之。頃刻間，忽一賊從背後登砦。此處疏略失守，賊得從空而降也。破後，予登其巔，見環砦皆高山，環山皆青松可愛。有一書室，文籍盈几，筆硯無塵，而主人不知何往矣。賊遂搬其物，焚其居。又數日，遣賊破霍山縣。其城原不守，一到直入。在城中者無不被擄，如貢生彭大年、生員金大來、金大烈及新進生員二十二人，一並擒來。及到營之日，俱見八賊，磕過頭，一一稟明。八賊吩咐云："爾這些新進生員，我要考考，恐有混在中間的。只是爾等書獃子，我留爾何用？考後叫爾等回去就是了，明日來聽考。"次日巳刻，齊集，各給紙筆墨硯，設放幾張桌上，出題是"鄰國之民不加少，寡人之民不加多"二句。有一箇時刻，八賊入内，予向衆曰："諸兄不必全篇，隨意作些，何苦懔(音猵)心？"於是，有半篇者，有只起講者。予與黄、汪三人秉筆，前後序列出案，叫衆人俟候發落，好令回籍。其未發落之先，予等對八賊說，某人如何好，故居首；某人如何不好，故居末。到臨時，那八賊雖不知文、不識字，予三人所告之言，一一記明不爽。於是傳衆生發落。八賊持卷一一説明："我到明日令爾等回去。"衆皆大喜，叩謝而去。豈知此賊最狡，這都是哄人之言。一連幾日，八賊竟不出堂，哄的這些酸丁日日早辰一問，中晚又問，必要等他吩咐纔好去。一日出堂，衆生跪下，稟曰："老爺金口吩咐叫小的等回籍，小的在此是老爺的子民；即在家，老爺得了天下，小的等也好替老爺納糧當差。"其中又有二生説："小的母柩未葬。"一箇説："小的父棺未埋。"八賊本意不放他去，就借此兩句話翻轉臉説："人家活娘老子我都殺了，你之死的還講埋葬？不許去！"人人面面相覷，箇箇失色，仍隨各長家去訖。一日，忽逃去一生，將那二十一生立刻殺之。早知如此，不如不進學或不在城頑耍；即在城，亦不齊集。都是命定，奈之何哉！

擄來六安有仇百户者，善踢球，與巢縣球師李成洪交厚。及城破相值，仇喜其難中遇舊,李喜其踼球有人,遂留寓。又擄有一兵,在營中認的百户,叫:"仇爺在此?"旁有一賊問:"是甚麽人?你叫他爺?"那兵云:"他是六安衛百户官兒。"賊即稟八賊説:"前日老爺吩咐,不許帶六安人。今李球師留下一箇百户在家。"八賊隨叫兩人來,罵曰:"我不踼甚球,要你何用?殺了罷!"立刻殺了二人。是時林子長同余在側,八賊讓曰:"林山人,爾同球師在一處,竟不對我説?爾也該向我説!今且恕爾死罪。"於是重責十棍。可憐子長頑耍半生,何曾吃此苦?然猶以不殺爲幸。此八月二十一日事也。予日夜焦思,又兼連朝風雨,觸自傷心,血泪幾枯。偶值天陰無事,八賊意欲攻桐城,卻不肯明言。然數月來,不計及此者,以守桐城孫將官往來暗通故爾。是時,孫已陞遷離任久矣。故此漸漸移營,與桐城相近,四野擄掠,只不近城。一日,八賊忽想起自己生辰將近,要許多食物用。忽點各營兵馬,每一營或數十名,或百名,令往樅陽鎮擄掠食物。此鎮離江不遠。不料流賊來此,忽然而至,焚殺最毒。只見大船解纜不及,有砍斷纜逃者,有拔錨走者,亦有趕上拏回者,俱載所擄之物而來。時九月初,汪公子親家又到,果然所買之緞如意。公子以爲必放,豈知又不肯放。説:"此織金蟒緞真好!可惜少了,不足散。還多兑銀與你,借重再走一轉。"倪人没奈何,勉強負銀而去。汪公子默默無言,泪從肚落。

次日賞各將官,人人趲起,趕九月十八日與八大王賀壽。先十六、七兩日預祝,自辰至酉,唱戲,飲酒,大吹大擂。正席排列八洞神仙,堂上懸百壽錦帳,山柱上貼大紅緞金字壽聯云:"天上命明君,曾見黄河清此日;人間壽新主,争擬嵩嶽祝千年",此林山人作也。屏門上壽聯:"闢江左以奠基,歡同萬國;跨海内而定鼎,壽祝千齡",此彭貢生作也。其頂上俱用綢篷搭就,地下純用氈條蓋鋪,庭外明樓總用色綢裹成,真果壯觀好看。十八日正壽,門前雙吹雙打,大砲震天,説不盡的熱鬧。十九日亦如是。二十日還要唱戲,待那小頭目的酒,予晚去看,絶不聞聲。究其故,説有兵已過廬州府,到廬江縣,從這一路來。予即回帳房作歸計。二十一日,八賊即展營直奔山中,每日五六十里歇下。二十四日晚,予以連日辛苦,俱未脱衣,今且寬裳而卧,意兵未必即至也。勞頓之人脱衣自在,一睡不醒。那大兵從廬江兼程而進,人馬早披鉀説,遇賊好厮殺。二十五日,已趕上賊,相距只隔一河。賊有探馬在河岸上,兵駁亦探至河。見賊吃煙,即回馬,謂:"已抵賊駁不遠,急去報主將!”賊見有馬,即問曰:“你是那一哨?”兵且問:“你是那一哨?”賊云:“我是下六哨。”兵曰:“我是上六哨。”馬回而鉀響,賊云:“我營裏没穿鉀的人,此是兵!”即飛報八賊。一刻,吽老營前行,凡婦女什物牛羊之類,一概先走。予猶在夢中,而合營人無不爭馳。予忽驚醒吽人,而新小厮已列篷邊,吽:“相公起來,排兵來了!”予即穿衣,收拾行李,吽牽馬來。新小厮説:“馬在這裏。”問:“可有飯?”答曰:“廚房不知到那裏去了,還説飯?”只見許多賊各拉馬在手,腰刀、弓箭伺候厮殺。見予曰:“相公何不跟老營走?”予紿之曰:“前在六安,老爺説一位相公也不在面前。今日又不在。後來問我,我説就是你們吽我去的。”賊曰:“相公到老爺那裏去罷!”予即上馬,行見八賊兩截衣,纔出門外,一伴當拏椅到場基上火前坐下。予問:“有兵麽?”八賊曰:“有的。”予曰:“是那家兵?”八賊曰:“不過是黄闖子、劉花馬。”予曰:“誰探來? 再令他探一探。”八賊曰:“是七哨,已差去了。”説畢,八賊起身走,方進門而七哨回。衆賊圍七哨問信,予亦擠上前聽。那七哨説:“兵已過河了。”衆賊俱云:“快報老爺!”説未完而八賊已出門外,吩咐走,一齊上馬。行可五里,吽掌號半夜裏在山上吹打起來,令人分外凄涼。又走數里,只見許多賊這一簇,那一攢。八賊在馬上奔馳,各處吩咐吽:“兒子們好生發很殺! 殺敗了黄闖子,捉他的大馬來騎,我與你官上加官!”群賊不敢做聲。少刻,又來吩咐一遍,可見八賊此時亦慄慄危懼,然只得如此硬撑,頂住了兵,以便老營好走。予在馬上坐,看有賊目名“飛虎”者,予相識。一見予,就説:“相公做甚麽? 此是我們打仗的所在,你在此不便。你快到老爺大馬房裏去! 廚房也在一處,又有的吃。快跟我來!”予隨之行,見譚將官、吴都使俱立樹下。又走數武,一賊曰:“天明了。”予舉首一望,見紅日高昇,手忙足亂,人人走動。忽見氈包什物多棄於路,以及鼓手之號筒亦有半截在路者,衣履雜物甚多。予正隨一賊走,此賊竟不由正路過塘,即從水中過,不暇尋岸。予見此光景,知賊之畏兵也極矣! 平常只道賊以此物買路,今始知賊之輕擲其貨者,欲馬之便於奔馳也。

此時賊亦亂跑,不暇顧我。予直向山空處走,越過一山,並未遇一人。予即下馬,脱去綢衣,將馬打開,伏一叢薄中。四外全無路徑。甫伏下,有一蟢蛛跳至余前。予喜曰:“吾生矣!”一刻,兵俱從大路上過,聞鐵鉀亂響,官兵大吽。曰:“傳川營人上來趕牛羊牲口!”予知賊已敗走。又一刻,不聞聲息,即出外。至山下一家,絶無人影。見地下有破舊衣裳一堆,予脱身上白綢褂袴,納入堆中,換一褂一袴破碎不堪衣之而走。路上遇著幾起回來的人,走的飛快。他叫:“你快走!”予不能快,只得聽命慢行。至一河畔,緑水沈沈,竟不得路,惟沿河直撞。遇一舟灣住,予向舟子訴苦、乞渡,那人佯若不聞。忽一剪髮人問予,予以實告。其人曰:“我姓錢,字中美。貴府李潁生與我相好。我是昨晚捉去的,今幸兵到,我纔得回來。過河即是舍下,我同你過河。”予喜甚,脱衣涉水。予下河,水至心口,予身漂起。中美曰:“想你從未下水,等我來牽你。”他先將彼此破衣用頭頂過去放下,以手牽手,予始得渡。走三里許,即到他家。敲門,一見主人回,全家大喜。一老婢問予是誰?中美曰:“是廬州府一位相公,前日破府被擄的。今日虧兵趕下來。我家有飯麽?”答:“没有。”予要走,中美堅留,予力辭。中美往田中刈稻數升,舂米二升付予,予以衣襟裹走。一到大路,甫數里,遇刺傷足,負痛而行。至晚,又隔一河,遂尋一深草處蹲下。夜間冷氣侵人,予以兩手護前後心。只聞風吹草響,魚躍水鳴,並無虎狼鬼怪等物,有梟鳥鳴笑不已。挨到雞鳴,東方一線月色。予尋路過,並無過河之人。漸覺天明,對河即回來之兵,見予徘徊河干,兵遂大叫:“從此過!”予不知其爲兵也。幸河水清淺,純沙不陷,天又不寒。過河見是官兵,予曰:“我是廬州府人,前五月破城,被賊擄來。今幸遇爺等殺敗了賊,救下我們來,使我等得還鄉里。真天高地厚之恩也!”兵曰:“相公遇大難而不死者,必有大貴。後來做了大官,莫忘我輩就是了。你昨日到今,可曾吃飯?此間有粥,且用些。”予即飽飡三盌。兵又曰:“我姓董,是老爺捧御旂官。營中問董御旂,人都知道。我今就回廬州府,送你到家。”予再三致謝。董見予赤脚,隨叫二户長尋雙鞋子相公穿。二户長旋拏一雙極大靸鞋與我。予履之,甚大,思得一帶捆於足乃可行。那兵即撦兩布條,用箭在鞋後錐兩眼,貫布條繫足上,甚好。董上馬走,叫我同他价後來。此時予恨不得有費長房縮地法,怎奈那兵沿路打擄,遠望一家,必繞路去搜尋。予甚急,因告曰:“你不必去尋。你到府至我家,重謝你!”他全不聽。走至日西,到營。營扎在一大竹園内。

次晨,予從竹外閒步。有一童子,手拏網巾,圈繩俱全,乃我之急需者。問孩童曰:“送我罷!”那孩即送我。予戴頭上,頗壯觀。因思此地何遇此好童子也?幸甚!飯後,展營往桐城。兵以一大黑牛命予騎,遂免徒步之苦,惟嫌牛走之不速耳。定更時,始到桐城。董别予曰:“相公在此,我進營看看,就來接你。”少頃來曰:“相公,你不能進營。將主有令,叫來的百姓隨營後走,不可雜在中間,恐防奸細。我特來説聲。”予再三謝,没奈何,只得城脚下盤坐一夜,幸衆星朗朗。次晨九月二十九日,予到城門邊,候開門,進城去化些盤費。有訊予者,因告以故。有一兵出曰:“我同你廬州去。”叫予隨他進城。城中多兵,皆一處人,見予細細尋究,予一一訴明,俱加以禮貌。問兵貴姓,答曰:“姓夏,巢縣人也。”因五月間,廖將官被賊殺了,許多兵丁奔入巢湖,招募許多巢民充數。故在桐之兵,多巢人。孰知夏人不願爲兵,因有文書一角在手,執此以便潛逃。十月初二日,同予出桐城三十里,到百汊湖,將公文往船上一丢,予二人跳上船,舟人亦不敢問。叫:“快開船走!”舟子只得撑開,及到湖心,狂風大作。舟人顫慄。予想性命送在此間,真是數定。忽一風送入河港,同舟數人盡取瓜菜爲食。越五日而風定,由是過樅陽,到安慶,折入無爲州,起旱至巢縣。於河口遇程烝則、驥稱昆玉立船頭,見予慰問再三。欲留予,懇辭以歸家心急。夏兵見程公子相待如此,始信予非無來歷人也。寓巢數日,同夏往南京。

十月十四日,渡江已晚,寓江東門外一小樓上。推窗外看,心曠神怡,聽江聲浩蕩,看山色參差。先月色,後小雨,予喜極不寐。早起,走十里,至水西門。日中,到大中橋。予上橋,與父親相值橋心。予叫父親,悲喜交集。父甫聞聲,若應不出,泪下如雨。携手同行,問夏人爲誰?予曰:“此恩人也!”告以送我來家始末。父稱謝,叫僕人上前家去備飯。其僕先到家説信,全家喜從天降。一刻,予至,合家歡樂,不可言狀。款留夏人數日,重謝而去。

次年癸未春,予於官帶廊下,偶遇林子長。予呼林山人,子長大驚。蓋山人之名,迺八賊所素稱者,今忽聞如此,不由人不驚也。共揖相笑,邀入茶肆。詢其出營之故,林云:“賊於十月攻桐城,亦黄兵救下我,裹氈條於身,從山上滚下,竟夜力奔,僅走十五里,幸離賊營。今始到此。爾、我皆兩世人也!功名富貴勿問也。”於是,説起九月二十五日潛山敗後,回去將相公盡殺之,説:“此無用之人!留之何益?”蓋因大敗,氣憤迺爾。只留我與汪公子二人。汪以曾買緞疋,我以山人,故不殺爾。予幸早離賊營,且駭且喜。是後聞八大王張獻忠過江到武昌,汪公子猶留詩於黄鶴樓,後不知所終。

至於八賊聞大清定鼎,流入四川稱帝。後大兵壓境,屢報不信。兵已至，八賊始同將卒五十餘人出城，並無鉀胄，手執弓矢。時降大霧，被肅王之將雅布蘭射死。肅王梟獻忠首，懸示保寧府北門。想此賊生性慘毒，殺人千百萬，被擄者百十萬人。而求其始終，未受一日之苦、未吃一毫之虧者，必以(瑞紫)爲首稱云。

有説破城係某奸細引入，有説假充接送營兵，又云妝學院承差暗進城來。予在營日久，實知三説之謬。大約壬午以前之事，皆予親聞八大王所述者；壬午五月初七日至九月二十五日，皆予親見八賊張獻忠所行者，毫不爽也。

［録自明余瑞紫《流賊張獻忠陷廬州紀》，民國十八年合肥徐氏歸晚軒排印本］

人名索引

（姓名筆畫爲序）